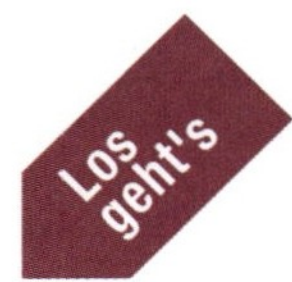

Endlich Genuss

AF533510

MOSEL

44 GENUSS-TOUREN

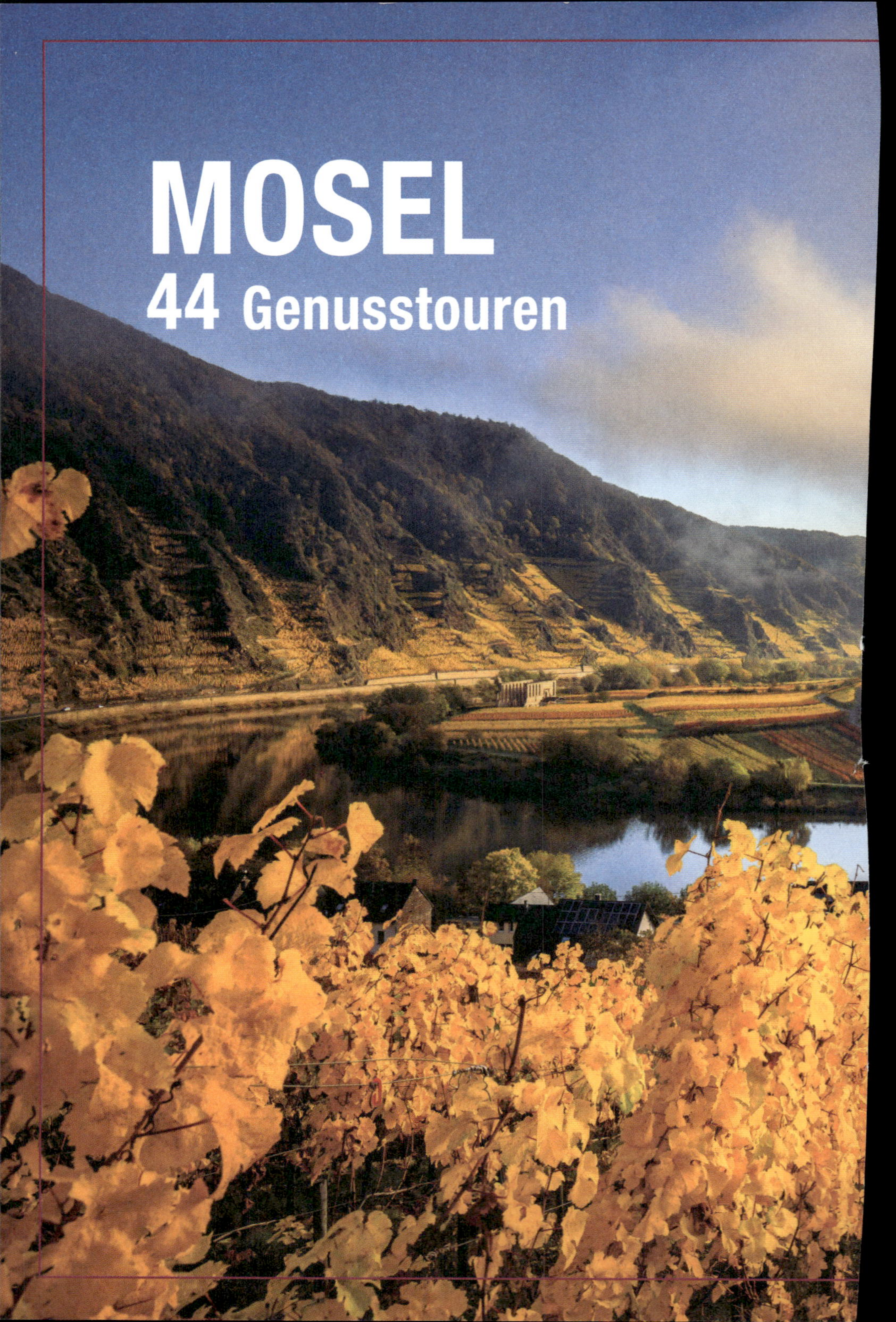
MOSEL
44 Genusstouren

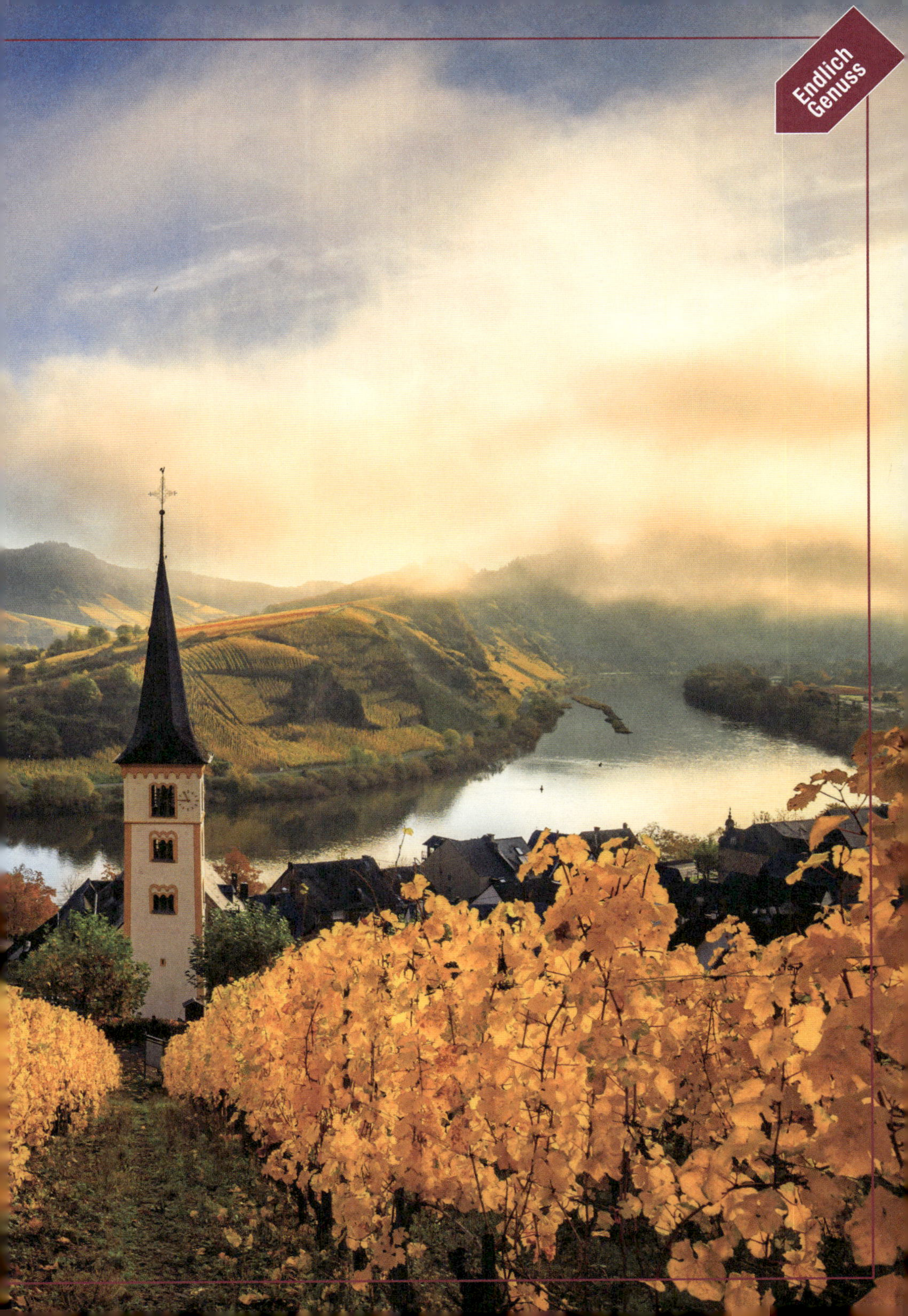

Endlich Genuss

Inhalt

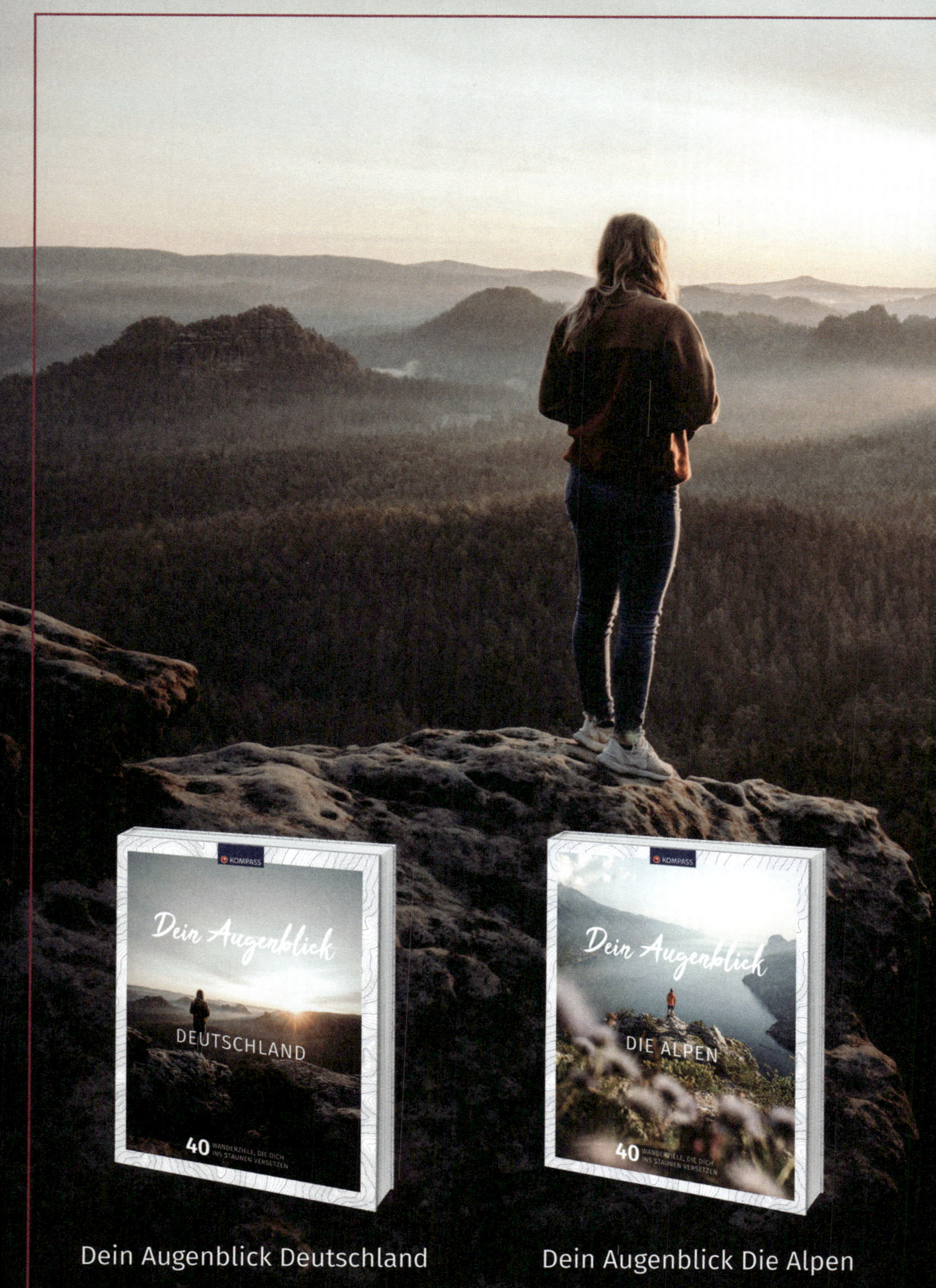
KOMPASS
Dein Augenblick
DEUTSCHLAND
40 WANDERZIELE, DIE DICH INS STAUNEN VERSETZEN
KOMPASS
Dein Augenblick
DIE ALPEN
40 WANDERZIELE, DIE DICH INS STAUNEN VERSETZEN
Dein Augenblick Deutschland
Dein Augenblick Die Alpen

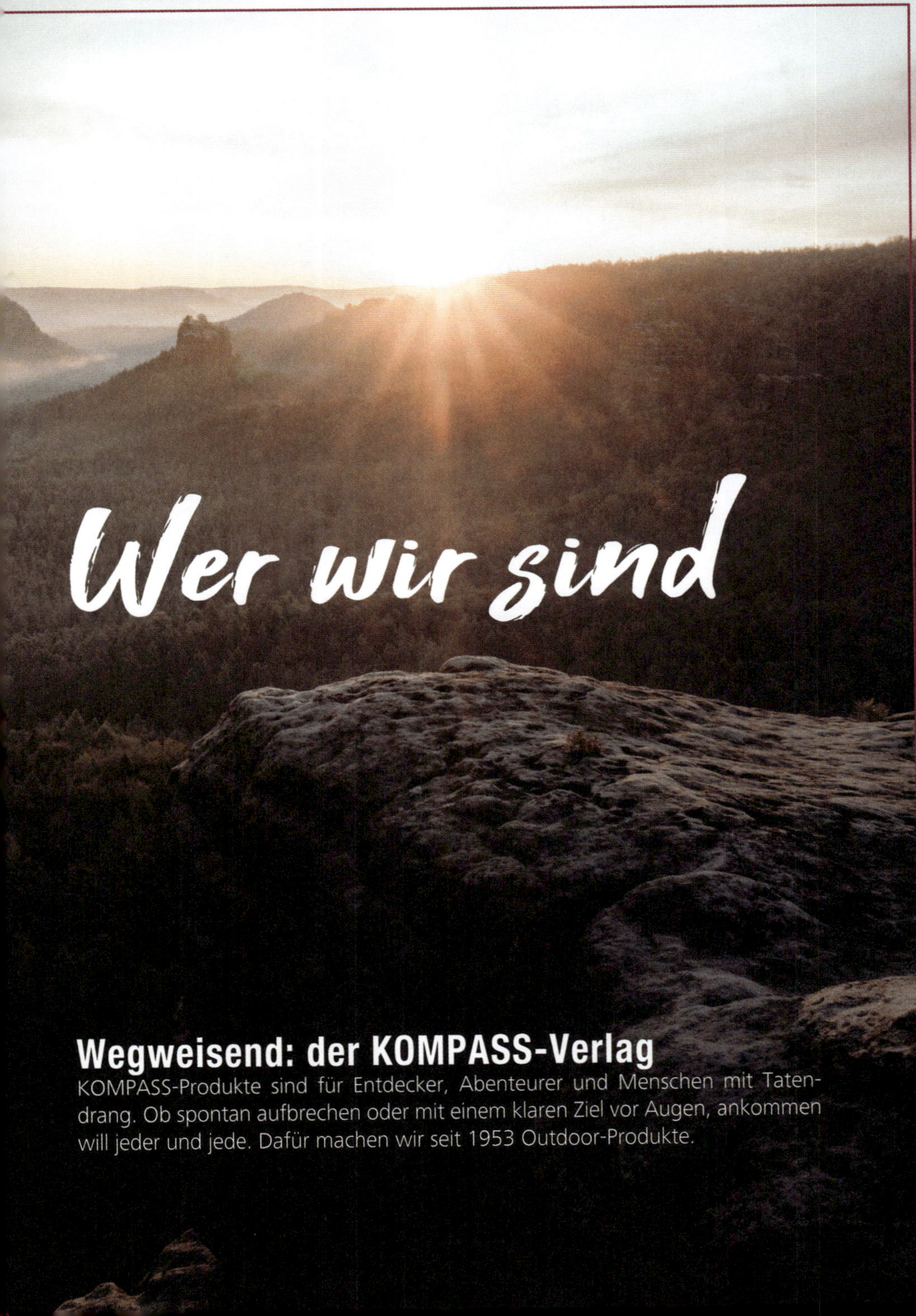

Wer wir sind

Wegweisend: der KOMPASS-Verlag

KOMPASS-Produkte sind für Entdecker, Abenteurer und Menschen mit Tatendrang. Ob spontan aufbrechen oder mit einem klaren Ziel vor Augen, ankommen will jeder und jede. Dafür machen wir seit 1953 Outdoor-Produkte.

Tourenübersicht

TOUREN 1–11

TOUREN 12–22

Tourenübersicht

TOUREN 23–33

TOUREN 34–44

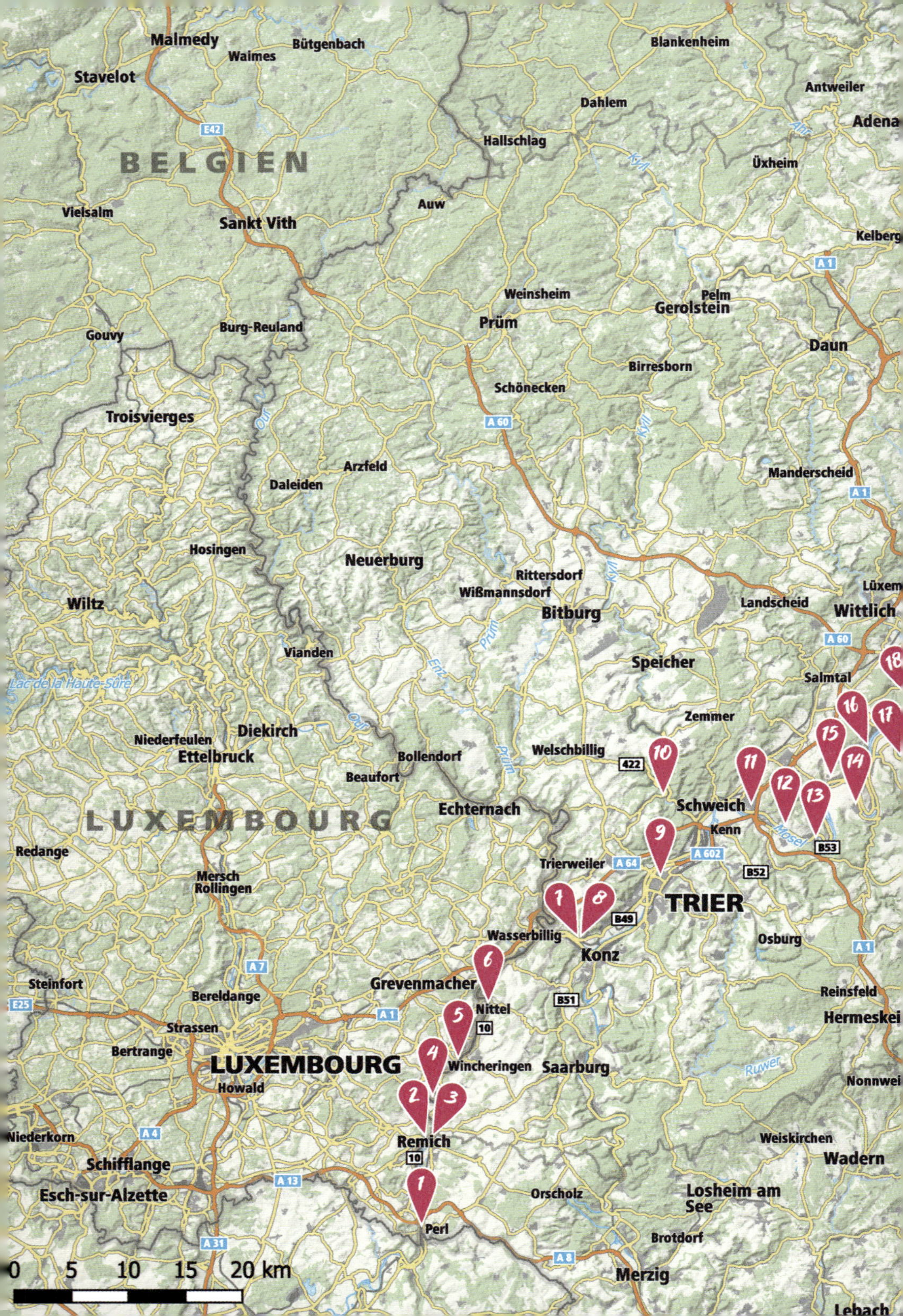

Malmedy
Waimes
Bütgenbach
Stavelot
Blankenheim
Antweiler
Adena
Dahlem
Hallschlag
BELGIEN
Üxheim
Vielsalm
Sankt Vith
Auw
Kelberg
Weinsheim
Pelm
Gerolstein
Gouvy
Burg-Reuland
Prüm
Daun
Birresborn
Schönecken
Troisvierges
Arzfeld
Daleiden
Manderscheid
Hosingen
Neuerburg
Rittersdorf
Wißmannsdorf
Bitburg
Landscheid
Wittlich
Wiltz
Vianden
Speicher
Salmtal
Lac de la Haute-Sûre
Zemmer
Niederfeulen
Diekirch
Ettelbruck
Bollendorf
Welschbillig
Beaufort
Echternach
Schweich
Kenn
LUXEMBOURG
Redange
Trierweiler
TRIER
Mersch
Rollingen
Wasserbillig
Konz
Osburg
Steinfort
Bereldange
Grevenmacher
Nittel
Reinsfeld
Hermeskeil
Strassen
Bertrange
LUXEMBOURG
Wincheringen
Saarburg
Howald
Nonnweiler
Niederkorn
Remich
Weiskirchen
Wadern
Schifflange
Esch-sur-Alzette
Orscholz
Losheim am See
Perl
Brotdorf
Merzig
Lebach
0 5 10 15 20 km

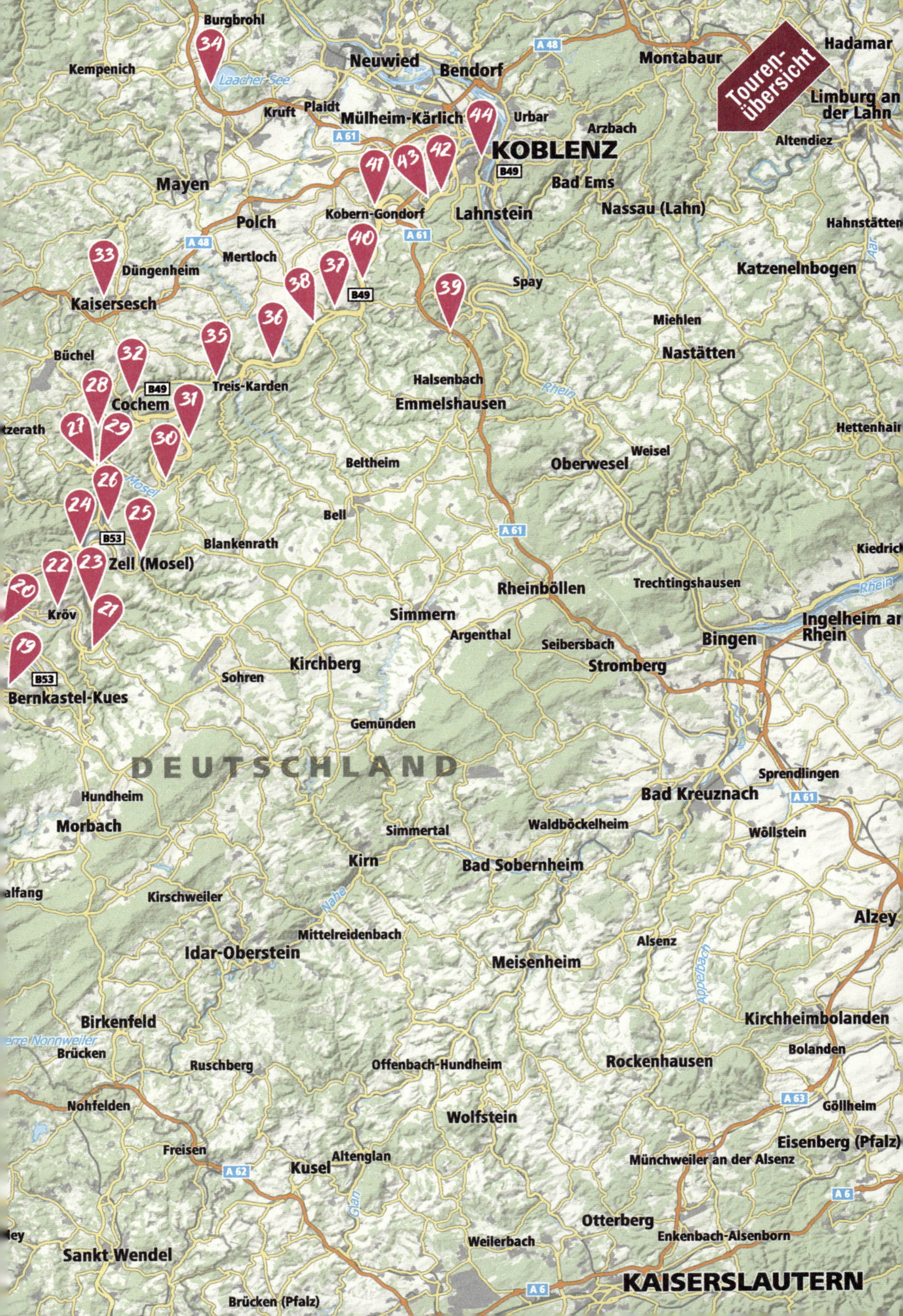

Touren-
übersicht
Burgbrohl
Laacher See
Kempenich
Neuwied
Bendorf
Montabaur
Hadamar
Limburg an der Lahn
Altendiez
Kruft
Plaidt
Mülheim-Kärlich
Urbar
Arzbach
KOBLENZ
B49
A 48
A 61
Bad Ems
Nassau (Lahn)
Mayen
Polch
Kobern-Gondorf
Lahnstein
Hahnstätten
Aar
Mertloch
Düngenheim
Kaisersesch
Spay
Katzenelnbogen
Miehlen
Nastätten
Büchel
B49
Cochem
Treis-Karden
Halsenbach
Emmelshausen
Rhein
Hettenhain
Beltheim
Weisel
Oberwesel
Mosel
Bell
B53
Blankenrath
Zell (Mosel)
A 61
Kiedrich
Kröv
Rheinböllen
Trechtingshausen
Simmern
Argenthal
Seibersbach
Stromberg
Bingen
Ingelheim am Rhein
B53
Bernkastel-Kues
Sohren
Kirchberg
Gemünden
DEUTSCHLAND
Sprendlingen
Hundheim
Morbach
Bad Kreuznach
A 61
Simmertal
Waldböckelheim
Wöllstein
Kirn
Bad Sobernheim
Kirschweiler
Nahe
Alzey
Mittelreidenbach
Idar-Oberstein
Alsenz
Meisenheim
Appelbach
Birkenfeld
Kirchheimbolanden
Nonnweiler
Brücken
Bolanden
Ruschberg
Offenbach-Hundheim
Rockenhausen
Nohfelden
A 63
Göllheim
Wolfstein
Freisen
Eisenberg (Pfalz)
Altenglan
A 62
Kusel
Münchweiler an der Alsenz
Glan
A 6
Otterberg
Enkenbach-Alsenborn
Weilerbach
Sankt Wendel
A 6
KAISERSLAUTERN
Brücken (Pfalz)
19
20
21
22
23
24
25
26
27
28
29
30
31
32
33
34
35
36
37
38
39
40
41
42
43
44

Endlich ...

geht es los!

44 GENUSSTOUREN FÜR DICH

Willst du nicht auch endlich Genuss? Dann nimm dir dieses Buch und los gehts! Denn zwischen Weinbergen und Streuobstwiesen schlemmen kannst du zur Genüge mit unserer Tourenauswahl. Wir nehmen dich mit zur Mosel, von Luxemburg bis zum Mündungsbereich nach Koblenz. Denn was könnte schöner sein, als Dolce Vita vor der eigenen Haustür?

Die Mosel ist mit 545 Kilometern Länge der größte Nebenfluss des Rheins. Sie entspringt am Col de Bussang in den Vogesen und mündet am Deutschen Eck in Koblenz in den Mittelrhein. Sonnenverwöhnte Steilhänge schwingen sich neben der Talsohle zum Hunsrück und zur Eifel hinauf. Wanderwege und Genießerpfade führen durch artenreiche Wälder, Weinreben, Streuobstwiesen und Felsflanken hoch über dem Fluss und seine berühmten Mäander. Aber auch die Weinorte und Fachwerkdörfer wie Traben-Trarbach, Bernkastel-Kues und Cochem laden zur Genießerrast ein. Die Altstadt von Trier ist allemal einen Ausflug wert, wie auch der Mündungsbereich in Koblenz, beides zählt zum UNESCO-Weltkulturerbe. Und nicht zu vergessen ist der Fluss selber: Tagesausflüge mit dem Schiff sind eine abwechslunsgreiche Alternative zum Auto und verschaffen eine guten Überblick.

Die Genussregion Mosel bietet dir eine Vielzahl an Weingütern, Straußwirtschaften und Restaurants, von gutbürgerlicher Küche bis hin zum Gourmetrestaurant. Die von den Römern begonnene Weinkultur an der Mosel bringt exzellente Weißweine hervor, wie den weltbekannten Moselriesling. Aber auch die deftige Moselküche lädt zum Schlemmen ein. Die Nähe zu Frankreich bringt dazu noch neuen Pfiff in die klassische Moselküche. Bei Moselriesling, Spundekäs und Grupfter lässt es sich gut leben – also pack deine sieben Sachen und deine Liebsten ein und dann heißt es „Endlich Genuss!"

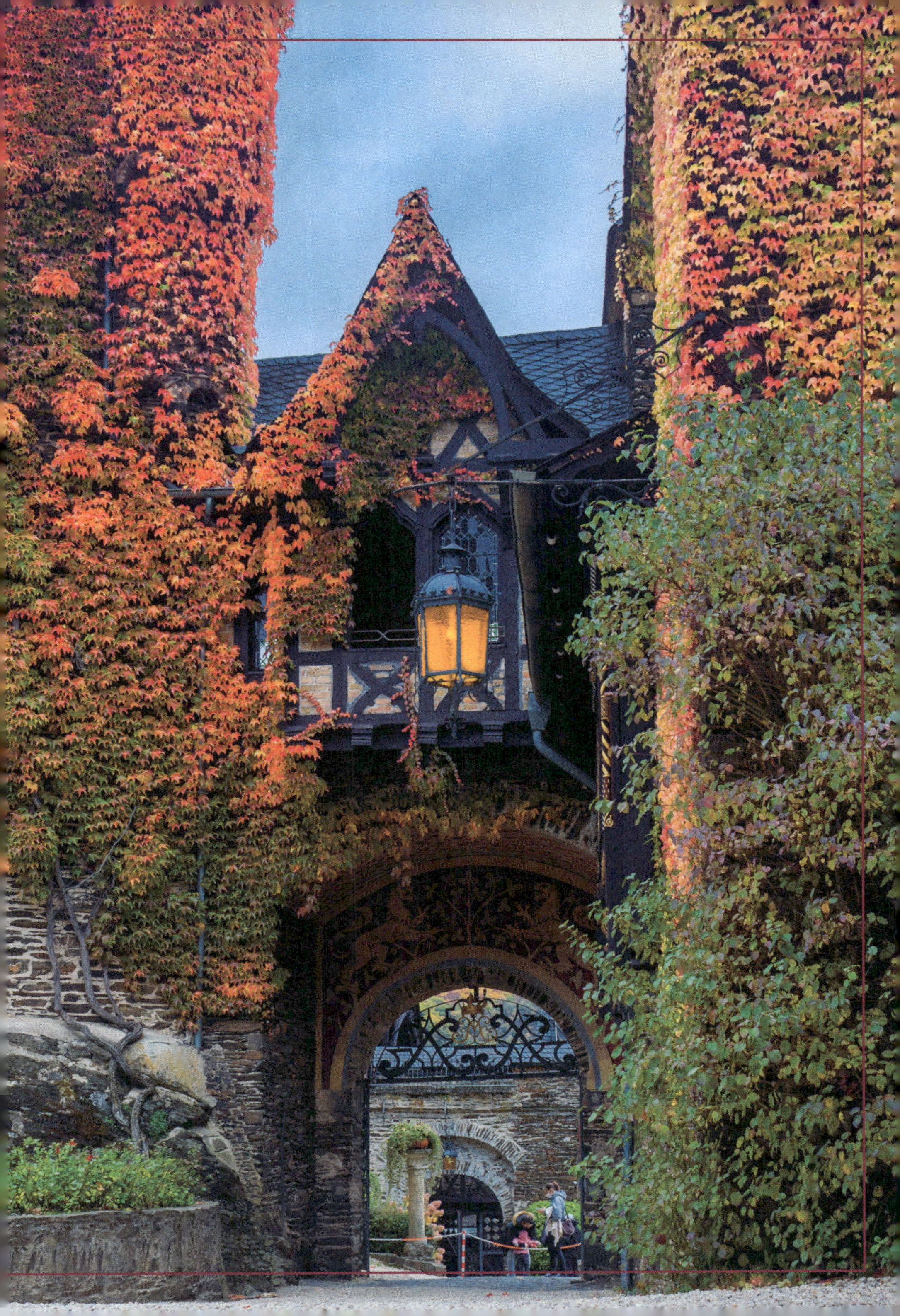

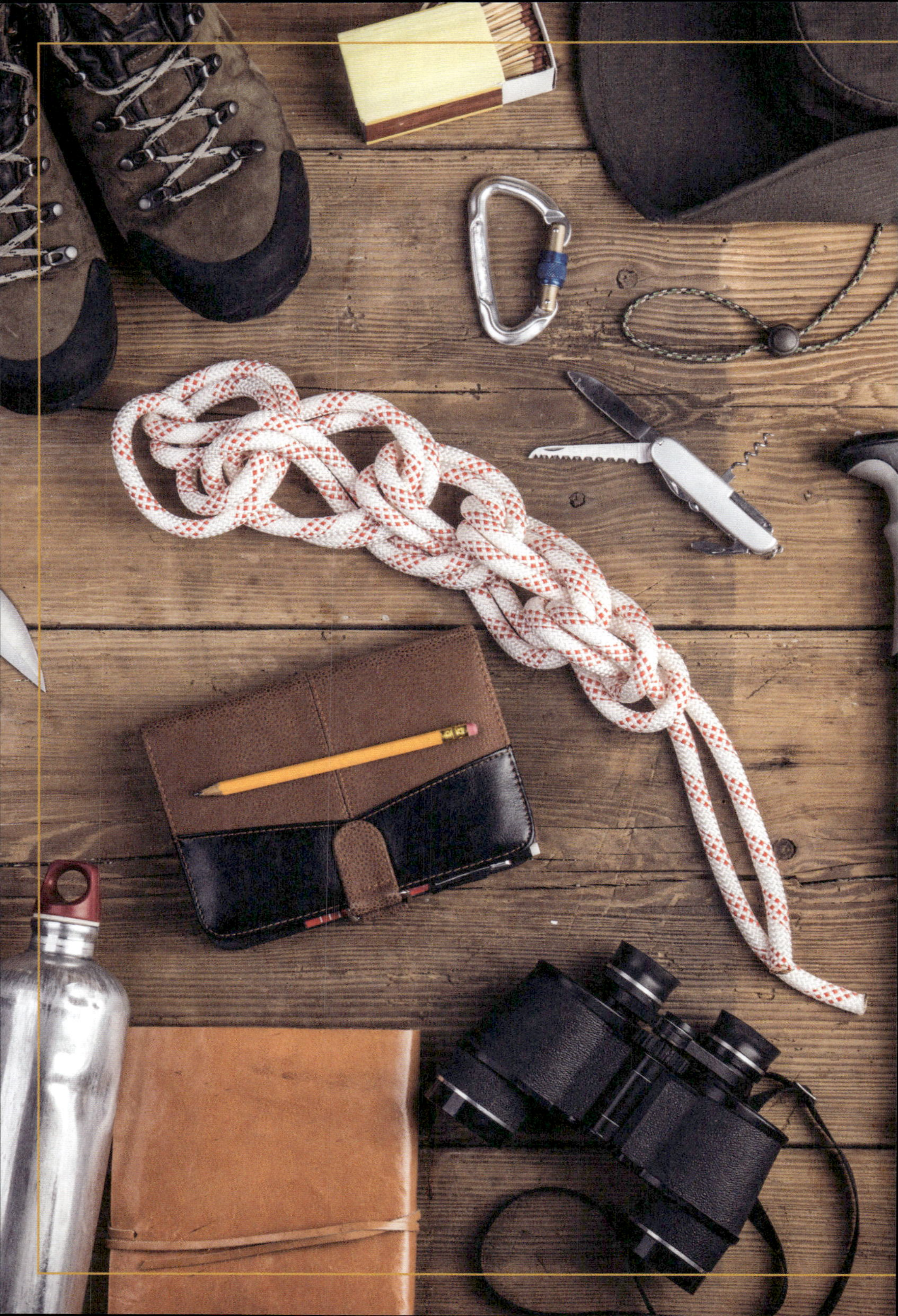

Endlich alle 7 Sachen zusammen

Pack-tipps

Deine Packliste

MATERIALCHECK

Bei den Wandertouren handelt es sich meist um recht einfache und kurze Wanderungen. Daher benötigen wir auch nicht allzu viele Dinge in unserem Rucksack. Dennoch sollte die Mosel mit ihren steilen Hängen nicht unterschätzt werden. Die wichtigsten Utensilien haben wir dir hier noch einmal zusammengestellt:

- ○ Festes Schuhwerk mit griffiger Sohle
- ○ Wetterfeste & atmungsaktive Bekleidung
- ○ Getränke (mind. 1,5 Liter!)
- ○ Erste-Hilfe-Set
- ○ Handy (für den Notruf)
- ○ Wechselkleidung
- ○ Proviant
- ○ Gut sitzender Wanderrucksack
- ○ Teleskop- oder Faltstöcke
- ○ Sonnenschutz (Brille, Hut, Sonnencreme)
- ○ Kälteschutz (Handschuhe, Mütze, Halstuch)
- ○ Kompass und Wanderkarte

Endlich gern gesehen

Verhaltenskodex

BEIM WANDERN

Immer mehr Menschen lassen sich von der Faszination des Wanderns in den Bann ziehen. So viele, dass man in immer mehr Regionen von „Overtourism" spricht und Ranger zur Überwachung einsetzt. Je mehr wir im Freien unterwegs sind, desto mehr Schaden trägt die Natur davon – außer wir gehen sanft mit der sensiblen Umgebung um. „Take nothing but pictures, leave nothing but footprints": Beherzige dieses Motto, dann steht deinem umweltschonenden Wandererlebnis nichts mehr im Weg. Um im Einklang mit der Umgebung unterwegs zu sein, haben wir wichtige Tipps und einfache Grundregeln zusammengefasst.

Und das kannst du machen ...

Dos & Don'ts

01 **Befolge Bestimmungen:** Informiere dich über Regelungen in Nationalparks und Schutzgebieten und halte dich an die Hinweise auf Informationstafeln.

02 **Bewege dich auf sichtbaren Wegspuren:** Durchquere keine Gebiete auf eigene Faust, sondern bleibe auf den festgelegten Routen. Respektiere Privatgrund und schließe Weidegatter.

03 **Respektvoller Umgang untereinander:** Begegne anderen Wanderern und Forstpersonal sowie Jägern und Landwirten stets freundlich und respektvoll, schließlich bist du Gast in dieser schönen Gegend.

04 **Vermeide unnötigen Lärm:** Achte auf Ruhezonen und bewege dich möglichst leise in der freien Natur.

05 **Respektiere den Lebensraum der Tiere:** Weiche Tieren unaufgeregt aus und halte Distanz bei Begegnungen.

06 **Halte die Umwelt sauber:** Hinterlasse keinen Abfall. Versuche dich bei Notdurft von Gewässern fernzuhalten und nimm Klopapier wieder mit ins Tal.

07 **Pflücke und sammle keine Pflanzen:** Achte darauf, Pflanzen möglichst unberührt zu lassen.

08 **Mache kein offenes Feuer und campiere richtig:** Nutze nur ausgewiesene Feuerstellen und beachte die aktuelle Waldbrandgefahr. Wenn du im Freien übernachtest, tu das nur an Plätzen, wo dies erlaubt ist.

Grundwissen

Wandern

SICHERHEIT UND BASICS

Wandern ist ein ideales Mittel, um einfach mal auszuspannen und den Alltag hinter sich zu lassen. Nur der eigenen Bewegung folgen, sich auf seine Schritte und den eigenen Rhythmus konzentrieren. Die Natur und ihre Schönheit genießen. Trotzdem gilt es einiges zu beachten, damit durch unvorhergesehene Ereignisse der Spaß nicht auf der Strecke bleibt.

Der richtige Einstieg: Voller Enthusiasmus aber ohne jegliche Erfahrungen gleich ins Hochgebirge zu starten sind ungünstige Voraussetzungen. Wenn der Körper die Anstrengung nicht gewöhnt ist, werden lange und anstrengende Distanzen schnell zur Qual und verderben jeglichen Spaß. So ist es ratsam, sich erst einmal kleinere Ziele in der näheren Umgebung zu suchen. Zwei bis drei Stunden reine Gehzeit oder 8 bis 12 Kilometer sind dabei vollkommen ausreichend.

Wettercheck: Gerade im Gebirge ist stabiles Wetter sehr wichtig. Sich bereits zwei bis drei Tage vorher zu informieren und am Abend vor der Tour oder bei Unsicherheit sogar morgens nochmal das Wetter abzuklären, kann oft böse Überraschungen vermeiden. Am besten informierst du dich beim Deutschen Wetterdienst oder über das Bergwetter des Deutschen Alpenvereins. Bei unsicheren Verhältnissen lieber die Tour absagen und auf einen anderen Tag verschieben.

Notruf bei Unfällen: Im Falle eines Unfalls haben Ruhe bewahren und überlegtes Handeln oberste Priorität. Erst einen Überblick über die Situation verschaffen, dann wird mit der europaweit gültigen Notrufnummer 112 ein Notruf abgesetzt. Funklöcher oder kein Handy erfordern das alpine Notsignal mittels Rufen, Pfiffen oder Licht: Alle zehn Sekunden eine Minute lang ein Signal, dann eine Minute Pause, dann wieder alle zehn Sekunden eine Minute lang ein Signal geben. Zudem sollten Erste-Hilfe-Maßnahmen durchgeführt werden, falls möglich.

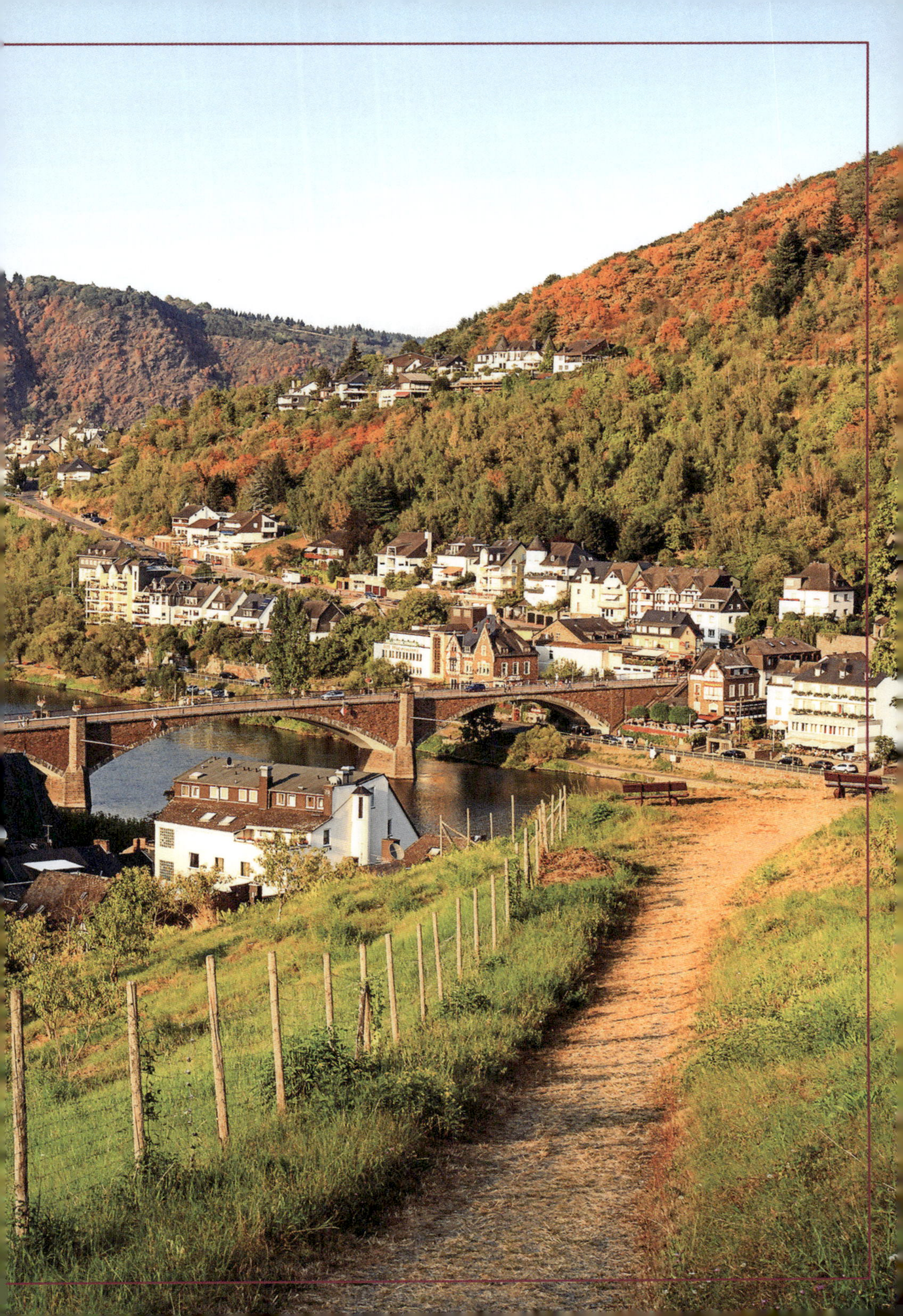

Grundwissen

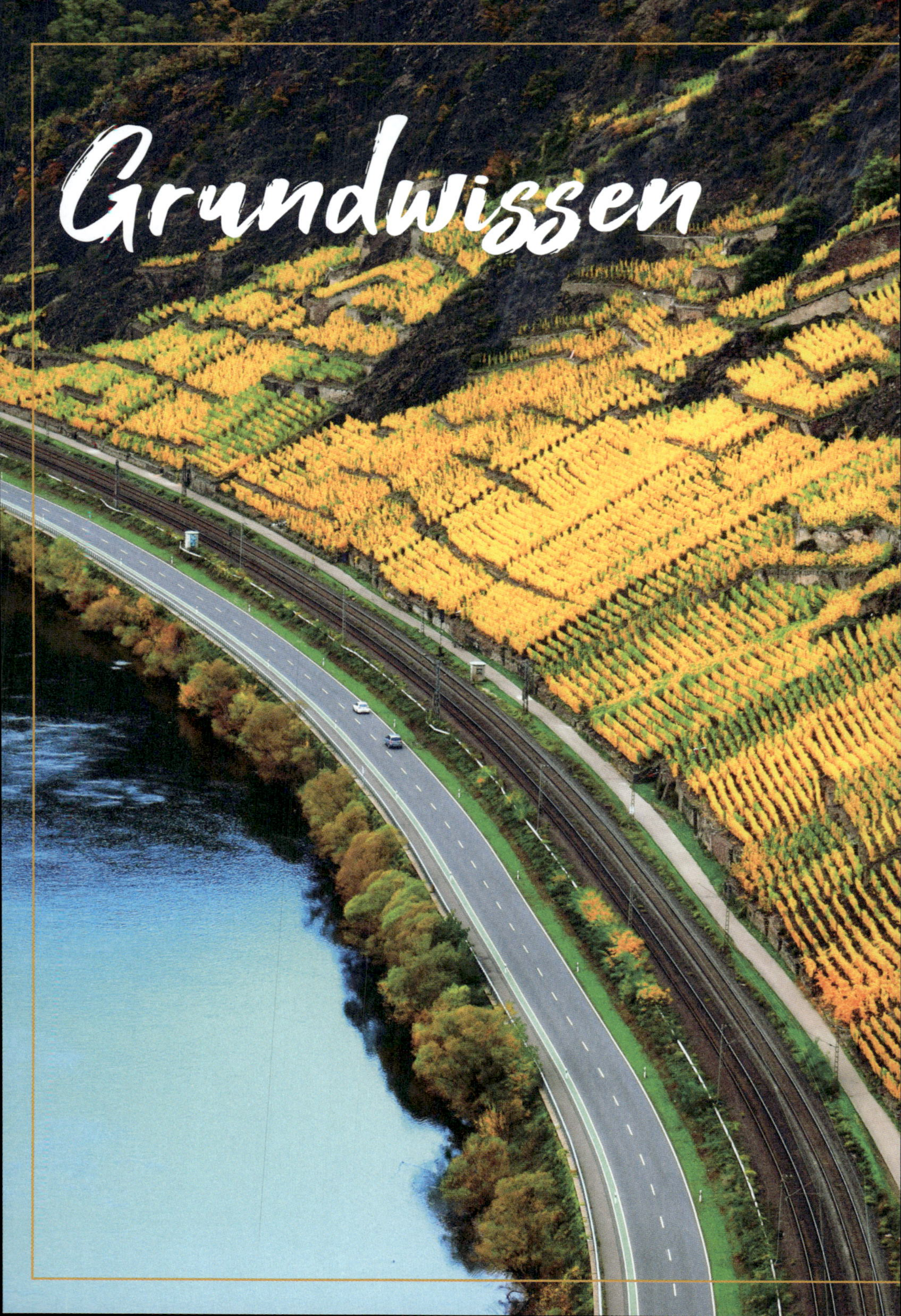

Wandern

TOUREN-1×1 & LEXIKON

Die Klassifizierung der Touren ist als Richtwert zu verstehen. Schätze dein Können und deine Kräfte realistisch ein und richte deine Tourenauswahl danach aus.

LEICHT: Meist gut markierte, breite Wanderwege ohne Gefahrenstellen, die stellenweise auch etwas steilere, wurzelige und felsige Passagen aufweisen können. Die Routen sind für AnfängerInnen, Kinder sowie fitte, ältere Personen geeignet und setzen keine großartige Bergerfahrung voraus.

MITTEL: Anspruchsvollere Wege und Pfade mit teils unwegsamem Untergrund (steinig, wurzelig, verwachsen, rutschig), die meist gut markiert sind und phasenweise leicht ausgesetzte Abschnitte beinhalten können. Die Routen sind überwiegend länger und setzen Bergerfahrung und eine gute Grundkondition voraus.

SCHWER: Herausfordernde Touren, meist auf schmalen und steilen Steigen in alpinem Gelände. Stellenweise können kurze (durch Drahtseile versicherte) Kletter- und Kraxelpassagen vorkommen, bei denen die Hände zu Hilfe genommen werden müssen. Es ist mit längeren An- und Abstiegen zu rechnen. Langjährige Bergerfahrung, Trittsicherheit und Schwindelfreiheit sowie ausgezeichnete Kondition sind Grundvoraussetzung!

Gehzeiten: Die angeführten Zeitangaben verstehen sich als Richtwerte für die reine Gehzeit ohne Pausen und basieren auf folgenden Erfahrungswerten pro Stunde: Aufstieg 400 Höhenmeter, Abstieg 600 Höhenmeter, 4 km auf flacher Strecke.

Wandersaison: Grundsätzlich lässt es sich in den deutschen Mittelgebirgen und dem Flachland ganzjährig wandern, trotzdem solltest du mit Schnee in den höheren Lagen rechnen. Besonders bei Minustemperaturen und Nässe ist auf die Wegverhältnisse zu achten. Deswegen empfehlen wir Wanderungen ab April bis Oktober. Jede Jahreszeit hat dabei ihren ganz eigenen Charme. Der Frühling besticht durch seine Blütenpracht, während im Sommer große Weinfeste einladen. Die Weinlese beginnt im September und ist damit auch die schönste Reisezeit. Der Herbst schafft eine einmalige Wanderkulisse und oft besteht sehr gute Fernsicht.

Informiere dich am besten in der Region über die aktuelle Begehbarkeit der Wege und die Öffnungszeiten der Zufahrtsstraßen und Einkehrmöglichkeiten, um keine unerwarteten Überraschungen zu erleben.

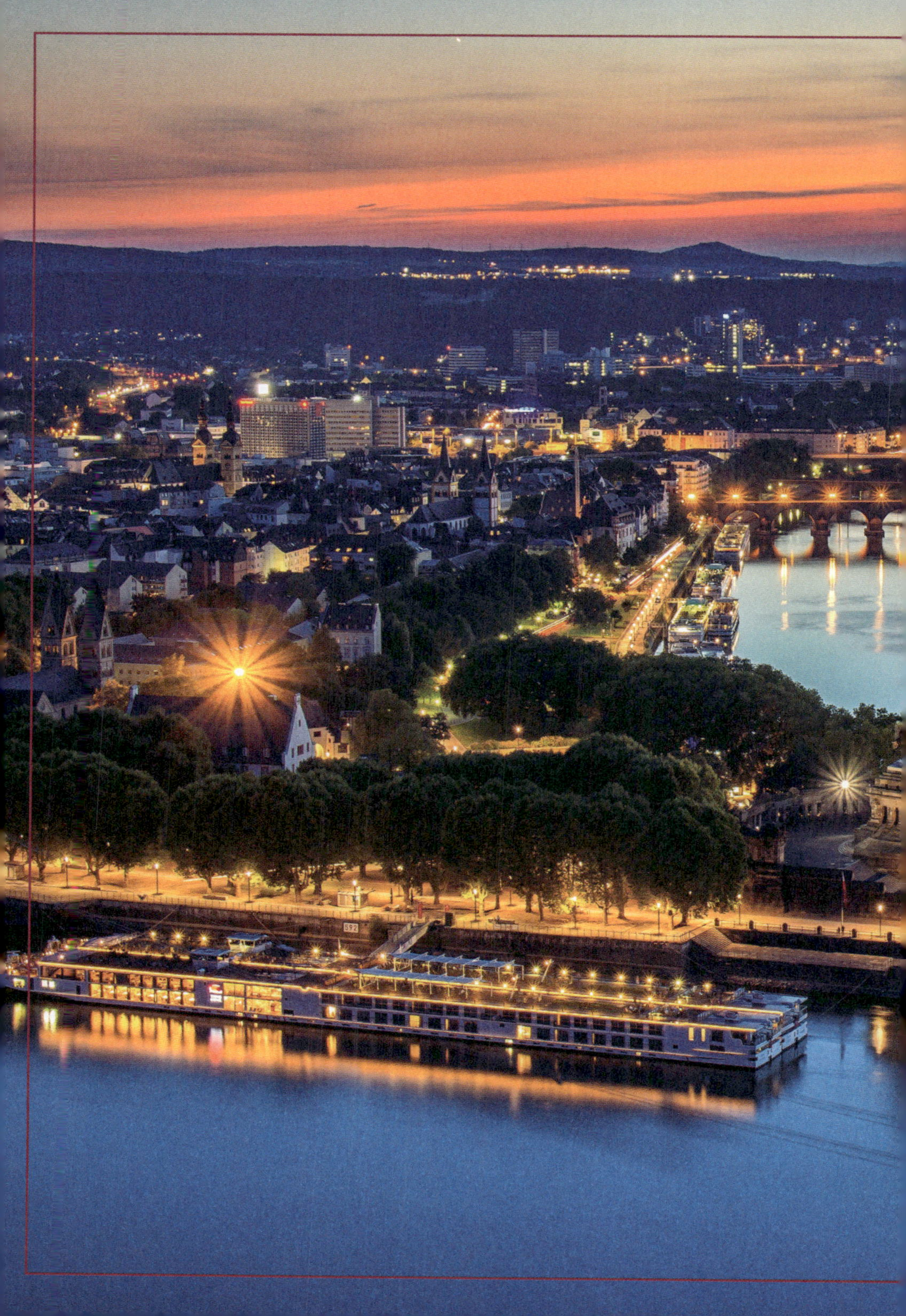

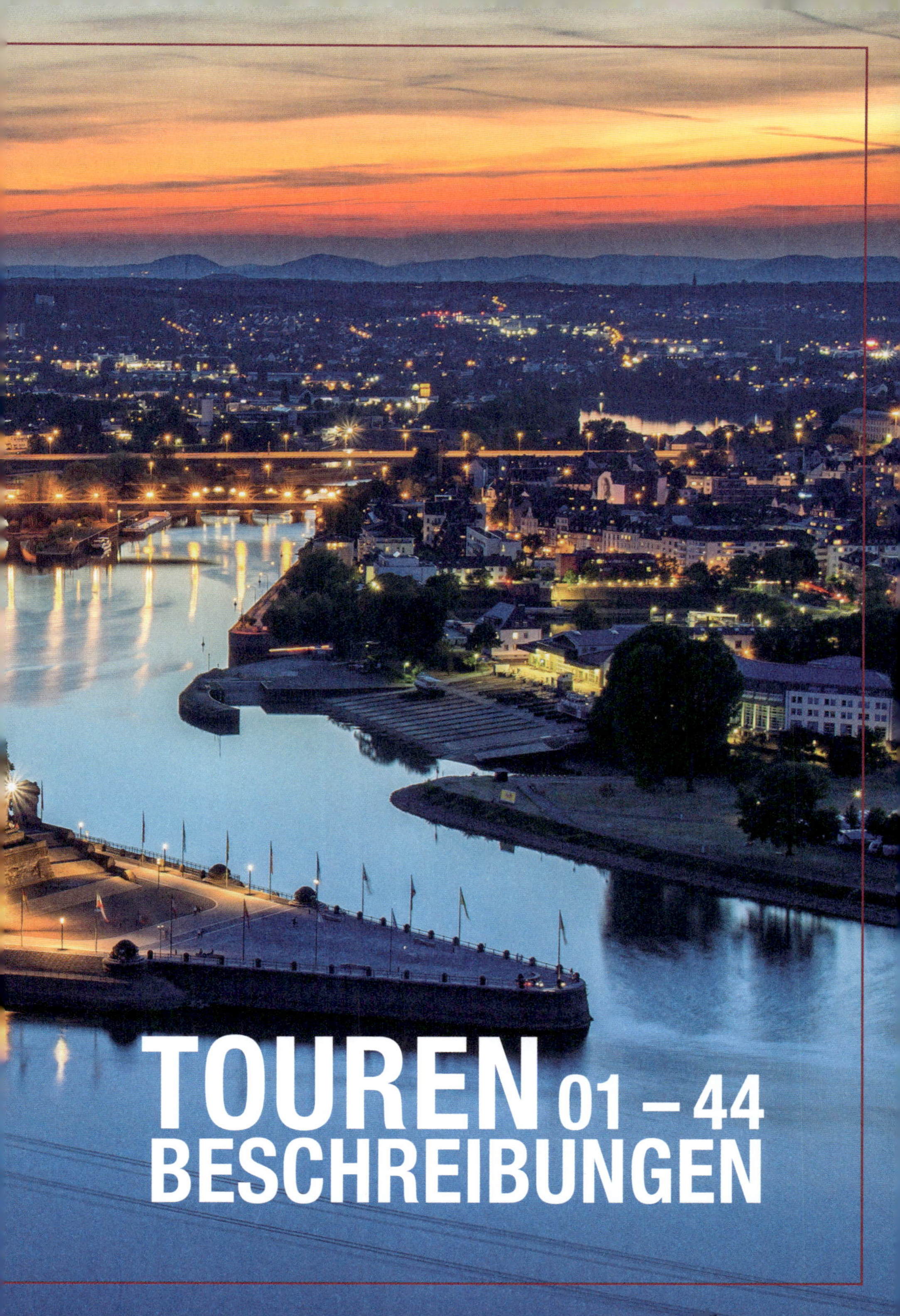
TOUREN 01 – 44
BESCHREIBUNGEN

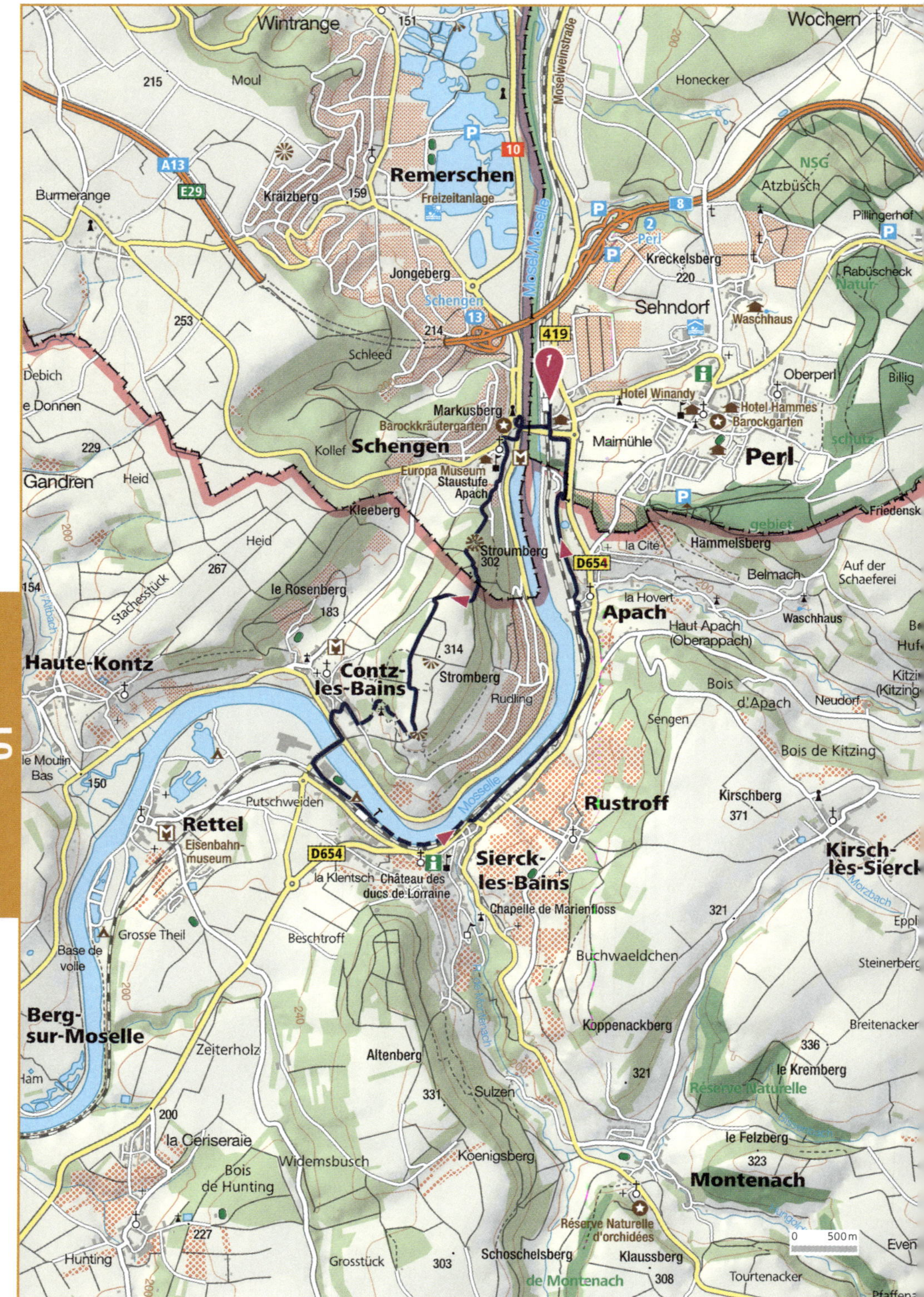

Wintrange
Wochern
Moul
Honecker
Moselweinstraße
Remerschen
Freizeitanlage
A13
E29
Burmerange
Kräizberg
NSG
Atzbüsch
Pillingerhof
Perl
Kreckelsberg
Jongeberg
Schengen
Rabüscheck
Sehndorf
Waschhaus
Schleed
Moselle
Oberperl
Billig
Debich
le Donnen
Hotel Winandy
Hotel Hammes
Markusberg
Barockkräutergarten
Barockgarten
Kollef
Schengen
Maimühle
Perl
Gandren
Heid
Europa Museum
Staustufe Apach
Kleeberg
Friedensk
Heid
Stroumberg
Hammelsberg
la Cité
le Rosenberg
D654
Belmach
Auf der Schaeferei
Stachesstück
la Hovert
Apach
Haut Apach (Oberappach)
Waschhaus
Haute-Kontz
Contz-les-Bains
Stromberg
Rudling
Bois d'Apach
Neudorf
Sengen
le Moulin Bas
Bois de Kitzing
Putschweiden
Rettel
Eisenbahn-museum
Rustroff
Kirschberg
Kirsch-lès-Sierck
Sierck-les-Bains
D654
la Klentsch
Château des ducs de Lorraine
Chapelle de Marienfloss
Grosse Theil
Beschtroff
Base de voile
Buchwaeldchen
Steinerberg
Berg-sur-Moselle
Koppenackberg
Breitenacker
Zeiterholz
Altenberg
le Kremberg
Réserve Naturelle
Sulzen
la Ceriseraie
le Felzberg
Bois de Hunting
Widemsbusch
Koenigsberg
Montenach
Réserve Naturelle d'orchidées
Hunting
Grosstück
Schoschelsberg
Klaussberg
Tourtenacker
de Montenach
0 500 m

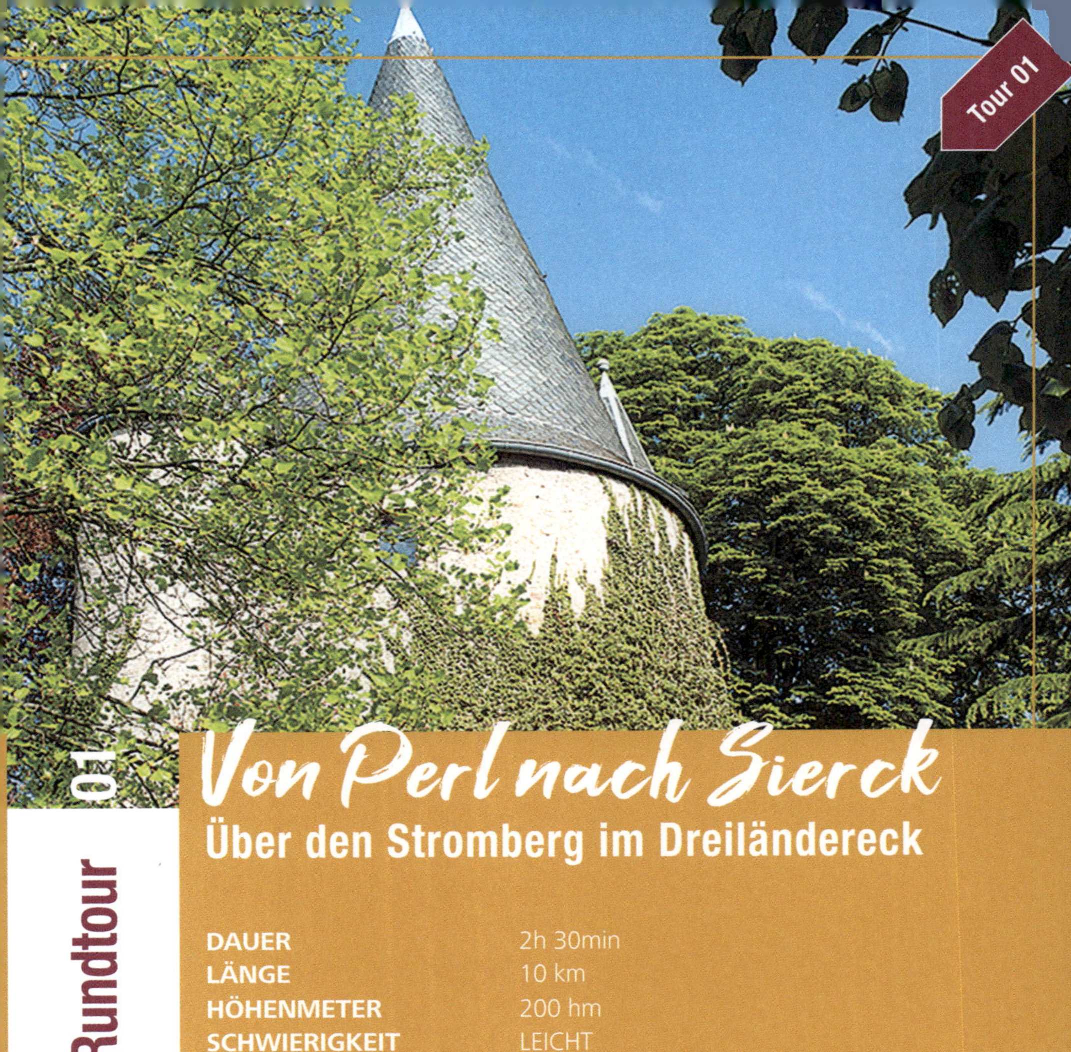

Rundtour 01

Von Perl nach Sierck

Über den Stromberg im Dreiländereck

DAUER	2h 30min
LÄNGE	10 km
HÖHENMETER	200 hm
SCHWIERIGKEIT	LEICHT
MIT ÖFFIS ERREICHBAR	ja

Das erwartet dich ...

Der Stromberg mit Streuobstwiesen und Rebhängen ist der aussichtsreiche Bergrücken im Inneren der Kontzer Moselschleife im luxemburgisch-französisch-deutschen Dreiländereck. An seinen Nordausläufern liegt das luxemburgische Wein- und Schlossdorf Schengen, im Südwesthang der lothringische Weinort Niederkontz (Contz-les-Bains). Der sonnenexponierte Gipfelrücken steht weitflächig unter Naturschutz und bietet herrliche Ausblicke auf das Moseltal und das lothringische Stufenland.

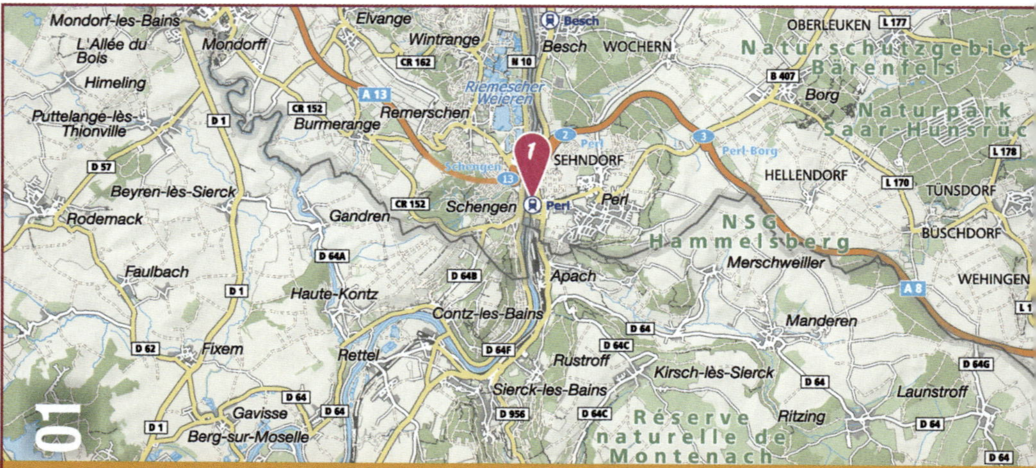

Rundtour 01

Start & Ziel & Anreise

Start am Bahnhof Perl. Von der Bahnhofstraße beim Bahnhof rechts zum Parkplatz abbiegen. Mit dem Auto auf der BAB A8 von Dillingen/Saar nach Luxemburg bis Ausfahrt 2 Perl. Auf die B419 Richtung Perl einbiegen und in Perl rechts zum Bahnhof abbiegen. Mit der Bahn Linie RB82 von Trier-Hauptbahnhof nach Perl-Bahnhof.

Tourenbeschreibung

Der Bahnhof Perl liegt an der Mosel beim Gasthaus „Zur Maimühle" unterhalb der Straßenbrücke nach Schengen. Über die Straßenbrücke geht es über die Grenze ins luxemburgische Weindorf Schengen, wobei neben der Muschel-Markierung des Jakobswegs die x-Markierung des Europäischen Fernwanderwegs 3 die Route weist. In der Rue de la Moselle in Schengen markieren eine Weinpresse und ein Sonnenuhrkreuz von 1612 die Stelle, wo sich bis zur Errichtung der Moselbrücke der Zugang zur Moselfähre befand. Am Europaplatz erinnert ein Denkmal an die Unterzeichnung des Schengener Abkommens am 14. Juni 1985, der Grundstein für ein grenzenloses Europa. Schauplatz des historischen Akts war ein Fahrgastschiff: die „MS Princesse Marie-Astrid".

Am spätbarocken Koch-Haus (1779) vorbei führt der Wanderweg zum Schengener Schluss (das Schloss ist heute ein Hotel) mit Blick auf das Moseltal und die

Apacher Schleuse sowie links hinauf in die Weinberge. Oben im Wald geht es weiter auf einem Pfad, der recht steil und in Serpentinen den Stromberg hinaufführt. Wo der Pfad oben das Wiesengelände erreicht bietet sich ein herrlicher Ausblick auf das Moseltal und das lothringische Stufenland. Nach Überqueren der „grünen" Grenze zwischen Luxemburg und Frankreich führt der Weg weiter über den aussichtsreichen Bergrücken, ins Blickfeld rücken auch die Kühltürme des französischen Kernkraftwerks Cattenom.

Vom Stromberg führt der Jakobsweg im Wald hinab zur aussichtsreich vor einer Wiese stehenden Chapelle du Boesch und in das Kirch- und Weindorf Contz-les-Bains, das wie Perl und Sierck zur Erinnerung an seine alte Lage am Jakobsweg drei Jakobsmuscheln im Ortswappen führt. Der Straßenname „Venelle des hospitaliers" erinnert an die (nicht mehr vorhandene) gotische Sozialstation „Maison des Hospitaliers", in der die Jakobspilger übernachteten.

Wir überqueren die Mosel auf der Straßenbrücke und gehen am Zebrastreifen die Stufen hinab. Unten geht's nach links zum Campingplatz des Tilleuls und am Ufer entlang in das mittelalterliche Städtchen Sierck-les-Bains. Rechts über uns erhebt sich die Festungsruine Sierck. In Sierck führt der Moseluferweg zunächst unterhalb der Bahn entlang, wechselt dann die Seite und führt in das Grenzdorf Apach. An der Schleuse geht's rechts hinauf zum Apacher Eiffelturm an die B419 und der „Grenze". Richtung Perl wandern wir zum Kreisel, wenden uns dort nach links und dann unter der Straßenbrücke hindurch zurück zum Bahnhof Perl.

Autoren Tipp

Burgstadt Sierck am Moseldurchbruch: Sierck mit der romanischen Bergfestung liegt in der Kontzer Moselschleife. Die strategische Bedeutung dieser Enge nutzten schon die Römer und legten auf dem Felsen die Festung „Circum Castellum" an. Die Herzöge von Lothringen ließen ab dem 11. Jahrhundert im Hang des Altenbergs ihre Grenzfestung errichten. Das Ensemble von Umfassungsmauern, Torturm und Geschütztürmen wird nachts angestrahlt. Die Burg bietet einen herrlichen Ausblick auf das Moseltal. Die kopfsteingepflasterten Gassen von Sierck zeigen uns das Flair vergangener Jahrhunderte.

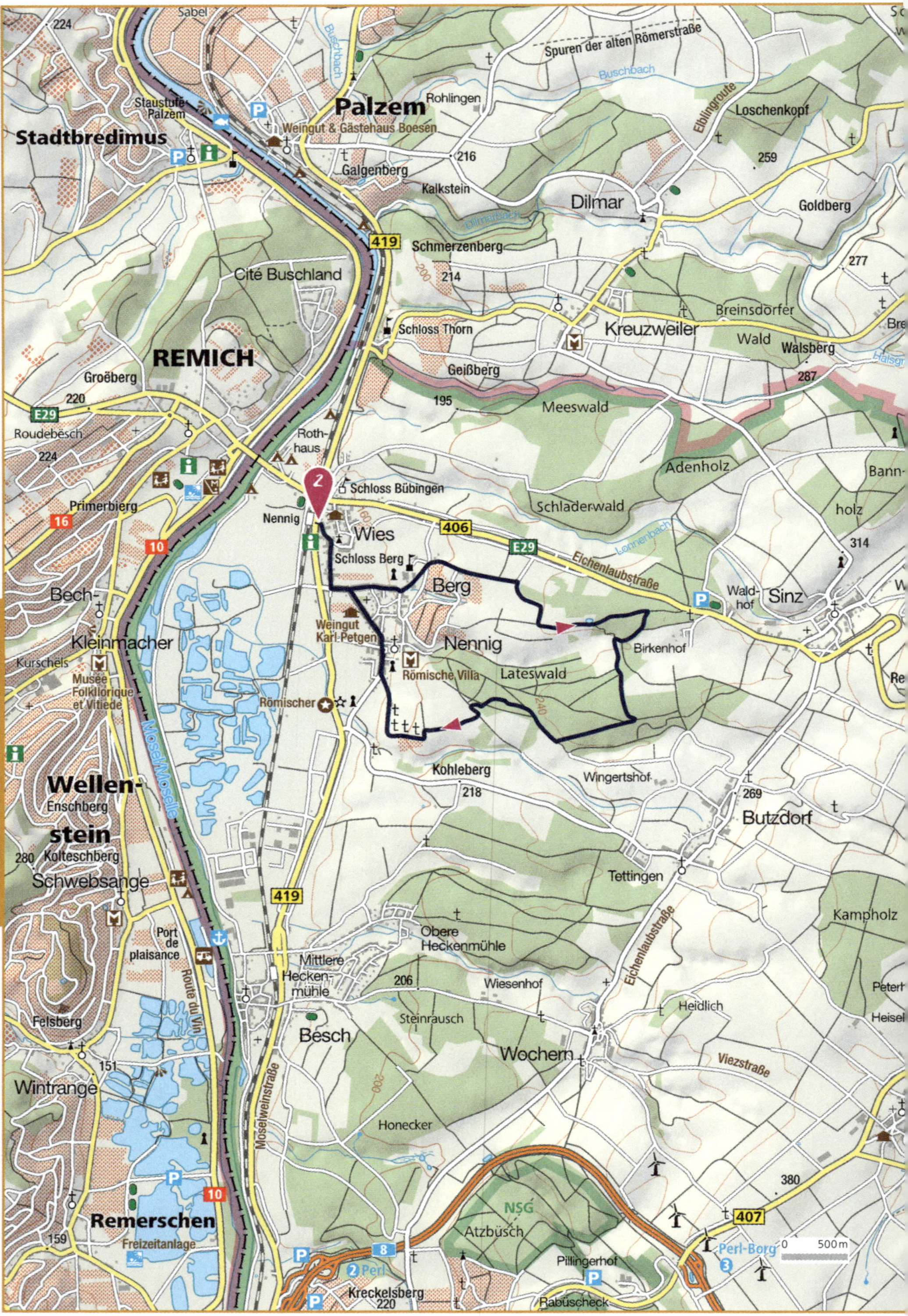

Sabel
224
Spuren der alten Römerstraße
Buschbach
Staustufe Palzem
Palzem
Rohlingen
Stadtbredimus
Weingut & Gästehaus Boesen
Elbling-route
Loschenkopf
216
Galgenberg
259
Kalkstein
Dilmar
Goldberg
419
Schmerzenberg
Dillmarbach
214
200
277
Cité Buschland
Breinsdorfer
Schloss Thorn
Kreuzweiler
Wald
Walsberg
REMICH
Geißberg
287
Groëberg
195
Meeswald
220
E29
Roudebësch
Roth-haus
Adenholz
224
Bann-holz
Schloss Bübingen
Schladerwald
Primerbierg
Nennig
Wies
406
16
10
Schloss Berg
E29
Eichenlaubstraße
314
Lennenbach
Berg
Bech-Kleinmacher
Wald-hof
Sinz
Weingut Karl Petgen
Nennig
Birkenhof
Kurschels
Musée Folklorique et Viticole
Römische Villa
Lateswald
240
Römischer
Mosel/Moselle
Kohleberg
Wingertshof
218
269
Wellen-stein
Enschberg
Butzdorf
280
Kolteschberg
Tettingen
Schwebsange
419
Kampholz
Eichenlaubstraße
Obere Heckenmühle
Port de plaisance
Mittlere Hecken-mühle
206
Wiesenhof
Peterh
Heisel
Heidlich
Steinrausch
Route du Vin
Felsberg
Besch
Wochern
Viezstraße
151
Wintrange
200
Moselweinstraße
Honecker
380
NSG
10
407
Atzbüsch
Remerschen
Perl-Borg
0 500 m
159
Freizeitanlage
8
Perl
Pillingerhof
Kreckelsberg
220
Rabüscheck

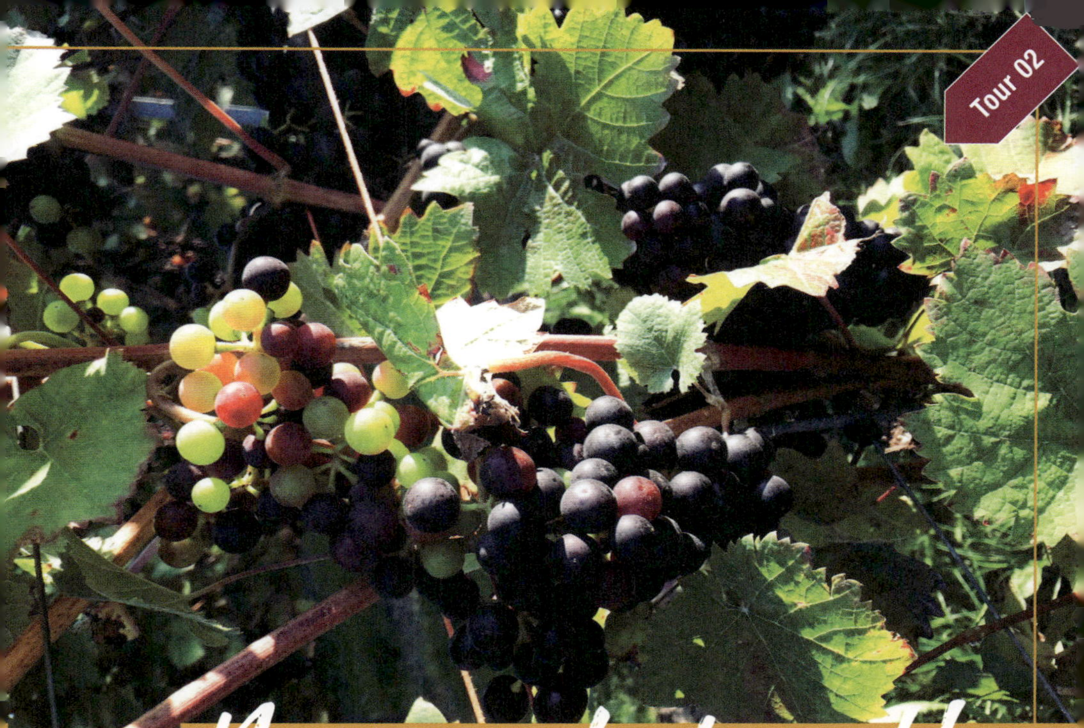

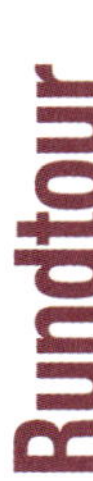

Nennig – Lateswald

Von Schloss Berg durch den Lateswald zur Römischen Villa Nennig

DAUER	2h 30min
LÄNGE	8,9 km
HÖHENMETER	194 hm
SCHWIERIGKEIT	LEICHT
MIT ÖFFIS ERREICHBAR	Ja

Das erwartet dich ...

Unsere leichte Rundwanderung verläuft teilweise auf der Traumschleife Dolinenweg und führt uns zu Karsterscheinungen an der saarländischen Obermosel. Zugleich liegen zwei kulturelle Highlights am Rundweg: Der Renaissancegarten von Schloss Berg und die Römische Villa in Nennig. Zu einer Weinprobe kehren wir im traditionsreichen Weingut Karl Petgen ein und kosten Weine, Sekte und Edelobstbrände. Die Weinberge des Weingutes liegen an den sonnigen Hängen von Schloss Berg und Schloss Thorn.

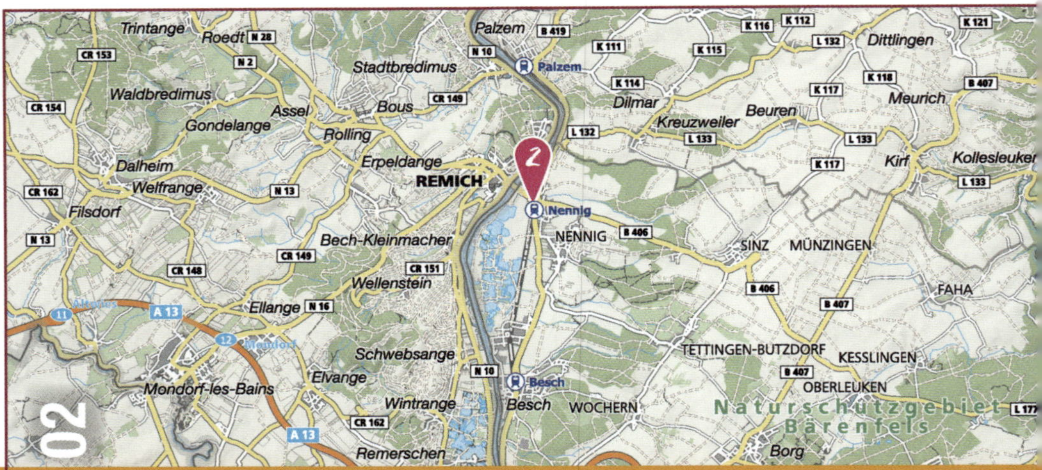

Rundtour 02

Start & Ziel & Anreise

Start am Bahnhof Nennig neben der B419 Bübinger Straße. Mit dem Auto auf der BAB A8 von Dillingen/Saar Richtung Luxemburg bis Ausfahrt 2 Perl. Auf die B419 Richtung Trier einbiegen und in Nennig rechts beim Bahnhof parken.Mit der Bahn Linie RB82 von Trier-Hauptbahnhof nach Nennig-Bahnhof.

Tourenbeschreibung

Wir beginnen die Wanderung am Bahnhof Nennig und gehen die Wieser Straße entlang zur Kapelle St. Sebastian. Am Ende der Wieser Straße stoßen wir auf den Berger Weg und folgen ihm links in Richtung des weithin sichtbaren Renaissanceschlosses Berg auf einer Anhöhe inmitten der Weinberge. Jackpot! In einem Schloss-Anbau befindet sich eine Spielbank und im Schloss selbst ein Fünf-Sterne-Hotel und ein Gourmet-Restaurant. Der geometrische Renaissancegarten im Schloss Berg ist Teil des Projekts „Gärten ohne Grenzen" und ganzjährig kostenlos zu besichtigen.

Am Parkplatz beim Schloss taucht der Wanderweg „Traumschleife Dolinenweg" in die aussichtsreiche Feldflur ein. Durch Streuobstwiesen führt er Richtung Wald. Eine Lehrtafel macht auf ein „Schluckloch" in einer Doline aufmerksam. Hier versickert Wasser im klüftigen Kalkgestein und fließt unterirdisch weiter, ehe es an der Felsstraße in Nennig wieder zutage tritt. Im Wald an der Wegkreuzung biegen wir rechts ab und lassen den Birkenhof links liegen. An der Lichtung halten wir uns links und stoßen im Lateswald auf einen Qierweg. Ihm folgen wir rechts bis an den Waldrand. Auch hier geht's rechts bald erneut in den Wald hinein. Ein Pfad, auf dem der Dolinenweg markiert ist, zweigt links ab und führt uns aus dem Wald hinaus.

Über schöne Streuobstwiesen führt der Weg zu einer Ruhebank, an der der Weg nach links abzweigt und uns an Pilgerweg-Stationen vorbei zurück nach Nennig bringt. An der Römerstraße zweigt dann der Weg rechts zur Römischen Villa ab. Sie gehört aufgrund ihres prachtvollen Mosaikbodens mit Szenen aus dem Amphitheater zu den bedeutendsten Beispielen römischer Kunst nördlich der Alpen. In sieben Bildfeldern werden Musikanten, Gladiatorenkämpfe und Tierhatzen dargestellt.

Wir gehen weiter Richtung Kirche zum Marktplatz, halten uns dort links und biegen in die Bachstraße ein. An der Martinusstraße geht's rechts am Weingut Karl Petgen vorbei (es ist das älteste Weingut im Saarland) zum Berger Weg. Kurz nach links einbiegen und dann an der Wieser Straße zurück zum Bahnhof Nennig.

Blick auf das Schloss Berg.

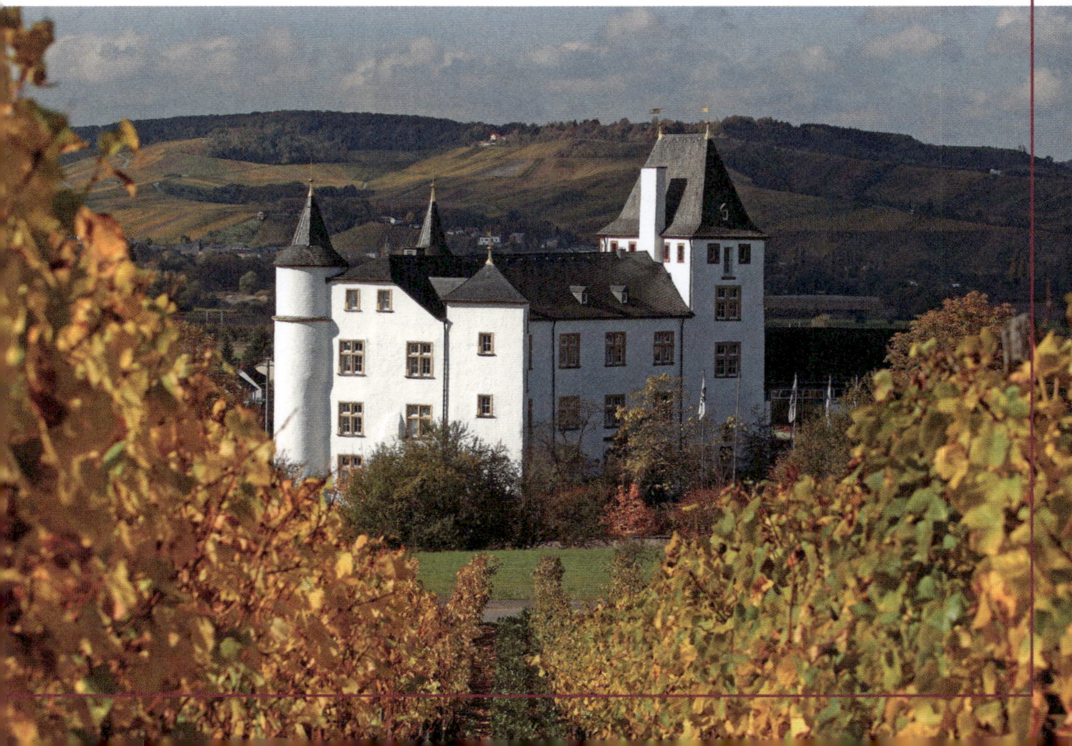

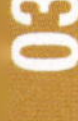

Gostingen
Gouschténgerbësch
Dreiborn
295
10
Tomm
Wormeldange
3
Mettfels
Wincheringen
229
ënnescht Millen
278
Bierschelt
Canach
Brill
Ehnen
Triesch
Weinmuseum
Bidelt
419
Lenningen
224
289
Haardtw
Rütsch
Brëst-
wald
Breis-grund
Néisbësch
Greiveldange
Wehr
Helfant
Esinger
Hof Heidfeld
281
Hof Pen
216
Helfantermühle
Hëttermillen
Route du Vin
Hamm
Unnerwald
Spirzingerb.
Briedemësser Bësch
Primerberg
Wittholz
Esing
Mosel / Moselle
Sabel
224
Buschbach
Spuren der alten Römerstraße
Buusserbësch
Buschbach
Staustufe Palzem
Palzem
Rohlingen
Elbling-route
Losch
Weingut & Gästehaus Boesen
Stadtbredimus
Galgenberg
216
Kalkstein
Weingut Carlsfelsen
Dilmar
Bous
419
Schmerzenberg
Cité Buschland
214
Aalbaach
Breins
Herdermillen
Schloss Thorn
Kreuzweiler
REMICH
Geißberg
2
Groëberg
220
195
Meeswald
E29
Roudebësch
Roth-haus
Erpeldange
224
Adenholz
Schloss Bübingen
Schladerwald
Primerbierg
16
Nennig
406
Wies
0 500 m
Scheierbierg
10
E29
Eichenlaubstraße
Scheierbierg 299
Schloss Berg
Berg

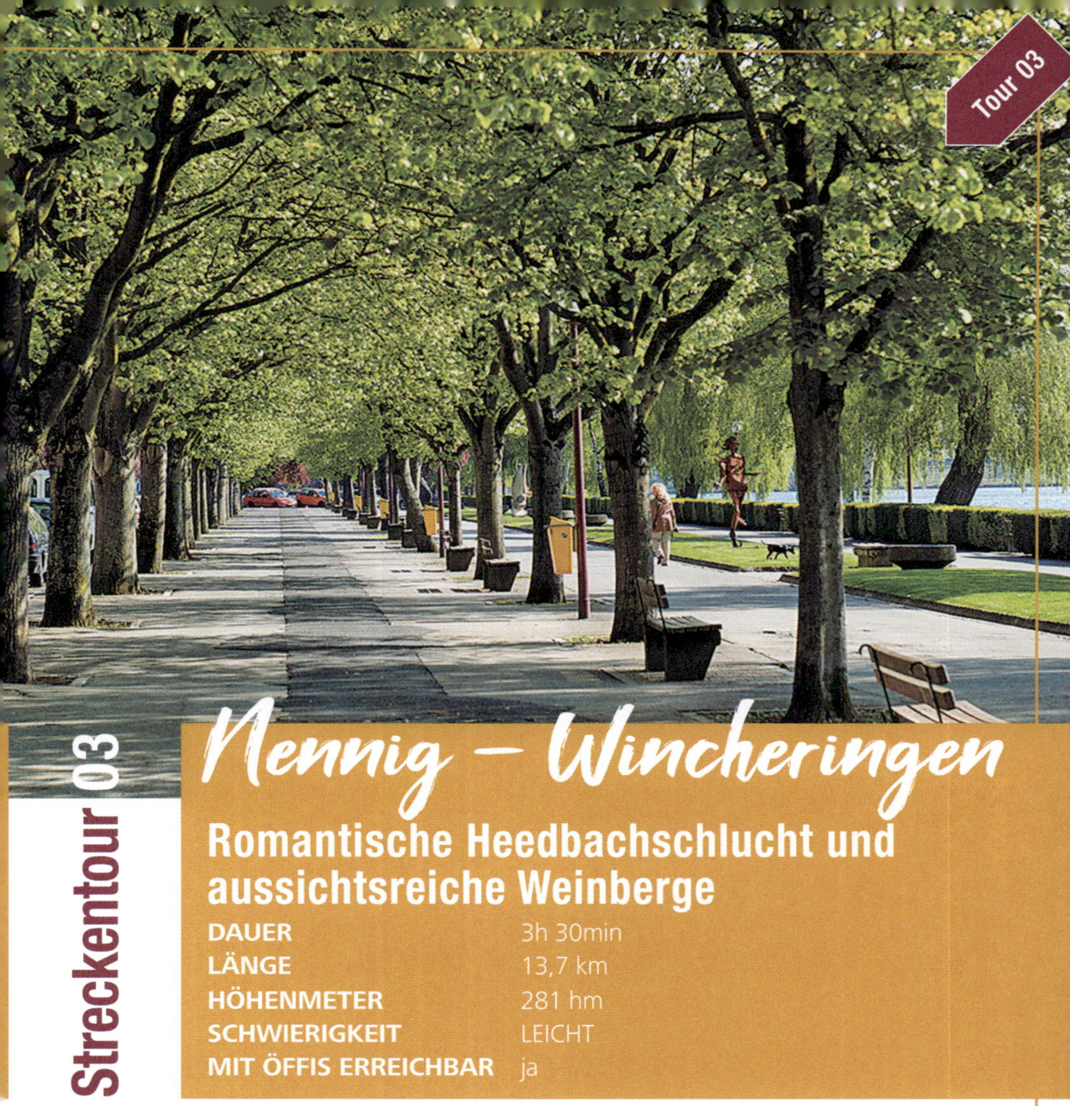

Streckentour 03

Nennig – Wincheringen

Romantische Heedbachschlucht und aussichtsreiche Weinberge

DAUER	3h 30min
LÄNGE	13,7 km
HÖHENMETER	281 hm
SCHWIERIGKEIT	LEICHT
MIT ÖFFIS ERREICHBAR	ja

Das erwartet dich ...

Remich, ein romantisches Winzerstädtchen mit verwinkelten Gassen und Resten der alten Stadtbefestigung. Die Heedbachschlucht nahe Remich ist der Naturhöhepunkt dieser etwas längeren aber schönen Wanderung auf der luxemburgischen Seite der Mosel. Aussichtsreiche Pfade und Wege führen uns durch die Weinberge über dem Moseltal ins malerische Winzerdorf Ehnen. Das dortige Weinmuseum an der Mosel zeigt uns Schätze rund um den Weinanbau. In Wincheringen geht's mit der Bahn zurück nach Nennig.

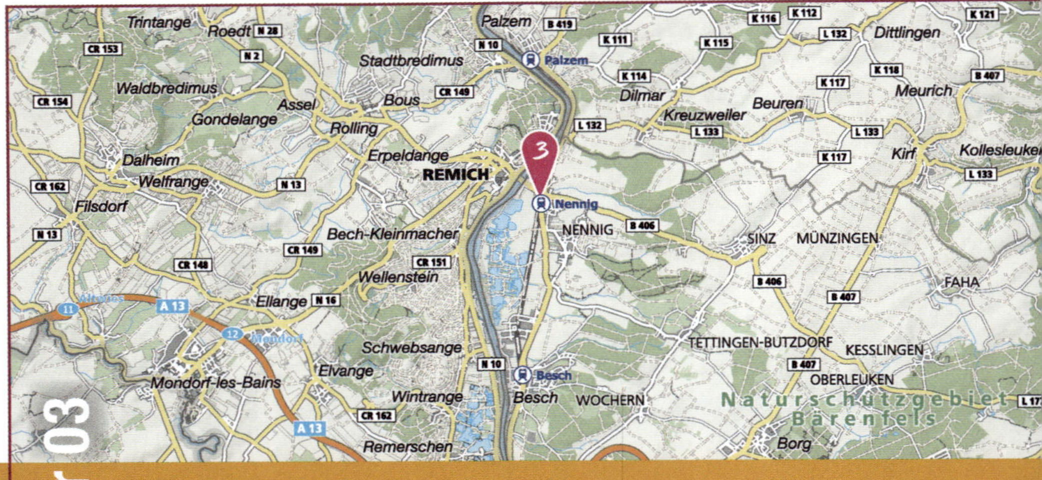

Streckentour 03

Start & Ziel & Anreise

Start am Bahnhof Nennig neben der B419 Bübinger Straße. Mit dem Auto auf der BAB A8 von Dillingen/Saar Richtung Luxemburg bis Ausfahrt 2 Perl. Auf die B419 Richtung Trier einbiegen und in Nennig rechts beim Bahnhof parken. Mit der Bahn Linie RB82 von Trier-Hauptbahnhof nach Nennig-Bahnhof.

Tourenbeschreibung

Vom Bahnhof Nennig gehen wir entlang der B419 zum Kreisel und links über die Straßenbrücke ins luxemburgische Remich. An der Rue Foascht biegen wir rechts ein und gehen bis zum Ende der Straße. Dort links und an der Rue Wenkel wenden wir uns nach rechts. Bald erreichen wir die Feuerwehr von Remich und steigen nach dem Gebäude links die Stufen hinauf. Auf einem Pfad gehen wir weiter und halten uns am Querweg nach links und wieder links zur Brücke am Heedbach. Ab hier wechseln wir über Stege oft die Bachseite und genießen die Natur in der romantischen Schlucht des Heedbachs.

Am Ausstieg der Schlucht erreichen wir ein Sträßchen und folgen ihm nach rechts durch den Réimecherboesch, einem schönen Laubwald. An der scharfen Rechtskurve des Sträßchens wandern wir geradeaus hinunter in den Winzerort Stadtbredimus. Auf der Ortsstraße gehen wir auf die Kirche zu, wenden uns aber an der Juddegaass nach links zur Hauptstraße. Gegenüber geht's weiter auf der Straße Knupp in die Weinberge hinauf. An der großen Straße nehmen wir den Wirtschaftsweg rechts, der uns oberhalb der Weinberge zur CR 146 führt. Der bekannteste Weinberg hier ist der auch als Weinlage hoch geschätzte Primerberg. Wenige Schritte gehen wir auf der CR 146 nach links und wenden uns in der Serpentine nach rechts und kürzen somit die Straße ab.

Rechts geht's in das Winzerdorf Greiveldange hinein. An der Straße Op der Baach biegen wir nun rechts ein und schlendern auf einem Weg zur CR 145. Schräg rechts gegenüber zweigt das Sträßchen Klaus ab, dem wir bis zum Abzweig des Wirtschaftsweges Am Stach folgen. Rechts wandern wir entlang des Weinhanges nach Ehnen. Mit seinen engen Gassen und zahlreichen alten Wohnhäusern ist das Weindorf ein kunsthistorisches Kleinod. Im prächtigen alten Winzerhaus der Familie Wellenstein am Moselufer ist das Weinmuseum untergebracht. Exponate erzählen von der Geschichte des Weinbaus im Großherzogtum Luxemburg, die Arbeiten im Weinberg und im Keller während des ganzen Jahres. Jede Besichtigung wird mit einem Glas Wein der Luxemburger Mosel abgeschlossen.

Am Hubschrauberlandeplatz halten wir uns rechts und kommen mitten im Ort an eine Kreuzung. Geradeaus folgen wir der Rue Isidore Comes zur Casinogaass. Wir biegen ein und stoßen an der Brücke auf die CR 134. Ein paar Schritte geht's nach links und dann rechts über Stufen zur Straße Um Kécker. Sie führt uns nach rechts in den Weinberg und über Wormeldange-Haut an der Hauptstraße hinab nach Wormeldange. An der Einmündung mit der Rue Principale gehen wir rechts hinunter an die Moselbrücke. Am anderen Ufer liegt unser Ziel Wincheringen. Vor der Bahnlinie geht's links auf das Sträßchen zum Bahnhof Wincheringen. Ab hier fahren wir mit der Bahn zurück nach Nennig.

Autoren Tipp

Remich Zentrum des Luxemburger Weinanbaus: Remich ist die Weinhauptstadt des Großherzogtums und das meistbesuchte Ausflugsziel an der Luxemburger Mosel. Jeden Sonntag schlendern Tausende von Ausflüglern über die Uferpromenade „Esplanade" und durch die verwinkelten Gassen des Orts. Ein Spaziergang durch die Machergasse, den Neuen Weg, die Rue St Cunibert, die Rue St Nicolas mit der unter Denkmalschutz stehenden Pforte des heiligen Nikolaus sowie dem „Piirtchen", lässt uns Remichs lange und bewegte Geschichte spüren.

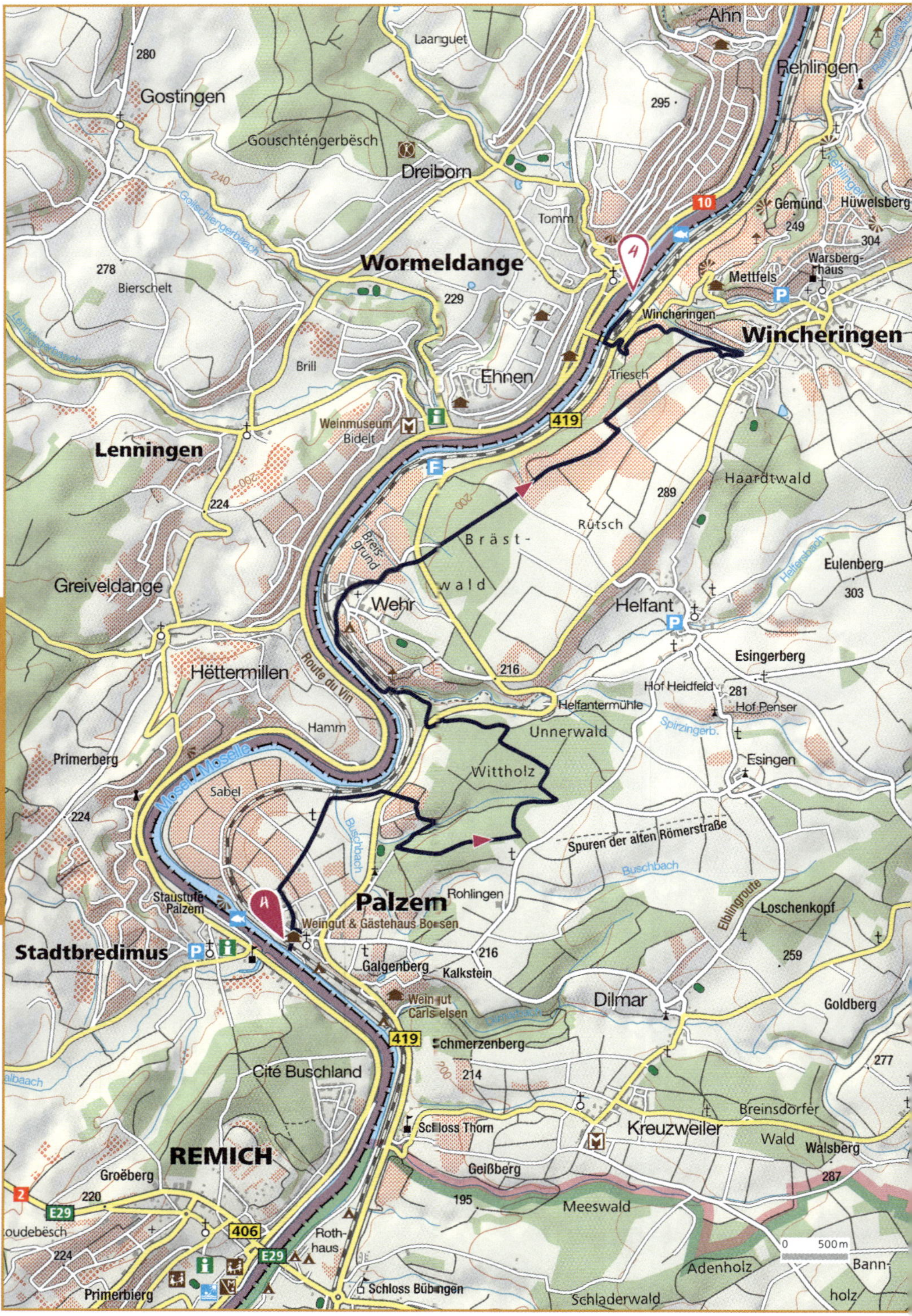

Ahn
Laarguet
280
Rehlingen
Gostingen
295
Gouschténgerbësch
Dreiborn
10
Gemünd
Hüwelsberg
Tomm
249
304
Warsberg-haus
Mettfels
278
Wormeldange
Bierschelt
229
Wincheringen
Wincheringen
Brill
Triesch
Ehnen
Weinmuseum Bidelt
419
Lenningen
Haardtwald
289
224
Rütsch
Bräst-wald
Breisgrund
Eulenberg
303
Greiveldange
Wehr
Helfant
Esingerberg
216
Hettermillen
Route du Vin
Hof Heidfeld
281
Hof Penser
Helfantermühle
Unnerwald
Spirzingerb.
Hamm
Primerberg
Esingen
Wittholz
Sabel
Mosel / Moselle
224
Spuren der alten Römerstraße
Buschbach
Buschbach
Staustufe Palzem
Palzem
Rohlingen
Elblingroute
Loschenkopf
Weingut & Gästehaus Borsen
Stadtbredimus
216
259
Galgenberg
Kalkstein
Dilmar
Goldberg
Wein gut Carls elsen
419
Schmerzenberg
277
214
Cité Buschland
Breinsdorfer Wald
Schloss Thorn
Kreuzweiler
Walsberg
REMICH
Groëberg
Geißberg
287
2
220
195
Meeswald
E29
Koudebësch
406
Roth-haus
224
E29
Adenholz
Primerbierg
Schloss Bübingen
Schladerwald
Bann-holz
0 500 m

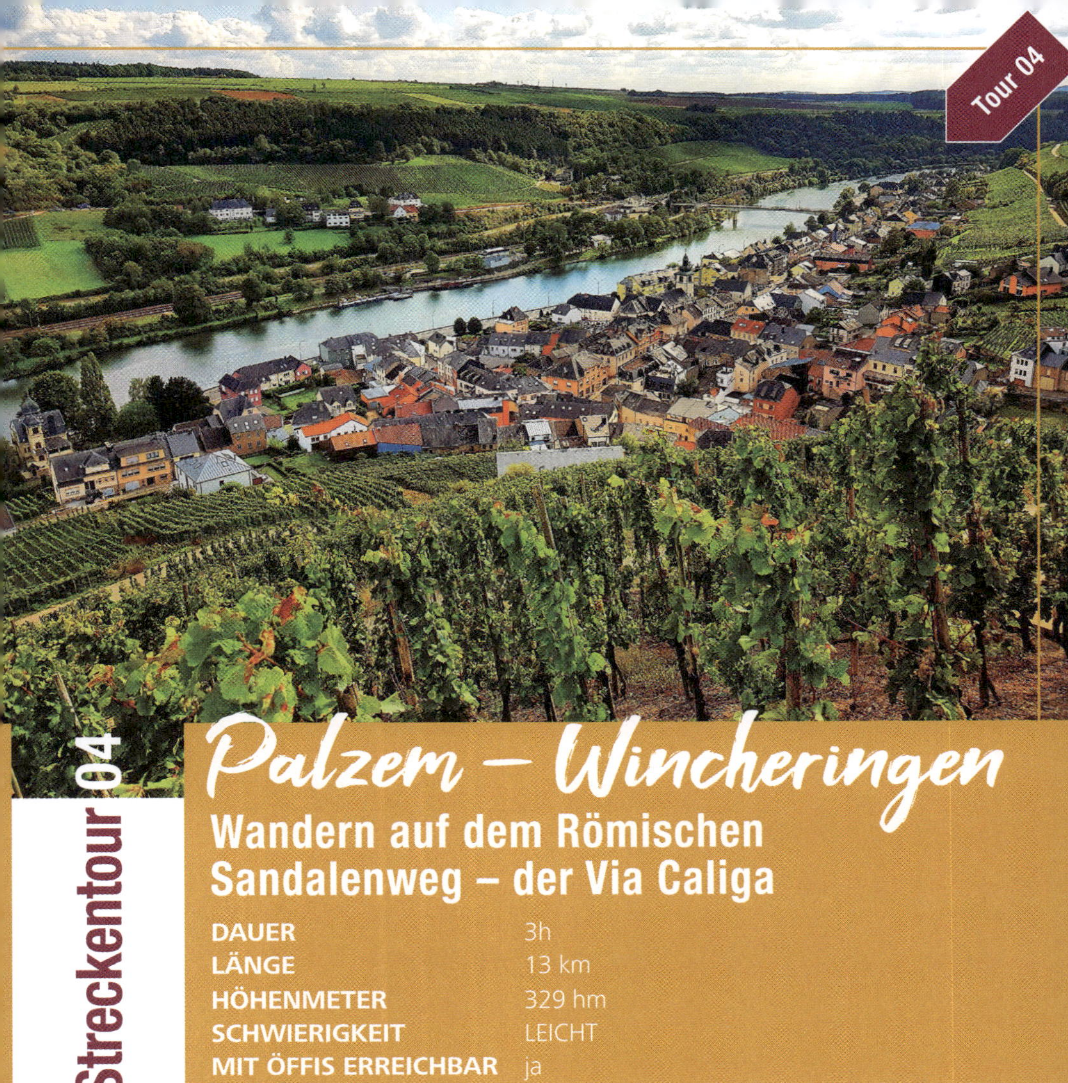

Streckentour 04

Palzem – Wincheringen

Wandern auf dem Römischen Sandalenweg – der Via Caliga

DAUER	3h
LÄNGE	13 km
HÖHENMETER	329 hm
SCHWIERIGKEIT	LEICHT
MIT ÖFFIS ERREICHBAR	ja

Das erwartet dich ...

Eine Wanderung auf der Via Caliga, einer alten Römerstraße, zwischen den Winzerorten Palzem und Wincheringen. Namensgeberin und Markierungszeichen des Weges ist die „caliga", der mit Lederriemen gebundene römische Soldatenstiefel. Mit fast 200 Hektar Rebfläche ist Palzem eine der größten Weinbaugemeinden an der Obermosel. Hier wachsen bekannte Weine wie z.B. „Schloss Thorner Kupp", „Rosenberg" und „Kapellenberg". Schloss Thorn im Süden von Palzem an der Mosel gelegen ist das älteste Schlossweingut an der Mosel.

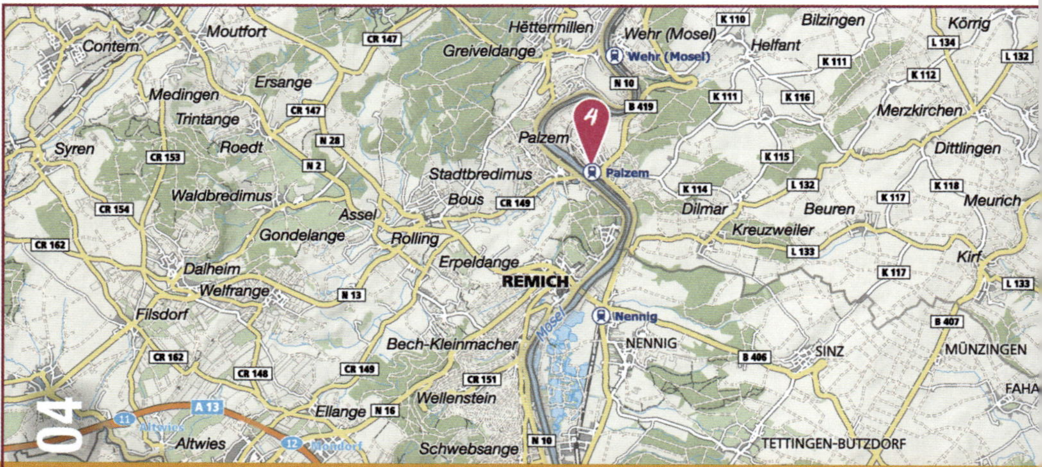

Streckentour 04

Start & Ziel & Anreise

Start in Palzem an der Bahnhofstraße mitten im Ort. Mit dem Auto auf der BAB A8 von Dillingen/Saar Richtung Luxemburg bis Ausfahrt 2 Perl. Auf die B419 Richtung Trier einbiegen und nach Palzem fahren. In Palzem links in die Römerstraße einbiegen und zum Parkplatz an der Bahnhofstraße fahren. Mit der Bahn, Linie RB82 von Trier-Hauptbahnhof nach Palzem-Bahnhof.

Tourenbeschreibung

Wer mit der Bahn anreist geht über die Bahnbrücke zur Bahnhofstraße. An der Römerstraße geht's dann links, bis wir an die Biringer Acht stoßen. Rechts sehen wir bereits die Weinberge und wandern an ihnen entlang zur Bahnlinie vor dem Moselufer. Nach rechts führt ein Pfad an die B419. Schräg rechts gegenüber setzen wir unsere Wanderung durch die Weinlage fort und wenden uns am Querweg nach rechts. An den Tennisplätzen zweigt ein Waldweg links ab, auf dem wir durch das Wittholz wandern. Am Ende des Weges geht's nach links in einem Bogen auf dem Wanderweg „Via Caliga" durch den Wald zur B419.

Gegenüber nehmen wir den Weg über den Heiterbach an die Bahnlinie. Wir gehen über die Gleise und wenden uns nach rechts zum Bahnhof Wehr/Mosel. Dahinter geht's erneut über die Gleise nach Wehr hinein. Zum Moselufer heißt die Dorfstraße die an der Kirche zur Kapellenstraße wird und uns an die K110 bringt.

Ein paar Schritte gehen wir nach links und biegen dann rechts auf den Schotterweg zur B419 ein. Gegenüber geht's schnurgerade durch den Wald bis zu den Weinlagen am anderen Ende. Wo links der Weinberg beginnt wenden wir uns zum Waldrand und folgen dem Weg. Bald zieht sich der Wald links zurück und wir folgen ihm auf dem Weg unterhalb des Weinberges nach Wincheringen. Am Ortsrand halten wir uns links zur Reiterstraße. Wer sich das Dorf ansehen möchte folgt der Reiterstraße zum Marktplatz mitten in Wincheringen an der Obermosel.

Zum Bahnhof geht's aber gleich am Anfang der Reiterstraße auf dem Asphaltweg nach links. Nach der Linkskurve zweigt unser Weg rechts ab, dem wir bis zu einer Wegekreuzung folgen. Dort geht's im spitzen Winkel rechts zurück und gleich links an die L143 am Kreisl. Wir gehen über die Bahnbrücke zur Straße Am Bahnhof und gehen rechts zum Bahnhof Wincheringen. Hier geht's dann mit der Bahn zurück nach Palzem und zur Weinprobe ins Weingut Carlsfelsen an der Obermoselstraße 2. In der modernen Vinothek oder auf der mediterranen Sonnenterrasse genießen wir die Hausweine zusammen mit regionalen Spezialitäten als Weinbegleiter.

Ohne den Wein wäre das Moseltal wohl nur halb so schön.

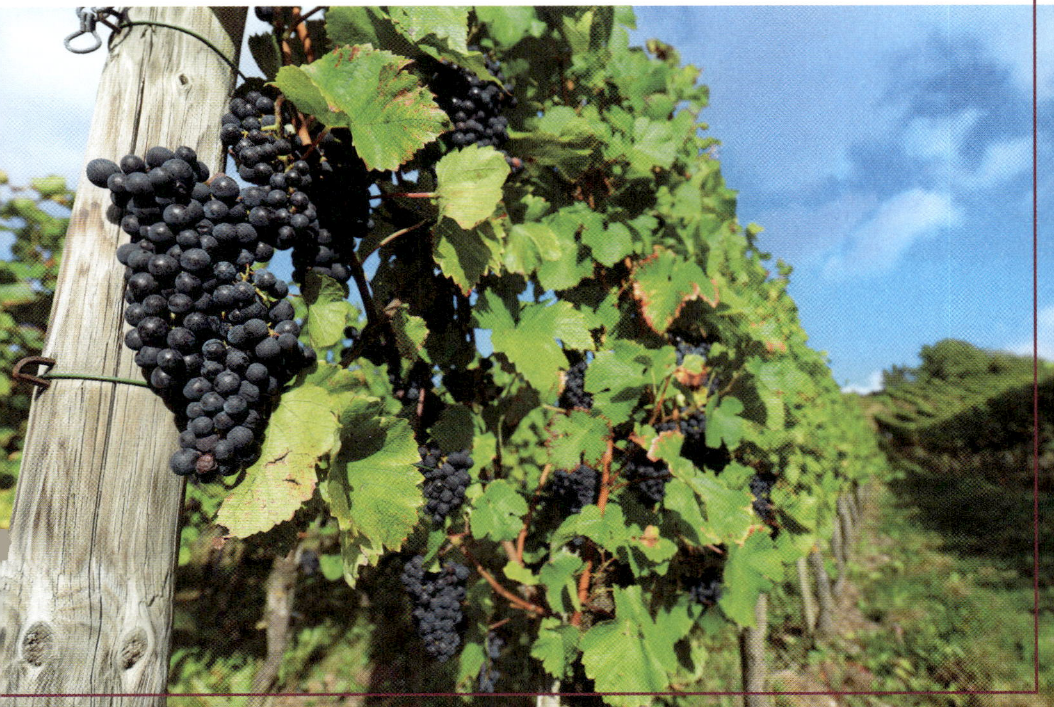

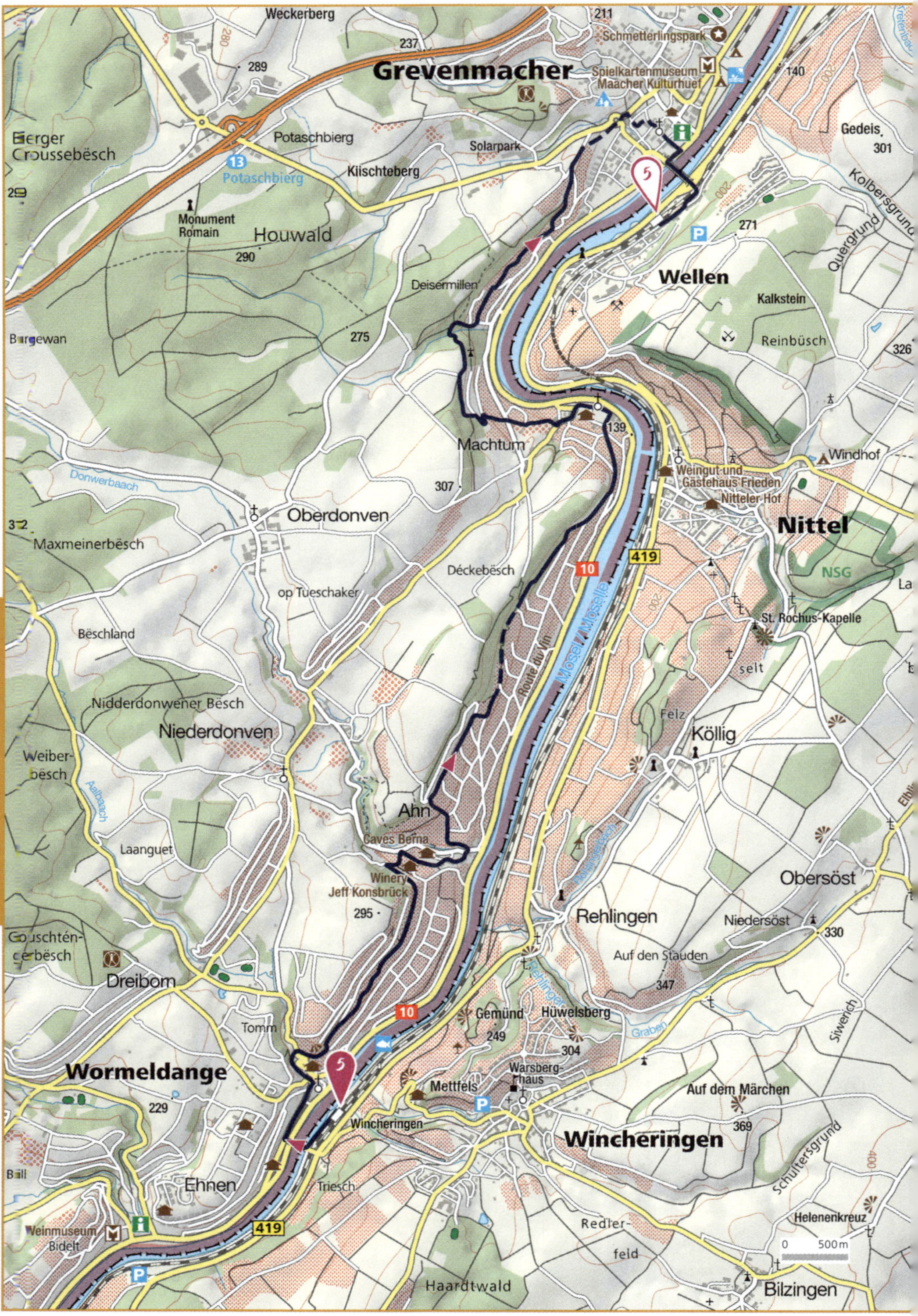

Weckerberg
211
237
Schmetterlingspark
289
Grevenmacher
Spielkartenmuseum
Maacher Kulturhuef
140
Gedeis
301
Bierger
Crousseböch
Potaschbierg
Solarpark
13
Potaschbierg
Kiischteberg
Kolbersgrund
Monument
Romain
Houwald
290
271
Quergrund
Wellen
Deisermillen
Kalkstein
Bargewan
275
Reinbüsch
326
139
Machtum
Windhof
Weingut und
Gästehaus Frieden
Nitteler Hof
Donwerbaach
307
Oberdonven
Nittel
Maxmeinerbësch
419
10
NSG
Déckebësch
op Tueschaker
St. Rochus-Kapelle
Beschland
Route du Vin
Mosel / Moselle
selt
Nidderdonwener Bësch
Felz
Niederdonven
Köllig
Weiber-
bësch
Aalbaach
Ahn
Caves Berna
Laanguet
Winery
Jeff Konsbrück
Obersöst
295
Rehlingen
Niedersöst
330
Gouschtén-
gerbësch
Auf den Stauden
Dreibom
347
10
Gemünd
Hüwelsberg
Tomm
249
Siwerich
Graben
304
Wormeldange
Warsberg-
haus
Mettfels
Auf dem Märchen
229
Wincheringen
369
Wincheringen
Schultersgrund
Ehnen
Triesch
Redler-
feld
Helenenkreuz
Weinmuseum
Bidelt
419
0 500 m
Haardtwald
Bilzingen

05

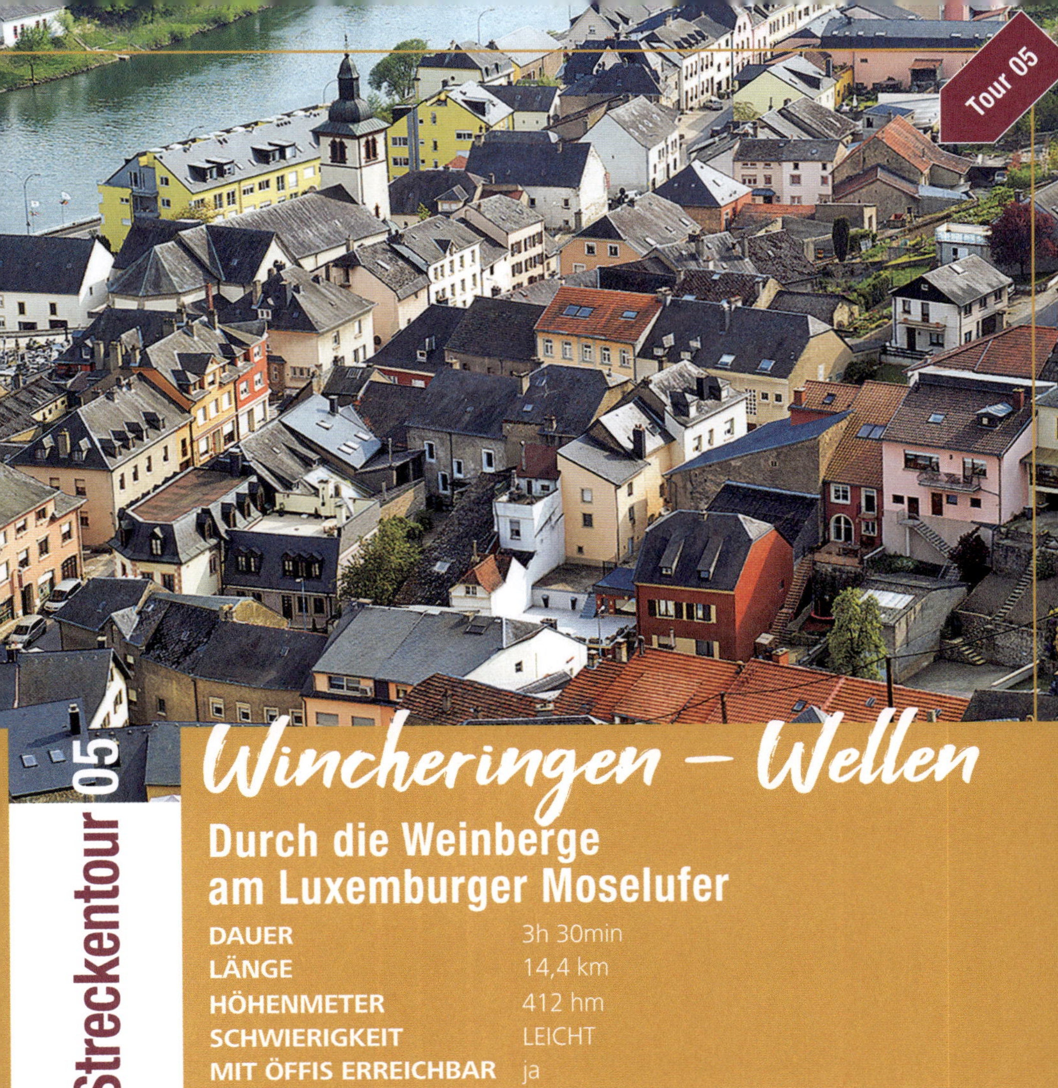

Streckentour 05

Wincheringen – Wellen

Durch die Weinberge am Luxemburger Moselufer

DAUER	3h 30min
LÄNGE	14,4 km
HÖHENMETER	412 hm
SCHWIERIGKEIT	LEICHT
MIT ÖFFIS ERREICHBAR	ja

Das erwartet dich ...

Von Wincheringen führt der Moselpfad nach Luxemburg ins Rieslingdorf Wormeldange und durch berühmte Weinlagen zum Winzerdorf Ahn. In zahlreichen Weingütern können wir beste Weine probieren. Über den aussichtsreichen Palmberg wandern wir zur Machtumer Moselschleife und nach Grevenmacher zum Schmetterlingsgarten. Mit der Bahn fahren wir von Wellen zurück nach Wincheringen.

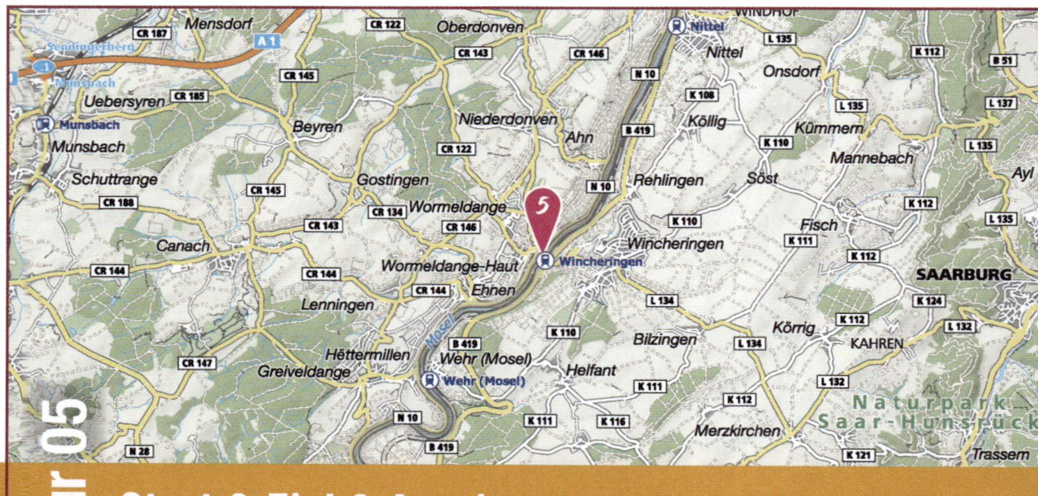

Streckentour 05

Start & Ziel & Anreise

Start in Wincheringen am Bahnhof Wincheringen. Mit dem Auto von Trier auf der B51 nach Konz fahren, auf die B419 wechseln und über Nittel nach Wincheringen. Der Bahnhof liegt rechts der B419 am Moselufer. Zufahrt zum Bahnhof von der B419 zur Moselbrücke und rechts auf der Straße Am Bahnhof zum Parkplatz beim Bahnhof. Mit der Bahn Linie RB82 von Trier-Hauptbahnhof nach Wincheringen-Bahnhof.

Tourenbeschreibung

Vom Bahnhof Wincheringen geht es auf der Brücke über die Mosel ins luxemburgische Wormeldange und rechts auf der Rue Principale zur Kirche in der Mitte des Rieslingdorfes. An der Einmündung mit der Berreggaass gehen wir links aufwärts und geradeaus nun in der Rue Knupp zur Einmündung mit der CR122. Gegenüber wandern wir weiter in der Rue des Vignes in den Weinberg hinein.

An der Wegeverzweigung halten wir uns links und genießen die Rebstöcke rechts und links des Wegs und die Aussicht hinunter zur Mosel. An der folgenden Verzweigung nehmen wir den unteren Weg durch den Weinberg. Nach der Linkskurve am Waldstück wenden wir uns nach rechts durch den Weinhang zur Rue Aly Duhr im Winzerdorf Ahn. Rechts kommen wir zur Winery Jeff Konsbrück und kehren auf einen Schoppen Wein ein. Es gibt aber auch Kaffee in schönem Ambiente. Auf dem Weg hinunter an die Hauptstraße liegt das Weingut Caves Berna. Hier gibt es super Weine aus den besten Weinberglagen rund um das Winzerdorf Ahn.

An der Straßenkreuzung queren wir die CR 142 und wandern nun in der Rue Palmberg hinauf in den Weinberg, der zu den besten Aussichtsbergen der Luxemburger Mosel zählt. Am Ende des Sträßchens wandern wir nach rechts durch die Reben. Vor dem Wald geht's kurz nach rechts abwärts, aber gleich nach links auf den Waldweg am bewaldeten Hang entlang. Wir stoßen wieder auf Wein und wandern links hinab in der Rue des Vignes nach Machtum. Im Ort gehen wir in der Rue l'Église an der Kirche vorbei zur Rue de Donven. Wir schlendern durch Machtum, bis rechts die Straße Knupp abzweigt. Auf ihr geht's durch den Weinberg bis unter die bewaldete Hangkante. Am Weg liegt ein super Aussichtspunkt mit Blick zur Mosel. Wir verlassen den breiten Weg am Waldrand und folgen jetzt einem Pfad der mit Stufen durchsetzt ist um den Hangeinschnitt des Kelsbaachs herum. Nach der Bachbrücke geht's über Stufen hinab zum Weinberg. Am Wirtschaftsweg halten wir uns links und gehen parallel zum Hang Richtung Grevenmacher. An der Wegeverzweigung halten wir uns bergwärts und am Ende des Weges links. Am Querweg geht's nun rechts zur Kräizkapell mit Blick über Grevenmacher.

Über Stufen gehen wir einen Kreuzweg hinunter, am Kreisel folgen wir dann der N 1 zur Rue de Luxembourg. Wir biegen rechts ein und kommen an die Kirche Saint-Laurent in der Grand Rue, einer Fußgängerzone. Am Brunnen zweigt nach links die Rue de Trèves ab, die zum Kulturhof und zum Schmetterlingsgarten führt. Geradeaus erreichen wir das Ufer der Mosel und wenden uns zur Brücke, der wir über die Mosel nach Wellen folgen. Nun in Deutschland geht's rechts in der Josef-Schnuch-Straße zum Bahnhof Wellen/Mosel. Nach Wincheringen zurück fahren wir mit der Bahn.

Autoren Tipp

Grevenmacher – Zentrum der Luxemburger Mosel. Längs der Mosel liegt die Altstadt mit engen Gassen und den Überresten mittelalterlicher Befestigungen. Der Kulturhuef (Kulturhof) in der Rue de Trèves vereint Museen, Kunst und Kino. Das Druckmuseum zeigt die Entwicklung des Druckereiwesens in Luxemburg, das Spielkartenmuseum Jean Dieudonné veranschaulicht die Spielkartenherstellung und präsentiert uns eine reichhaltige Sammlung alter Spielkarten. Der Schmetterlingsgarten Grevenmacher ist ein tropischer Garten für Schmetterlinge aus aller Welt, eine paradiesische kleine Insel am Ufer der Mosel.

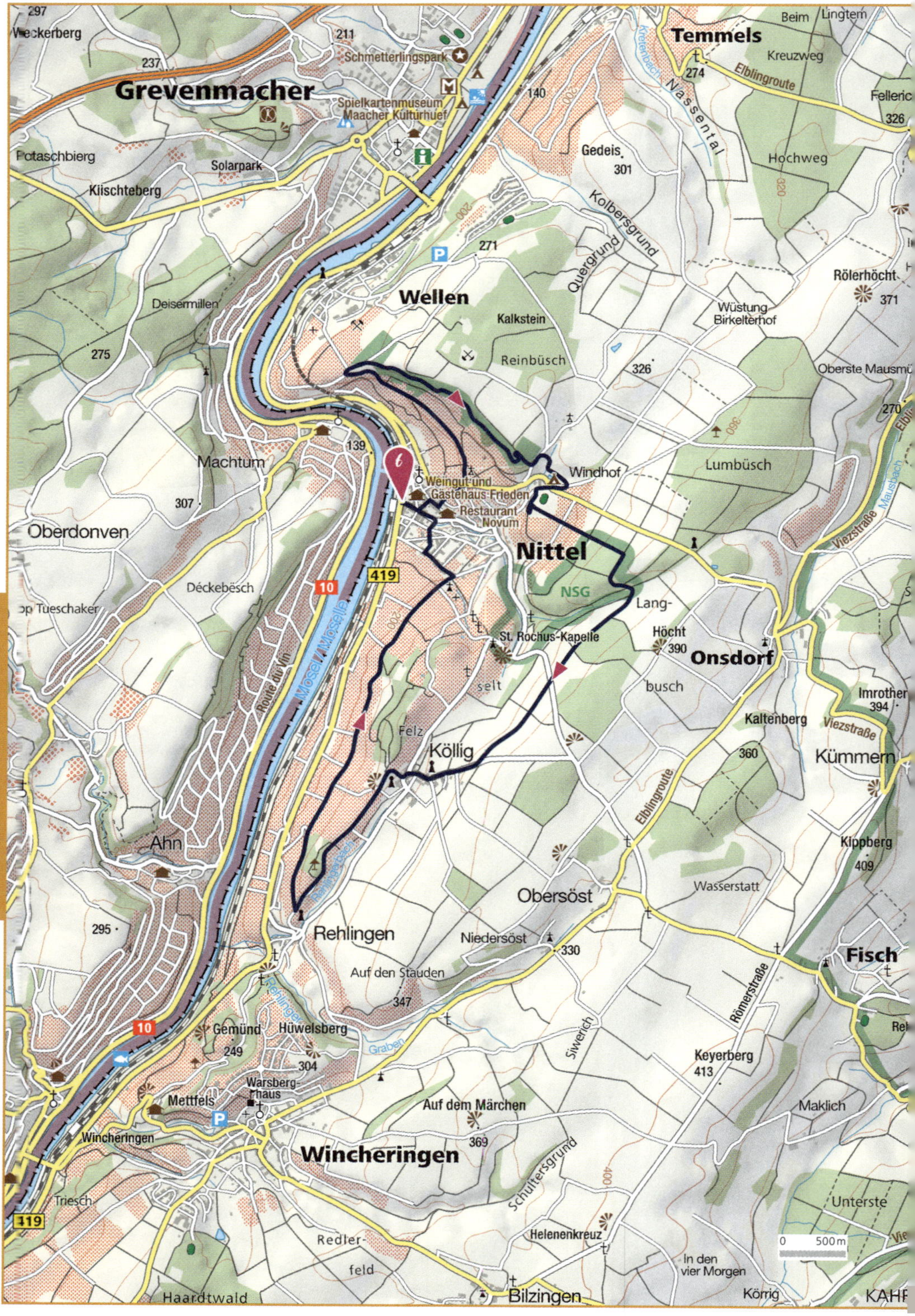

06

297
Weckerberg
211
Schmetterlingspark
237
Grevenmacher
Spielkartenmuseum
Maacher Kulturhuef
140
Temmels
Beim
Lingtem
Kreuzweg
274
Elbingroute
Nassental
Kreuterbach
Fellerich
326
Hochweg
Potaschbierg
Solarpark
Kiischteberg
Gedeis
301
Kolbersgrund
Quergrund
271
Wellen
Kalkstein
Reinbüsch
Rölerhöcht
371
Wüstung
Birkelterhof
Deisermillen
275
326
Oberste Mausmühle
270
Lumbüsch
Windhof
Machtum
139
Weingut und
Gästehaus Frieden
Restaurant
Novum
Nittel
307
Oberdonven
419
10
Mosel / Moselle
Déckebësch
op Tueschaker
NSG
Lang-
Höcht
390
Onsdorf
St. Rochus-Kapelle
Route du Vin
selt
busch
Imrother
394
Kaltenberg
Viezstraße
Felz
Köllig
360
Kümmern
Elbingroute
Ahn
Kippberg
409
Wasserstatt
Obersöst
295
Rehlingen
Niedersöst
330
Fisch
Auf den Stauden
347
Römerstraße
Gemünd
Hüwelsberg
249
304
Siwerich
Keyerberg
413
Warsberg-
Rehlinger
Graben
Mettfels
Maklich
Wincheringen
Auf dem Märchen
369
Wincheringen
Schultersgrund
Triesch
Unterste
Helenenkreuz
Redler-
feld
Haardtwald
Bilzingen
In den
vier Morgen
Körrig
KAHREN
0 500 m

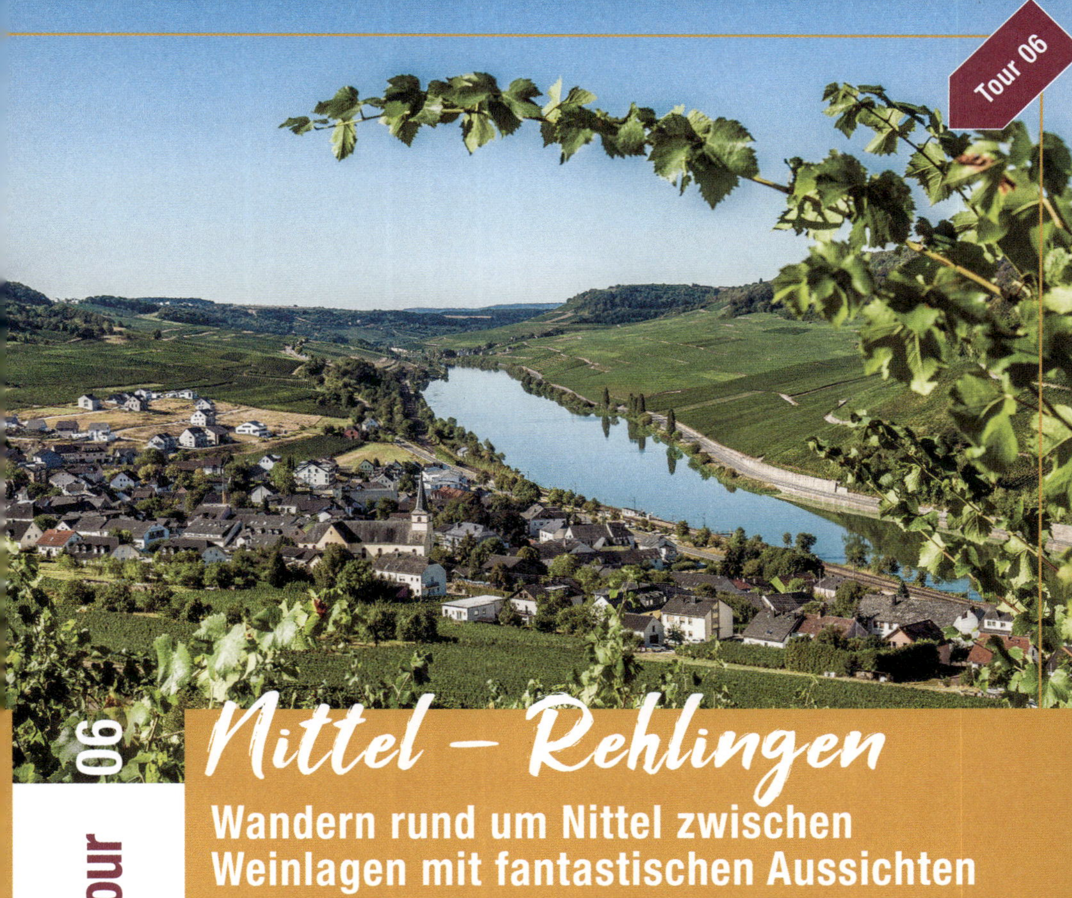

Tour 06

Rundtour 06

Nittel – Rehlingen

Wandern rund um Nittel zwischen Weinlagen mit fantastischen Aussichten

DAUER	3h 30min
LÄNGE	14 km
HÖHENMETER	347 hm
SCHWIERIGKEIT	LEICHT
MIT ÖFFIS ERREICHBAR	ja

Das erwartet dich ...

Der Nitteler Felsen ist Namensgeber und Zentrum des Nitteler Felsenwegs. Die hellen Kalkwände zwischen grünen Weinbergen vermitteln ein mediterranes Landschaftsbild und bieten weite Ausblicke auf das Moseltal. Im Frühjahr erfreut der Anblick von Orchideen, die entlang des Wegs in den beiden Naturschutzgebieten „Nitteler Fels" und „Langheck" ihre Blüten entfalten. Eine bequeme Panorama- Rundwanderung rund um Nittel.

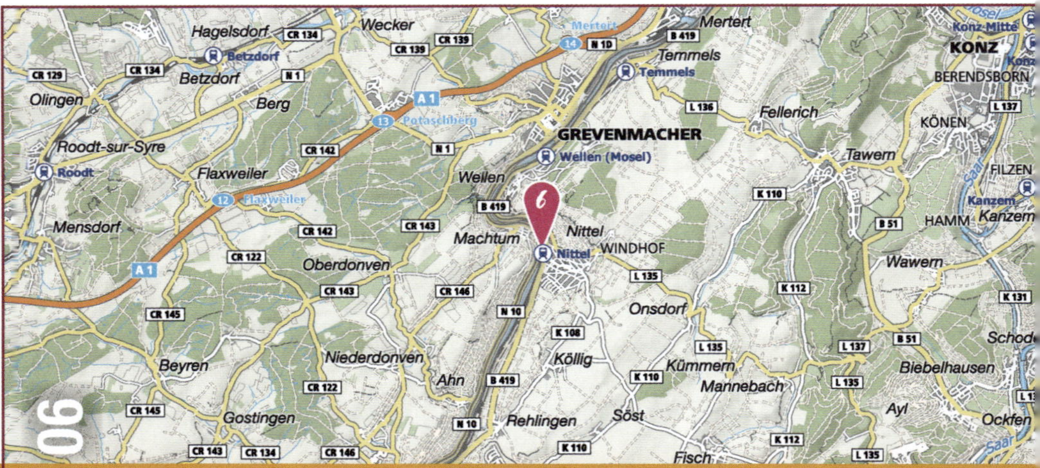

Rundtour 06

Start & Ziel & Anreise

Start am Bahnhof in Nittel direkt an der Uferstraße der B419. Mit dem Auto von Trier auf der B51 nach Konz. Dort auf die B419 abbiegen und nach Nittel fahren. Der Bahnhof liegt rechts der B419 am Moselufer. Mit der Bahn Linie RB82 von Trier nach Nittel an der Mosel.

Tourenbeschreibung

Vom Bahnhof Nittel gehen wir ein Stück die Weinstraße hinauf an zwei Weingüter und Restaurants vorbei und biegen links in die Straße In der Gessel ein. Am Kirchenweg geht's rechts und dann links Im Kalköff an die Landesstraße. Wir queren die Straße Rebflur und Weinlehrpfad am Fuße des Nitteler Felsens. In aussichtsreicher Lage stehen hier am Felsenweg die Großskulpturen „Knie mit Gelenk" und weiter oberhalb der „Große Zeiger" des rheinlandpfälzischen Skulpturenwegs „Steine am Fluss".

Wir folgen dem Weinlehrpfad unterhalb der Nitteler Felswände bis zum Wegende. Dort geht's rechts und gleich wieder rechts zum Aussichtspunkt Nitteler Fels am „Großen Zeiger" mit tollem Blick auf Weinberge und Mosel. Ab hier führt nun ein Pfad oberhalb der Felsen durch Wald und dem Naturschutzgebiet Nitteler Fels. Es begleitet uns ein Geologischer Lehrpfad zum Windhof. Am Fahrweg geht's rechts hinab und nach wenigen Schritten links auf den Pfad, der uns im Rechtsbogen zur Straße am Windhof führt. Links folgen wir der Landesstraße und wenden uns dann am Ortssträßchen abwärts. Links verzweigt sich ein Weg dem wir folgen und an der Wegkreuzung links zum Sportplatz einbiegen.

Wir wandern auf der Schlepperspur zu einem Wäldchen und an seinem Ende nach rechts. Im Linksbogen führt der Weg die Felder hinaus an die Kreisstraße. Gegenüber geht's weiter zur Straße, an der wir uns nach Köllig mit seinen eindrucksvollen Gehöften wenden. In dem Flecken geht's nach rechts zum Weingut Peter Hein. Da biegen wir rechts auf einen Weg ein, der gleich eine Linkskurve macht. Immer geradeaus und aussichtsreich geht's durch die Weinlagen, bis wir eine Wegeverzweigung an der Kirche St. Martin erreichen. Bei dem Kirchlein verweilen wir einen Augenblick und genießen die Aussicht zum luxemburgischen Winzerdorf Ahn. Wir gehen zur Wegeverzweigung zurück und auf dem unteren Weg unterhalb vom Bäumen entlang zu einer scharfen Linkskurve. Auf dem Schotterweg rechts wandern wir am Hang entlang zurück nach Nittel. Beim Friedhof geht's links in die Straße Auf dem Wiesengraben bis zur Straße In der Abswies. Auf ihr erreichen wir die Weinstraße. Gegenüber im Restaurant Novom lassen wir uns verwöhnen, genießen herrliche Moselweine, Fleisch und Gemüse aus der Region.

Es geht dem Ziel entgegen. Die Weinstraße führt direkt zum Bahnhof Nittel zurück. Wenn es die Zeit erlaubt gönnen wir uns noch eine kleine Schiffsreise durch das schöne Obermoseltal. Eine kleine Auszeit auf der Mosel mit einer anderen Perspektive auf die Landschaft. Vom Schiffsanleger Nittel geht's eine gute Stunde die Mosel aufwärts, immer mittwochs und freitags.

Autoren Tipp

Genießen im 3-Länder-Eck: Die zahlreichen Weingüter in Nittel und in den Ortsteilen Rehlingen und Köllig bieten neben Weinproben und Weinwanderungen auch Kulinarisches in ihren Restaurants oder in Straußwirtschaften an. Der kleine Winzerort Nittel im 3-Länder-Eck ist weit über die Grenzen hinaus bekannt für seine bodenständige, kreative und abwechslungsreiche Gastronomie. 20 Winzerfamilien bewirtschaften Rebsorten vom Elbling über Weiß- bis Spätburgunder in ihren Weinbergen.

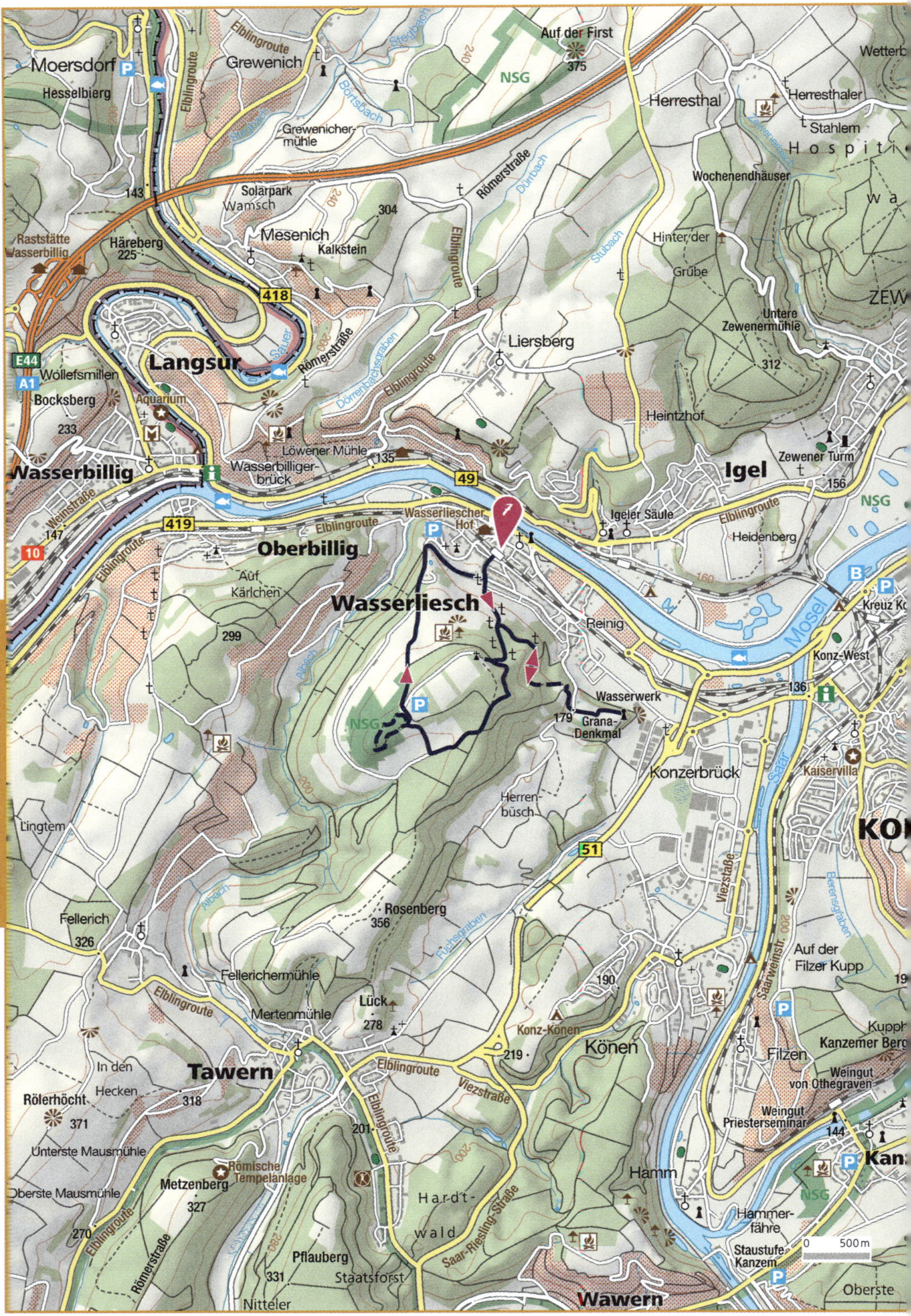

07

Moersdorf
Hesselbierg
Elblingroute
Grewenich
Grewenicher-mühle
Börtsbach
Stegbach
NSG
Auf der First
375
Herresthal
Herresthaler
Stahlem
Hospital
Wetterb
Wochenendhäuser
Römerstraße
Dürrbach
Solarpark Wamsch
304
143
Mesenich
Kalkstein
Raststätte Wasserbillig
Häreberg
225
418
Hinter der Grube
Stübach
ZEW
Untere Zewenermühle
312
Liersberg
Langsur
Sauer
Römerstraße
E44
A1
Wollefsmillen
Bocksberg
Aquarium
233
Dörrenbachsgraben
Heintzhof
Löwener Mühle
Wasserbilliger-brück
135
Wasserbillig
49
Zewener Turm
156
Igel
NSG
Igeler Säule
Heidenberg
Weinstraße
147
419
10
Oberbillig
Wasserliescher Hof
Wasserliesch
Auf Kärlchen
299
Reinig
Mosel
Kreuz Ko
Konz-West
136
Albach
NSG
Wasserwerk
179
Grana-Denkmal
Konzerbrück
Kaiservilla
KO
Herrenbüsch
51
Viezstraße
Lingtem
Fellerich
326
Rosenberg
356
Fuchsgraben
Berensgraben
Saarweinstr.
Auf der Filzer Kupp
Kupp
Kanzemer Berg
Fellerichermühle
Lück
278
190
Konz-Könen
Könen
Filzen
Weingut von Othegraven
Mertenmühle
219
Elblingroute
Viezstraße
In den Hecken
Tawern
Rölerhöcht
371
318
Weingut Priesterseminar
144
Kan
Unterste Mausmühle
Metzenberg
327
Römische Tempelanlage
201
Hardt-wald
Hamm
Hammer-fähre
Oberste Mausmühle
270
Saar-Riesling-Straße
Pflauberg
Staatsforst
331
Nitteler
Stanstufe Kanzem
0 500 m
Wawern
Oberste

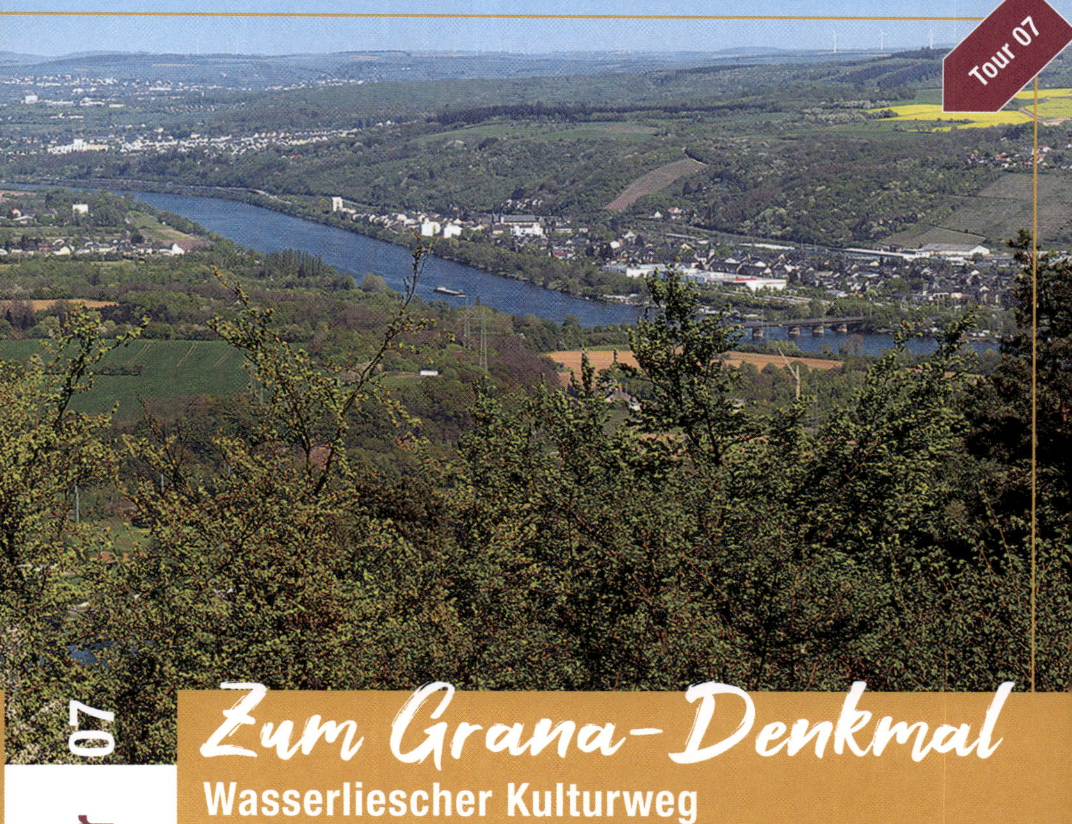

07 Rundtour

Zum Grana-Denkmal

Wasserliescher Kulturweg und Orchideenpfad

DAUER	4h 30min
LÄNGE	18 km
HÖHENMETER	400 hm
SCHWIERIGKEIT	LEICHT
MIT ÖFFIS ERREICHBAR	ja

Das erwartet dich ...

Der Liescher Berg, gekrönt von der Löschemer Kapelle, ist ein Panoramaberg mit Dreitälerblick auf Mosel, Saar und Sauer. Auf seiner plateauartigen Höhe erfreuen zudem Heideflächen und Orchideen: Im April/Mai entfalten verschiedene Orchideenarten ihre Blüten, und im August blüht die Heide. Nordwärts fällt der Steilhang zum Winzerdorf Wasserliesch und zur Mosel ab, den Ostfuß mit dem Grana-Denkmal umspült die Saar, und im Westen sucht sich der Albach seinen Weg an ehemaligen Mühlen vorbei durch die Weinberge.

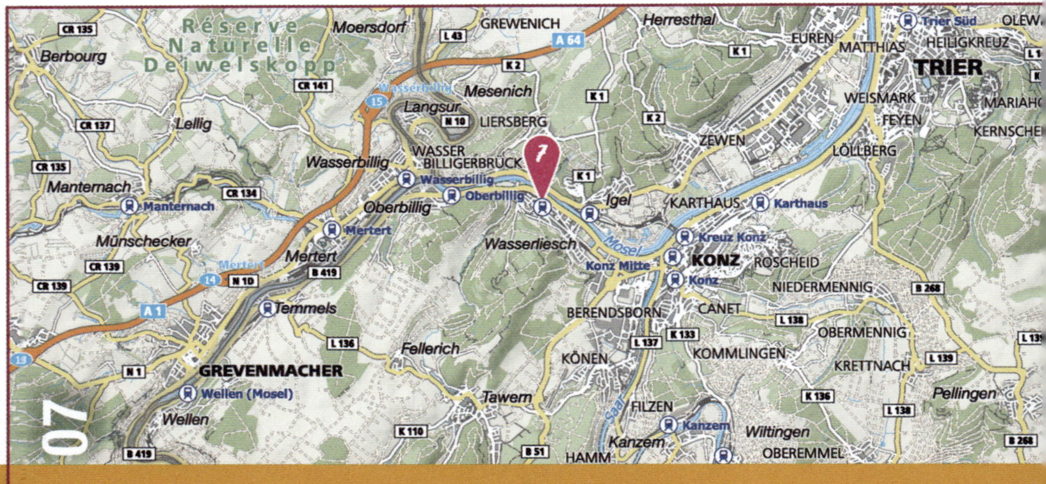

Rundtour 07

Start & Ziel & Anreise

Start neben dem Bahnhof Wasserliesch am Marktplatz. Mit dem Auto von Trier auf der B51 nach Konz. Dort auf die B419 abbiegen nach Wasserliesch. Zum Bahnhof links in die Mühlenstraße einbiegen und am Marktplatz parken. Mit der Bahn Linie RB82 von Trier nach Wasserliesch fahren.

Tourenbeschreibung

Am Bahnhof Wasserliesch gehen wir vom Markplatz durch die Unterführung zur Bergstraße. Links geht's am Bahnsteig entlang, dann rechts zur Kapellenstraße. Hier weisen uns Kreuzwegstationen den Weg zum Liescher Berg hinauf.

An der Wegeverzweigung neben der Lichtung beginnt der Abstecher zum Grana-Denkmal. Wir halten uns links und wandern auf dem Pfad durch den Wald Richtung Grana-Denkmal. Am Waldrand biegen wir auf einen Weg nach links ab und stoßen auf ein Sträßchen neben den Tennisplätzen. Kurz nach links und dann geht's vor den Tennisplätzen rechts auf die Schlepperspur zum Grana-Denkmal. Es erinnert an die Schlacht an der Konzer Brücke während des Holländischen Kriegs. Der kaiserliche General Otto de Grana besiegte hier am 11. August 1675 die Invasionstruppen des bourbonischen „Sonnenkönigs" Ludwig XIV.

Wir gehen denselben Weg zurück zum Kreuzweg. An der Lichtung wandern wir dann auf dem Kreuzweg links hinauf zur Löschemer Kapelle. 14 Kreuzwegstationen liegen am Weg, der von Wasserliesch herauf 200 Höhenmeter überwindet. Die Kapelle ist ein beliebter Marienwallfahrtsort vom dem aus wir einen traumhaften Blick ins Mosel- und ins Saartal, auf Igel, über die Saarmündung und Konz hinweg auf die Römerstadt Trier haben.

An der Löschemer Kapelle stoßen wir auf den Moselsteig. Auf ihm gehen wir zur Wegkreuzung zurück und folgen dem Weg rechts durch den Wald. An der Wegkreuzung wenden wir uns nach rechts und gehen bald am Rand einer Streuobstwiese entlang.

Nach rechts gehen wir über die Wiese zum Parkplatz am Orchideenpfad im Naturschutzgebiet Perfeist. Links beginnt der Rundweg auf einer Wiese mit Hinweisschildern für die jeweilige Blumenart. Viele Kostbarkeiten haben hier ein Rückzugsgebiet gefunden. Nach dem Rundgang durch das Schutzgebiet führt der asphaltierte Kulturweg teils im Wald, teils mit herrlicher Aussicht über Wiesen hinunter nach Wasserliesch.

Dort gehen wir auf der Löschemer Straße direkt Richtung Bahnhof. Ziel erreicht! Lust auf ein kulinarisches Finale? Am Marktplatz liegt das Restaurant Wasserliescher Hof. Hier werden uns traditionelle deutsche Gerichte und das Beste aus der persischen Küche serviert.

Wasserliesch ist auch als „das Tor zur Obermosel" bekannt, da es an der Schnittstelle zwischen dem engen Tal der Obermosel und der Trierer Talweitung unterhalb des 350 Meter hohen Liescher Bergs liegt. Am Marktplatz, wo der Kultur- und Orchideenwanderweg beginnt, wird in einem Schauraum ein Diorama der Schlacht an der Konzer Brücke von 1675 gezeigt.

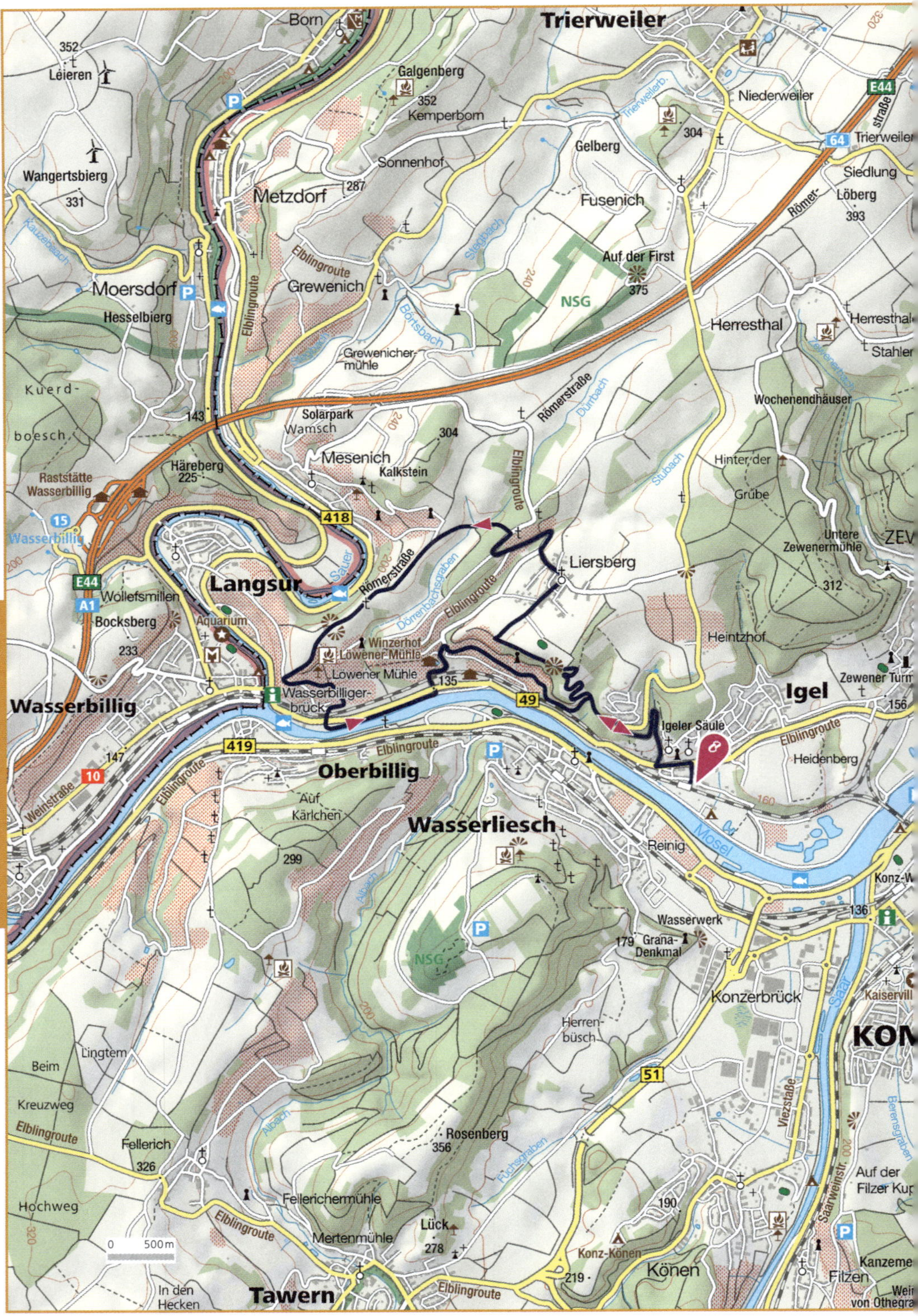
Born
Trierweiler
Leieren
352
Galgenberg
352
Kemperborn
Niederweiler
E44
Trierweiler
64
Siedlung
Löberg
393
Wangertsbierg
331
Sonnenhof
287
Metzdorf
Gelberg
304
Fusenich
Auf der First
375
NSG
Elblingroute
Grewenich
Moersdorf
Hesselbierg
Grewenicher-mühle
Herresthal
Herresthal
Stahler
Wochenendhäuser
Kuerd-boesch
Römerstraße
Solarpark Wamsch
304
Mesenich
Kalkstein
143
Hareberg
225
Raststätte Wasserbillig
Hinter der Grube
418
15
Wasserbillig
Untere Zewenermühle
Liersberg
312
Langsur
Römerstraße
Dörrenbachsgraben
E44
A1
Wollefsmillen
Bocksberg
Aquarium
233
Winzerhof Löwener Mühle
Löwener Mühle
Heintzhof
Wasserbillig
Wasserbilliger-brück
135
49
Igel
Zewener Turm
156
Igeler Säule
Heidenberg
147
419
Oberbillig
10
Weinstraße
Auf Kärlchen
Wasserliesch
299
Reinig
Mosel
Konz
136
Wasserwerk
179
Grana-Denkmal
NSG
Konzerbrück
Kaiservill
KON
Herren-busch
51
Lingtem
Beim
Kreuzweg
Elblingroute
Fellerich
326
Rosenberg
356
Viezstraße
Saarweinstr.
Auf der Filzer Kup
Hochweg
Fellerichermühle
190
Lück
278
Mertenmühle
Konz-Könen
0
500 m
Könen
219
Kanzeme
Filzen
In den Hecken
Tawern
Elblingroute
von Othegra

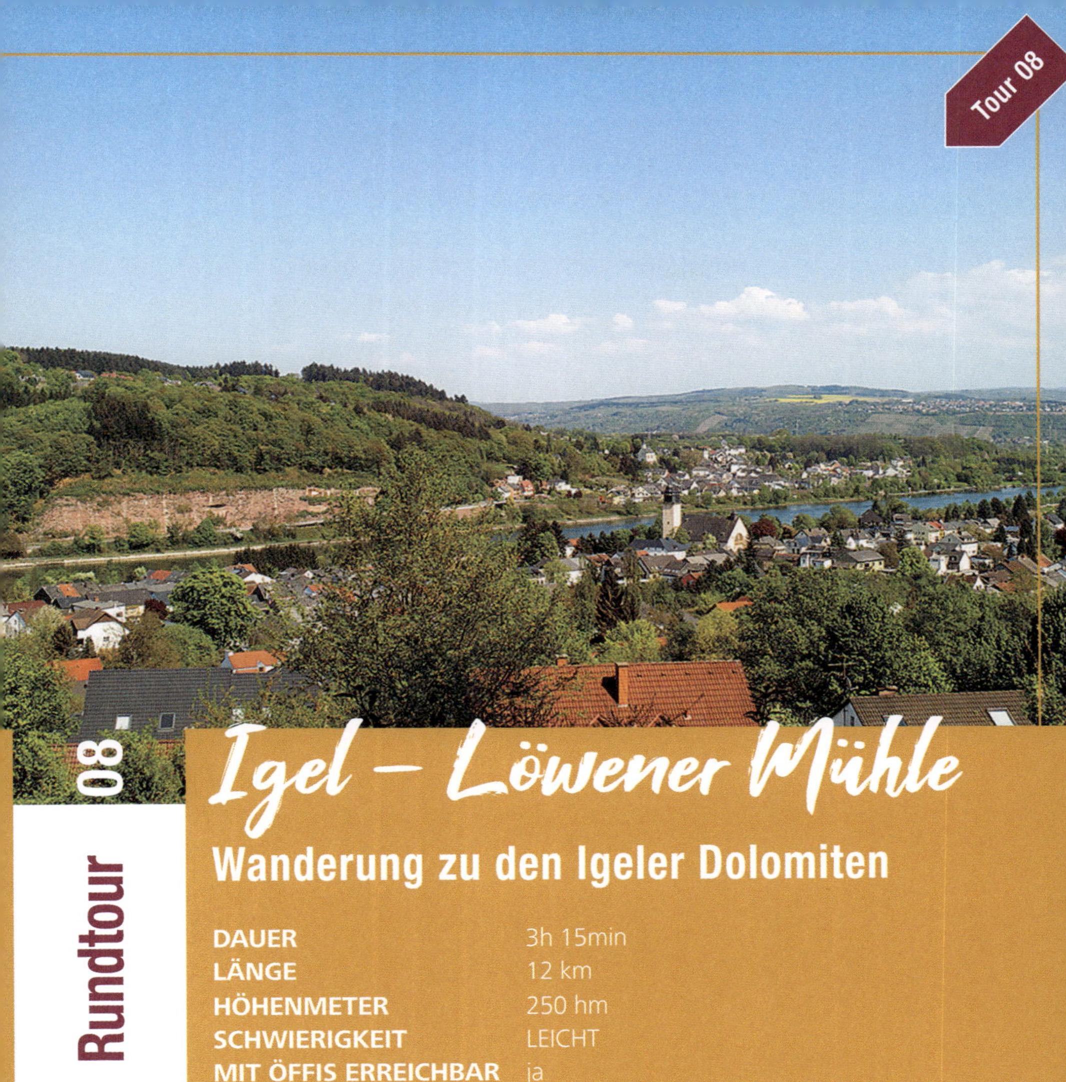

Tour 08

08 Rundtour

Igel – Löwener Mühle

Wanderung zu den Igeler Dolomiten

DAUER	3h 15min
LÄNGE	12 km
HÖHENMETER	250 hm
SCHWIERIGKEIT	LEICHT
MIT ÖFFIS ERREICHBAR	ja

Das erwartet dich ...

Der Igeler Sprung ist eine geologische Verwerfungszone an der Mosel aus hellen Muschelkalk- und roten Buntsandsteinfelsen, die uns tolle Ausblicke auf das Moseltal und die Trierer Bucht bieten. Die Igeler Dolomitfelsen sind ein bekanntes Kletterrevier im Moseltal mit dem „Klettergarten Igel". Unten im Moseltal kehren wir in der Löwener Mühle ein und kommen in Igel an der Igeler Säule vorbei, sie gehört zum UNESCO-Weltkulturerbe.

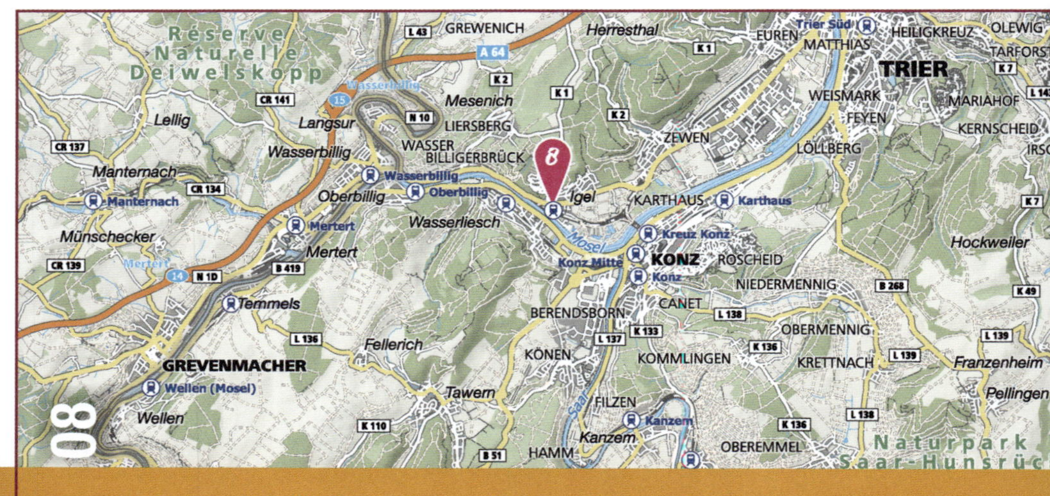

Rundtour 08

Start & Ziel & Anreise

Start neben dem Bahnhof Igel. Mit dem Auto von Trier auf der B 49 nach Igel. An der Kirche links in der Bahnhofstraße zum Bahnhof Igel fahren. Parken direkt beim Bahnhof. Mit der Bahn Linie RB 83 von Trier nach Igel fahren.

Tourenbeschreibung

Vom Bahnhof Igel führt die Kettenstraße hinauf in den nahen Ortskern zur Trierer Straße. Hier steht die seit 1986 zum UNESCO-Weltkulturerbe gehörende Igeler Säule, das besterhaltene römische Pfeilergrabmal nördlich der Alpen. Wir gehen die Stiege hinauf durch den Garten zur Kirche St. Dionysius mit dem romanischen Westturm, der als südlichster Punkt der Eifel gilt. An der Straße geht's kurz nach rechts, dann links auf den Weg in den Wald hinauf. An der scharfen Linkskurve queren wir den Schleitbach und stoßen auf die Kreisstraße. Ihr folgen wir nun aufwärts zur „Serpentine" und biegen in die Straße Am Schleitberg ein. An der nächsten „Serpentine" wenden wir uns nach links auf den Wanderweg zu den aussichtsreichen Felsen der Richardshöhe am DAV-Klettergarten.

Unterhalb, am „Parkplatz Klettergarten" müssen wir vorher noch den rechten Weg hinauf nehmen und links auf den Pfad zur Richardshöhe einbiegen. Oben am Bergsporn „Schauinsland" bietet sich uns ein eindrucksvoller Blick auf das Obermoseltal und die Trierer Bucht.

Vom Schauinsland führt der Weg aussichtsreich an der Hangkante entlang in das Kirchdorf Liersberg zur Kirche St. Laurentius. Auf der Bergstraße geht's links zur Einmündung mit der Kreisstraße. Rechts gehen wir entlang der Straße, bis hinter der zweiten Serpentine die Historische Römerstraße, ein asphaltiertes Sträßchen, links in den Wald abzweigt und zu einer aussichtsreich im Grünen über dem Sauertal gelegenen Schutzhütte führt. Von der Schutzhütte senkt sich das Sträßchen ins Moseltal. Am Sträßchenende wenden wir uns nach links und wandern erst geradeaus dann rechts hinunter und durch die Bahnunterführung zur B 49. Schräg rechts gegenüber gehen wir ans Moselufer und wandern flussabwärts zum Winzerhof Löwener Mühle. Hier gönnen wir uns ein erfrischendes Glas Wein am Fuße des „Igeler Dullgärtens" mit Blick in die Weinberge.

Etwas oberhalb biegen wir rechts ab und nehmen den oberen Weg zum Grutenhäuschen. Es ist die Rekonstruktion eines römischen Grabtempels. Schon die Römer liebten wohl diese fantastische Aussicht nach Wasserliesch und den Liescher Berg. Etwas weiter gelangen wir zur Aussicht Moselblick am Igeler Sprung.

Im Ortsteil Schauinsland stoßen wir wieder auf die Kreisstraße nach Igel. Wir gehen hinab und an der Serpentine links in den Wald. Der Weg führt uns hinab an die Kirche St. Dionysius und wieder zur Igeler Säule. Die Brüder Secundinius Aventinus und Secundinius Securus, wohlhabende Tuchmacher aus Augusta Treverorum, ließen das 23 Meter hohe Grabmal im 3. Jh. aus rotem Buntsandstein anfertigen. Der auffällige Obelisk stand an der alten Römerstraße von Metz nach Trier. Noch einmal biegen wir in die Kettenstraße ein und sind bereits zurück am Bahnhof Igel.

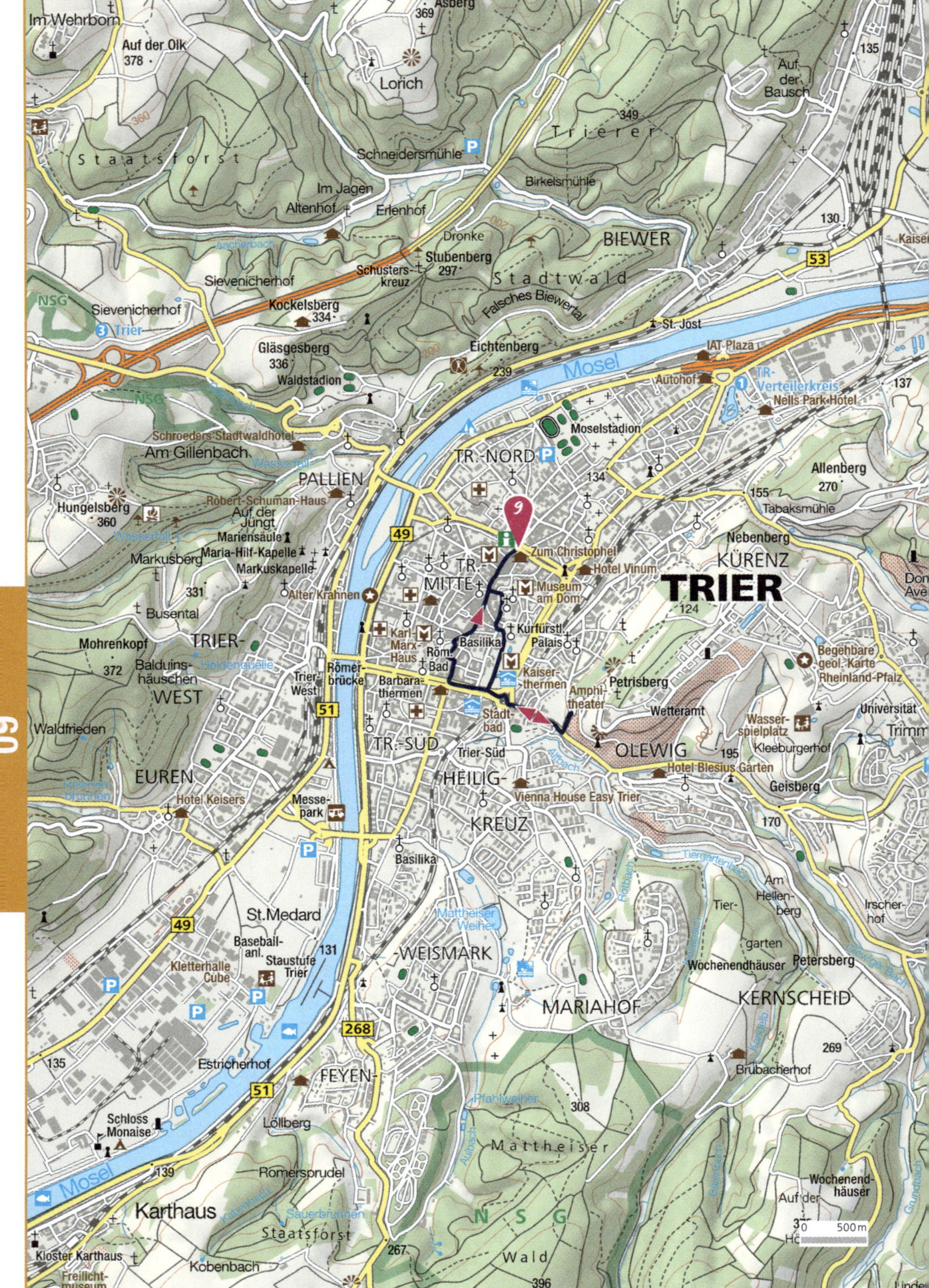

Im Wehrborn
Auf der Olk
378
369
Asberg
Lorich
Auf der Bausch
135
349
Trierer
Staatsforst
360
Schneidersmühle
Birkelsmühle
Im Jagen
Altenhof
Erlenhof
130
Dronke
Stubenberg
297
BIEWER
Schusters-kreuz
Stadtwald
Kaiser
53
Sievenicherhof
NSG
Sievenicherhof
3 Trier
Kockelsberg
334
Falsches Biewertal
St. Jost
Gläsgesberg
336
Waldstadion
Eichtenberg
239
Mosel
IAT-Plaza
Autohof
1
TR-Verteilerkreis
Nells Park Hotel
137
NSG
Schroeders Stadtwaldhotel
Am Gillenbach
Moselstadion
TR.-NORD
134
Allenberg
270
Hungelsberg
360
PALLIEN
Robert-Schuman-Haus
Auf der Jüngt
Mariensäule
Maria-Hilf-Kapelle
Markusberg
Markuskapelle
155
Tabaksmühle
49
9
Zum Christophel
Hotel Vinum
Nebenberg
KÜRENZ
TRIER
124
331
Busental
Alter Krahnen
TR.-MITTE
Museum am Dom
Mohrenkopf
372
TRIER-WEST
Balduinshäuschen
Heidenquelle
Karl-Marx-Haus
Basilika
Röm. Bad
Kurfürstl. Palais
Trier-West
Römerbrücke
Barbarathermen
Kaiserthermen
Amphitheater
Petrisberg
Begehbare geol. Karte Rheinland-Pfalz
Wetteramt
Universität
Waldfrieden
51
Stadtbad
Wasserspielplatz
Trimm
TR.-SÜD
Trier-Süd
OLEWIG
195
Kleeburgerhof
EUREN
Hotel Blesius Garten
HEILIG-KREUZ
Vienna House Easy Trier
Geisberg
Hotel Keisers
Messepark
Aulbach
170
Basilika
Tiergartenbach
Am Hellenberg
Tiergarten
Irscherhof
St.Medard
49
Baseball-anl.
131
Staustufe Trier
Mattheiser Weiher
WEISMARK
Wochenendhäuser
Petersberg
Kletterhalle Cube
MARIAHOF
KERNSCHEID
268
135
Estricherhof
269
Brubacherhof
FEYEN
51
Pfahlweiher
308
Schloss Monaise
Löllberg
Mattheiser
139
Mosel
Römersprudel
NSG
Wochenendhäuser
Auf der
Karthaus
Sauerbrunnen
Staatsforst
0
500 m
267
Kloster Karthaus
Kobenbach
Wald
Freilicht-museum
396
Linde

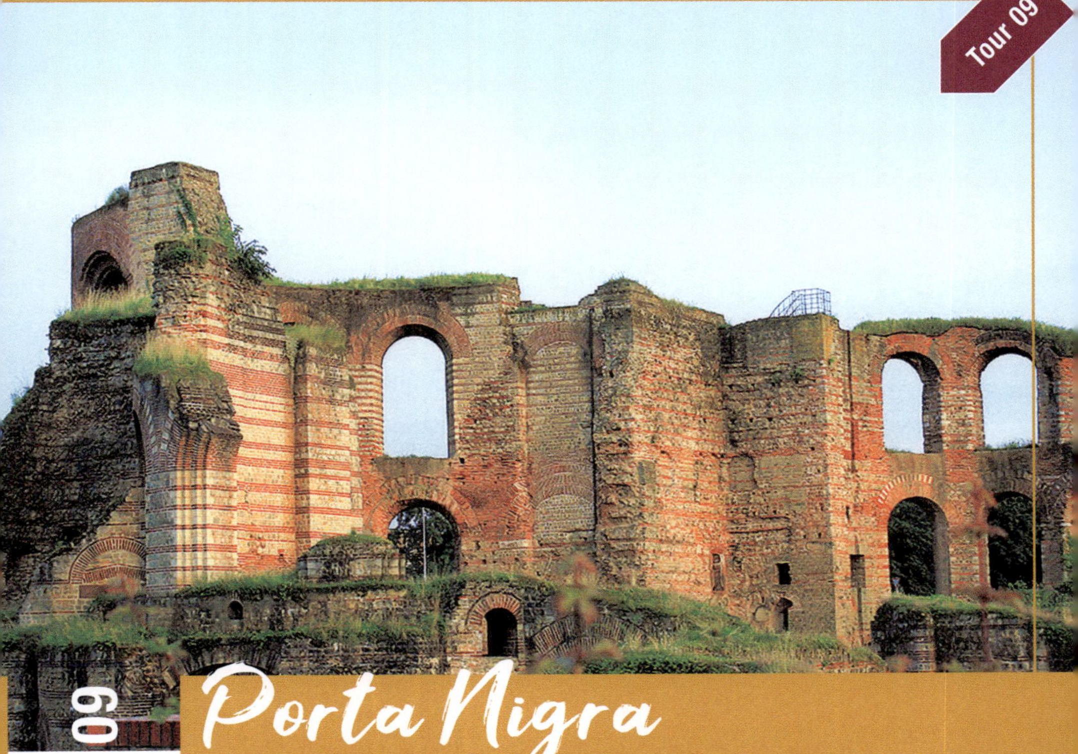

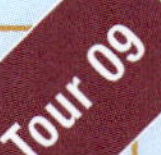

Rundtour 09

Porta Nigra

Der Trierer UNESCO-Welterbe-Weg

DAUER	1h 30min
LÄNGE	5 km
HÖHENMETER	50 hm
SCHWIERIGKEIT	LEICHT
MIT ÖFFIS ERREICHBAR	ja

Das erwartet dich ...

Trier ist so reich an antiken Schätzen, dass man mehrere Tage braucht, um sie alle anzusehen. Vor allem die Römerbauten und der Dom sind Touristenmagneten. Doch die wohl bekannteste Sehenswürdigkeit der Stadt ist die Porta Nigra. Im Zentrum von Trier verbindet der Trierer UNESCO-Welterbe-Weg die bedeutendsten Sehenswürdigkeiten der Kaiserstadt an der Mosel.

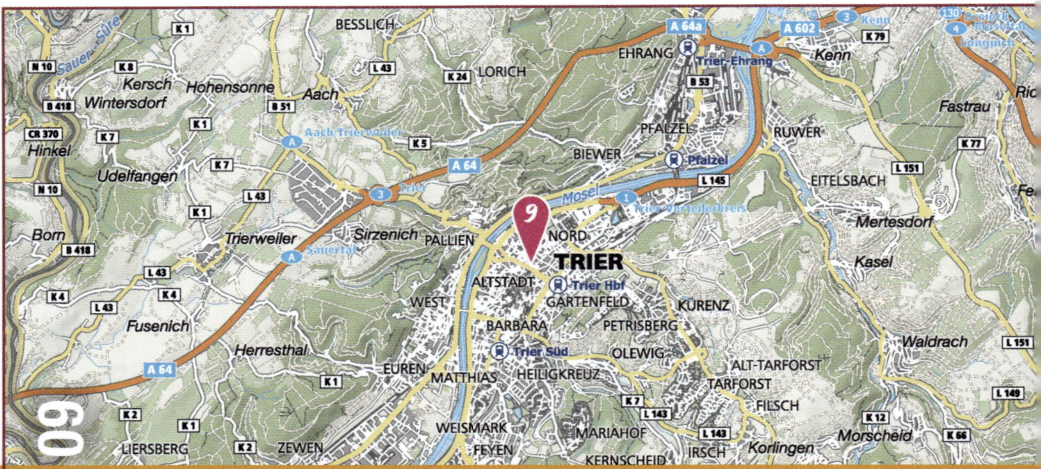

Rundtour 09

Start & Ziel & Anreise

Start am Porta-Nigra-Platz an der Porta Nigra. Mit dem Auto von Saarbrücken auf der B 268 nach Trier bis zur Ausoniusstraße fahren oder von Koblenz auf der BAB A48, über BAB A 1 und BAB A 602 nach Trier fahren. Weiter auf der B 49 bis Ausoniusstraße und zur Porta Nigra abbiegen. Parken im Parkhaus Porta Nigra, Engelstraße. Mit der Bahn Linie RB81 oder RE1 von Koblenz nach Trier-Hauptbahnhof fahren oder von Saarbrücken Linie RB81 nach Trier-Hauptbahnhof fahren. Vom Hauptbahnhof ca. 10 Gehminuten zum Porta-Nigra-Platz.

Tourenbeschreibung

Wir treffen uns am Porta-Nigra-Platz in der Altstadt von Trier, dort wo die Fußgängerzone beginnt. Vor uns erhebt sich ein gewaltiges, palastartiges Monument, die Porta Nigra, das „Schwarze Tor" aus der Zeit 170 n. Chr. Es war Teil der Stadtbefestigung, war Behausung und Kirche, erbaut aus ehemals rotem Bundsandstein.

Nach dem Tod des Mönches Simeon, der sich als Einsiedler im Ostturm der Porta Nigra hatte einschließen lassen, ließ Erzbischof Poppo das Stadttor, ohne es groß zu verändern, in eine Stiftskirche umwandeln.

Im Simeonstift am Brunnenhof neben der Porta Nigra befindet sich das Stadtmuseum Trier. In der Dauerausstellung lernen wir die Stadtgeschichte kennen.

Hinzu kommen Kunst- und Kulturschätze von der frühen Neuzeit bis ins 20. Jahrhundert.

Von der Porta Nigra führt nun die Welterbe-Route durch die Simeonstraße Richtung Hauptmarkt. Blickfang in der Simeonstraße ist das Dreikönigenhaus, das aus einem romanischen Wohnturm entstand. Die Simeonstraße mündet in den Hauptmarkt. Er ist mit seinen Straßencafés das Zentrum der Trierer Altstadt. Als Zeichen des Marktrechtes steht das Marktkreuz gleich neben dem Marktbrunnen am Hauptmarkt. Die Steipe am Hauptmarkt wurde 1483 als Fest- und Empfangshaus der Trierer Bürgerschaft errichtet. Heute lädt der Ratskeller zum Verweilen ein, bei Sonnenschein auch die schöne Sonnenterrasse.

Vom Hauptmarkt schlendern wir links durch die Sternstraße und stehen vor dem Trierer Dom und der Liebfrauenkirche rechts daneben. Der zum UNESCO-Weltkulturerbe gehörende Dom St. Peter ist die älteste Kirche Deutschlands mit ihren Ursprüngen aus dem 4. Jahrhundert. Seit der Ausstellung des Heiligen Rocks, der als Tunika Christi verehrt wird, zählt der Dom zu den bedeutenden Wallfahrtszielen nördlich der Alpen. Die Liebfrauenkirche, im Grundriss einer griechischen Rose nachempfunden, ist die älteste gotische Kirche in Deutschland. Wie der Dom ist sie Weltkulturerbe der UNESCO. In den Jahren um 1260 errichtet ist sie an filigraner Schönheit und gotischer Eleganz kaum zu übertreffen.

Von der Liebfrauenkirche führt uns die Liebfrauenstraße an den Konstantinplatz zur Konstantinbasilika und zum Kurfürstlichen Palais. Kaiser Konstantin der Große ließ die Basilika aufs Erlesenste mit Mosaiken, Marmor und Fußbodenheizung ausstatten. Der „romantische" König Friedrich Wilhelm IV. von Preußen ließ die säulenlose Kirche rekonstruieren und als evangelische Kirche einrichten.

Das wiederaufgebaute Kurfürstliche Palais neben der Basilika ist einer der schönsten Rokokopaläste in Deutschland. Kurfürst Lothar von Metternich und Philip von Soetern ließen die Vierflügelanlage erbauen. Erzbischof Johann Philipp von Walderdorff ersetzte den Südflügel durch einen Rokokobau mit Skulpturen und einem prachtvollen Rokoko-Treppenhaus.

Vom Kurfürstlichen Palais führt der Weg durch den Palastgarten Richtung Kaiserthermen. Der barocke Garten ist ein romantisch-imposantes Ensemble. Eine unglaubliche Blütenpracht mit gepflegten Rasenflächen, Enten, Gänsen, Springbrunnen und Skulpturen. Der Gartenteil an den Kaiserthermen ist heute vor allem beliebtes Ausflugsziel für Sonnenanbeter und Grillmeister. Am bergseitigen Rand befindet sich das Rheinische Landesmuseum. Ein echtes Highlight für alle

Fortsetzung Tour 09

Freunde der römischen Kultur und Geschichte. Im Café können wir eine Pause bei leckeren Gerichten einlegen.

Den südlichen Abschluss des Palastgartens bilden die Kaiserthermen. Die mächtigen Ruinen zählen seit 1986 zum UNESCO-Weltkulturerbe. Die unterirdischen Gänge können wir besichtigen und der Aussichtsturm ermöglicht den Blick über den ursprünglichen kaiserlichen Palastbezirk der Stadt. Im Ausstellungsbereich illustriert eine Filmanimation die Entwicklung der Stadt zur Kaiserresidenz.

Von den Kaiserthermen gehen wir entlang der Kaiser- und Olewiger Straße zum Amphitheater. Erbaut zum Ende des 2. Jahrhunderts war es ein Ort der Massenunterhaltung. Die ca. 22 Meter hohen Ränge boten bis zu 18.000 Zuschauern Platz. Das meist blutrünstige Unterhaltungsprogramm zeigte Kämpfe zwischen Menschen oder Tieren.

Vom Amphitheater geht es längs der Kaiser- und Olewiger Straße zurück zu den Kaiserthermen und am Stadtbad vorbei bis zur Kreuzung mit der Saar- und Neustraße. Wir wenden uns zur Neustraße und biegen dann links in die Viehmarktstraße ein. Am Viehmarktplatz erwarten uns die Antoniuskirche und die Thermen am Viehmarkt. Unter dem schützenden Glasbau, ähnlich einer Vitrine, werden archäologische Grabungsstücke und Fundamente römischer Häuser gezeigt. Die unterirdischen römischen Straßenverläufe sind aus rotem Granit an der Oberfläche des Platzes zu sehen.

Wir halten uns rechts zur Fahrstraße und stoßen auf die Brotstraße. Ihr folgen wir zum Hauptmarkt und geradeaus geht's zurück zur Porta Nigra.

Trierer Dom und Liebfrauenkirche.

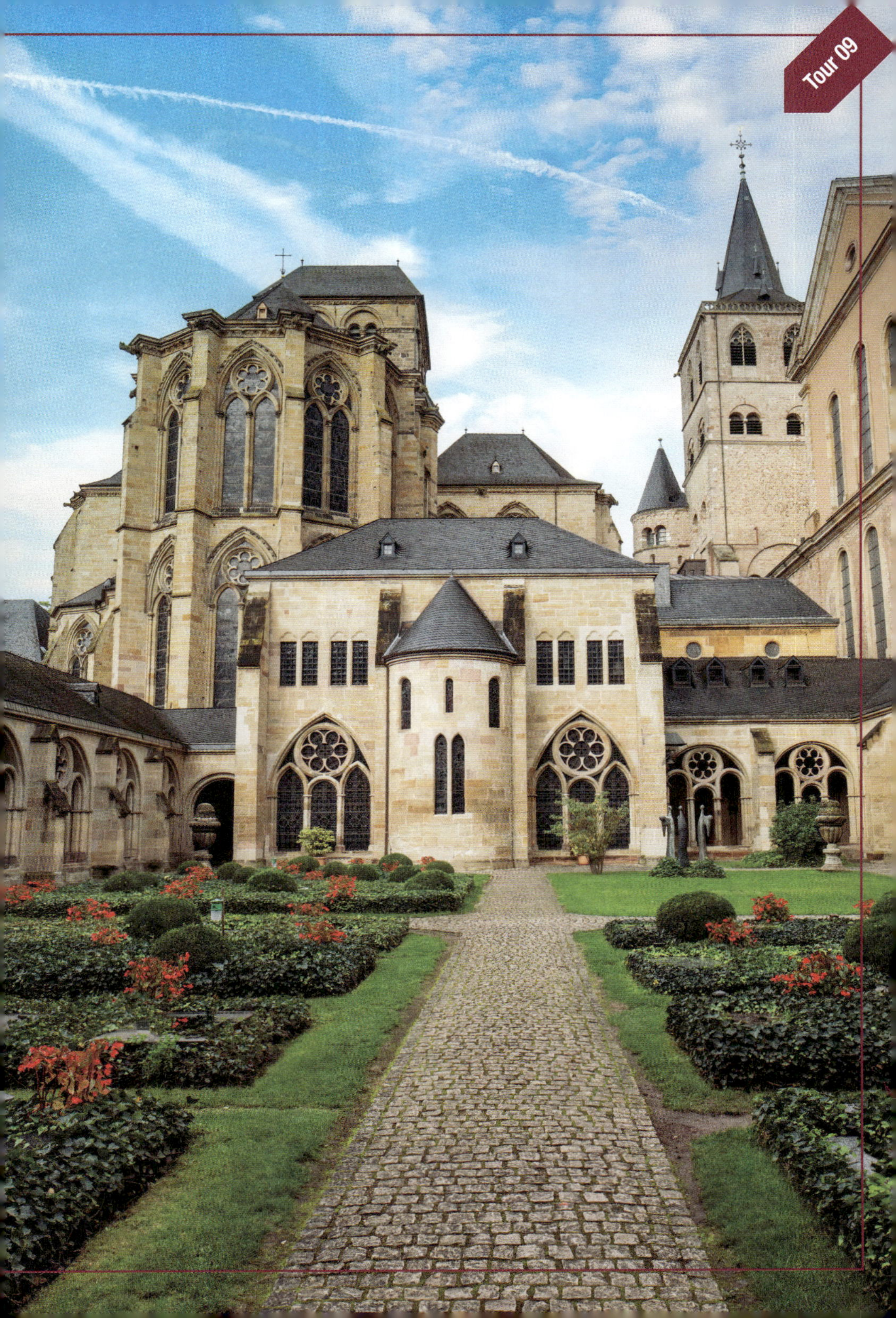

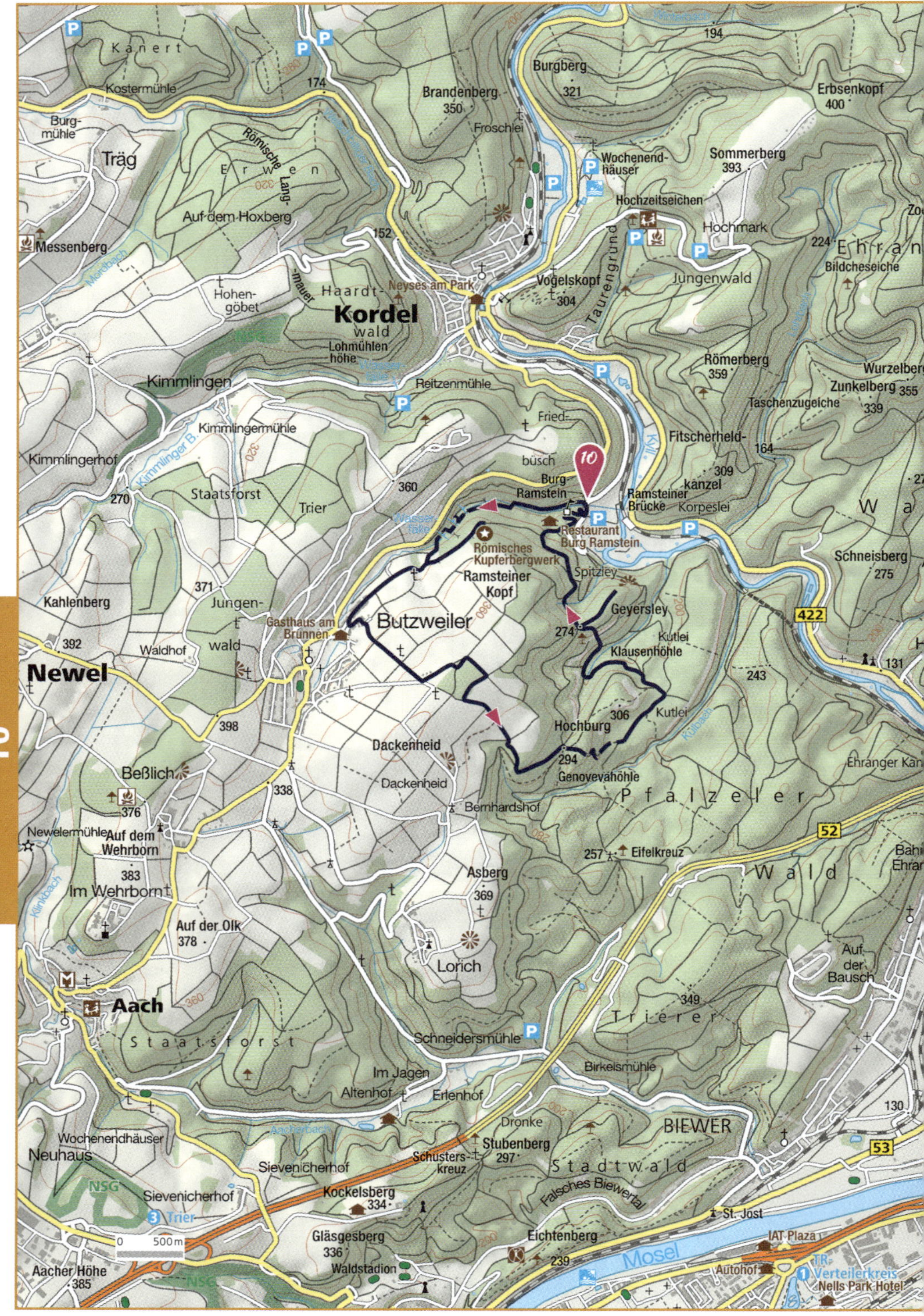
Kanert
Kostermühle
Burg-
mühle
Träg
Römische Lang-
mauer
Erwen
Auf dem Hoxberg
Messenberg
Mordbach
Hohen-
göbet
Haardt-
wald
Kordel
Neyses am Park
Lohmühlen
höhe
Wasser-
fälle
Kimmlingen
Kimmlingermühle
Kimmlinger B.
Kimmlingerhof
270
Staatsforst
Trier
360
Brandenberg
350
Froschlei
Burgberg
321
174
152
194
Erbsenkopf
400
Wochenend-
häuser
Sommerberg
393
Hochzeitseichen
Hochmark
224
Ehran
Bildcheseiche
Vogelskopf
304
Taurengrund
Jungenwald
Römerberg
359
Wurzelberg
Zunkelberg
355
339
Taschenzugeiche
Reitzenmühle
Fried-
büsch
Kyll
Fitscherheld-
164
309
kanzel
Burg
Ramstein
10
Ramsteiner
Brücke
Korpeslei
Restaurant
Burg Ramstein
Wasser-
fälle
Römisches
Kupferbergwerk
Ramsteiner
Kopf
Spitzley
Schneisberg
275
Geyersley
422
Kahlenberg
371
Jungen-
wald
Gasthaus am
Brunnen
Butzweiler
274
Kutlei
Klausenhöhle
392
Waldhof
Newel
243
131
398
Dackenheid
Hochburg
306
Kutlei
Kyllbach
294
Genovevahöhle
Ehranger Kan
Beßlich
338
Dackenheid
Bernhardshof
Pfalzeler
376
Newelermühle
Auf dem
Wehrborn
52
257
Eifelkreuz
Wald
383
Im Wehrborn
Asberg
369
Auf der Olk
378
Lorich
Auf
der
Bausch
Aach
Staatsforst
349
Trierer
Schneidersmühle
Im Jagen
Birkelsmühle
Altenhof
Erlenhof
130
Dronke
BIEWER
Wochenendhäuser
Neuhaus
Stubenberg
297
Schusters-
kreuz
Stadtwald
53
Sievenicherhof
Sievenicherhof
NSG
Trier
Kockelsberg
334
Falsches Biewertal
St. Jost
Glässgesberg
336
Waldstadion
Eichtenberg
239
Mosel
IAT Plaza
Autohof
TR-
Verteilerkreis
Nells Park Hotel
Aacher Höhe
385
0
500 m

Tour 10

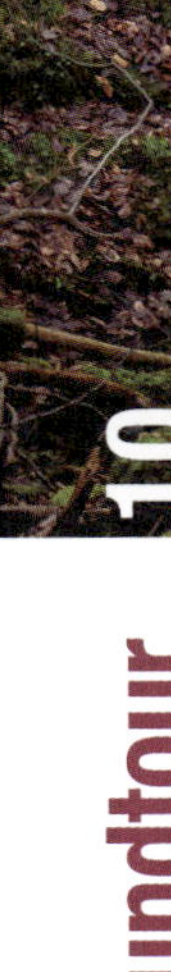

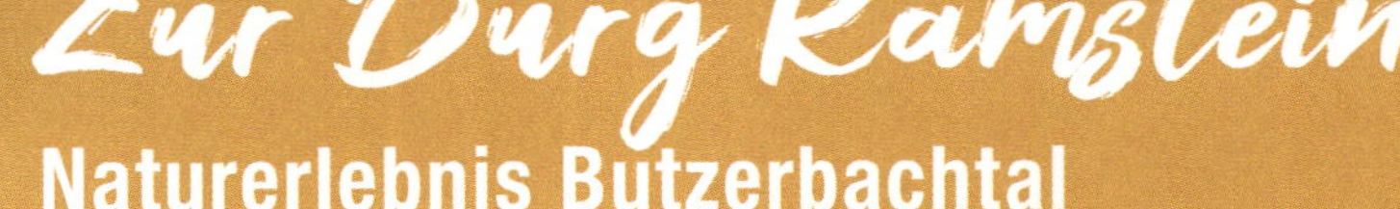

Naturerlebnis Butzerbachtal und Burg Ramstein

DAUER	3h 30 min
LÄNGE	11,7 km
HÖHENMETER	426 hm
SCHWIERIGKEIT	MITTEL
MIT ÖFFIS ERREICHBAR	nein

Das erwartet dich ...

Eine Rundwanderung, die teilweise auf dem Römerpfad verläuft, um die Burg Ramstein und durch das wildromantische Butzerbachtal mit zahlreichen Wasserfällen. Es gibt Hängebrücken, Stahltreppen, teilweise Seile und Geländer. Eindrucksvolle Aussichten haben wir vom Felsen der Geyersley. Ein Höhepunkt ist sicherlich die Genovevahöhle. Auch die Klausenhöhle ist sehenswert. Unterwegs gibt es ein Restaurant in der Burg Ramstein. Ansonsten kehren wir in Butzweiler oder Kordel ein.

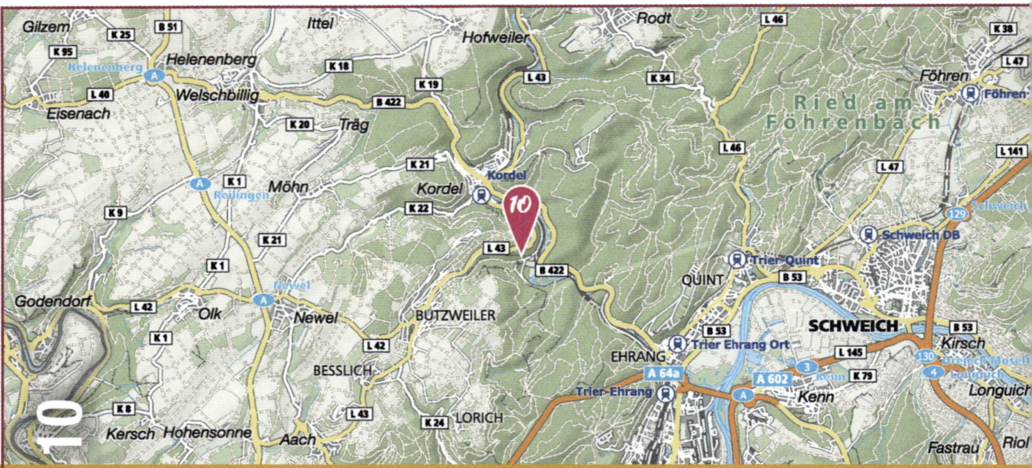

Rundtour 10

Start & Ziel & Anreise

Start am Wanderparkplatz Butzerbach. Hier beginnt ebenfalls der Premiumwanderweg Römerpfad. Mit dem Auto von Trier auf der B53 Richtung BAB A64. In Trier-Ehrang auf die B422 nach Kordel abbiegen. In Kordel an der Kyllbrücke links zum Bahnhof Kordel abbiegen und entlang der Bahn zum Wanderparkplatz Butzerbach fahren.

Tourenbeschreibung

Am Wanderparkplatz unterhalb der Burg Ramstein beginnen wir die Rundwanderung entlang des Butzerbaches. Den Pfad links zur Burg ignorieren wir und wandern zur ersten Bachquerung. Wir folgen dem Weg und biegen dann rechts auf einen Pfad ein. Rechter Hand hören und sehen wir die ersten Wasserfälle. Bald queren wir erneut den Bach im tief eingeschnittenen romantischen Tal und nach einem Wasserfall geht's wiederum hinüber. Über Stege wechselt der Wanderweg mehrmals die Uferseiten und führt dann hinauf zum Wanderparkplatz Ramsteiner Weg. Hier machen wir einen Abstecher zu einem römischen Bergwerk, im Volksmund Pützlöcher genannt. Hier wurde Kupfererz gefördert. Nach Aufgabe des untertägigen Abbaus entstand ein Steinbruch. Die Quader wurden für den Bau der Porta Nigra aus dem Fels geschlagen. In den mit einer Führung zugänglichen Schächten nisten von November bis ins Frühjahr Fledermäuse. Bitte die Tiere nicht stören.

Wir wandern nach Butzweiler. Der Ramsteiner Weg führt uns in den Ort. Wer im Gasthaus Am Brunnen einkehren möchte (ist sehr zu empfehlen) geht den Ramsteiner Weg geradeaus. Sonst biegen wir links in die Straße im Urteilsgarten ein und folgen ihr über die Felder zum Görgenhof. Am Waldrand geht's links zu den Resten einer römischen Langmauer aus dem 4. Jahrhundert. Wir wandern um das Wäldchen herum und unter der Hochspannungsleitung hindurch. Am Waldrand geht's an der Wiese entlang, dann rechts in den Wald hinunter und im Linksbogen hinab an die Hangkante zur sagenumwobene Genovevahöhle. Wir stehen vor einer muschelförmigen Höhle aus Bundsandstein, die bereits vor Tausenden Jahren den Menschen Schutz bot. Der Sage nach auch der Gräfin Genoveva und ihren Sohn. Über Stufen gelangen wir zur Höhle und rasten auf der Felsterrasse.

Vom Zugang der Höhle geht's weiter nach links unterhalb der Felsen zu einem Waldweg. Nach links erreichen wir eine Wegekreuzung und wenden uns dort erneut links hinab ins Laufbachtal. Hinter der Rechtskurve steigen wir zur Klausenhöhle hinauf, in die Wand des Plateaus der Hochburg. Diese ehemalige Eremitage ermöglichte es jahrhundertelang Einsiedlern nach dem großen Vorbild des heiligen Antonius ein frommes Leben zu führen. Über Stufen steigen wir weiter hinauf zu einem Querweg. Zur Aussicht Geyersley gehen wir nach rechts. Von der Felsklippe schauen wir über das bewaldete Kylltal. Zurück vom Aussichtspunkt wandern wir nun rechts zur Burg Ramstein. Trutzig auf einem Felsen liegt die Ruine in einer wildromantischen Landschaft. Im Restaurant der Burg lassen wir uns nieder, genießen Essen und Trinken und die tolle Aussicht. So kurz vor dem Ziel nehmen wir uns die Zeit. Wir sind noch gut zu Fuß und steigen den steilen Pfad hinab zu unserem Ausgangspunkt. Alternativ könnte man auch die Fahrstraße nehmen.

Autoren Tipp

Burg Ramstein im Kylltal: Die malerische Ruine in wildromantischer Landschaft regt die Fantasie der meisten Besucher an. Was mag es mit ihr auf sich haben, die so trutzig auf einem kleinen Felsen inmitten grünbewaldeter Berge aufragt? Der Bau von Burg Ramstein, Wahrzeichen des unteren Kylltales, geht auf die Kurfürsten zu Trier zurück. Mit ihren vier Geschossen hochaufragendem Turm ist sie typisch für den Burgenbau Erzbischofs Balduins. Die Burgruine ist heute in Privatbesitz aber ganzjährig geöffnet mit kleinem Hotel, gemütlicher Wirtschaft, Sonnenterrasse und Burggarten.

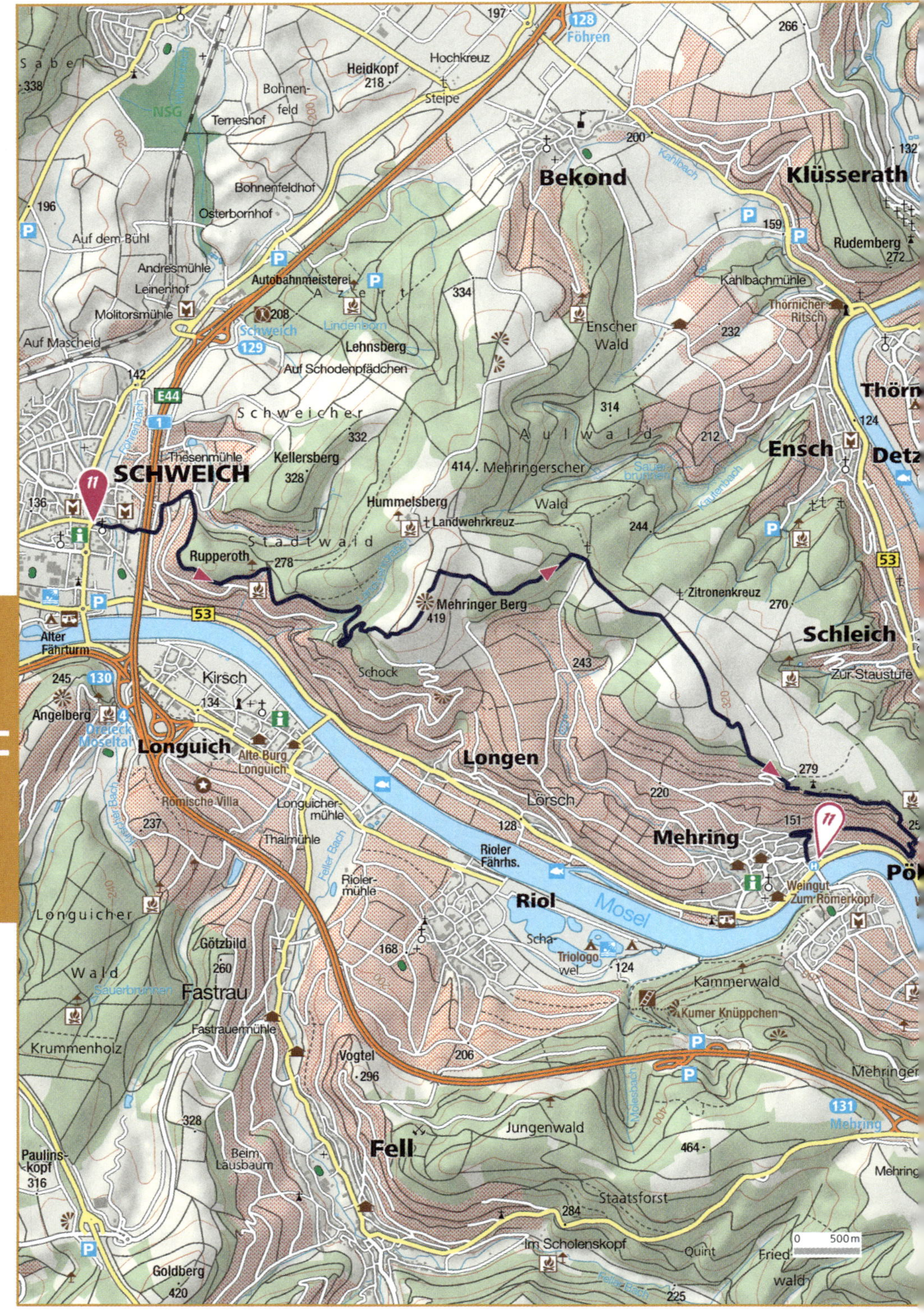

Sabel
338
197
128
Föhren
266
Hochkreuz
Heidkopf
218
Steipe
Bohnen-
feld
NSG
Temeshof
200
Bekond
Klüsserath
132
Bohnenfeldhof
196
Osterbornhof
159
Auf dem Bühl
Rudemberg
272
Andresmühle
Autobahnmeisterei
Leinenhof
Azert
Kahlbachmühle
334
Molitorsmühle
208
Thörnicher
Ritsch
Schweich
Lindenborn
Enscher
Wald
Auf Mascheid
129
Lehnsberg
232
Auf Schodenpfädchen
142
Thörn
E44
Schweicher
314
124
1
332
Aulwald
212
Ensch
Detz
Thesenmühle
Kellersberg
328
SCHWEICH
414
Mehringerscher
Sauerbrunnen
Wald
Hummelsberg
136
Landwehrkreuz
244
Rupperoth
278
Stadtwald
53
Zitronenkreuz
Mehringer Berg
419
270
Alter
Fährturm
Schleich
Schock
243
Zur Staustufe
245
130
Kirsch
Angelberg
134
4
Dreieck
Moseltal
Longuich
Alte Burg
Longuich
Longen
279
Römische Villa
Lörsch
220
Longuicher-
mühle
237
128
151
Mehring
Thalmühle
Rioler
Fährhs.
Feller Bach
Pö
Rioler-
mühle
Weingut
Zum Römerkopf
Riol
Mosel
Longuicher
Götzbild
168
260
Scha-
wel
Triolago
124
Wald
Kammerwald
Sauerbrunnen
Fastrau
Kumer Knüppchen
Fastrauermühle
Krummenholz
Vogtel
296
206
Mehringer
131
Mehring
328
Jungenwald
Fell
464
Paulins-
kopf
316
Beim
Lausbaum
Mehring
Staatsforst
284
Im Scholenskopf
0
500 m
Quint
Fried
wald
Goldberg
420
225

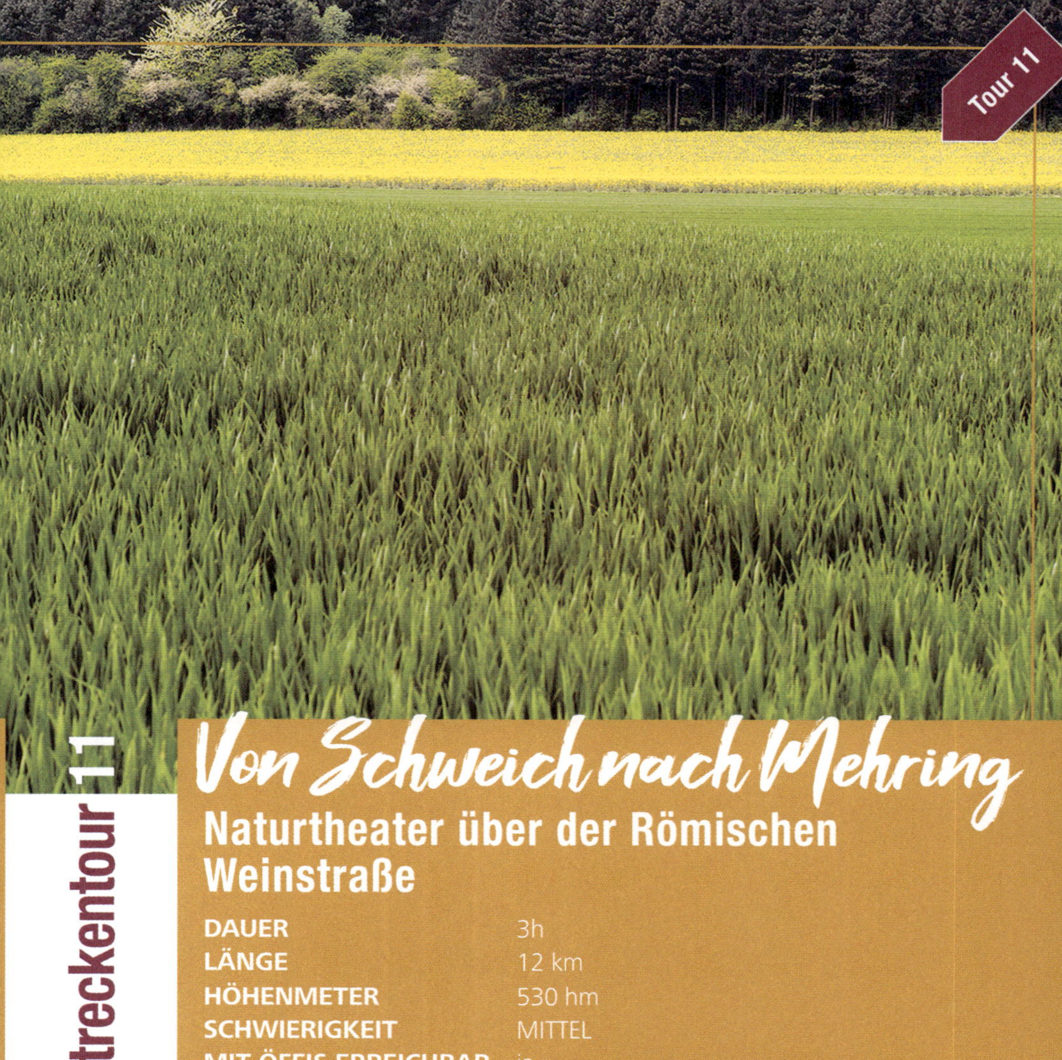

Streckentour 11

Von Schweich nach Mehring

Naturtheater über der Römischen Weinstraße

DAUER	3h
LÄNGE	12 km
HÖHENMETER	530 hm
SCHWIERIGKEIT	MITTEL
MIT ÖFFIS ERREICHBAR	ja

Das erwartet dich ...

Besonders sportlich geht es auf dieser Moselsteig-Etappe zu. Im munteren Wechsel führt der Weg steil bergan und bergab. Die Aufstiege werden mit fantastischen Fern- und Tiefblicken belohnt. Oberhalb der steil emporragenden, terrassierten Weinhänge geht's über den Rupperoth zum Mehringer Berg mit herrlicher Aussicht. Bei den Winzern in Schweich und Mehring kosten wir herrliche Weine in gemütlichen Weinstuben. In seinem Gedicht „Mosella" beschreibt der römische Dichter Ausonius in Versform das Tal der Mosel und nannte es ein „Naturtheater".

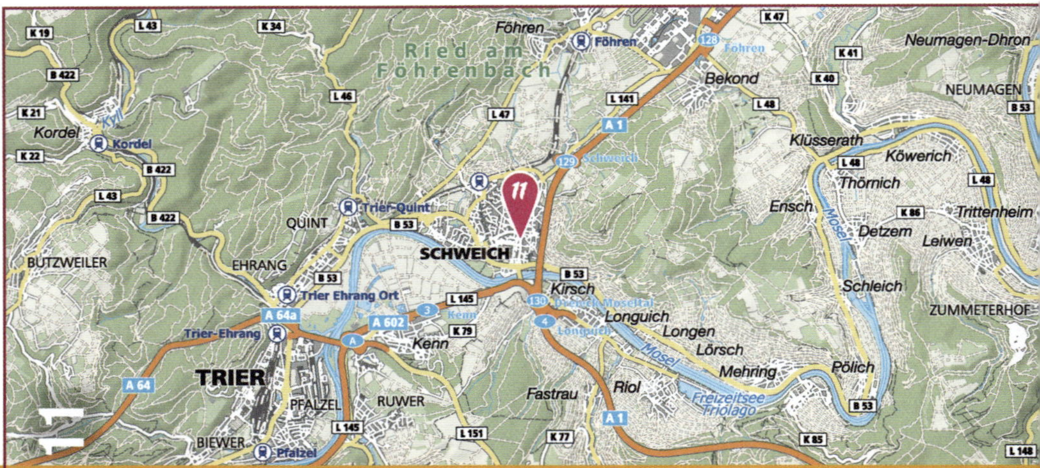

Streckentour 11

Start & Ziel & Anreise

Start bei der Kirche St. Martin in der Kirchstraße von Schweich. Mit dem Auto fahren wir auf der BAB A1 Saarbrücken-Wittlich oder auf der BAB A602 von Trier zum Dreieck Moseltal. Dort an der Ausfahrt 4 Longuich ausfahren und links über die Mosel nach Schweich zur Kirche St. Martin in der Kirchstraße. Mit der Bahn Linie RB81 von Trier-Hauptbahnhof nach Schweich. Vom Bahnhof sind es 1,7 Kilometer oder 23 Minuten über die Bahnhofstraße zur Kirche St. Martin in der Kirchstraße.

Tourenbeschreibung

Von der Martinskirche im Zentrum der Weinstadt Schweich führt uns die Kirchstraße bergwärts zur Mathenstraße. Wir biegen rechts ein und gehen geradeaus, jetzt in der Bergstraße. In deren Kurve gehen wir nach rechts und unterqueren die Autobahn. Gegenüber dem Sträßchen führt der Moselsteig wischen den Rebfluren zur Bergstraße und rechts hinauf zum Wanderparkplatz. Den Sender lassen wir rechts liegen und gehen auf dem breiten Weg kurz am Wald entlang. An der Verzweigung halten wir uns links und wandern oberhalb der Weinlage Annaberg zu einem Aussichtspunkt am Rupperoth. Uns eröffnet sich ein Blick über das Moseltal. Der Wirtschaftsweg links führt uns zur Grillhütte Rupperoth.

Am Parkplatz gleich nach der Hütte biegen wir rechts ab und wandern am Waldrand entlang zum Landwehrgraben. Hier geht's durch eine Furt über den Graben. Am Waldrand geht's links und sofort wieder links zurück in den Wald und wir wandern auf einem Pfad hinauf zum Waldrand. Eine Schlepperspur führt uns zu einer Wegeverzweigung. Wir nehmen den linken Weg hinauf zur Aussicht Mehringer Berg.

Vom 418 Meter hohen „Gipfel" schlendern wir hinab zu einer Pfadkreuzung. Rechts gehen wir auf den Wald zu und rechts an ihm entlang. An der Wegeverzweigung halten wir uns rechts und gehen unter der Hochspannungsleitung hindurch an den Waldrand. Den Fahrweg lassen wir rechts liegen und wandern am Waldrand entlang. An der Wegkreuzung geht's geradeaus auf einem Pfad über Feld und Flur zu einem Wäldchen, an dem der Pfad herumführt. Rechts geht's dann weiter hinab zu einem Wirtschaftsweg. Kurz rechts einbiegen und gleich links im spitzen Winkel zum 10.000-Liter-Fässchen. Feiner Unterschlupf bei Regen mit Bänken drinnen.

Hinab geht's zur Kapelle Mehring mit Bänken, auf denen wir eine Rast einlegen. Der breite Weg führt uns nun oberhalb der Weinlagen zum „Gesundheitspark Mehring" mit mehreren Fitnessstationen. Über Serpentinen erreichen wir unterhalb die Huxlay-Hütte und gehen links zum Aussichtspunkt Huxlay. Hier geht's im Zickzak auf einem Pfad hinab und auf der Schlepperspur links erneut im Zickzack abwärts. Geschafft. Rechts wandern wir nun geruhsam durch Weinberge nach Mehring.

Die Ortsstraße Am Rebenhang bringt uns Richtung Mosel. An der Weinbergstraße gehen wir noch rechts und erreichen die Brückenstraße am Moselufer. Ziel erreicht. Im Weingut Zum Römerkopf probieren noch einmal feine Weine, denn hier heißt es: „Der liebe Gott hat nicht gewollt, dass der Wein verderben sollt, drum hat er auch zum Saft der Reben, den nötgen Durst dazugegeben."

Autoren Tipp

Vergnügen am Freizeitsee Triolago: Auf der gegenüberliegenden Moselseite liegt der Freizeitsee Triolago bei Riol. Hier können wir uns im Wasserskifahren beweisen oder uns an Hindernissen über den See hangeln, das nennt sich Waterclimb. Schneller geht's mit der 1170 Meter langen Sommerrodelbahn „Moselbob" hinunter. Im Kammerwald beim Schützenhaus Mehring liegt der Trailpark Mehring, dieser hat von März bis Oktober geöffnet. Fünf betreute Strecken verschiedener Schwierigkeit und Beschaffenheit fordern unsere Aufmerksamkeit.

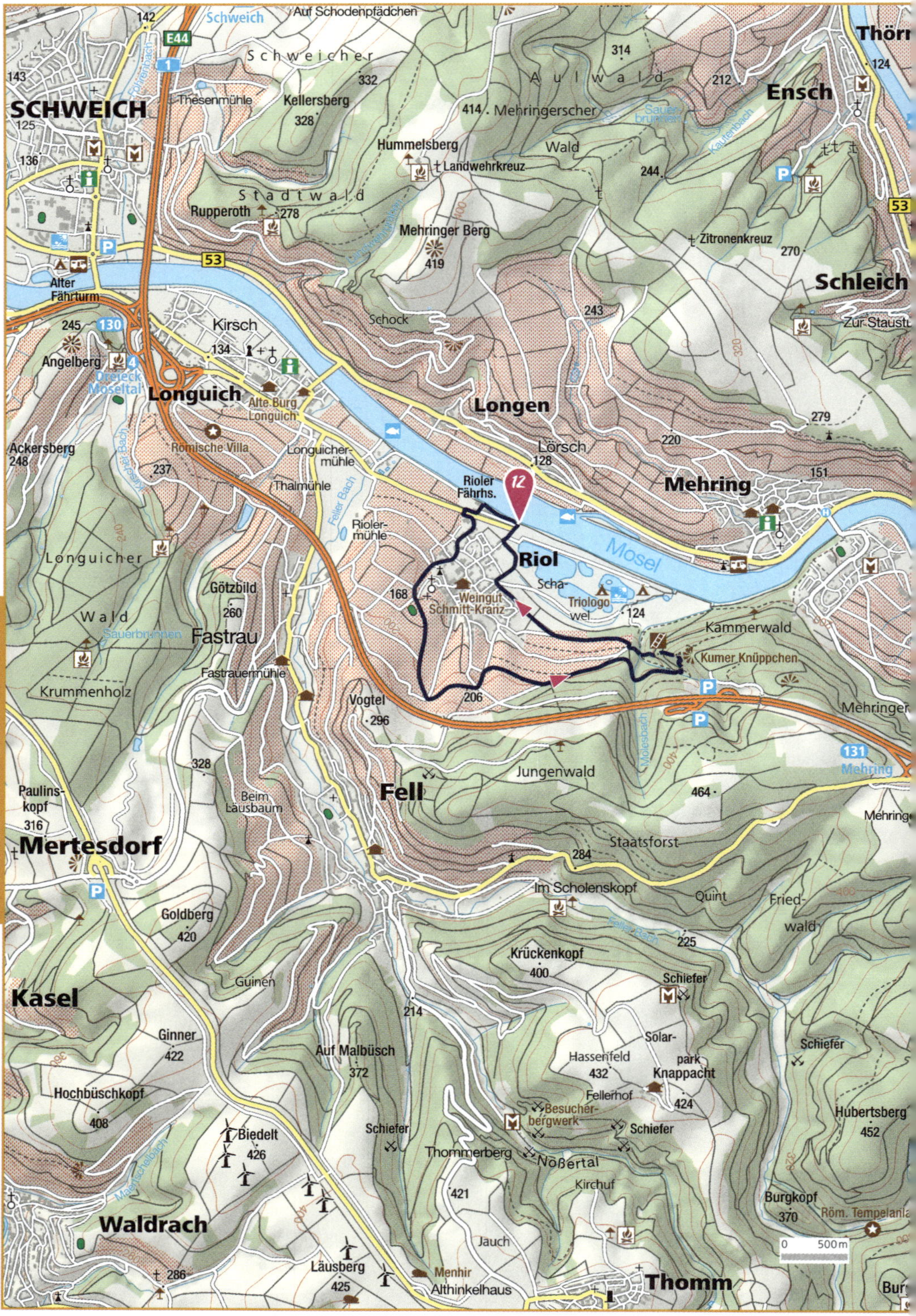

Schweich
Auf Schodenpfädchen
142
E44
1
Schweicher
Aulwald
314
Thörr
124
143
SCHWEICH
125
Thesenmühle
Kellersberg
328
332
414
Mehringerscher
Wald
212
Ensch
Sauerbrunnen
Kautenbach
136
Hummelsberg
Landwehrkreuz
244
53
Stadtwald
Rupperoth
278
Mehringer Berg
419
Zitronenkreuz
270
53
Alter Fährturm
Schleich
Schock
243
Zur Staustufe
245
130
Kirsch
134
Angelberg
Dreieck Moseltal
4
Longuich
Alte Burg Longuich
Longen
279
Ackersberg
248
Römische Villa
Longuicher-mühle
Lörsch
128
220
237
Thalmühle
Feller Bach
Rioler Fährhs.
12
Mehring
151
Rioler-mühle
Riol
Mosel
Longuicher
Wald
Götzbild
260
168
Weingut Schmitt-Kranz
Scha-
Triologo
wel
124
Sauerbrunnen
Fastrau
Kammerwald
Kumer Knüppchen
Fastrauermühle
Krummenholz
206
Vogtel
296
Mehringer
131
Mehring
328
Paulinskopf
316
Beim Lausbaum
Fell
Jungenwald
464
Mertesdorf
Staatsforst
284
Mehring
Im Scholenskopf
Quint
Friedwald
Goldberg
420
Feller Bach
225
Krückenkopf
400
Schiefer
Guinen
Kasel
214
Solarpark
Schiefer
Ginner
422
Auf Malbüsch
372
Hassenfeld
432
Knappacht
Fellerhof
424
Hochbüschkopf
408
Besucherbergwerk
Hubertsberg
452
Schiefer
Schiefer
Biedelt
426
Thommerberg
Noßertal
Kirchuf
421
Burgkopf
370
Röm. Tempelanlage
Waldrach
Jauch
0 500 m
286
Läusberg
425
Menhir
Althinkelhaus
Thomm

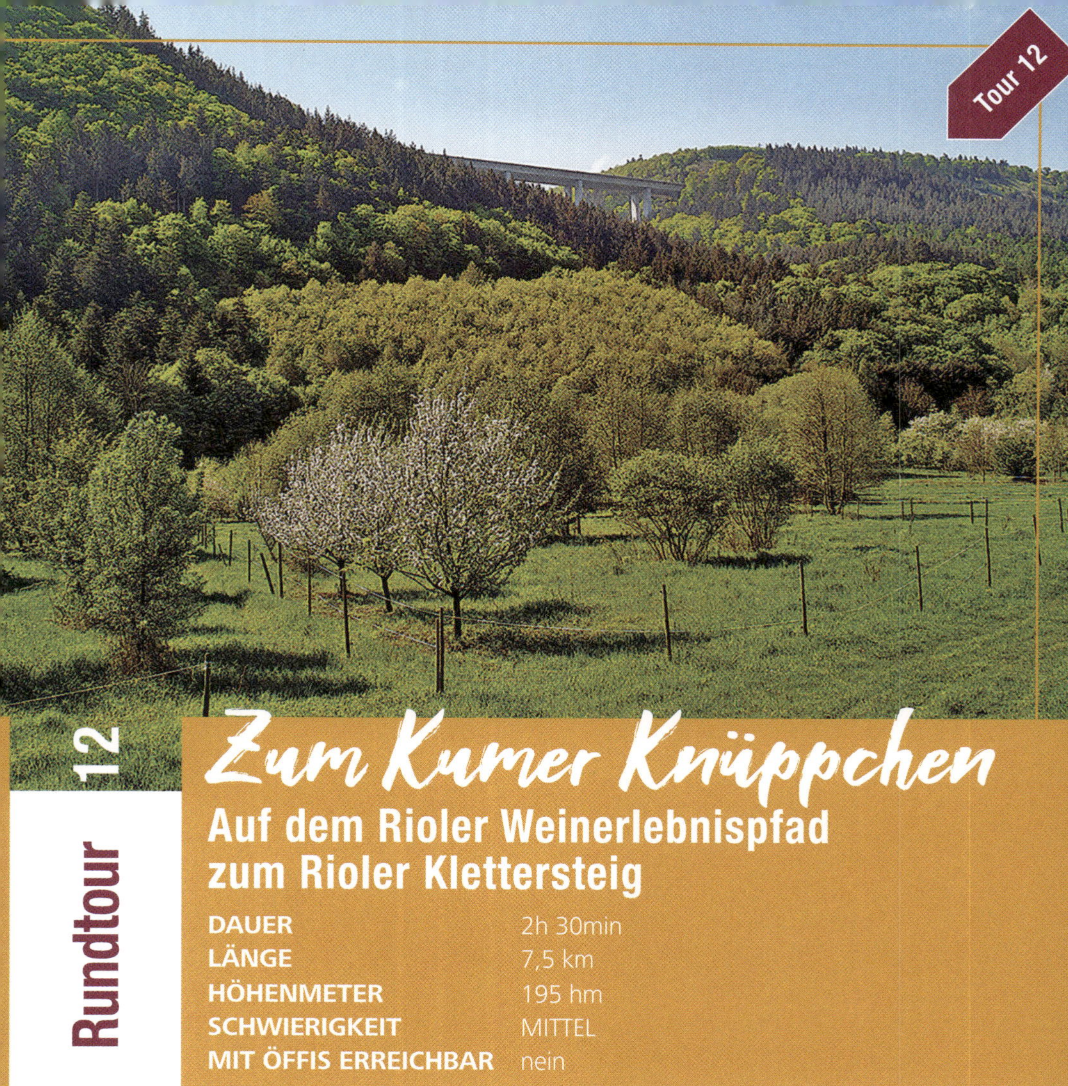

Rundtour 12

Zum Kumer Knüppchen

Auf dem Rioler Weinerlebnispfad zum Rioler Klettersteig

DAUER	2h 30min
LÄNGE	7,5 km
HÖHENMETER	195 hm
SCHWIERIGKEIT	MITTEL
MIT ÖFFIS ERREICHBAR	nein

Das erwartet dich ...

Eine Rundwanderung auf dem Rioler Weinerlebnispfad hoch in die Weinberge von Riol. Über den Rioler Klettersteig erreichen wir das Kumer Knüppchen mit einer super Aussicht auf das Winzerdorf Riol, das Moseltal und hinunter zur Freizeitanlage Triolago. Dort erwarten uns eine Sommerrodelbahn, ein Kletterpark über dem Wasser, Wasserski und eine Pizzeria am Strand. Der Winzer Matthias Schmitt bietet Weinbergwanderungen mit Weinprobe an. Es ist ein leichter Rundweg um das Dorf Riol, Terminvereinbarungen unter Tel: 06502 5189.

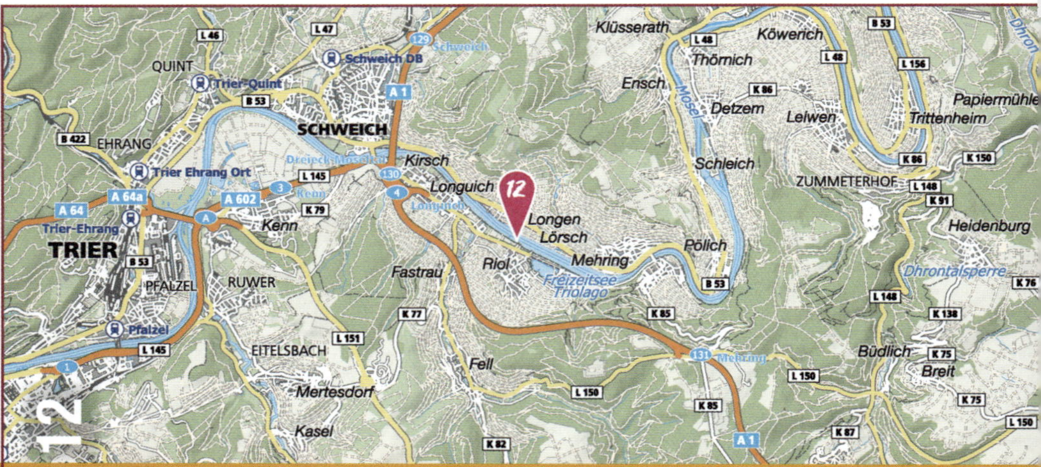

Rundtour 12

Start & Ziel & Anreise

Start an der Moselstraße in Riol neben der L 145 am Moselufer. Mit dem Auto fahren wir auf der BAB A 1 Saarbrücken-Wittlich oder auf der BAB A602 von Trier zum Dreieck Moseltal. Dort an der Ausfahrt 4 Longuich ausfahren und geradeaus nach Riol. Am Ende der L 145 am Kreisverkehr links ans Moselufer zum Sportplatz abbiegen oder rechts auf den Parkplatz an der Moselstraße.

Tourenbeschreibung

Der Sportplatz am Moselufer in Riol ist unser Ausgangspunkt. Am Wochenende steht hier ein Wein- und Infostand direkt am Moselradweg. Rioler Winzer bieten ihre Weine an und Kleinigkeiten zu Essen gibt es auch. Wir gehen aber erst die Mosel abwärts bis zum Rastplatz und Schutzhütten. Links geht's hinauf zur Bahnhofstraße und rechts über die L 145. Die Bahnhofstraße führt uns zur Hauptstraße in den Ortskern von Riol zum Rathaus. Hier wenden wir uns nach links in die Martinstraße. Die Martinskirche blickt friedlich zur Mosel hinab.

Wir wandern nun auf dem Weinerlebnispfad von Riol unterhalb des Fußballplatzes in die Weinlage Rioler Römerberg. Informationstafeln erläutern uns den Weinbau an der Mosel. Am Ende des Wirtschaftsweges wenden wir uns nach links und stoßen auf einen Querweg. Schräg links geht's steil bergab, an der Wegkreuzung dann rechts und eben an den Wald zur Rioler Weinberg-Rast des Winzers

Schmitt-Kranz. Am Waldrand entlang gehen wir zur Grillhütte Riol an der Sommerrodelbahn Moselbob.

Hier ist der Einstieg in den „Klettersteig“. Der 1,4 Kilometer lange Bergwanderweg führt stellenweise durch felsiges Gelände, ausgesetzte Passagen sind mit Seilsicherungen versehen. Vom Bachlauf geht's hinauf zum Gipfelkreuz Kumer Knüppchen. Toller Panoramablick zur Mosel, zu den Weinorten Mehring und Riol sowie zur Triolago Freizeitanlage. Vom Aussichtspunkt führt der Klettersteig steil hinab ins Molesbachtal und mündet wenig später wieder in den Weinerlebnispfad. Zwischen den Weinlagen oberhalb des Freizeitsees wandern wir an Infotafeln vorbei nach Riol hinein. An der Seestraße wenden wir uns nach rechts und gehen entlang der „Allee“ Richtung Freizeitsee zur Moselstraße an der L 145. Gegenüber erwartet uns der Wein- und Infostand am Moselufer. Jetzt genehmigen wir uns aber einen oder zwei der hervorragenden Weine aus den Weingütern Riol. Und vielleicht erzählt ein Winzer die Geschichte von der Schlacht bei Rigodulum (Riol), als eine römische Legion vor rund 2.000 Jahren den Aufstand der Treverer (die Trierer) niederschlug.

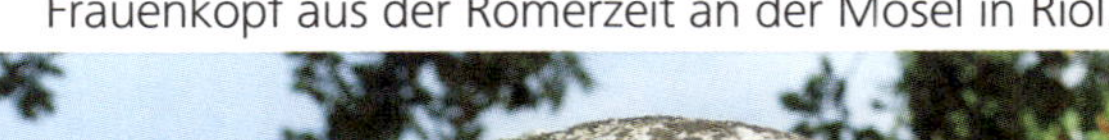

Frauenkopf aus der Römerzeit an der Mosel in Riol.

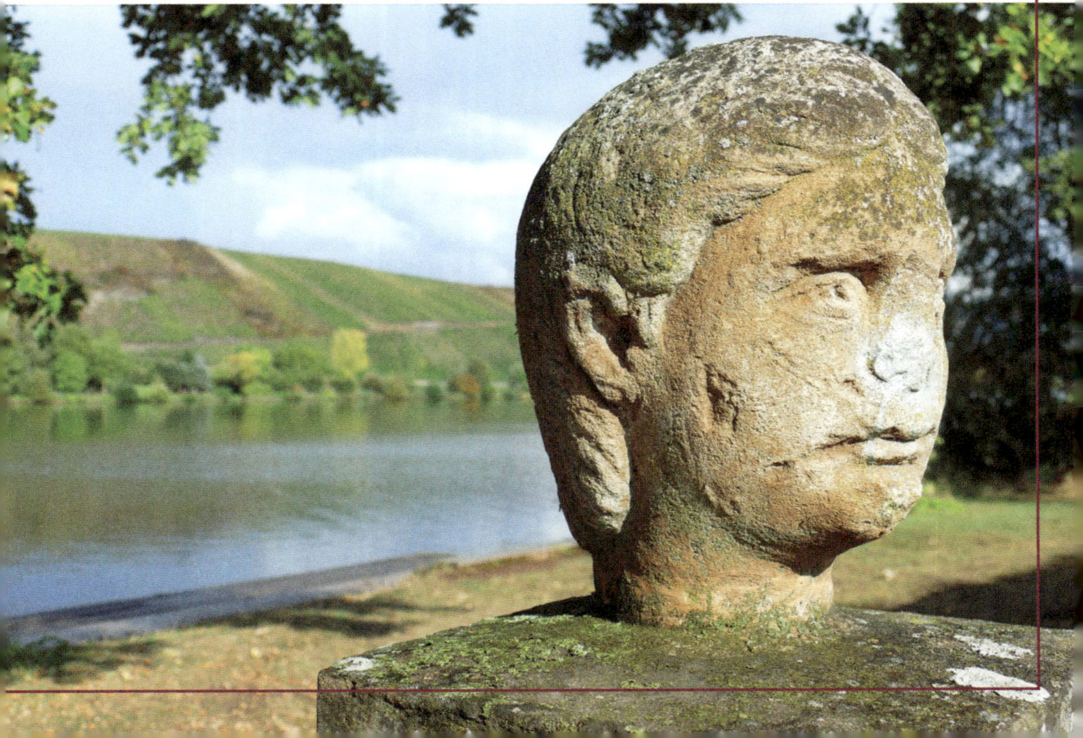

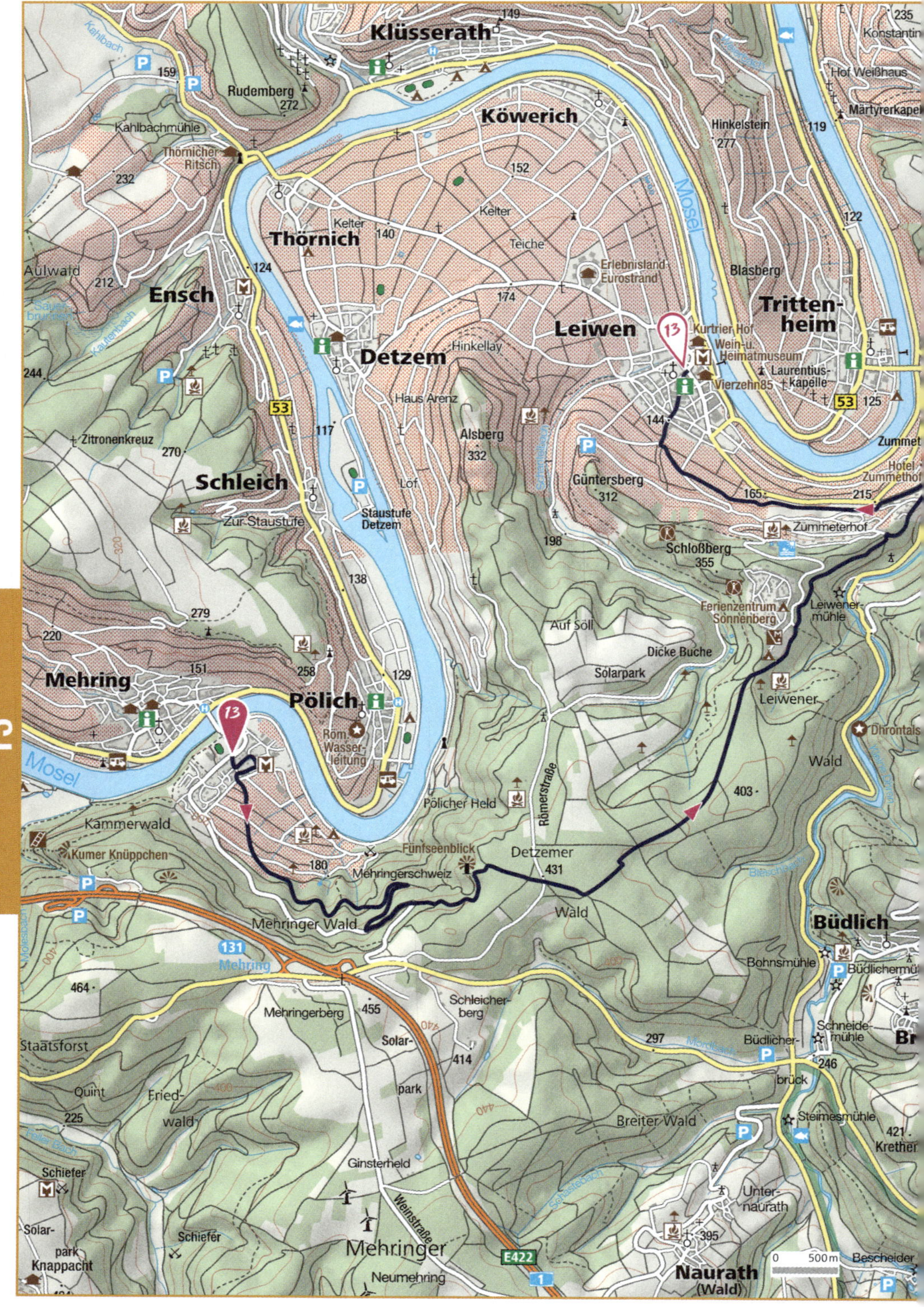
Klüsserath
Rudemberg
Kahlbachmühle
Thörnicher Ritsch
Köwerich
Hinkelstein
Hof Weißhaus
Konstantin
Märtyrerkapel
Mosel
Thörnich
Kelter
Teiche
Erlebnisland-Eurostrand
Aulwald
Ensch
Detzem
Hinkellay
Leiwen
Kurtrier Hof
Wein-u. Heimatmuseum
Laurentius-kapelle
Vierzehn85
Blasberg
Tritten-heim
Zummet
Hotel Zummethof
Haus Arenz
Alsberg
Zitronenkreuz
Schleich
Zur Staustufe
Staustufe Detzem
Güntersberg
Zummeterhof
Schloßberg
Ferienzentrum Sonnenberg
Leiwener-mühle
Auf Söll
Dicke Buche
Solarpark
Mehring
Pölich
Röm. Wasser-leitung
Leiwener Wald
Dhrontals
Mosel
Kammerwald
Kumer Knüppchen
Pölicher Held
Römerstraße
Fünfseenblick
Detzemer Wald
Mehringerschweiz
Mehringer Wald
Büdlich
Bohnsmühle
Büdlichermü
Mehring
Mehringerberg
Schleicher-berg
Solar-park
Staatsforst
Quint
Fried-wald
Büdlicher-brück
Schneide-mühle
Breiter Wald
Steimesmühle
Krether
Ginsterheld
Weinstraße
Schiefer
Solar-park Knappacht
Mehringer
Neumehring
Unter-naurath
Naurath (Wald)
Bescheider
E422
0 500 m
13

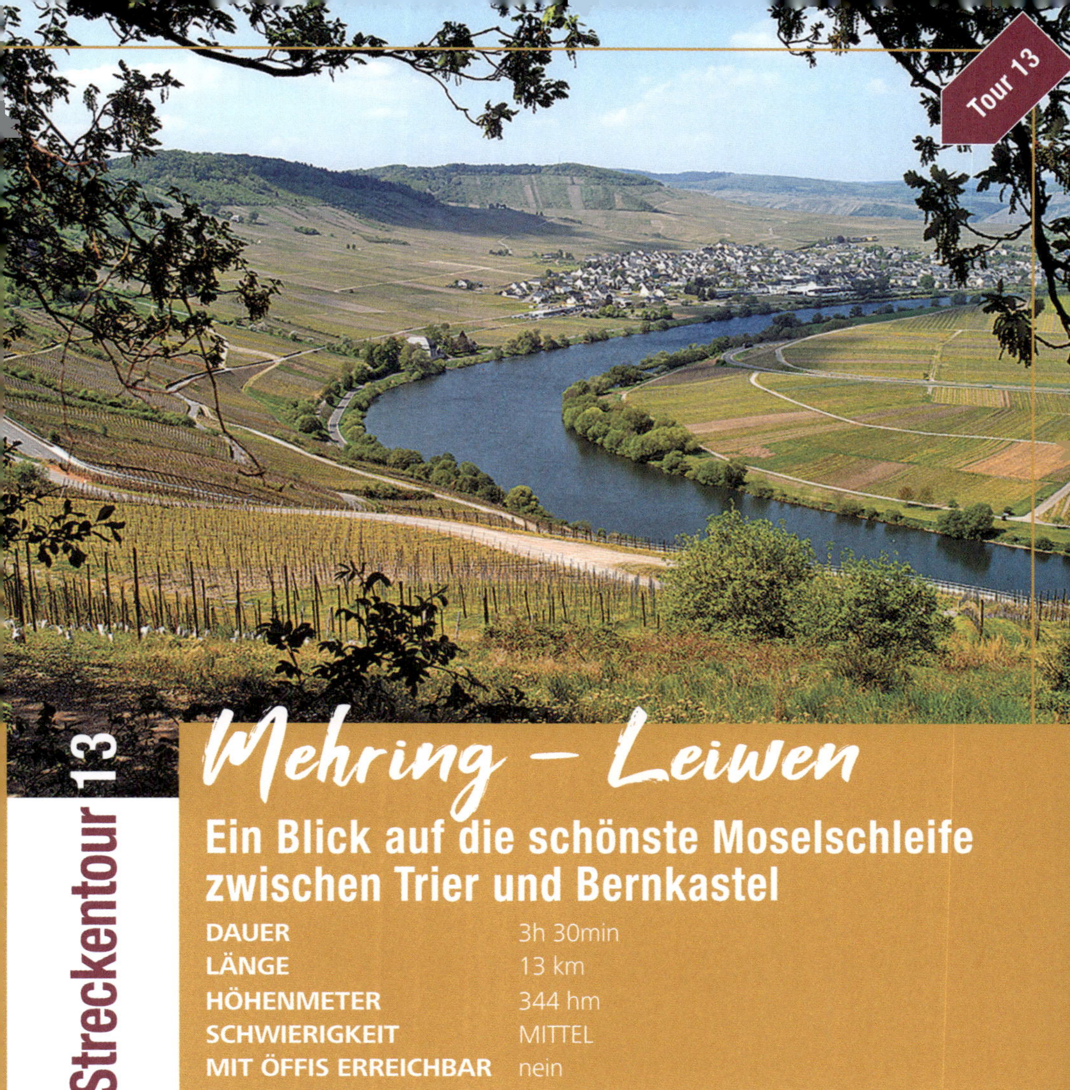

Streckentour 13

Mehring – Leiwen

Ein Blick auf die schönste Moselschleife zwischen Trier und Bernkastel

DAUER	3h 30min
LÄNGE	13 km
HÖHENMETER	344 hm
SCHWIERIGKEIT	MITTEL
MIT ÖFFIS ERREICHBAR	nein

Das erwartet dich ...

Mit dem Fünfseenblick und der Zummethöhe verbindet diese Wanderung zwei herausragende Panoramahöhen der Mittelmosel. Bewaldete Steilhänge und schroffe Bergriedel gaben der Gegend den Namen „Mehringer Schweiz". In den steilen Weinhängen wächst die Königin der weißen Reben, der Riesling. Die Weinlagen „Leiwener Laurentiuslay" und „Leiwener Klostergarten" liegen im Zentrum einer der größten und schönsten Weingegenden Deutschlands.

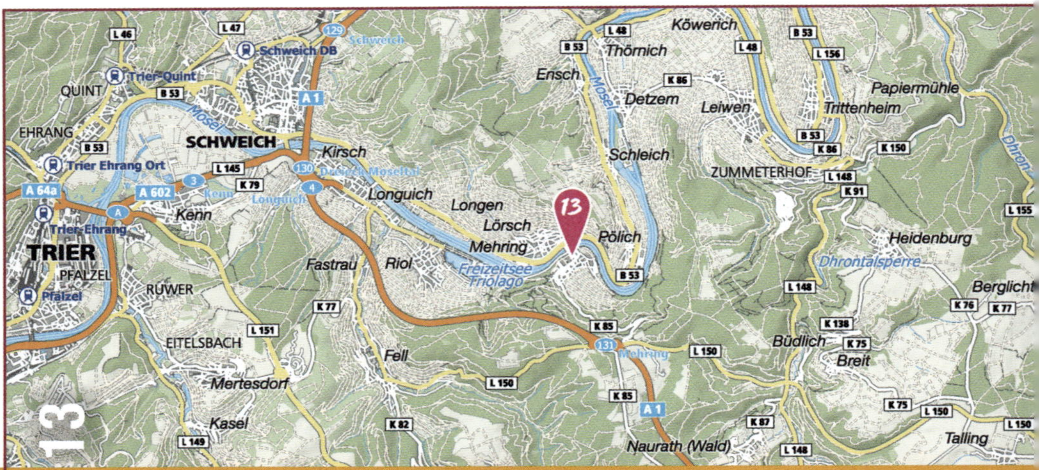

Streckentour 13

Start & Ziel & Anreise

Start beim Fußballplatz Mehring an der Straße Am Forsthaus neben der K85. Mit dem Auto von Trier auf der BAB A602 zum Autobahndreieck Moseltal und an der Ausfahrt 4 Longuich ausfahren. Richtung Schweich abbiegen. An der B53 rechts nach Mehring fahren und auf der K85 über die Moselbrücke zum Fußballplatz Mehring.

Tourenbeschreibung

Von der Moselbrücke im Winzerdorf Mehring genießen wir eine superschöne Aussicht auf ein malerisches Dorf. Wir beginnen unsere Wanderung nach Leiwen jenseits der historischen Altstadt am Fußballplatz und queren gleich die K85 zur Straße Am Sportplatz. Links erreichen wir gleich einmal die Römische Villa Rustica, ein sehr gut erhaltener Gutshof an der Römischen Weinstraße. Hier gibt es Geschichte zum Anfassen mit vielen Infotafeln. Jetzt gehts hinauf zum Fünfseenblick. Auf der Straße Am Sportplatz gehen wir an den Fuß des Weinberges. Unser Weg führt hinauf an den Waldrand. Dort verlassen wir den Wirtschaftsweg und wandern rechts auf einem Waldweg weiter bergauf.

Der breite Weg schwingt entlang des Hanges und führt uns hinauf an die K85. Dort wenden wir uns nach links bergwärts zum Wanderparkplatz. Von hier führt der Weg zum 25 Meter hohen Aussichtsturm Fünf-Seen-Blick. Unterbrochen von herrlichen Wäldern und Weinbergen erfasst das Auge die Mosel fünfmal und lässt sie wie fünf Seen erscheinen. Bei Sonnenuntergang ein Traum. Von hier aus geht's zur Grillhütte und dort rechts zur Wegkreuzung. Schräg nach rechts geht's erst geradeaus und dann in einer Linkskurve durch den Leiwener Wald zum Ferienzentrum Sonnenberg.

Wir wandern rechts unterhalb des Campingplatzes vorbei zum Kletterpark Wald-Abenteuer mit Seilbahn, Banana Jumb und Tarzansprung. Aber noch kurz vor dem Kletterpark biegen wir auf den Waldweg rechts ein und erreichen die Siedlung Zummeterhof am Tannenweg. Wir halten uns rechts und kehren im Hotel Zummethof ein. Von der Außenterrasse haben wir einen einzigartigen Panoramablick über die Moselorte Leiwen und Trittenheim. Zur Aussicht Zummethöhe ist es nur noch ein Sprung über die L 148 und wir schauen zur Moselschleife nach Trittenheim hinunter. Wir gehen zurück zum Panoramaweg, der uns oberhalb des Weinhanges zu einem Wanderparkplatz führt. Dort halten wir uns rechts und gehen nach Leiwen hinab. Die Klostergartenstraße bringt uns an zahlreichen Weingütern vorbei zum Weinbrunnen. Ziel erreicht. Am Leiwener Weinbrunnen haben wir die Wahl zwischen zwei guten Restaurants, dem Kurtrierer Hof und dem „vierzehn85 Essen & Wein".

Autoren Tipp

Gemütlich einkehren hinter historischen Mauern: Direkt am Weinbrunnen von Leiwen liegt der Kurtrierer Hof. Er war einst Hofgut und Sitz des Kurfürstlichen Verwalters, heute ist es Weingut und Straußwirtschaft. In dem malerischen Innenhof oder der gemütlichen Weinstube kehren wir zu einem geselligen Nachmittag ein. Gleich nebenan steht ein altes Fachwerkhaus, der ehemalige Zehnthof. In dem toll restaurierten Haus befindet sich das „vierzehn85 Essen & Wein", wo wir in gemütlicher Atmosphäre genussvoll Speisen und auserlesene Weine genießen können.

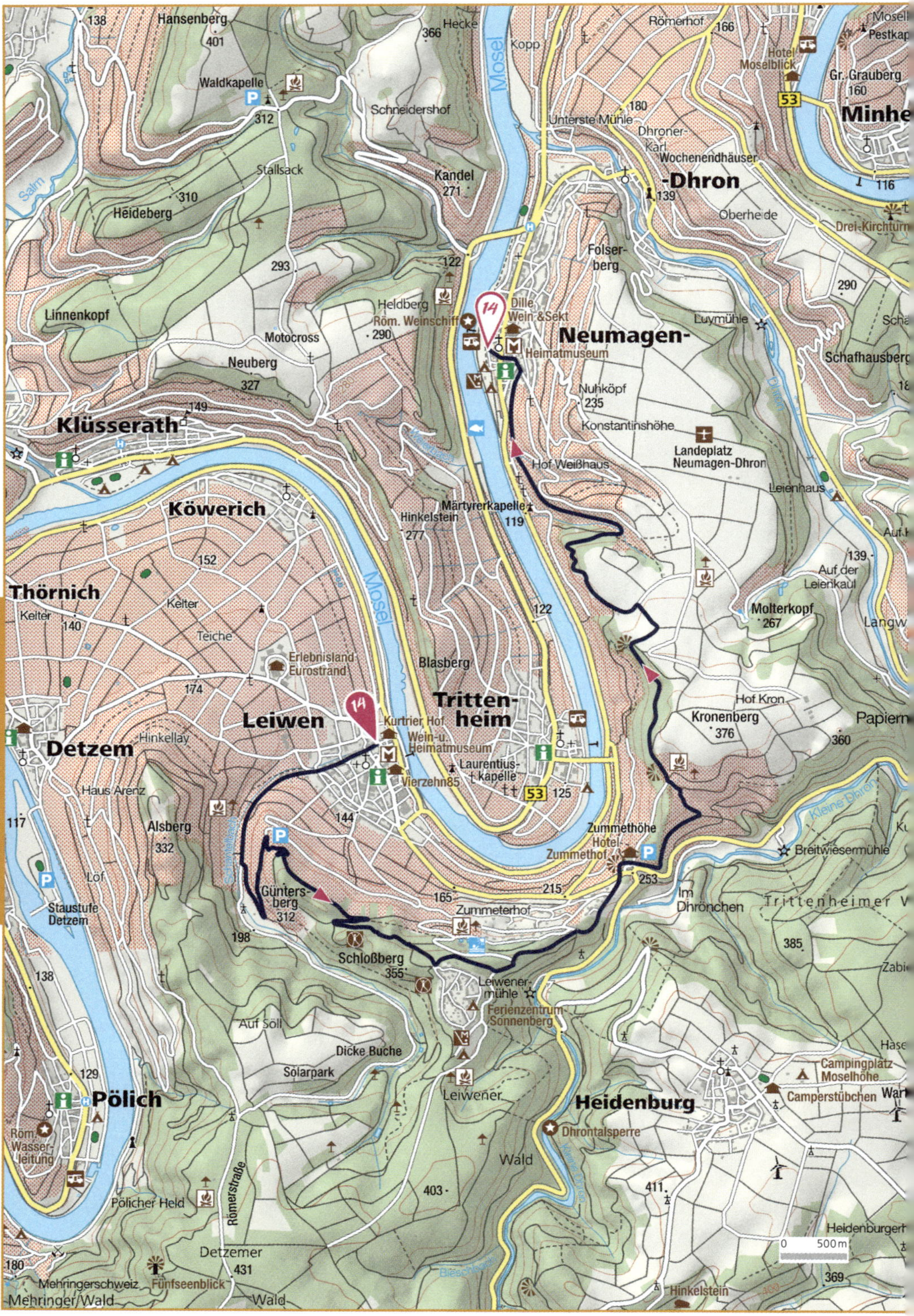

138
Hansenberg
401
366
Hecke
Römerhof
166
Mosel
Pestkap
Waldkapelle
Hotel
Moselblick
Gr. Grauberg
160
312
Schneidershof
Kopp
Mosel
53
Minhe
Unterste Mühle
180
Dhroner-
Karl
Wochenendhäuser
Stallsack
Kandel
271
-Dhron
116
Salm
310
Heideberg
139
Oberhe de
Drei-Kirchturm
293
122
Folser-
berg
290
Heldberg
Dille
Wein &Sekt
Luymühle
Linnenkopf
Röm. Weinschiff
290
Neumagen-
Motocross
Heimatmuseum
Schafhausberg
Neuberg
327
Nuhköpf
235
149
Klüsserath
Konstantinshöhe
Landeplatz
Neumagen-Dhron
Hof Weißhaus
Leienhaus
Köwerich
Märtyrerkapelle
Hinkelstein
277
119
152
139
Auf der
Leienkaul
Thörnich
Kelter
Kelter
140
122
Molterkopf
267
Teiche
Mosel
Blasberg
Erlebnisland
Eurostrand
174
Hof Kron
Kronenberg
376
14
Trittenheim
Leiwen
Kurtrier Hof
Papiern
Hinkellay
Wein-u.
Heimatmuseum
360
Detzem
Laurentius-
kapelle
Vierzehn85
Haus Arenz
53
125
117
Alsberg
332
144
Zummethöhe
Hotel-
Zummethof
Kleine Dhron
Breitwiesermühle
253
Lof
Günters-
berg
312
215
Im
Dhrönchen
Trittenheimer
Staustufe
Detzem
165
Zummeterhof
198
Schloßberg
355
385
138
Leiwener-
mühle
Ferienzentrum
Sonnenberg
Auf Söll
Dicke Buche
Solarpark
Hase
129
Campingplatz
Moselhöhe
Pölich
Leiwener
Heidenburg
Camperstübchen
Röm.
Wasser-
leitung
Dhrontalsperre
Wald
Römerstraße
Pölicher Held
403
411
Heidenburgerh
0
500 m
Detzemer
431
180
Mehringerschweiz
Fünfseenblick
369
Mehringer Wald
Wald
Hinkelstein

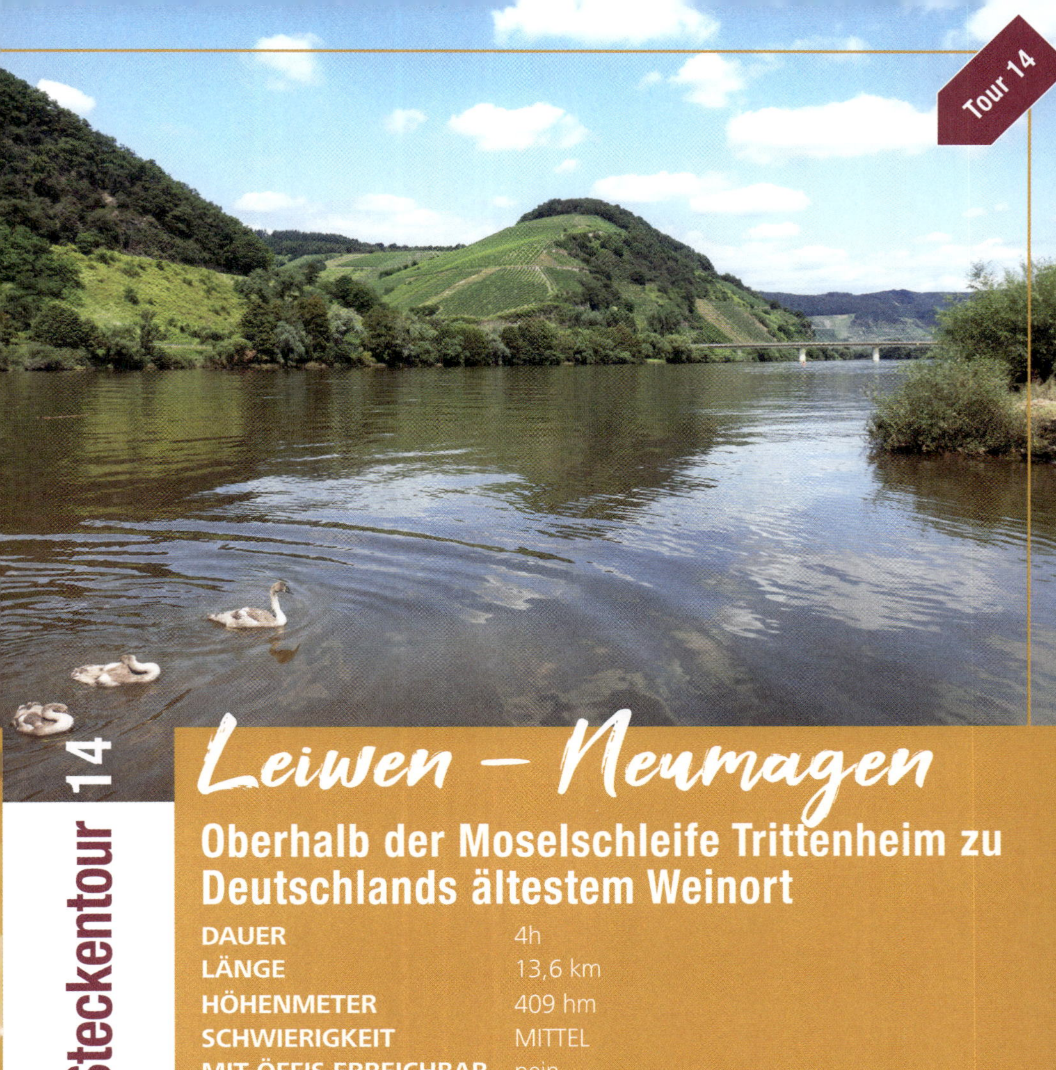

Steckentour 14

Leiwen – Neumagen

Oberhalb der Moselschleife Trittenheim zu Deutschlands ältestem Weinort

DAUER	4h
LÄNGE	13,6 km
HÖHENMETER	409 hm
SCHWIERIGKEIT	MITTEL
MIT ÖFFIS ERREICHBAR	nein

Das erwartet dich ...

Wir wandern auf dem Moselsteig vom Winzerort Leiwen oberhalb der steilen Rebhänge mit herrlichen Aussichten nach Trittenheim um die Trittenheimer Moselschleife herum zu Deutschlands ältestem Weinort Neumagen. Dort erwarten uns die kleinste Weinstube Deutschlands und das antike Weinschiff Stella Noviomagi zu einer Kulturfahrt auf der Mosel.

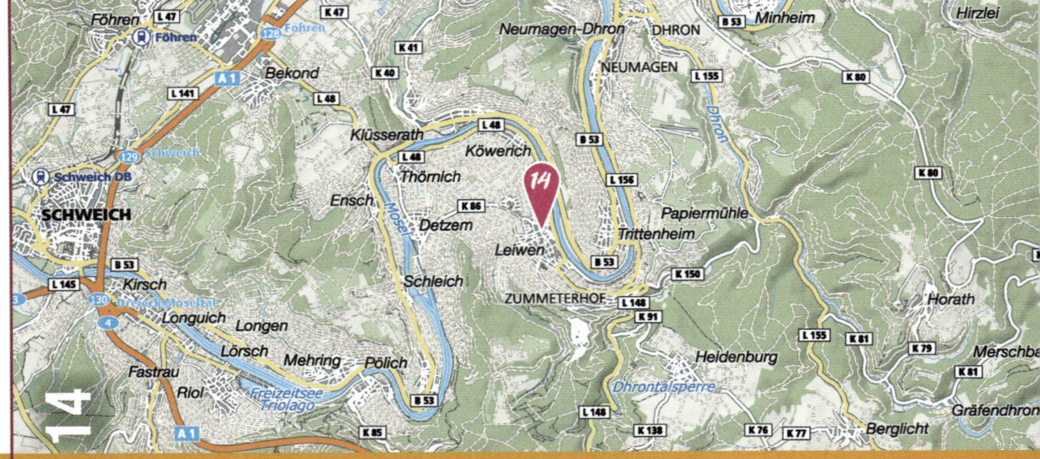

Steckentour 14

Start & Ziel & Anreise

Start am Weinbrunnen im historischen Ortskern von Leiwen beim Hotel Kurtrierer Hof. Mit dem Auto von Trier auf der BAB A602 zum Autobahndreieck Moseltal, dort auf die BAB A 1 Richtung Wittlich wechseln und an der Ausfahrt 128 Föhren ausfahren. Auf der L48 über Thörnich und Köwerich nach Leiwen fahren. An der Euchariusstraße rechts abbiegen zum Weinbrunnen beim Hotel Kurtrierer Hof.

Tourenbeschreibung

Vom Weinbrunnen im Ortskern von Leiwen gehen wir die Mühlenstraße hinauf zur Tennisanlage im Schandelbachtal. Oberhalb an der Wegeverzweigung biegen wir links auf den schmalen Weg ein und wandern um die Serpentine herum zum Leiwener Kapellchen. Daneben steht eine lustige Fassschaukel. Vor der Kapelle gehen wir rechts hinauf zum Josefsberg und wandern an der Leiwener Seite vorbei. An der Wegkreuzung wenden wir uns nach rechts hinauf zum „Moselkino". Der Blick durch den Rahmen auf Leiwen ist eine tolle Idee.

Von hier aus ist's nicht mehr weit zum Wildpark beim Freizeitzentrum Sonnenberg. Unterhalb der Ferienhäuser kommen wir an die Zufahrtsstraße, gehen einige Schritte abwärts und dann auf schmalen Weg rechts zum Tannenweg in der Siedlung Zummeterhof. Es geht abwärts zur Zummethöhe an der L 148. Hier setzen wir uns auf eine der Bänke und schauen entspannt hinunter zur Moselschleife nach Trittenheim.

Auf geht's! Wir halten uns rechts und wechseln vom Asphaltweg auf die Schlepperspur in den Wald. Über Wiesen mit vereinzelten Bäumen kommen wir zur Grillhütte Trittenheim am Kronenberg. Das Sträßchen dort führt uns zum Aussichtspunkt Vogelsang. Für viele der liebste Aussichtspunkt nach Trittenheim und die Weinberge gegenüber. Wir gehen schräg nach links auf den Weg in den Wald hinein zur Aussicht Konstantinhöhe. Von dort führt der Weg nach rechts und am Solarpark links unterhalb entlang. Im Rechtsbogen wandern wir auf schmalem Weg durch den Wald und stoßen auf einen Asphaltweg. Der führt uns durch den Weinberg hinab zum Hof Weißhaus.

Dort wandern wir geradeaus nach Neumagen zur Kapellenstraße. Nach links gehen wir nun hinunter durch die Burgstraße zum Yachthafen an der Mosel. Ziel erreicht. Etwas unterhalb vom Schiffsanleger Neumagen liegt das rekonstruierte Weinschiff Stella Noviomagi vor Anker. Unter dem Motto „Antike Schifffahrt erleben" starten hier am Wochenende Rundfahrten.

In der Römerstraße bei der Kirche St. Maria finden wir die Touristinformation. Richtung Zentrum bei Dille Wein & Sekt finden wir die Kleinste Weinstube Deutschlands, einfach urig und gemütlich.

Wunderschöne Aussicht bei Leiwen.

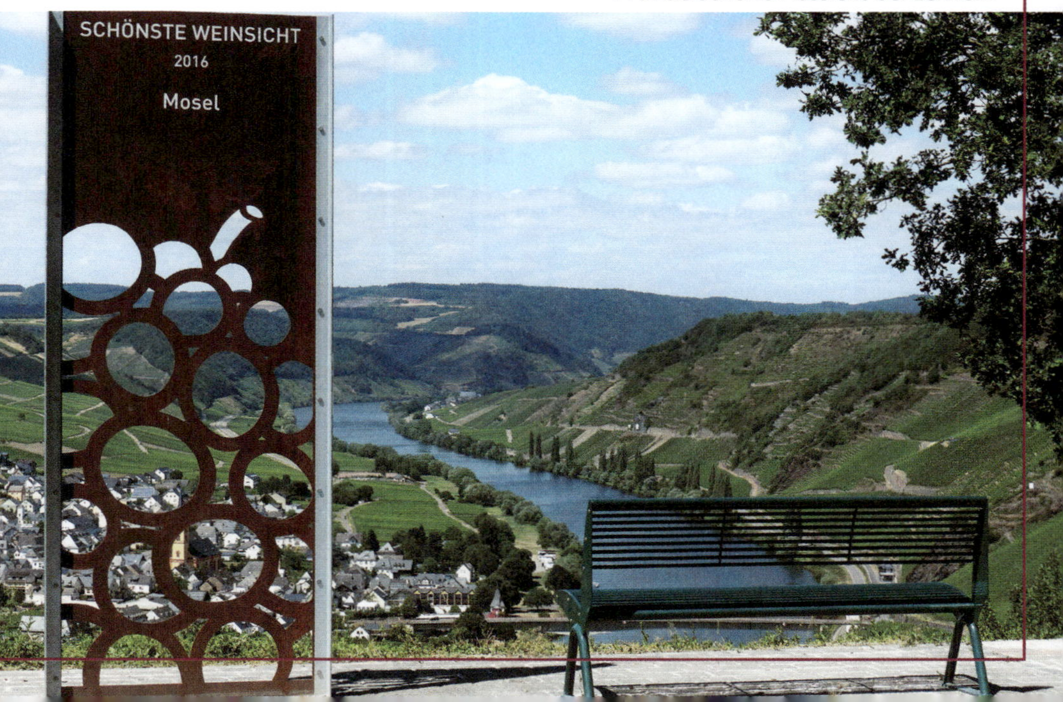

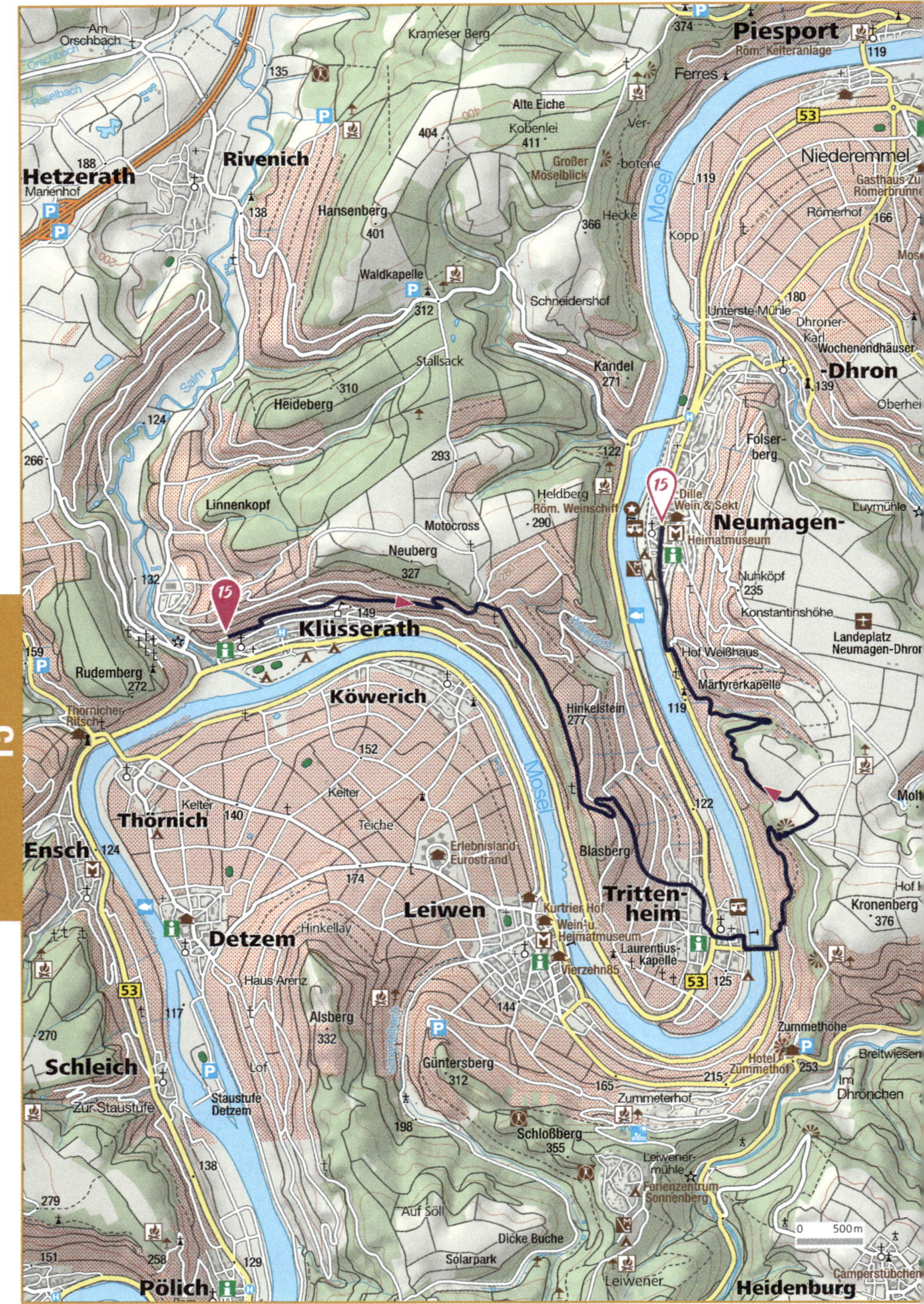

15
Piesport
Röm. Kelteranlage
Ferres
Niederemmel
Gasthaus Zum Römerbrunnen
Römerhof
Unterste Mühle
Dhroner-Karl
Wochenendhäuser
-Dhron
Oberheid
Folser-berg
Neumagen-
Dille Wein & Sekt
Heimatmuseum
Nunköpf
Konstantinshöhe
Landeplatz Neumagen-Dhron
Hof Weißhaus
Märtyrerkapelle
Kronenberg
Zummethöhe
Hotel Zummethof
Breitwiesen
Im Dhrönchen
Heidenburg
Camperstübchen
Kramerser Berg
Alte Eiche
Kobenlei
Großer Moselblick
Ver-botene
Hecke
Kopp
Mosel
Am Orschbach
Orschbach
Haselbach
Hetzerath
Marienhof
Rivenich
Hansenberg
Waldkapelle
Schneidershof
Stallsack
Kandel
Heideberg
Salm
Linnenkopf
Heldberg
Röm. Weinschiff
Motocross
Neuberg
Klüsserath
Hinkelstein
Köwerich
Rudemberg
Thörnicher Ritsch
Thörnich
Kelter
Teiche
Erlebnisland Eurostrand
Blasberg
Tritten-heim
Laurentius-kapelle
Ensch
Detzem
Hinkellay
Leiwen
Kurtrier Hof
Wein- u. Heimatmuseum
Vierzehn85
Haus Arenz
Alsberg
Güntersberg
Schleich
Zur Staustufe
Staustufe Detzem
Lof
Zummeterhof
Schloßberg
Leiwener-mühle
Ferienzentrum Sonnenberg
Auf Söll
Dicke Buche
Solarpark
Leiwener
Pölich
500 m

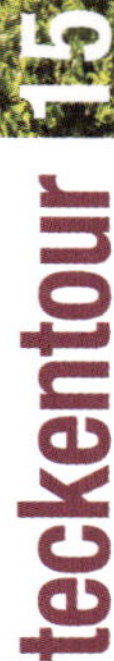

Klüsselrath – Neumagen

Trittenheimer Moselschleife und Römersteig

DAUER	3h 15min
LÄNGE	12,5 km
HÖHENMETER	300 hm
SCHWIERIGKEIT	MITTEL
MIT ÖFFIS ERREICHBAR	nein

Das erwartet dich ...

Eine Wanderung durch berühmte Weinlagen, von Klüsserath hinauf auf den „Grat" des Moselsteilhanges und sanft hinab in den Riesling-Weinort Trittenheim. Wir wandern auf den Spuren der Römer, dem Römersteig, zu Deutschlands ältestem Weinort, nach Neumagen, dem „Pergamon an der Mosel" zum berühmten Grabmal eines römischen Weinhändlers, dem Römischen Weinschiff.

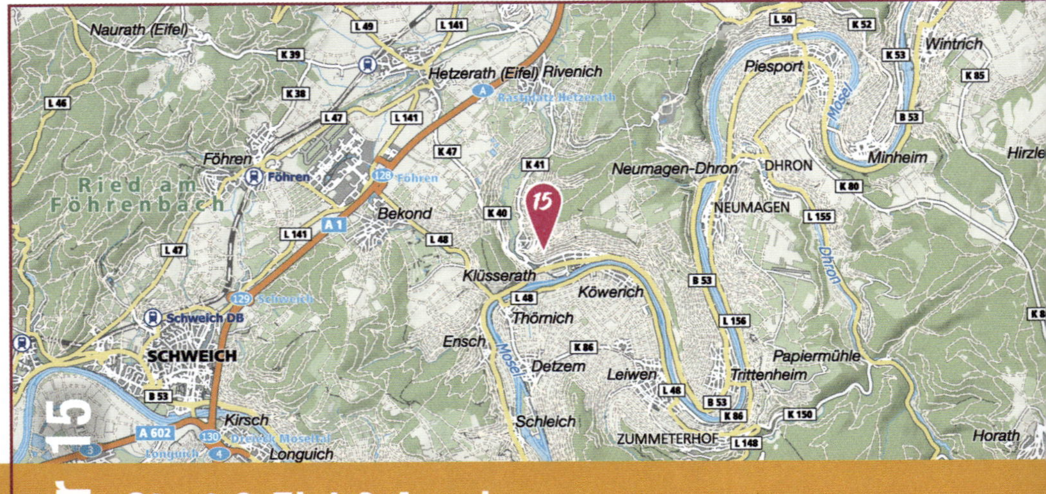

Steckentour 15

Start & Ziel & Anreise

Start bei der Kirche St. Maria von Klüsserath, unterhalb der Rebhänge zwischen Mosel und Salm gelegen. Mit dem Auto von Trier auf der BAB A602 zum Autobahndreieck Moseltal, dort auf die BAB A1 Richtung Wittlich wechseln und an der Ausfahrt 128 Föhren ausfahren. Auf der L48 zur B53 vor Thörnich. Dort links nach Klüsserath fahren. An der Mittelstraße links zum Friedhof und der Kirche abbiegen.

Tourenbeschreibung

An der Kirche St. Maria gehen wir rechts die Hauptstraße entlang und kommen zum Krippenmuseum, das ganzjährig in einem wunderschön restaurierten Haus zu besichtigen ist. Dahinter biegen wir links ab auf den Wirtschaftsweg, der uns nach rechts unterhalb der Rebenhänge zum Klüsserather Bergweg führt. Links geht's hinauf und gleich rechts auf dem Asphaltweg durch die beiden Serpentinen an ein Wäldchen. An der Wegkreuzung wandern wir nach rechts und halten uns wieder rechts auf den Schotterweg zum Aussichtspunkt Hinkelstein am Eselstratt. Der Eselstratt ist ein jungsteinzeitlicher Hinkelstein (Kultstein) am alten Pilgerweg in den Marienwallfahrtsort Klausen. Hier beginnt der ausgeschilderte Römersteig in das Riesling-Dorf Trittenheim. Auf dem „Grat" wandern wir zur Urbankapelle. Wir setzen uns auf eine Ruhebank, um die wunderschöne Aussicht auf die steil unter uns fließende Mosel zu genießen.

Sanft neigen sich die Rebhänge nach Trittenheim. Der Asphaltweg wendet sich abwärts zu einem Querweg. Dort biegen wir links ein, nach wenigen Schritten nach rechts und erneut nach rechts zum Hinkelweg. Abwärts geht's nach Trittenheim zur Straße Im Gospert. An der Spielesstraße wenden wir uns nach rechts und stoßen auf die B 53 gegenüber der Pfarrkirche St. Clemens. Geradeaus gehen wir zur Uferpromenade und weiter zum Alten Fährturm.

Hier geht's über die Brücke, dann links am zweiten Fährturm vorbei zum Aufstieg durch den steilen Hang zur Aussicht Fährfels-Plateau. Hier oben wurde einst das Seil der Fähre im Fels verankert. Der Pfad führt weiter aufwärts auf einem Wirtschaftsweg. Wir halten uns rechts und wandern durch die berühmte Weinlage „Trittenheimer Apotheke". Am Abzweig geht's geradeaus auf dem Schotterweg bis zu seinem Ende. Der Pfad rechts führt hinauf zur Aussicht Konstantinhöhe.

Rechter Hand führt ein breiter Weg zur Solaranlage, an der wir links unterhalb entlangwandern. Der Waldweg führt uns im Rechtsbogen zu einem Querweg. Diesen gehen wir links hinab zum Rebhang. Rechts geht's an den Asphaltweg und durch den Wein zur Kapelle der Trierer Märtyrer. Sie erinnert an die Christenverfolgung durch die Römer. Kreuzwegstationen begleiten unseren Weg bis zum Hof Weißhaus. Entlang der L 156 wandern wir unserem Ziel entgegen. In der Straße Hinterburg schlendern wir durch Neumagen zur Kirche St. Maria. Gegenüber liegen die Touristinformation und das Heimatmuseum.

Von Deutschlands ältesten Weinort fahren Bus und Schiff zurück nach Klüsserath.

Autoren Tipp

Neumagen, Deutschlands ältester Weinort: Der älteste Weinort Deutschlands gilt wegen seiner mehr als 1.000 Funde aus der Antike als „Pergamon an der Mosel". Das berühmteste Grabdenkmal ist das „Neumagener Weinschiff", das Grabmal eines Weinhändlers in der Form eines mit Weinfässern beladenen Moselschiffs. Das rekonstruierte Weinschiff aus Holz, die Stella Noviomagi, fährt während der Saison an den Wochenenden von Neumagen die Mosel aufwärts und abwärts an berühmten Piesporter und Trittenheimer Weinlagen vorbei.

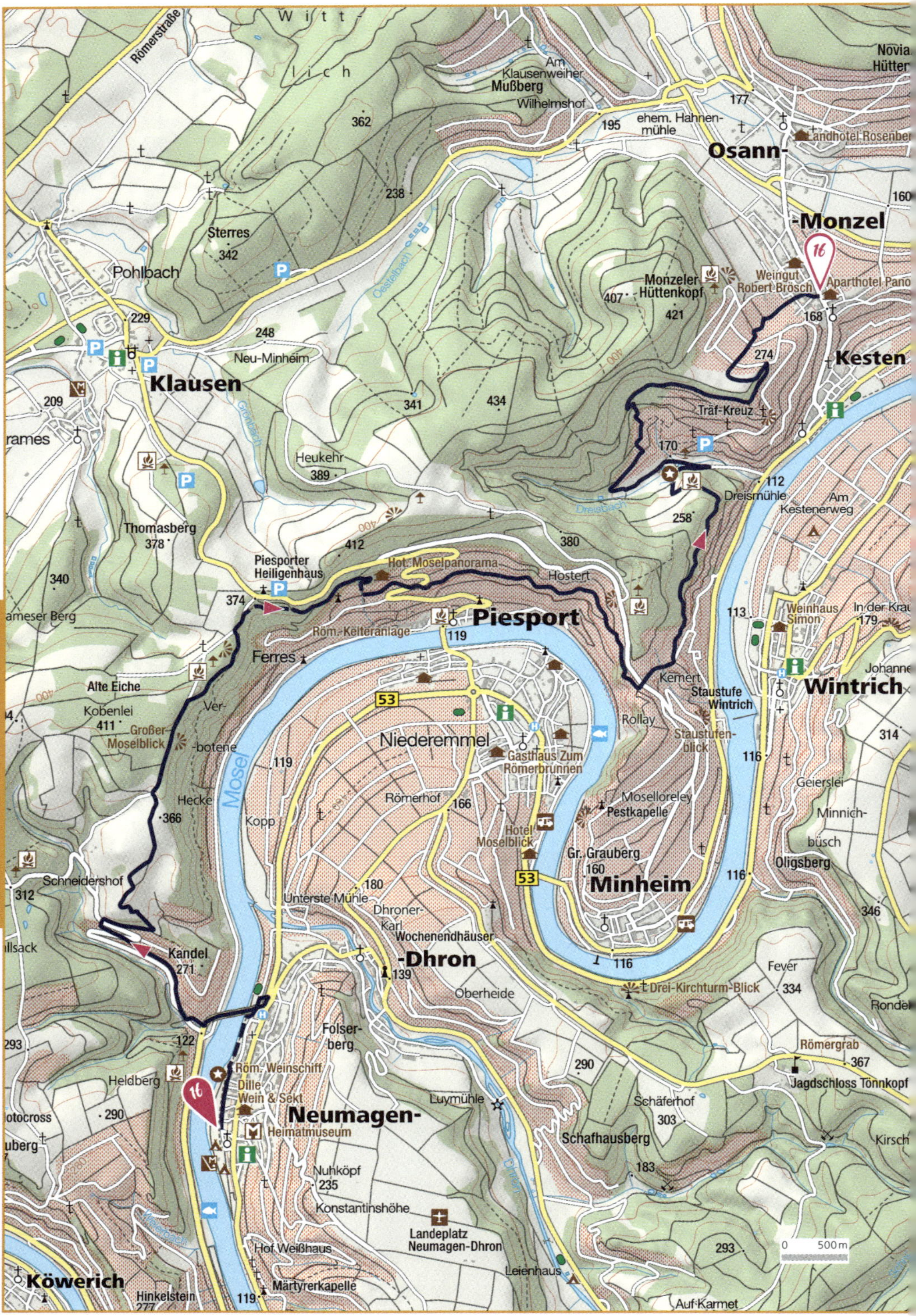

16

Wittlich
Römerstraße
Am Klausenweiher
Mußberg
Wilhelmshof
362
177
195
ehem. Hahnenmühle
Osann-
Landhotel Rosenberg
Novia Hütten
238
160
Sterres
342
-Monzel
Pohlbach
Oestelbach
Weingut Robert Brösch
Aparthotel Pano
Monzeler Hüttenkopf
407
421
168
229
248
Neu-Minheim
274
Kesten
Klausen
209
341
434
Träf-Kreuz
rames
170
Heukehr
389
112
258
Dreismühle
Am Kestenerweg
Thomasberg
378
412
380
Hot. Moselpanorama
Piesporter Heiligenhaus
Hostert
340
374
Piesport
113
Weinhaus Simon
In der Krau
179
ameser Berg
Röm. Kelteranlage
119
Wintrich
Ferres
Kemert
Staustufe Wintrich
Johanne
Alte Eiche
53
Kobenlei
411
Großer Moselblick
Ver-
-botene
Niederemmel
Rollay
Staustufenblick
314
Gasthaus Zum Römerbrunnen
116
119
Mosel
Geierslei
Hecke
Römerhof
166
Moselloreley
Pestkapelle
Minnich-
366
Kopp
Hotel Moselblick
büsch
Gr. Grauberg
160
Oligsberg
Schneidershof
Minheim
53
116
312
180
Unterste Mühle
Dhroner-Karl
346
Wochenendhäuser
Kandel
271
-Dhron
139
116
Fever
Drei-Kirchturm-Blick
334
Oberheide
Rondel
122
Folser-berg
293
Römergrab
367
Röm. Weinschiff
290
Jagdschloss Tönnkopf
Heldberg
Dille Wein & Sekt
Luymühle
Schäferhof
303
Neumagen-
290
Heimatmuseum
Schafhausberg
Kirsch
Motocross
uberg
Nuhköpf
235
183
Konstantinshöhe
Dhron
Landeplatz Neumagen-Dhron
293
0 500 m
Hof Weißhaus
Leienhaus
Köwerich
Märtyrerkapelle
Hinkelstein
277
119
Auf Karmet

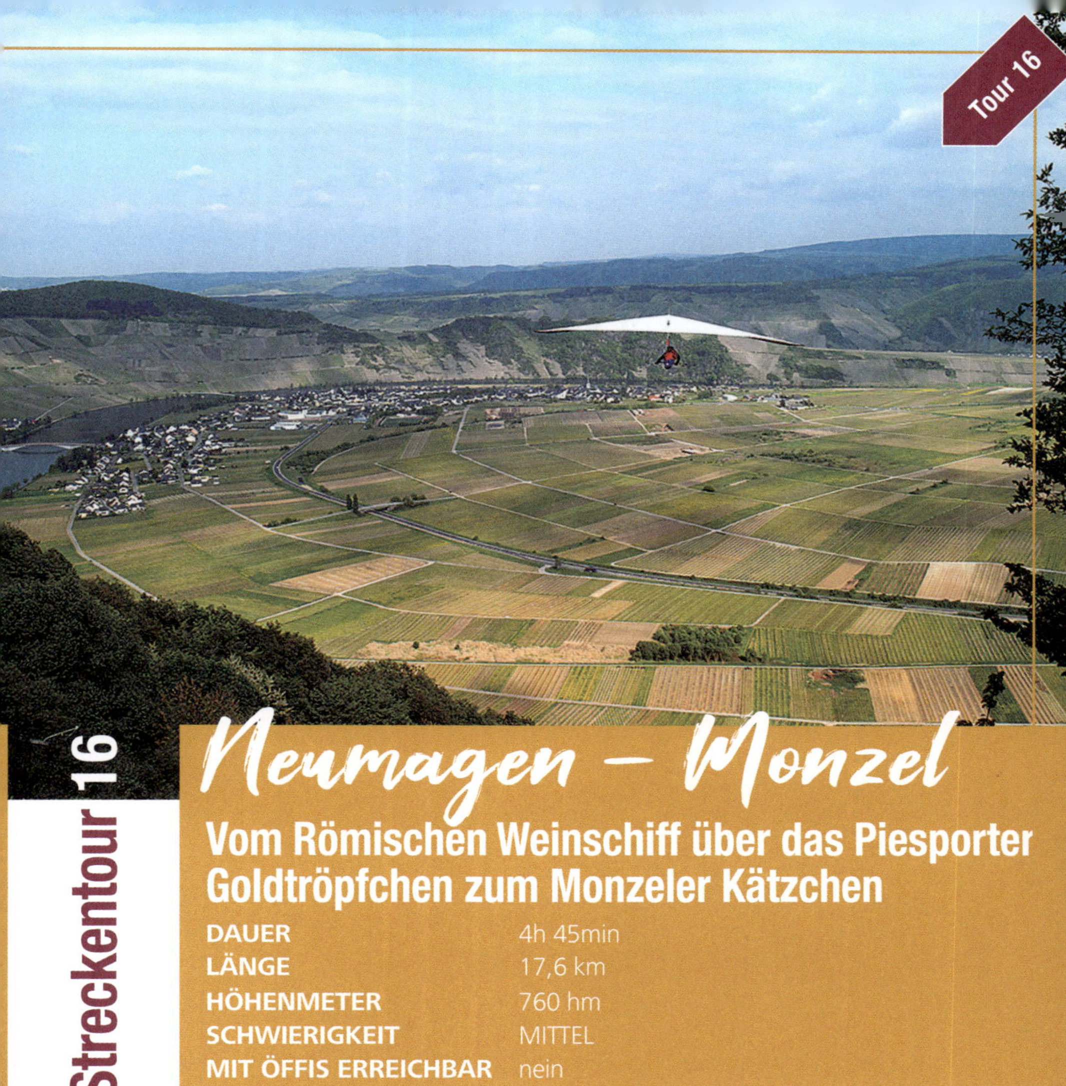

Streckentour 16

Neumagen – Monzel

Vom Römischen Weinschiff über das Piesporter Goldtröpfchen zum Monzeler Kätzchen

DAUER	4h 45min
LÄNGE	17,6 km
HÖHENMETER	760 hm
SCHWIERIGKEIT	MITTEL
MIT ÖFFIS ERREICHBAR	nein

Das erwartet dich ...

Neumagen, der älteste Weinort Deutschlands, eine Schiffstour auf dem Römischen Weinschiff und Piesport, die Heimat des berühmten Goldtröpfchens. Die an ein offenes Amphitheater erinnernde Weinlage, steil oberhalb der Moselschleife gelegen, ist durch die steil emporragenden Felsen der Moselloreley geschützt. Römische Kelteranlagen aus dem 2. und 4. Jahrhundert belegen eine 2.000-jährige Weintradition. Jedes Jahr Anfang Oktober steigt das „Römische Kelterfest", ein historisches Schauspiel.

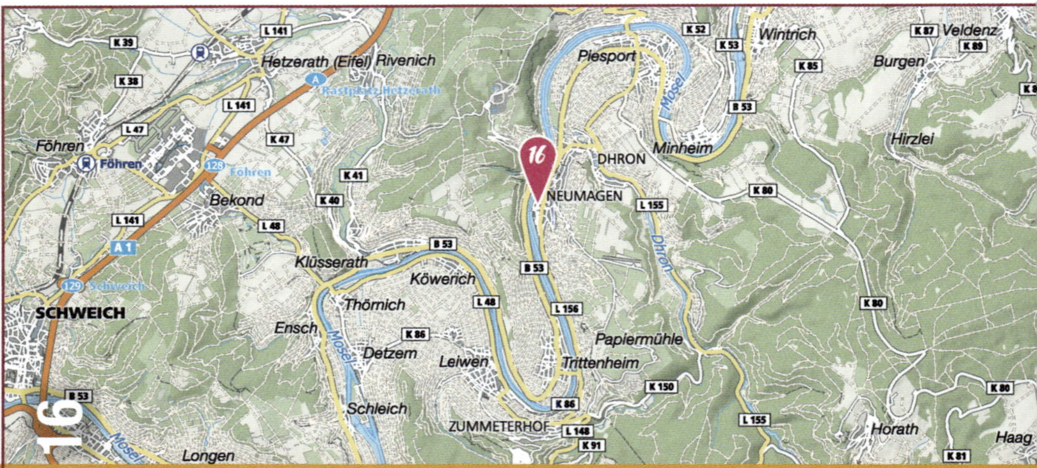

Streckentour 16

Start & Ziel & Anreise

Start am Parkplatz neben dem Schiffsanleger Neumagen an der Moselstraße. Mit dem Auto von Trier auf der BAB A602 zum Autobahndreieck Moseltal, dort auf die BAB A1 Richtung Wittlich wechseln und an der Ausfahrt 127 Salmtal ausfahren. Auf der L47 nach Klausen abbiegen und dort auf der L50 zur B53 nach Piesport fahren. Auf der B53 nach Neumagen-Dhron abbiegen und am Schiffsanleger von Neumagen parken.

Tourenbeschreibung

Am Schiffsanleger Neumagen beginnt unsere Wanderung gleich mit einem Highlight. Hier liegt das rekonstruierte Römische Weinschiff. Super Anblick. Aber nun geht's am Ufer entlang hinauf zur Moselbrücke und hinüber. Von der Abfahrtsrampe zweigt der Wanderweg rechts hinauf ab und führt uns parallel zur Straße den Rebhang hinauf. Wir queren einmal die K48 und stoßen danach wieder auf sie. Gegenüber wandern wir auf dem Weg am Waldrand entlang und biegen links auf die Schlepperspur ein. Sie führt uns links hinauf und dann im Rechtsbogen unterhalb des Steinbruchs zur Zufahrtsstraße zum Werk.

Rechts folgen wir der Straße zur Gleitflieger-Absprungschanze. An der Lichtung zweigt unser Weg rechts ab auf den Pfad zur Piesporter Grillhütte an der Aussicht Weißlei. Wir kommen zurück zur Straße und gehen rechts zur L50. Am Parkplatz wandern wir nach rechts, erst der Straße entlang und erreichen die Spoarkapelle mit Blick nach Piesport.

Am Hotel-Restaurant Moselpanorama geht's rechts hinab zum Weinberg und dort steil abwärts zu einem Wirtschaftsweg. Wir halten uns links, queren die L50 und wandern auf dem Weg schräg gegenüber durch die herrlichen, aussichtsreichen Weinberge. Am Asphaltweg geht's links hinauf an die K52 zum Donatus, einem steinernen Betstock mit super Aussicht zur Moselloreley.

Wenige Schritte gehen wir entlang der Straße und biegen an der Wegkreuzung links ab. An der Wegeverzweigung nehmen wir den mittleren und wandern auf einer Schlepperspur, die am Beginn eines Asphaltweges links weiterführt. Im Linksbogen wandern wir durch den Wald und dann rechts abwärts ins Dreisbachtal. Links führt ein Pfad zum Römischen Sauerbrunnen, einer schönen Wassertretstelle.

Wir gehen durch den Talgrund, dann rechts hinauf in den Weinberg. Pfade führen uns bergauf zum Rand des Talkessels zum Waldrand. Dort geht's über einen Wirtschaftsweg, dann nach links und gleich nach rechts in den Wald hinein. Unter der Hochspannungsleitung am Waldrand nehmen wir den linken Weg und folgen ihm durch eine Linkskurve zur Wegeverzweigung. Spitz nach links wandern wir auf einem Pfad am Waldrand entlang. Dann geht's nach rechts hinab und zwischen den Rebhängen nach Monzel zur Moselstraße.

Ziel erreicht. Ein wenig entfernt, in der Moselstraße 39, „studieren" wir die hauseigenen Weine vom Weingut Robert Brösch mit musikalischer Unterhaltung.

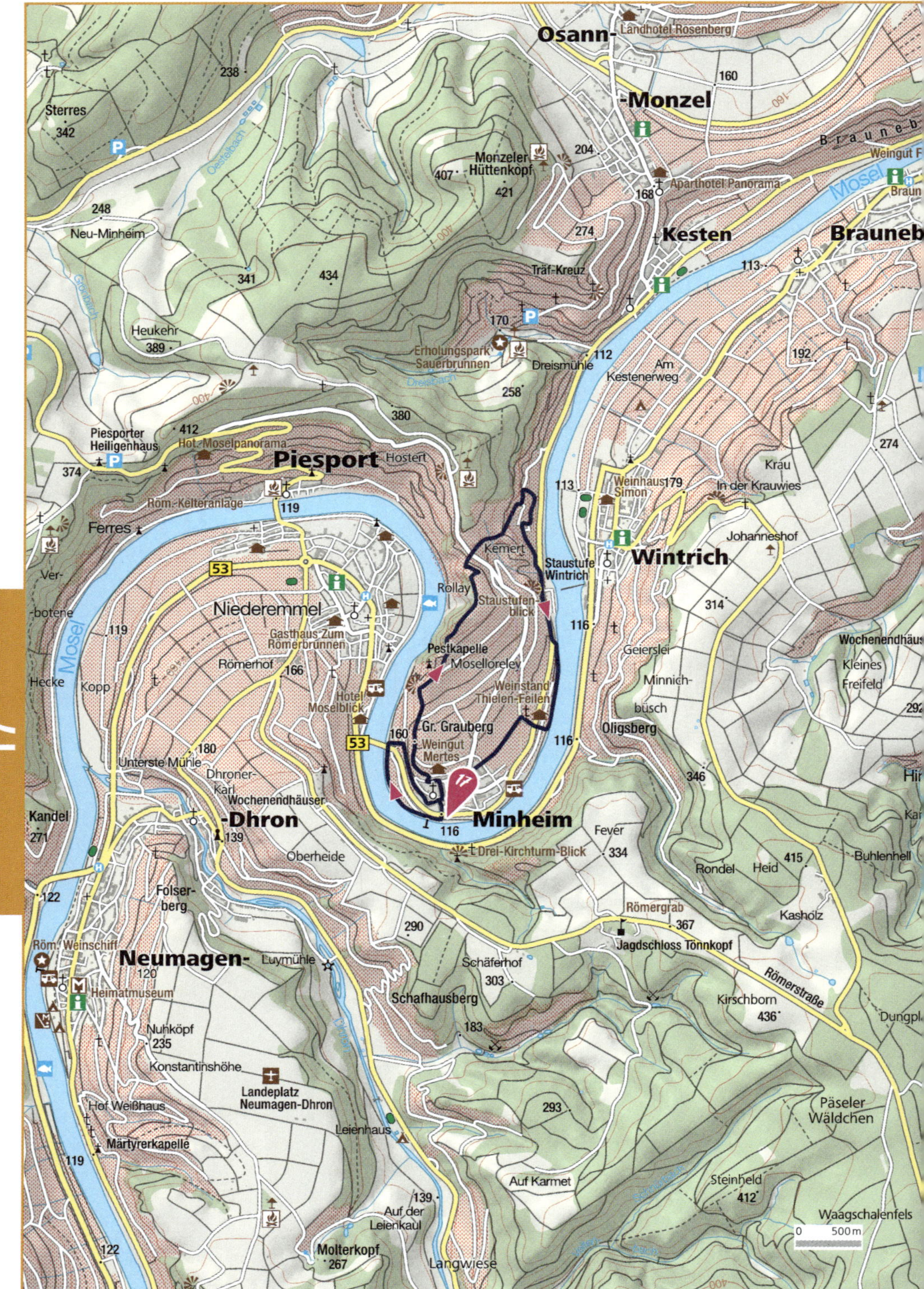

Osann-
Landhotel Rosenberg
-Monzel
160
Sterres
342
238
Braune
Weingut F
Mosel
Braun
Monzeler Hüttenkopf
407
421
204
Aparthotel Panorama
168
248
Neu-Minheim
274
Kesten
Brauneb
341
434
Träf-Kreuz
113
Heukehr
389
170
Erholungspark Sauerbrunnen
Dreismühle
112
Am Kestenerweg
192
258
380
Piesporter Heiligenhaus
412
Hot. Moselpanorama
Piesport
Hostert
274
374
Krau
113
Weinhaus Simon
179
In der Krauwies
Röm. Kelteranlage
119
Ferres
Kemert
Johanneshof
Wintrich
Staustufe Wintrich
53
Ver-
-botene
Rollay
Niederemmel
Staustufen-blick
314
116
Gasthaus Zum Römerbrunnen
119
Pestkapelle
Moselloreley
Wochenendhäus
Geierslei
Kleines Freifeld
Römerhof
166
Minnich-
Hecke
Kopp
Weinstand Thielen-Feilen
büsch
292
Hotel Moselblick
Gr. Grauberg
Oligsberg
160
53
Weingut Mertes
116
180
Unterste Mühle
346
Dhroner-Karl
Wochenendhäuser
Kandel
271
-Dhron
139
Minheim
116
Fever
Drei-Kirchturm-Blick
334
Oberheide
415
Rondel
Heid
Buhlenhell
Folser-berg
122
Römergrab
290
367
Kasholz
Jagdschloss Tönnkopf
Röm. Weinschiff
Neumagen-
Luymühle
Schäferhof
120
303
Römerstraße
Heimatmuseum
Schafhausberg
Kirschborn
436
Nuhköpf
235
183
Konstantinshöhe
Landeplatz Neumagen-Dhron
Hof Weißhaus
293
Päseler Wäldchen
Leienhaus
Märtyrerkapelle
119
Auf Karmet
Steinheld
412
139
Auf der Leienkaul
Waagschalenfels
0
500 m
122
Molterkopf
267
Langwiese

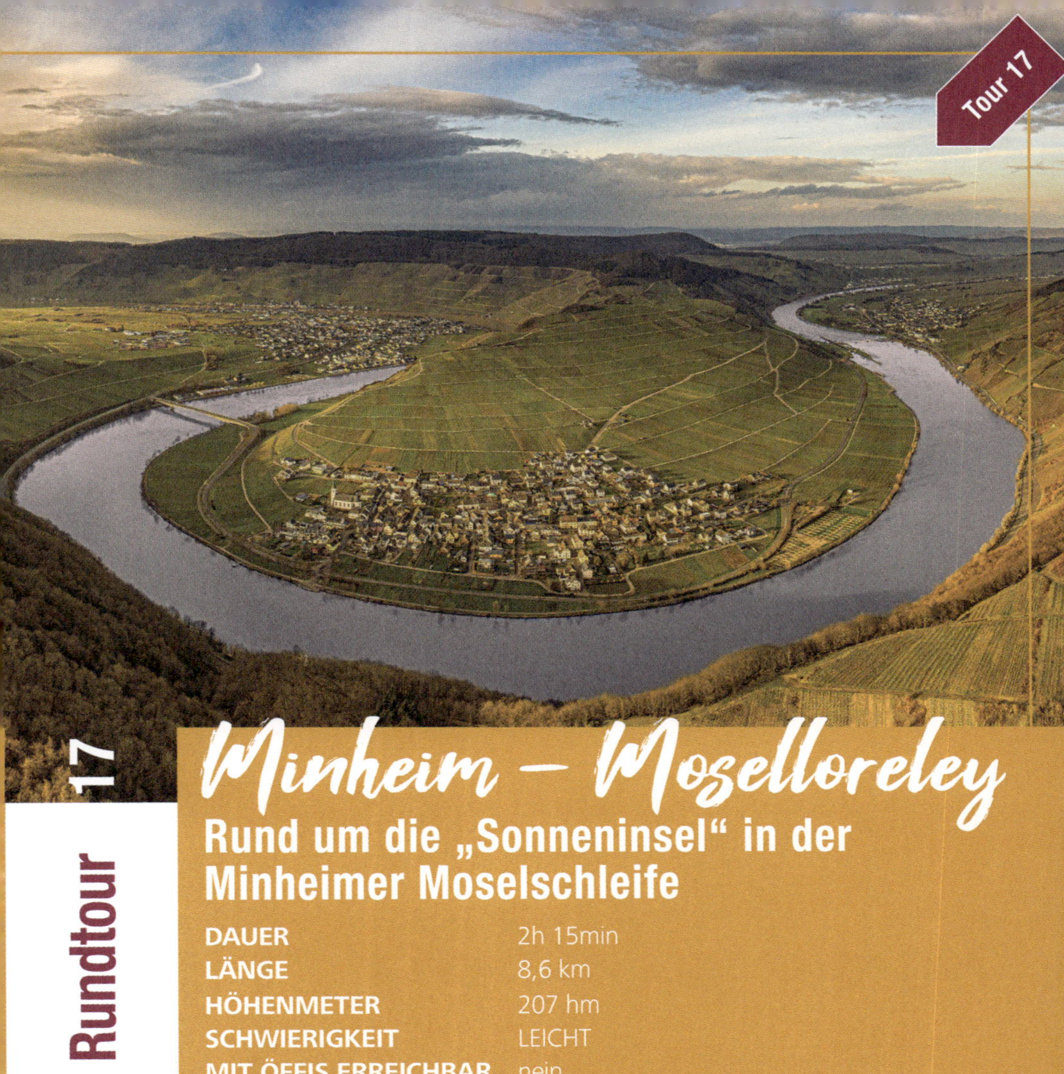

Rundtour 17

Minheim – Moselloreley

Rund um die „Sonneninsel" in der Minheimer Moselschleife

DAUER	2h 15min
LÄNGE	8,6 km
HÖHENMETER	207 hm
SCHWIERIGKEIT	LEICHT
MIT ÖFFIS ERREICHBAR	nein

Das erwartet dich ...

Eine Rundwanderung vom und zum kleinen Winzerdorf Minheim unterhalb des Inselbergs den die Mosel geschaffen hat. Sanft zieht sich der Rebhang des Michelsbergs zur Moselloreley hinauf, um dann senkrecht nach Piesport abzufallen. Am Südosthang wächst der bekannte Riesling Minheimer Rosenberg. Grandios ist hier die Aussicht auf die Moselschleife und ebenso schmecken die auf Schiefergestein gewachsenen Weine. Weingüter laden zur Weinprobe ein.

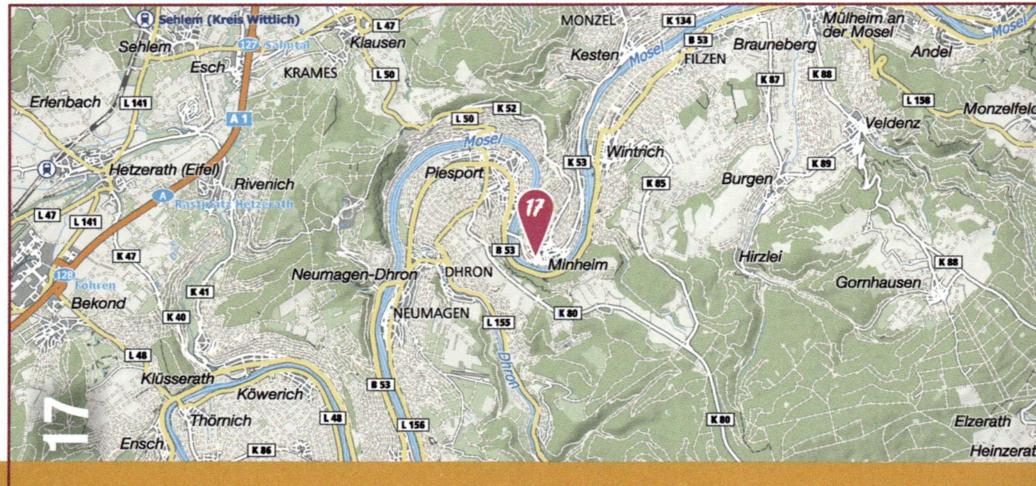

Rundtour 17

Start & Ziel & Anreise

Start am Parkplatz Alter Fährkopf an der K 53 Moselstraße in Minheim. Mit dem Auto auf der BAB A 1 Wittlich Richtung Schweich bis Ausfahrt 127 Salmtal, dann Richtung Klausen abbiegen. Dort auf die L50 nach Piesport fahren und an der B53 links Richtung Wintrich abbiegen. An der Minheimer Moselbrücke auf der K53 nach Minheim abbiegen zum Parkplatz Alter Fährkopf am Moselufer.

Tourenbeschreibung

Am Parkplatz Alter Fährkopf gehen wir die Mosel aufwärts bequem auf dem Uferweg am Weinberg entlang und unterqueren die Straßenbrücke nach rechts. Am Querweg geht's oberhalb der Straße zunächst nach Minheim zurück in die Straße In der Olk. An der Moselweinstraße geht's links in die Weinbergstraße und geradewegs auf das Haus vom Weingut Mertes zu. Samstags und sonntags können wir Weine probieren. Dann gehen wir ein paar Schritte nach links, bis rechts die Straße Unterm Wingert abzweigt. Dort biegen wir ein und wandern links in den Weinberg hinaus. Jetzt führt der Weg an der Bergflanke stetig bergauf zur Pestkapelle, einer netten kleinen Kirche. Tolle Aussicht und perfekt um ein Päuschen zu machen. Gegenüber blicken wir auf Niederemmel.

Ein wenig weiter aufwärts halten wir uns links und erreichen den Aussichtspunkt Moselloreley mit Blick auf die Moselschleife bei Piesport und zur Weinlage des

Piesporter Goldtröpfchens, eine der renommiertesten an der Mosel. Fast senkrecht fällt der Hang aus Schiefergestein zur Mosel ab. Wir wandern auf dem „Grat“ entlang und folgen dem Weg nach rechts und im spitzen Winkel links zum asphaltierten Wirtschaftsweg hinab, der uns zu einer Straße bringt. Gegenüber geht's um ein Tälchen herum zur Aussicht Burglay auf einem Bergsporn gelegen. Wir schauen hinunter zur Schleuse Wintrich, an der sich die Lastschiffe aufreihen. Wir gehen zurück, halten uns an der Spitzkurve rechts und biegen wenig später auf den Asphaltweg rechts ab. Leicht geht's bergab und in der Kurve gehen wir links zur nächsten spitzen Kurve. Ihr folgen wir bergab. Bald geht's kurz links, dann rechts weiter hinab zur Kreisstraße und rechts zur Schleuse Wintrich. Wir schauen zu, wie die Schiffe die Schleuse passieren. Ein Schleusendurchgang dauert etwa 35 Minuten.

Ein Stück geht's die Straße entlang, bis wir am Parkplatz auf den Weg direkt zur Mosel einbiegen. Hinauf blicken wir in die Weinberge, die nach Minheim sanft abfallen. Überraschung am Weg: Ein Weinstand mit Bänken und Sonnenschirm vom Weingut Thielen-Feilen. Kleinigkeiten zum Essen werden gereicht und natürlich verschiedene Weine. Gleich hintern Stand geht's rechts zum Minheimer Kapellchen an der Straße. So heißt auch die Weinlage an dem es steht, auf der Sonnenseite des Inselbergs. Nach der Straße geht's am zweiten Weg links nach Minheim zur Straße Am Eichhaus. Hier reihen sich Weingüter aneinander bis zur Klausner Straße. Wir gehen die Ortsdurchfahrtsstraße hinab bis zur Moselweinstraße. Nach rechts folgen wir ihr und kommen wieder an schönen Weingütern vorbei und letztendlich ans Moselufer zu unserem Ausgangspunkt zurück.

Autoren Tipp

Wer noch etwas mehr Zeit in den Weinbergen von Minheim verbringen will, kann in einem der vier modernen Gästezimmer des Weinguts Thielen-Feilen übernachten. Im alten Gutshaus lässt es sich gut Leben und die Weinstube „Im alten Kelterhaus" lädt zu Weinverkostungen ein. Das i-Tüpfelchen des Aufenthalts ist das Moselpanorama, welches besonders gut von der Terrasse aus genossen werden kann.

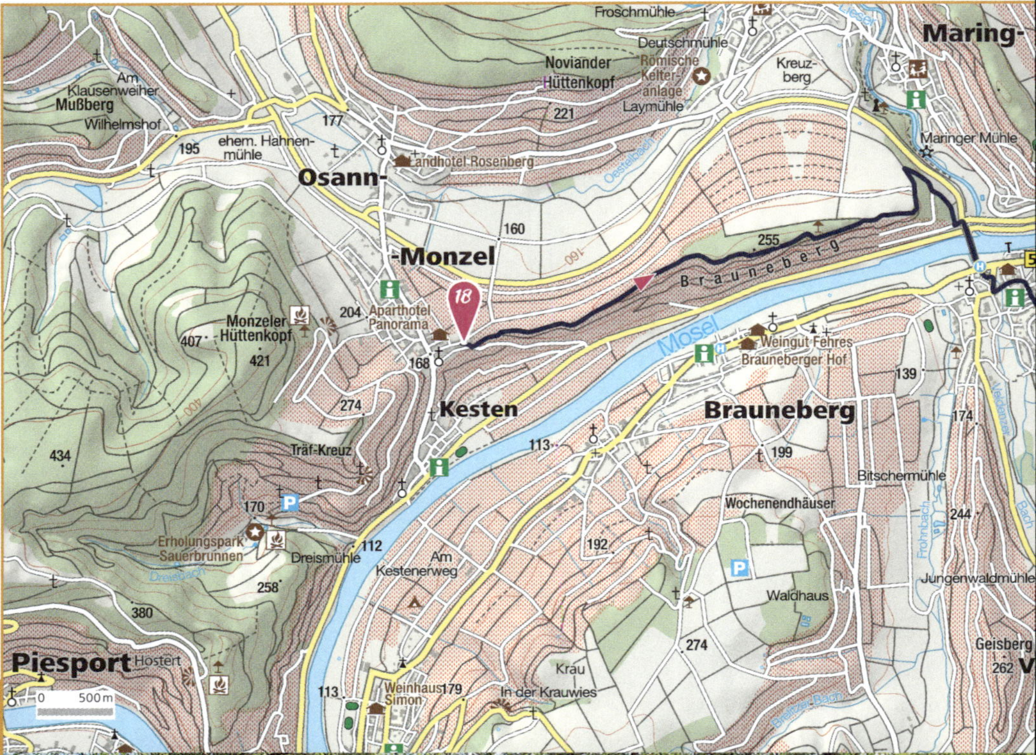
Froschmühle
Maring-
Deutschmühle
Noviander Hüttenkopf
Römische Kelteranlage
Kreuzberg
Laymühle
Maringer Mühle
Am Klausenweiher
Mußberg
Wilhelmshof
177
195
ehem. Hahnenmühle
221
Landhotel Rosenberg
Osann-
-Monzel
160
255
Brauneberg
18
Monzeler Hüttenkopf
204
Aparthotel Panorama
407
421
168
Mosel
Weingut Fehres
Brauneberger Hof
139
Kesten
Brauneberg
274
174
434
Träf-Kreuz
113
199
Bitschermühle
170
Wochenendhäuser
244
Erholungspark Sauerbrunnen
112
Dreismühle
192
258
Am Kestenerweg
Waldhaus
Jungenwaldmühle
380
274
Geisberg
262
Piesport
Hostert
Krau
113
Weinhaus Simon
179
In der Krauwies
0
500 m

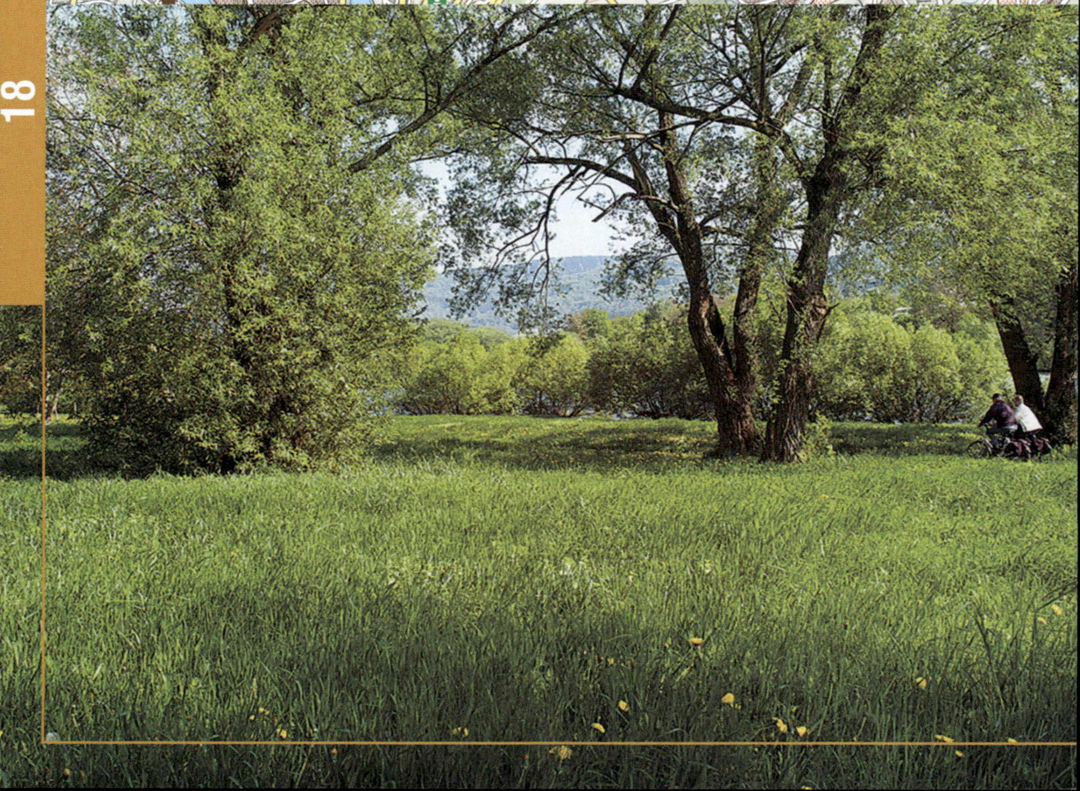

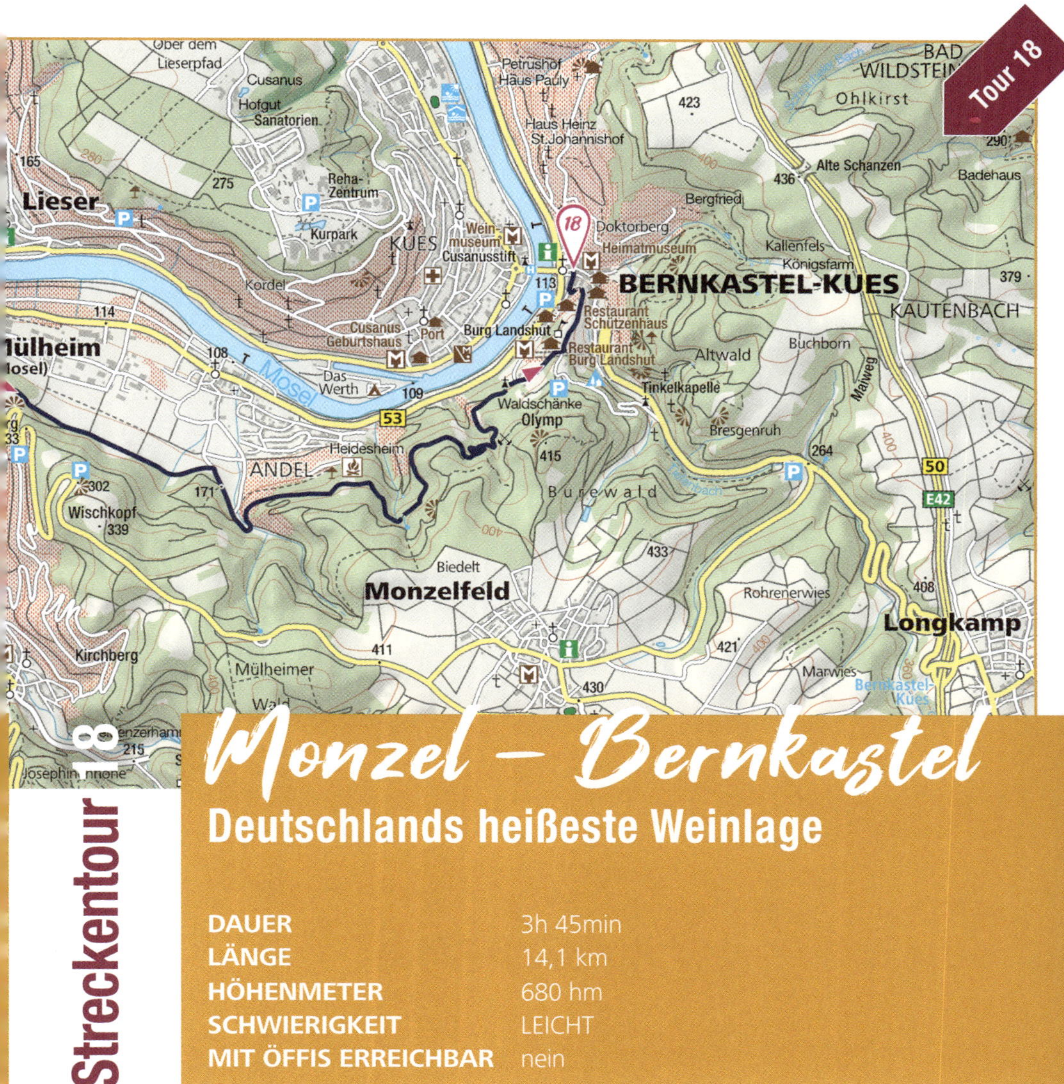

Streckentour 18

Monzel – Bernkastel

Deutschlands heißeste Weinlage

DAUER	3h 45min
LÄNGE	14,1 km
HÖHENMETER	680 hm
SCHWIERIGKEIT	LEICHT
MIT ÖFFIS ERREICHBAR	nein

Das erwartet dich ...

Die Brauneberger Juffer, sie zählt zu den besten Riesling-Weinlagen der Welt, ein Nostalgie-Genusscafé in Mülheim, die Burgruine Landshut mit grandioser Aussicht und super Restaurant, der Balkon von Bernkastel mit Panoramaaussicht auf Bernkastel und eine historische Altstadt mit fantastischen Fachwerkfassaden. Eine der teuersten Weinlagen Deutschlands ist der Bernkasteler Doctorberg am nördlichen Ortsrand von Bernkastel gelegen.

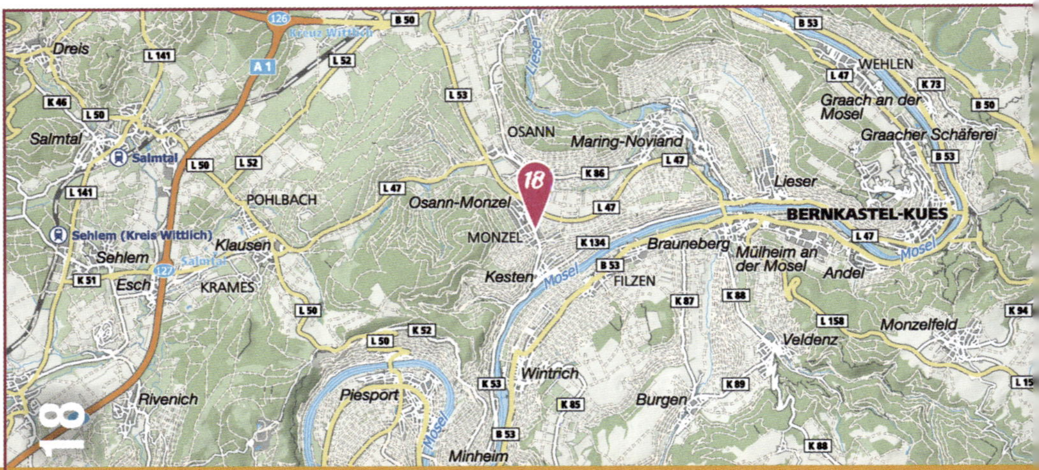

Streckentour 18

Start & Ziel & Anreise

Start am Parkplatz beim Novianderweg, am Einstieg zum Wanderweg Moselsteig. Mit dem Auto von Trier auf der BAB A602 zum Autobahndreieck Moseltal, dort auf die BAB A1 Richtung Wittlich wechseln. Am Kreuz Wittlich auf die B50 Richtung Traben-Trarbach abbiegen und an der Ausfahrt Altrich nach Osann-Monzel abbiegen. Von der L47 nach Monzel abfahren und von der Moselstraße vor der Kirche in den Novianderweg zum Parkplatz abbiegen.

Tourenbeschreibung

Wir treffen uns am Parkplatz beim Novianderweg in Monzel und werfen einen Blick auf die Infotafel zum Moselsteig. Am Weinberg gehen wir nach links zur Wegeverzweigung am Denkmal. Dort wandern wir schräg links hinauf zum Waldrand und erreichen einen Wanderparkplatz mit Schutzhütte in der herrlichen Weinlage Brauneberger Juffer. Ein paar Schritte links liegt ein Aussichtspunkt ins Moseltal mit Tisch und Bänken zum Verweilen. Weiter geht's dann durch eine Linkskurve. Geradeaus wechseln wir auf eine Schlepperspur und wandern dann rechts hinunter durch den Wald. Am Wirtschaftsweg halten wir uns links zur L47 und gehen über die Moselbrücke nach Mülheim.

Von der Abfahrtsrampe biegen wir rechts in die Hauptstraße ein und folgen ihr nach links bis zum Bergweg. Dort kehren wir schon mal ein im Héritage, „Das Nostalgie-Genusscafé in dem die Zeit keine Uhr kennt©". Die liebevolle Dekoration und super leckere frisch zubereitete Kaffeespezialitäten und Kuchen, einfach perfekt.

In der Rechtskurve gehen wir geradeaus durch die Unterführung und halten uns rechts. An der Wegeverzweigung gehen wir links durch den Rebhang um die spitze Rechtskurve. Gleich links aufwärts haben wir die Aussicht Helenenkloster erreicht. Ein schönes Fleckchen. Wir wandern nach rechts weiter, am Querweg links und wechseln auf einen Pfad, der uns durch den Wald oberhalb von Andel führt. Am Waldrand im Goldbachtal stoßen wir auf einen Wirtschaftsweg und folgen ihm über den Goldbach zur Andeler Schutzhütte.

Unten erstreckt sich das Weindorf Andel. Der Goldgräberbrunnen in Andel erinnert daran, dass im Goldbach in vergangenen Jahrhunderten Goldwäscher unterwegs waren.

Unser Weg folgt dem Hang durch den Wald zu einer Spitzkehre. Dort wechseln wir auf einen Pfad in Serpentinen talwärts zur St.-Anna-Kapelle. Sie ist ein echter Blickfang mit ihrem eindrucksvollen Mosaikbild an der Außenseite. Wir lassen es uns nicht nehmen und gehen an den Stationen des Kreuzweges entlang zum Schloßweg.

Rechts wandern wir hinauf zur Burg Landshut, ein antikes Kastell aus dem 3. Jahrhundert und Burganlage. Wir genießen eine grandiose Aussicht auf die Moselstadt Bernkastel-Kues in einem Restaurant der Extraklasse. Wir nehmen den Weg hinunter nach Bernkastel-Kues und kommen zum „Balkon von Bernkastel", dem Restaurant Schützenhaus. Einmalig ist der fantastische Panoramablick auf die Stadt, den wir vom Biergarten genießen.

Jetzt geht's steil über Stufen hinunter in die Fachwerkaltstadt von Bernkastel. Der architektonische Schmuck von Bernkastel sind die Fachwerkhäuser, die hier in einer Vielzahl und Schönheit wie kaum in einer anderen Moselstadt zu finden sind. Mehrere von ihnen stehen am Markt im Herzen der Stadt, darunter das reich verzierte Heinzsche Haus mit den Cusanus-Weinstuben und das um 1300 errichtete Rathaus.

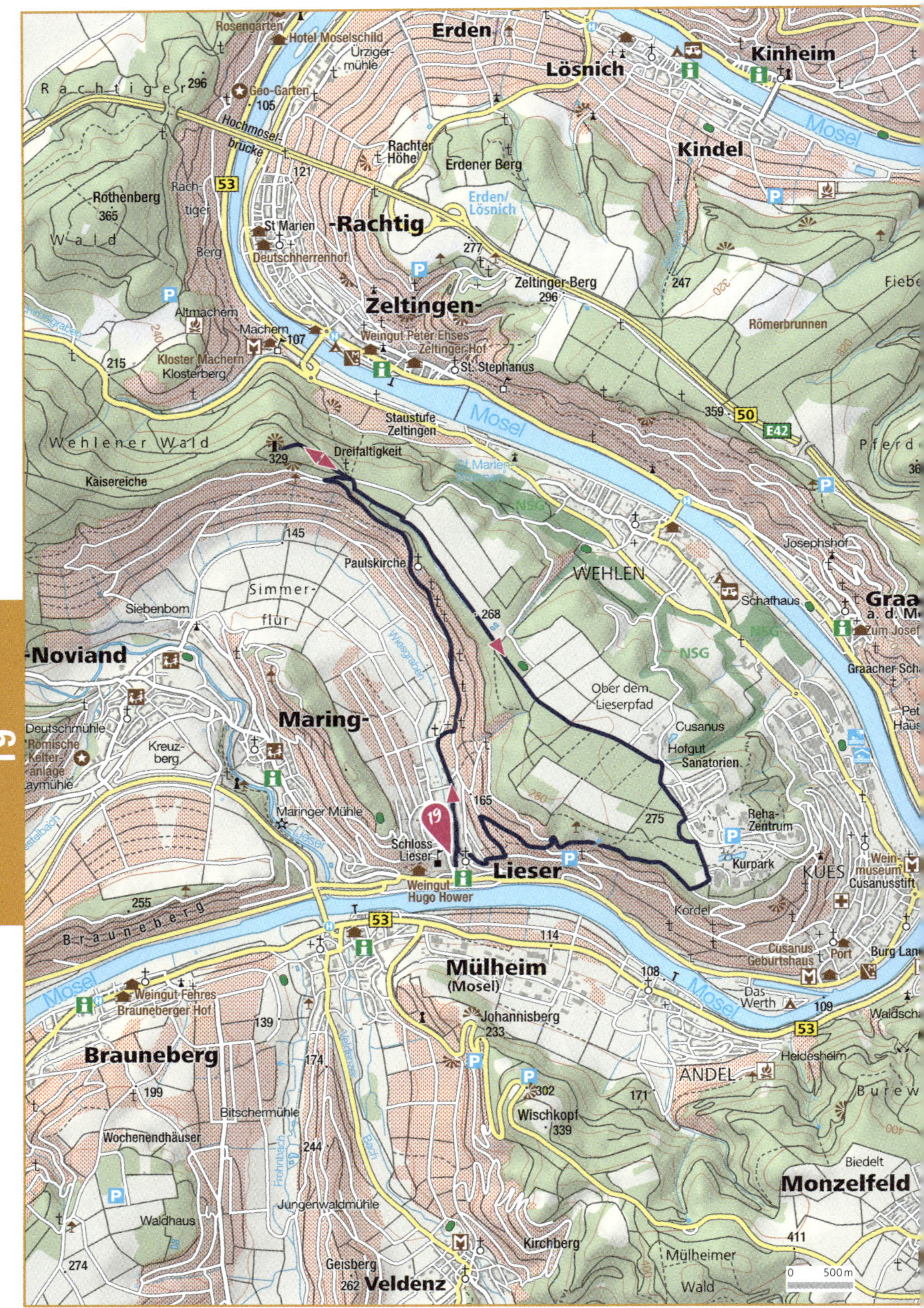

19
Erden
Lösnich
Kinheim
Kindel
Mosel
Rosengarten
Hotel Moselschild
Ürziger-mühle
Rachtiger
296
Geo-Garten
105
Hochmosel-brücke
Rachter Höhe
Erdener Berg
Erden/Lösnich
121
53
Rothenberg
365
Wald
Rach-tiger Berg
St. Marien
Rachtig
Deutschherrenhof
277
Zeltinger Berg
296
247
Fiebe
Zeltingen-
Altmachern
Machern
107
Weingut Peter Ehses
Zeltinger Hof
St. Stephanus
Römerbrunnen
215
Kloster Machern
Klosterberg
Staustufe Zeltingen
359
50
E42
Wehlener Wald
329
Dreifaltigkeit
Kaisereiche
St. Marien
NSG
Pferd
145
Paulskirche
WEHLEN
Josephshof
Simmer-flur
Siebenborn
268
Schafhaus
Graa a. d. M
Zum Josef
Noviand
Wiesgraben
NSG
NSG
Graacher Sch
Ober dem Lieserpfad
Maring-
Deutschmühle
Römische Kelter-anlage
aymühle
Kreuz-berg
Cusanus Hofgut
Sanatorien
165
Maringer Mühle
Lieser
19
Schloss Lieser
275
Reha-Zentrum
Kurpark
Lieser
Weingut Hugo Hower
KUES
Wein-museum
Cusanusstift
255
Brauneberg
Kordel
53
114
Cusanus Geburtshaus
Port
Burg Lan
Mülheim (Mosel)
108
Das Werth
109
53
Waldsch
Weingut Fehres
Brauneberger Hof
Mosel
139
Johannisberg
233
Brauneberg
174
Heidesheim
ANDEL
Burew
199
302
171
Wischkopf
339
Bitschermühle
Wochenendhäuser
244
Biedelt
Monzelfeld
Jungenwaldmühle
Waldhaus
411
Kirchberg
Mülheimer Wald
274
Geisberg
262
Veldenz
0
500 m

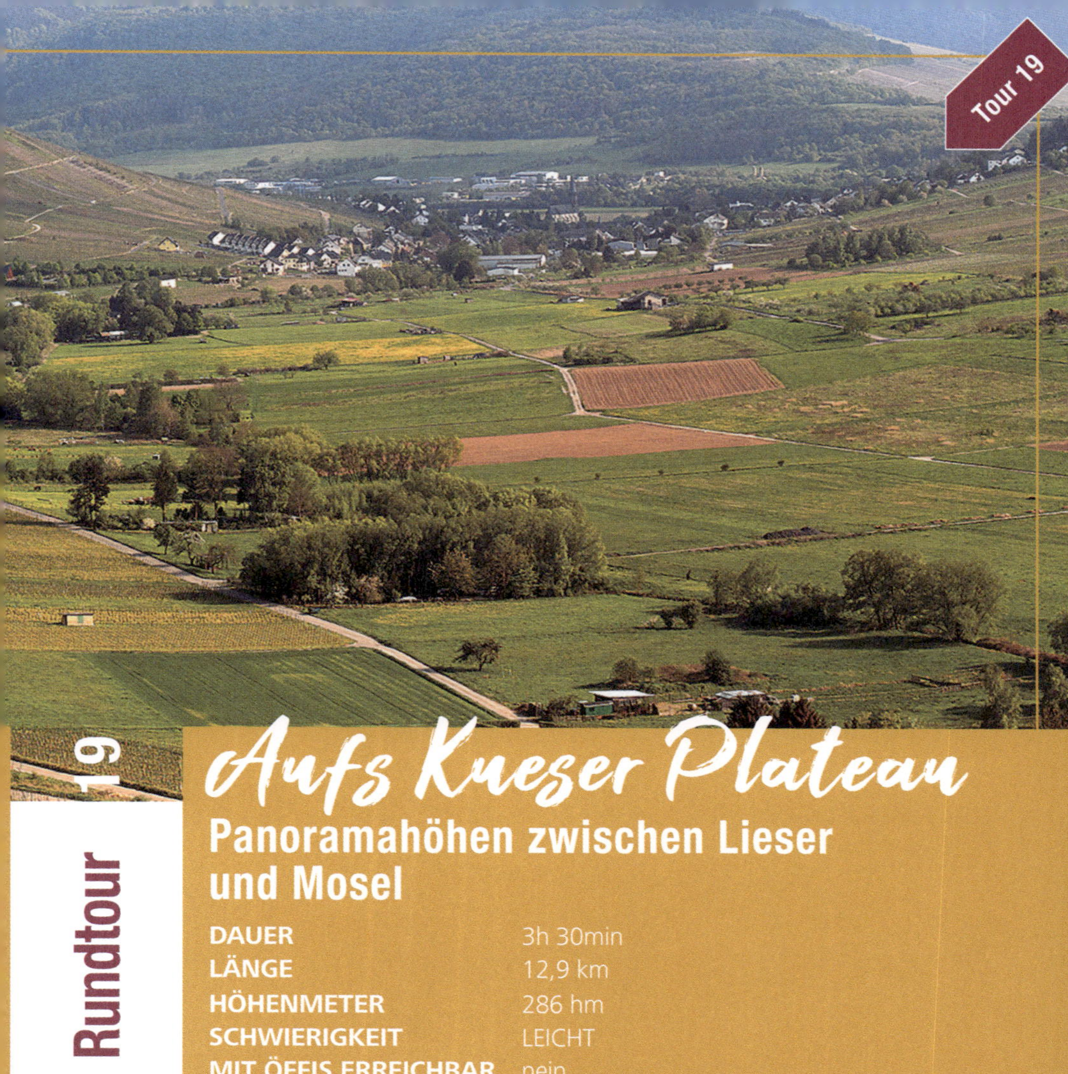

Rundtour 19

Aufs Kueser Plateau

Panoramahöhen zwischen Lieser und Mosel

DAUER	3h 30min
LÄNGE	12,9 km
HÖHENMETER	286 hm
SCHWIERIGKEIT	LEICHT
MIT ÖFFIS ERREICHBAR	nein

Das erwartet dich ...

Bildschöne Aussichten auf den Weinort Lieser und die herrliche Wein- und Kulturlandschaft der Mosel. Paulskirche und Dreifaltigkeit im Wehner Wald sowie das Panorama vom Greinskopf-Turm auf dem Paulsberg sind unsere Wanderziele am Lieserpfad. Im Weingut von Hugo Hower probieren wir im Flair einer Straußwirtschaft die Winzerweine zu regionalen Leckereien.

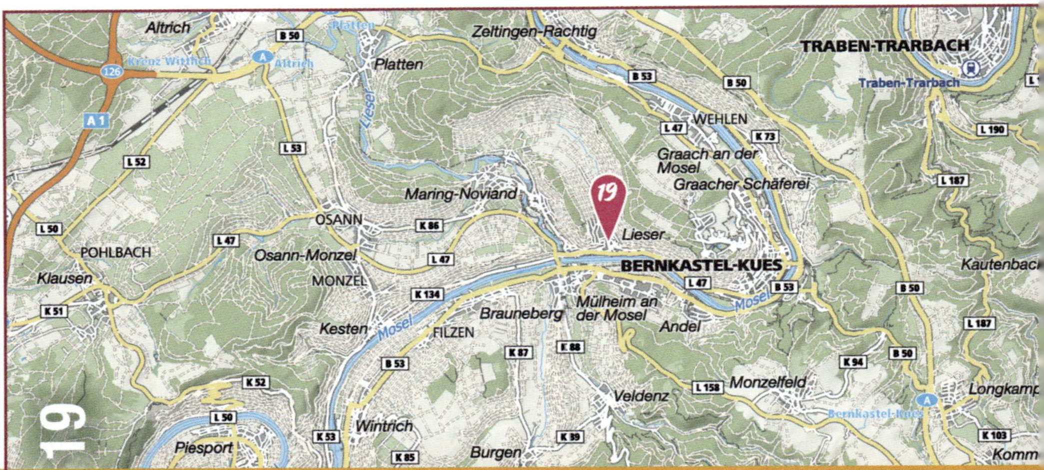

Rundtour 19

Start & Ziel & Anreise

Start am Parkplatz Am Markt unterhalb der Kirche St. Peter in Lieser. Mit dem Auto von Trier auf der BAB A602 zum Autobahndreieck Moseltal, dort auf die BAB A1 Richtung Wittlich wechseln. Am Kreuz Wittlich auf die B50 Richtung Traben-Trarbach abbiegen und an der Ausfahrt Altrich über Osann-Monzel auf der L47 nach Lieser fahren. Dort beim Schlosspark links zum Parkplatz Am Markt abbiegen.

Tourenbeschreibung

Vom Markt bei der barocken Peterskirche in Lieser führt der mit dem Keil-Zeichen markierte Lieserpfad aufwärts durch die Paulsstraße ins Tal hinauf zum Friedhof. Hier beginnt ein Kreuzweg mit sieben Kreuzwegstationen, dem wir durch den Rebhang hinauf zur Paulskirche folgen. Inmitten der Weinberge war sie bis zum 16. Jahrhundert religiöser Mittelpunkt von vierzehn Dörfern und ein viel besuchtes Wallfahrtsziel. Die weiß getünchte Fassade ist weithin sichtbar in aussichtsreicher Lage mit Blick nach Lieser.

Während der 1848er-Revolution strömten am 8. Oktober fast 20.000 Menschen mit Fahnen und Musikkapellen auf dem Paulsberg zusammen, um ihre Hoffnung auf ein Ende der Obrigkeits-Willkür kundzutun.

Am Waldrand geht's weiter aufwärts, an der Verzweigung rechts und an der Wegkreuzung scharf nach rechts auf den „Gipfel" des Paulsbergs, zur Wehlener Dreifaltigkeit mitten im Wehlener Wald. Hier steht die Dreifaltigkeitssäule, an der nach Überlieferung, der heilige Bonifatius gepredigt und getauft hat. Sitzbänke und eine Schutzhütte laden zur Rast ein.

Bei klarer Sicht lohnt der Abstecher zum Aussichtsturm auf dem nahen Greinskopf. Der die Baumwipfel überragende Turm bietet ein herrliches Panorama von Eifel, Moseltal und Hunsrück. Zurück bei der Dreifaltigkeit weist der Eifel-Moselhöhenweg die Route hinab, erst durch den Wald, dann am Waldrand entlang, an die Straße zum Cusanus Hofgut. Hier halten wir uns rechts und wandern unterhalb der Siedlung des DRK-Sozialwerkes zum Median-Reha-Zentrum auf dem Kueser Plateau oberhalb von Kues.

Die Panoramastraße führt uns rechts zu einem Wanderparkplatz, bei dem der Lieser Walderlebnispfad beginnt. Während die Kinder die Natur entdecken, genießen wir den Blick ins Moseltal. Wir gehen zur Dr.-Marx-Straße und hinter dem Parkplatz rechts abwärts zu einem Asphaltweg. Er führt uns oberhalb des Weinberges an die „schönste Weinsicht an der Mosel 2020". Hier geht's links den Weg hinab und am Querweg rechts talwärts erneut zu einem Querweg. Hier geht's nun links und dann immer rechts zum Ortsrand. Dort gehen wir wenige Schritte nach links und gehen Im Kirchberg zur Kirchstraße. An der Paulsstraße nochmal links einbiegen und wir sind am Ziel beim Parkplatz Am Markt.

Autoren Tipp

Ein Weinpicknick zwischen Reben: Das Weingut von Hugo Hower, Moselstraße 42, stellt für uns ein Wein-Picknickpaket zusammen. Auf den Lieblingswanderrouten genießen wir die Moselregion um den Weinort Lieser. Ausgerüstet mit Flaschenwein, Gläsern, Käse, Wurst und Brot geht's z. B. auf den Rosenlayrundweg oder zur Heldenwanderung. Oder wir treffen uns zu einem Weinprobenspaziergang mit der Winzerfamilie. Ohne Anmeldung geht's natürlich nicht: info@weingut-hower.de

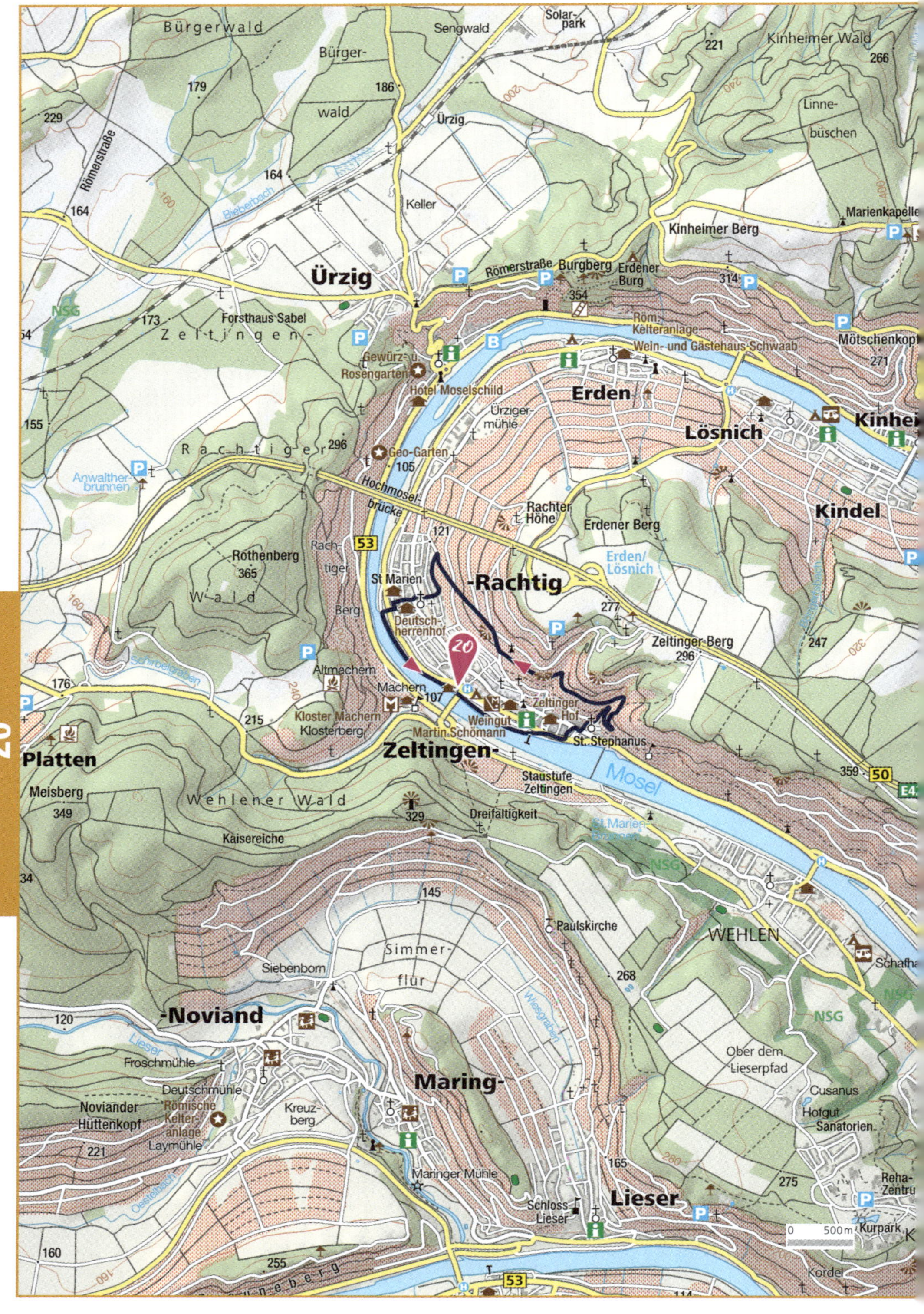

Bürgerwald
Sengwald
Solar-park
Kinheimer Wald
Bürger-wald
Ürzig
Linne-büschen
Römerstraße
Bieberbach
Keller
Marienkapelle
Kinheimer Berg
Ürzig
Römerstraße
Burgberg
Erdener Burg
NSG
Forsthaus Sabel
Zeltingen-
Röm. Kelteranlage
Mötschenkopf
Wein- und Gästehaus Schwaab
Gewürz- u. Rosengarten
Hotel Moselschild
Erden
Ürziger-mühle
Lösnich
Kinheim
Rachtiger
Geo-Garten
Hochmosel-brücke
Anwalther-brunnen
Kindel
Rachter Höhe
Erdener Berg
Rothenberg
Rachtiger Berg
St Marien
Erden/Lösnich
-Rachtig
Wald
Deutsch-herrenhof
Zeltinger Berg
Schirbelgraben
Altmachern
Machern
Kloster Machern
Klosterberg
Zeltinger Hof
Weingut Martin Schömann
St. Stephanus
Platten
Zeltingen-
Stausstufe Zeltingen
Mosel
Meisberg
Wehlener Wald
Dreifaltigkeit
Kaisereiche
St.Marien
Paulskirche
WEHLEN
Simmer-flür
Siebenborn
Schafhausen
-Noviand
Wiesgraben
Lieser
Froschmühle
Ober dem Lieserpfad
Deutschmühle
Maring-
Cusanus Hofgut Sanatorien
Noviander Hüttenkopf
Römische Kelter-anlage
Kreuz-berg
Laymühle
Maringer Mühle
Reha-Zentrum
Schloss Lieser
Lieser
Kurpark
Kordel
20

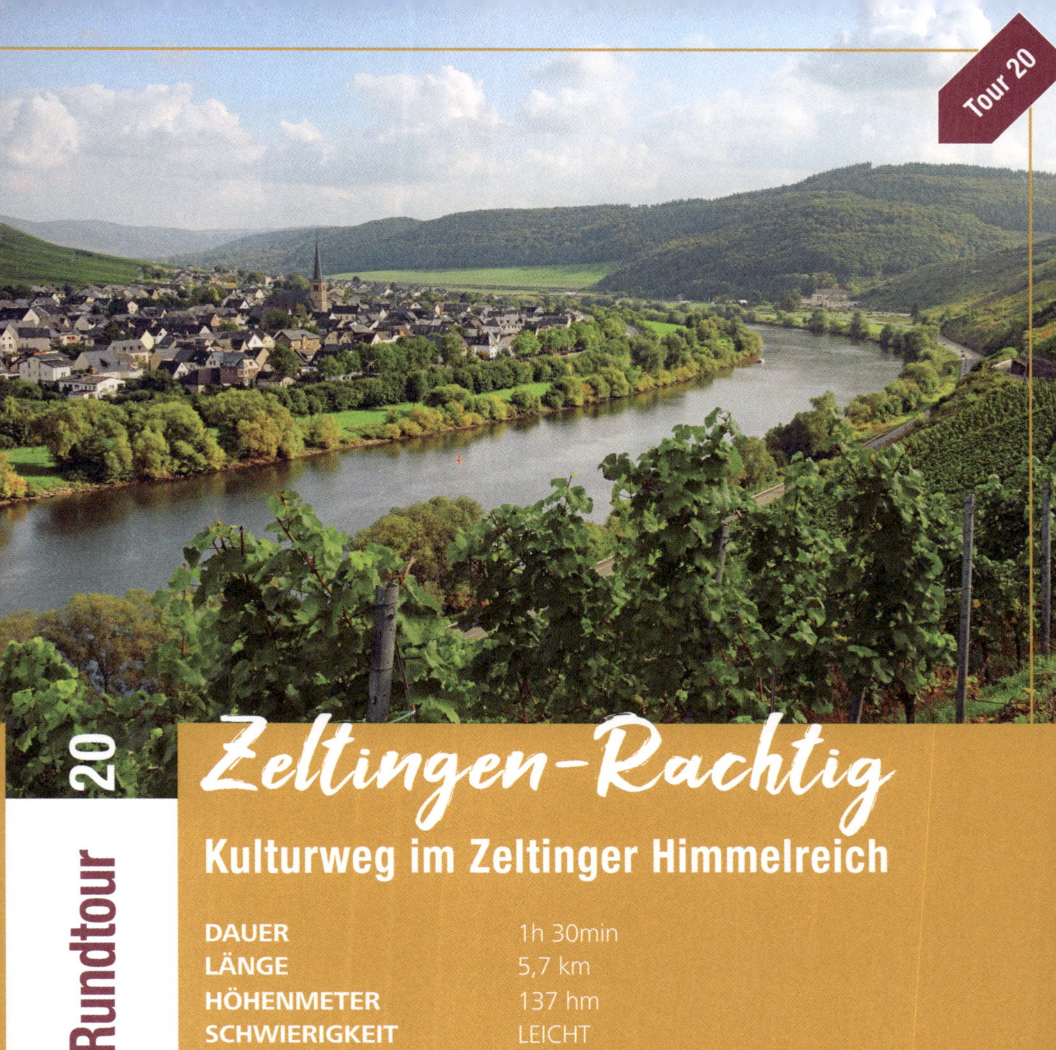

Rundtour 20

Zeltingen-Rachtig

Kulturweg im Zeltinger Himmelreich

DAUER	1h 30min
LÄNGE	5,7 km
HÖHENMETER	137 hm
SCHWIERIGKEIT	LEICHT
MIT ÖFFIS ERREICHBAR	nein

Das erwartet dich ...

Der Zeltingen-Rachtiger Kulturweg „Von Kurköln zu den Deutschherren" dokumentiert 1.000 Jahre Geschichte in den aussichtsreichen Weinbergen rund um die Doppelgemeinde an der großen Mittelmosel-Schleife. Manchmal warten an einem kleinen Ort wie diesem die größten Genüsse. Wir finden Spitzenwinzer, ausgezeichnete Gastgeber und Gourmetküche. Zum Beispiel den Zeltinger Hof (das „Gasthaus des Rieslings") mit über 100 offenen Weinen in Zeltingen und den „Deutscherrenhof" in Rachtig.

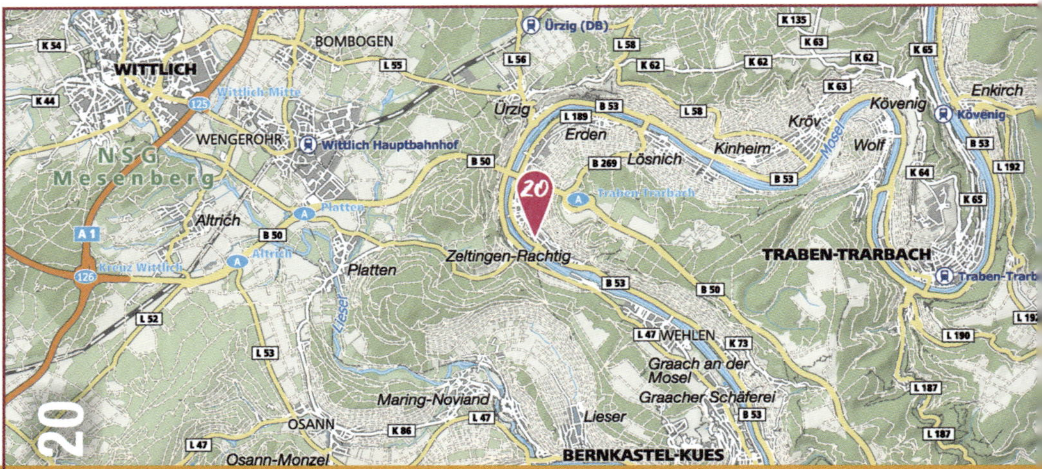

Rundtour 20

Start & Ziel & Anreise

Start in Zeltingen an der B 53/Moselbrücke. Mit dem Auto von Trier auf der BAB A 602 zum Autobahndreieck Moseltal, dort auf die BAB A 1 Richtung Wittlich wechseln. Am Kreuz Wittlich auf die B 50 Richtung Traben-Trarbach abbiegen und an der Ausfahrt Traben-Trarbach ausfahren. Vor der Moselbrücke links auf der L 189 nach Zeltingen-Rachtig. Parken bei der Moselbrücke in Zeltingen entlang der Uferpromenade an der B 53.

Tourenbeschreibung

Von der Moselbrücke in Zeltingen führt die Uferpromenade flussabwärts beim Festplatz, Schiffsanleger und der Tourist-Information vorbei, bis links die Amtstraße abzweigt und zur Kurfürstenstraße überleitet. Der Barockbau des katholischen Pfarrhauses in der Amtstraße 16 wurde als kurkölnisches Amtshaus errichtet und zeigt über dem Portal ein Wappenrelief von 1658.

Gleich rechts erwartet uns der mittelalterliche Marktplatz mit herrlichen Fachwerkhäusern. Bis 1071 stand hier das Rathaus der Gemeinde, später auch des Amtes Zeltingen. Alle zwei Jahre wird auf dem Marktplatz die Moseloperette „Zeltinger Himmelreich" von Werner Stamm von rund 100 Mitwirkenden aufgeführt. Dabei wird Kurkölner Geschichte um 1780 lebendig.

Wir wenden uns zur Kirche St. Stephanus und gehen den Weg hinauf, wo rechts der aussichtsreiche Abstecher zu den spärlichen Bruchsteinmauerresten der Rosen- oder Kunibertsburg ausgeschildert ist, zum Sortengarten Zeltingen. Fast 50 Obst- und Beerensorten aus allen Regionen der Welt finden wir hier mit Blick zur Zeltinger Sonnenuhr hinab, dem Wahrzeichen des Weinortes.

An der Spitzkehre führt der Kulturweg in die Weinberge der Lagen Zeltinger Schlossberg und Zeltinger Himmelreich und erreicht am Niederbach einen Querweg. Links geht's weiter unterhalb einer Kapelle vorbei zum aussichtsreichen Rastplatz mit einem Wassertretbecken. Dort gehen wir nach rechts etwas bergwärts, dann links und schnurgerade nach Rachtig hinunter.

Am Ortsrand biegen wir im spitzen Winkel nach links ab und gehen unterhalb des Weinhanges in der Kehlenbachstraße zur Pfarrstraße nahe der Pfarrkirche. Die Pfarrstraße führt uns zur Gestadestraße. Hier kehren wir im Hotel-Restaurant Deutschherrenhof ein, in einem mit Efeu bewachsenen Herrenhaus mit Blick zur Mosel.

Durch Landkäufe und Schenkungen war der Deutsche Orden im 14. Jahrhundert der mächtigste Grundbesitzer der Gegend. In dieser Zeit entstand der Deutschherrenhof als Landkomturei.

An der Gestadestraße gehen wir nach links und an der Unterführung rechts an das Moselufer. Nach links wandern wir am Ufer entlang zur Moselbrücke in Zeltingen; hier beginnt die Uferpromenade. Gegenüber der Minigolfanlage empfängt uns das Weingut Martin Schömann in der gemütlichen Probierstube zur Weinprobe von Juli bis Oktober. Wohl bekomm's!

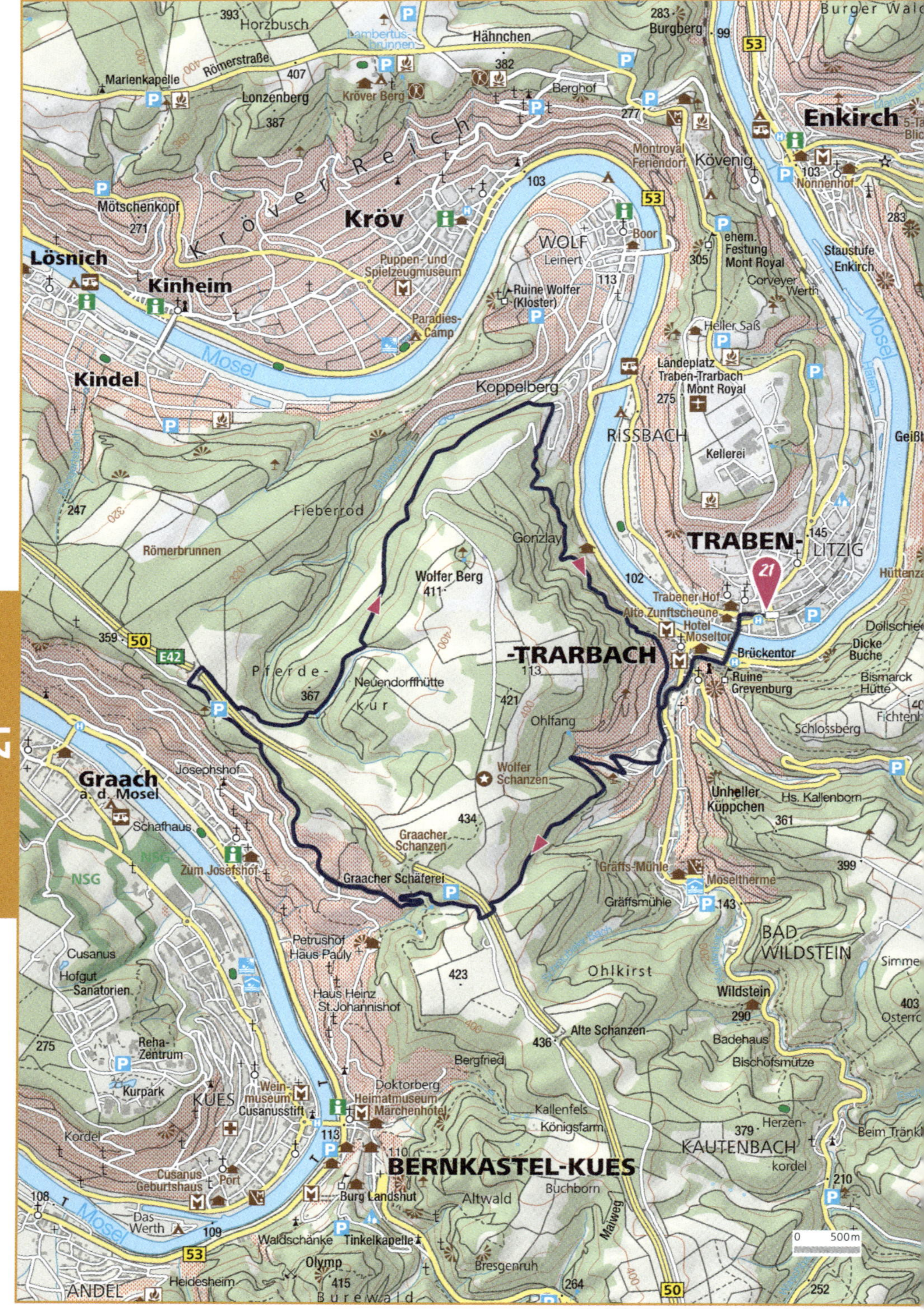
Horzbusch
Römerstraße
Marienkapelle
Lonzenberg
Hähnchen
Lambertusbrunnen
Kröver Berg
Berghof
Burgberg
Burger Wald
Enkirch
Kröver Reich
Kröv
Mötschenkopf
Lösnich
Kinheim
Puppen- und Spielzeugmuseum
Paradies-Camp
Mosel
Kindel
Montroyal Feriendorf
Kövenig
Nonnenhof
WOLF
Leinert
Boor
Ruine Wolfer (Kloster)
ehem. Festung Mont Royal
Corveyer Werth
Staustufe Enkirch
Heller Saß
Landeplatz Traben-Trarbach
Mont Royal
Koppelberg
RISSBACH
Kellerei
Fieberrod
Römerbrunnen
Gonzlay
Wolfer Berg
TRABEN-
LITZIG
Traben Hof
Alte Zunftscheune
Hotel Moseltor
Brückentor
Dicke Buche
Bismarck Hütte
Pferde-kur
Neuendorffhütte
-TRARBACH
Ruine Grevenburg
Ohlfang
Schlossberg
Graach a. d. Mosel
Josephshof
Schafhaus
Zum Josefshof
NSG
Wolfer Schanzen
Unheller Küppchen
Hs. Kallenborn
Graacher Schanzen
Graacher Schäferei
Gräffs-Mühle
Moseltherme
Gräffsmühle
Ohlkirst
BAD WILDSTEIN
Wildstein
Cusanus Hofgut
Sanatorien
Petrushof
Haus Pauly
Haus Heinz
St. Johannishof
Reha-Zentrum
Kurpark
Alte Schanzen
Badehaus
Bischofsmütze
Bergfried
Wein-museum
Cusanusstift
KUES
Doktorberg
Heimatmuseum
Märchenhotel
Kallenfels
Königsfarm
Herzen-kordel
KAUTENBACH
Kordel
Cusanus Geburtshaus
Port
BERNKASTEL-KUES
Burg Landshut
Altwald
Buchborn
Das Werth
Waldschänke
Tinkelkapelle
Olymp
Bresgenruh
Maiweg
Heidesheim
ANDEL
Burewald
0 500 m

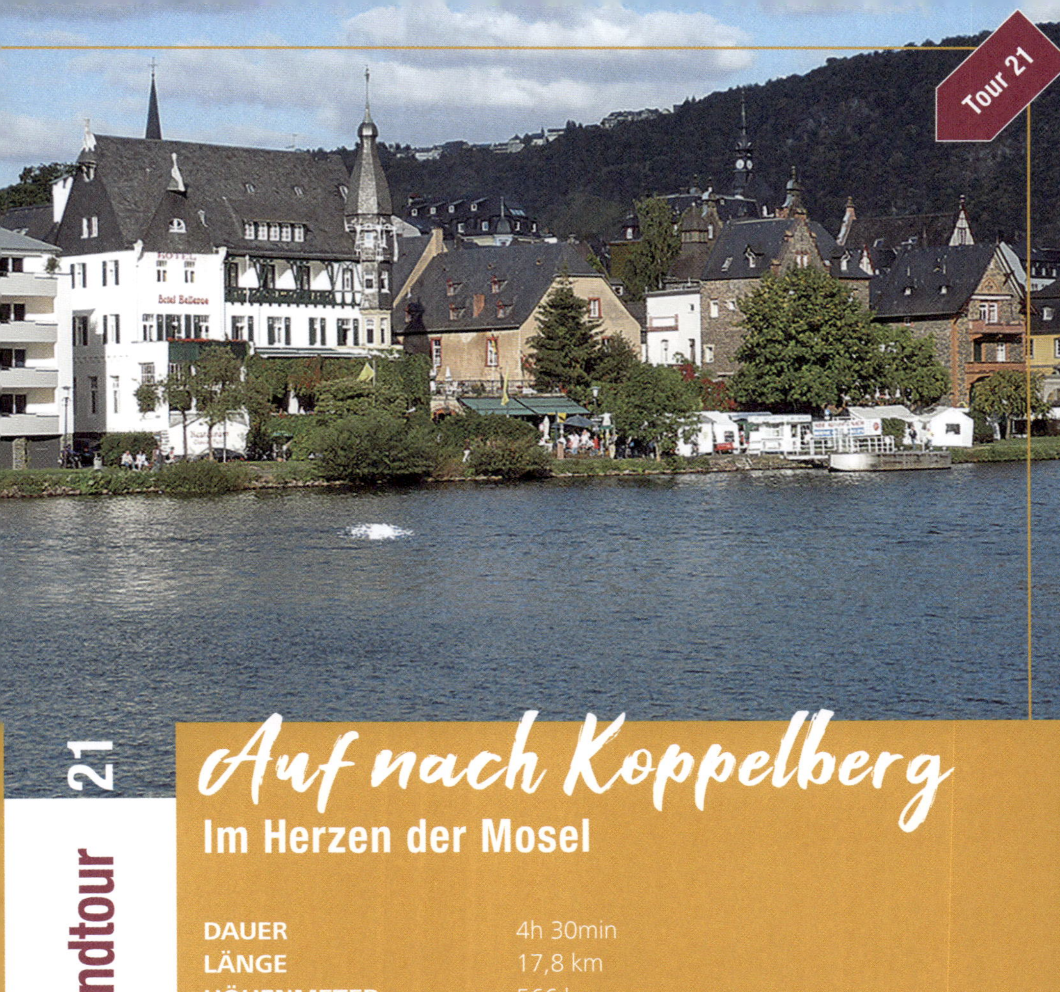

21 Rundtour

Auf nach Koppelberg

Im Herzen der Mosel

DAUER	4h 30min
LÄNGE	17,8 km
HÖHENMETER	566 hm
SCHWIERIGKEIT	MITTEL
MIT ÖFFIS ERREICHBAR	ja

Das erwartet dich ...

Der Wechsel von Aussichtsstellen und schattigen Wäldern fasziniert bei dieser längeren Rundwanderung. Die Ausläufer des Hunsrücks bilden die Kulisse zwischen den Weinorten Bernkastel-Kues und Traben-Trarbach im Herzen der Mosel. Hinter den Mauern faszinierender Baukunst des Jugendstils und der „Belle Epoque" erwarten uns urige Kellergewölbe und lauschige Weinstuben. In engen Gassen zwischen schönen Fachwerkfassaden genießen wir das Flair gemütlicher Straßen- und Terrassencafés.

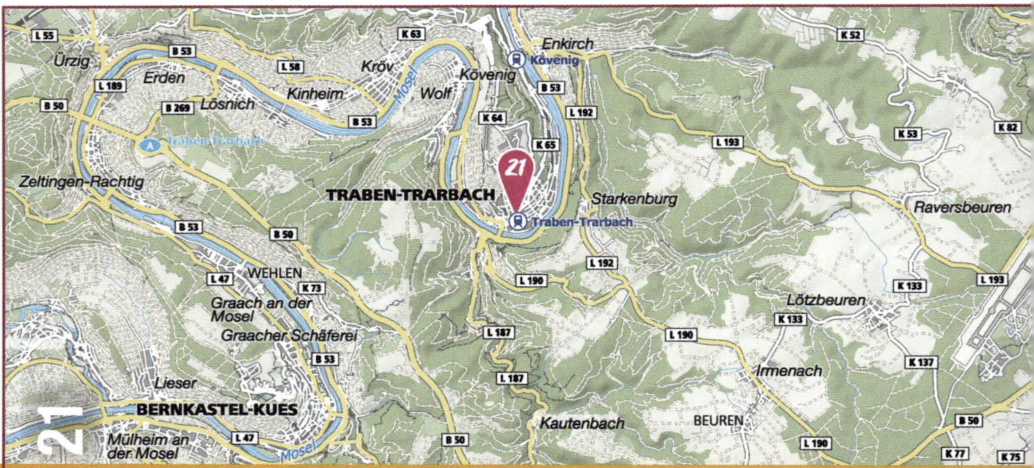

Rundtour 21

Start & Ziel & Anreise

Start in Traben-Trarbach beim Bahnhof in der Straße Am Bahnhof. Mit dem Auto von Trier auf der BAB A602 zum Autobahndreieck Moseltal, dort auf die BAB A1 Richtung Wittlich wechseln. Am Kreuz Wittlich auf die B50 Richtung Traben-Trarbach abbiegen und an der Ausfahrt Traben-Trarbach ausfahren. Bei der Moselbrücke auf die B53 nach Traben-Trarbach abbiegen, auf die L187 wechseln und zum Bahnhof Traben-Trarbach fahren. Mit der Bahn, der Mosel-Weinbahn, Linie RB85 von Bullay nach Traben-Trarbach.

Tourenbeschreibung

Vom Bahnhof Traben-Trarbach gehen wir von der Tourist-Information über die Straße Am Bahnhof zur Poststraße und über die nahe Moselbrücke nach Trarbach am gegenüberliegenden Ufer. Die Stadt war um 1900 eine der bedeutendsten Weinhandelsstädte. Bemerkenswert ist, dass die Jugendstil-Stadt zur damaligen Zeit nach der französischen Stadt Bordeaux der zweitgrößte Weinumschlagplatz Europas war. Aus diesem Grund wurde die Kapazität der Traben-Trarbacher Weinkeller vergrößert und der Stadtkern mit teilweise mehrstöckigen und über 100 Meter langen Gewölben unterkellert. Eine Führung durch das mystische Halbdunkel der Traben-Trarbacher Kellergewölbe ist eine spannende Geschichte.

Am eindrucksvollen Brückentor wenden wir uns nach rechts und schlendern durch die Fußgängerzone, der Brückenstraße, zur Moselstraße. Hier geht's einige Schritte rechts zum Mittelmoselmuseum im Barockhaus Böckin in der Casinostraße. Wir biegen in die Mittelstraße ein und kommen beim Alten Stadtturm zum Museum Haus der Ikonen. Weiter auf der Mittelstraße gehen wir bergwärts zum Rathaus. Am Marktplatz geht's rechts zur Grabenstraße und bergwärts zum Bernkasteler Weg. Er führt uns hinter dem Gymnasium herum in Serpentinen hinauf in den Wald. Am Bach wandern wir durch die Linkskurve und halten uns hinter dem Rechtsbogen geradeaus zur Unterführung an der B 50. Wir gehen hindurch, dann rechts und links bergauf zur Aussicht Traver Kupp. Wir haben eine fantastische Aussicht nach Bernkastel-Kues über die Weinlage Himmelreich. Aufwärts geht's zur Graacher Schäferei. In der Schanzstraße gehen wir durch den Ort und biegen am Weingut Philipps-Eckstein rechts ab. Das Sträßchen führt uns oberhalb der Rebhänge in den Wald und hinunter an die neue B 50. Links wandern wir zum Wanderparkplatz „Auf'm Hahn". Noch etwas gehen wir geradeaus, dann rechts über die B 50 und gleich rechts an ihr entlang am eingefassten Teich vorbei zum Wegeabzweig links. Wir gehen durch den Wald hinab zu einer Furt und dann auf einem Pfad rechts das Tälchen hinauf. Am Abzweig gehen wir links den Hang hinauf und an der Wegverzweigung links empor. An der Wegkreuzung wandern wir geradeaus und abwärts nach Koppelberg. Unser Weg geht in die Kreisstraße über, von der rechts die Straße Koppelberg abzweigt. Am Straßenende wenden wir uns links abwärts in den Wald. An den kommenden Verzweigungen nehmen wir jeweils den linken Weg abwärts nach Trarbach. Bald erreichen wir den Rebhang oberhalb des Ortes. Quer durch die Reben gelangen wir wieder auf den Bernkasteler Weg. Links kommen wir an die Wildbadstraße und gehen hinunter durch die Brückenstraße und das Brückentor über die Mosel zum Bahnhof Traben-Trarbach. Ausgangspunkt erreicht.

Blick auf die bewaldeten Hügel auf der Hunsrückseite der Mosel.

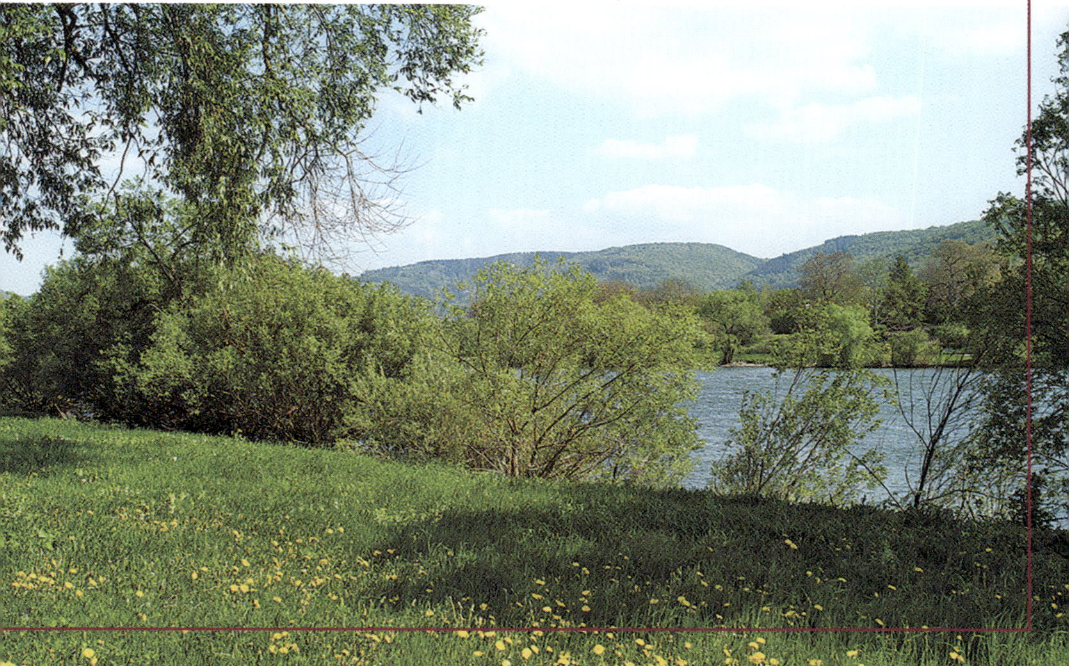

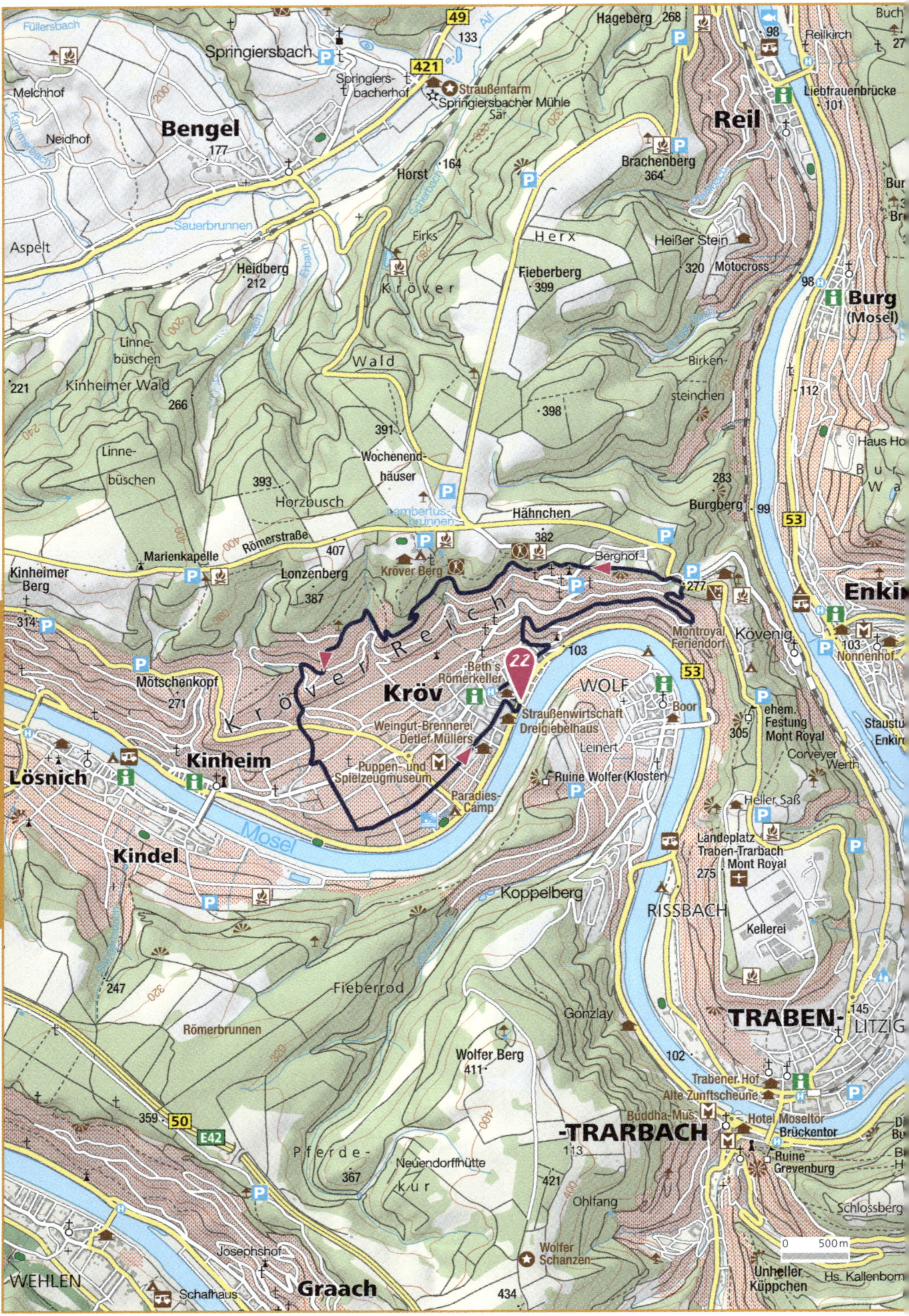

22

Füllersbach
Springiersbach
Springiersbacherhof
Straußenfarm
Springiersbacher Mühle
Melchhof
Bengel
177
Neidhof
Horst
164
Hageberg 268
Reil
Reilkirch
Liebfrauenbrücke
101
Brachenberg
364
Sauerbrunnen
Aspelt
Heidberg
212
Firks
Kröver
Herx
Fieberberg
399
Heißer Stein
Motocross
320
Burg (Mosel)
Linnebüschen
Kinheimer Wald
266
221
Wald
Birkensteinchen
398
112
391
Wochenendhäuser
Linnebüschen
393
Horzbusch
Lambertusbrunnen
Hähnchen
283
Burgberg
99
Haus Ho
Kinheimer Berg
314
Marienkapelle
Römerstraße
407
Lonzenberg
387
382
Kröver Berg
Berghof
277
Enkirch
Kövenig
Montroyal Feriendorf
103
Nonnenhof
Kröver Reich
Mötschenkopf
271
Beth's Römerkeller
Kröv
Wolf
Boor
Straußenwirtschaft Dreigiebelhaus
Weingut-Brennerei Detlef Müllers
Leinert
ehem. Festung Mont Royal
305
Corveyer Werth
Lösnich
Kinheim
Puppen- und Spielzeugmuseum
Ruine Wolfer (Kloster)
Paradies-Camp
Heller Saß
Mosel
Kindel
Landeplatz Traben-Trarbach
Mont Royal
275
Koppelberg
Rissbach
Kellerei
Fieberrod
247
Römerbrunnen
Gonzlay
Traben-Litzig
145
Wolfer Berg
411
102
Trabener Hof
Alte Zunftscheune
Buddha-Mus.
Hotel Moseltor
Brückentor
359
Pferdekur
367
Neuendorfhütte
421
Trarbach
113
Ruine Grevenburg
Ohlfang
Schlossberg
Josephshof
Wolfer Schanzen
0 500 m
Wehlen
Schafhaus
Graach
434
Unheller Küppchen
Hs. Kallenborn

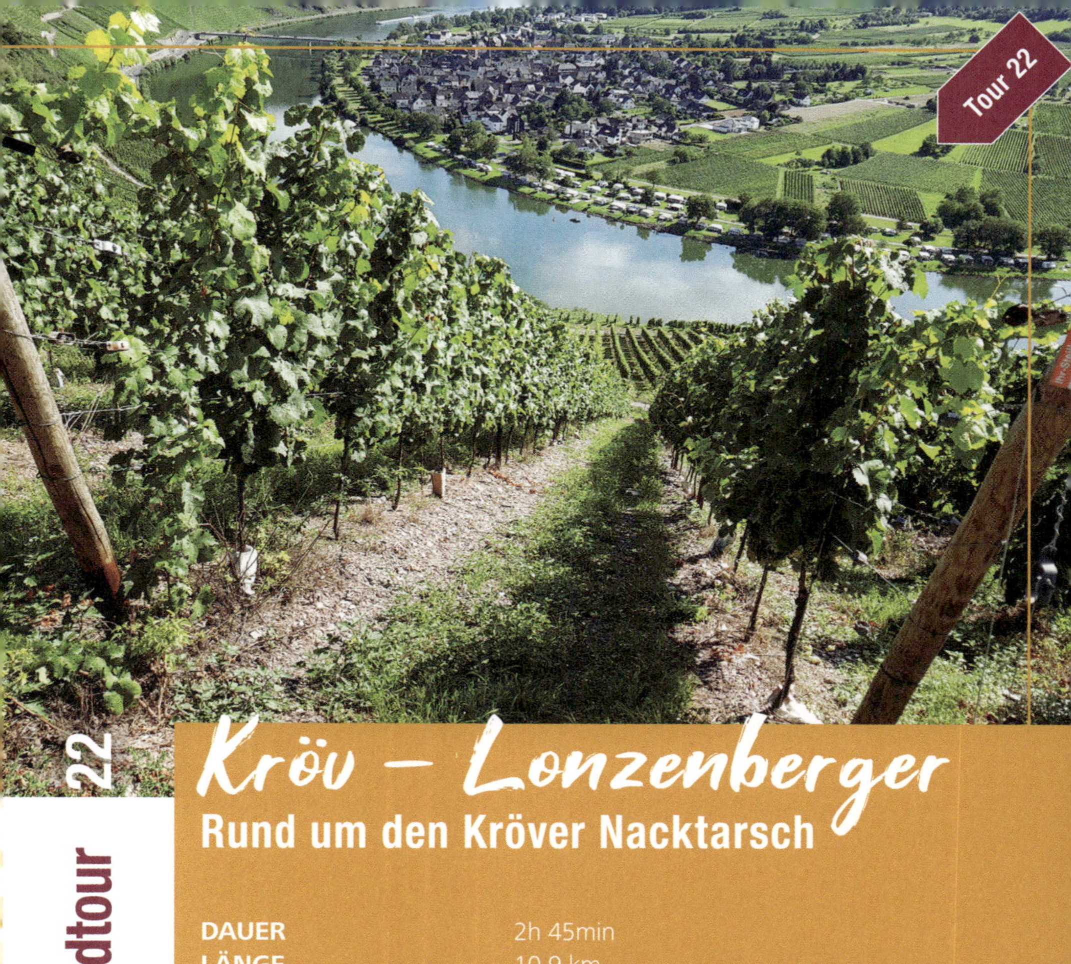

22 Rundtour

Kröv – Lonzenberger

Rund um den Kröver Nacktarsch

DAUER	2h 45min
LÄNGE	10,9 km
HÖHENMETER	286 hm
SCHWIERIGKEIT	MITTEL
MIT ÖFFIS ERREICHBAR	nein

Das erwartet dich ...

Eine Rundwanderung durch die Weinlage des berühmten „Kröver Nacktarsch". Von Kröv im Moseltal geht's hinauf durch die Weinberge zu herrlichen Aussichten auf die Moselschleife. Hinunter wandern wir nach Kröv und kehren beim Winzer zu einer gemütlichen Weinprobe ein. Alternativ wählen wir Beth's Römerkeller, ein uriges Restaurant mit Weingarten im Herzen von Kröv an der Weinbrunnenhalle.

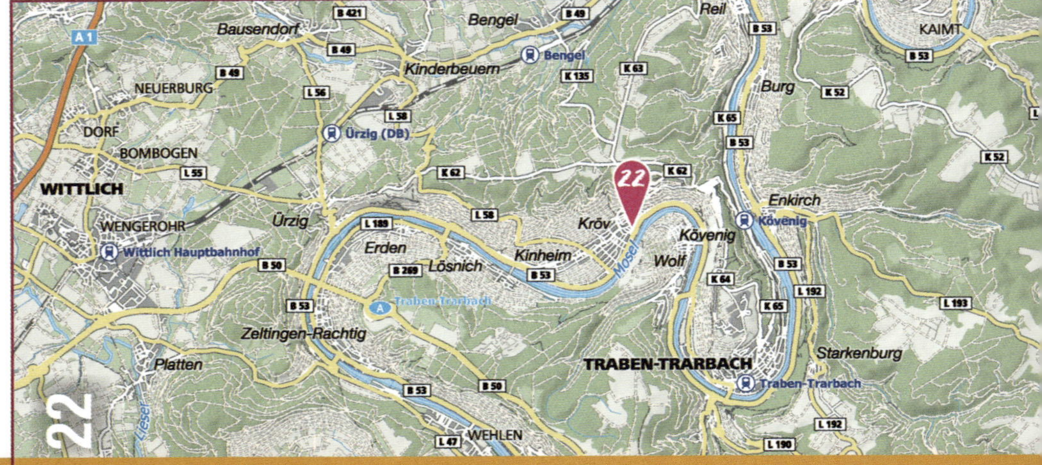

Rundtour 22

Start & Ziel & Anreise

Start an der Touristinformation/Weinbrunnenhalle in der Moselweinstraße von Kröv. Mit dem Auto auf der BAB A 1 von Wittlich Richtung Schweich zum AB-Kreuz Wittlich. Dort auf die B 50 abbiegen bis zur Ausfahrt B 269 Traben-Trarbach. An der B 53 rechts Richtung Traben-Trarbach bis nach Kröv zur Touristinformation und bei der Weinbrunnenhalle parken.

Tourenbeschreibung

Wege entstehen, indem man sie geht. Ich habe eine schöne Rundwanderung mitten im Moselland herausgesucht, in Kröv, wo der berühmte „Kröver Nacktarsch" wächst. Beginnen wir die Wanderung an der Touristinformation und gehen vom Parkplatz hoch zur Moselweinstraße. Dort führt uns die Reißstraße in die Ortsmitte zur Robert-Schumann-Straße. Wir folgen ihr nach rechts und biegen an der Ehrenmalstraße zur Grabkapelle Kesselstatt ab. Dort beginnt auch der Weinlehrpfad bzw. der Weinkulturweg Kröv.

Wir halten uns aber links und gehen den Weinberg hinauf zum Weinfass. Scharf rechts biegen wir ab und wandern zur Wegegabelung. Wir folgen dem linken unbefestigten Weg und erreichen den Schriftzug „Kröver Nacktarsch". Hollywood lässt grüßen. Bald erschließt sich uns eine super Aussicht auf die Moselschleife. Am Ende des Weges geht's links hinauf und am Querweg rechts bis zur Kreisstraße. Hier halten wir uns links, biegen am Asphaltweg links ein und gleich darauf rechts in den Wald zur Bergkapelle Kröv.

Von der Kapelle geht's hinauf zum Weg am Waldrand und links zur Grillhütte Hähnchensborn. Unter uns liegt Kröv zwischen Weinbergen und Mosel. Wir bleiben auf dem breiten Weg, gehen am Rathausbach kurz durch den Wald und stoßen auf einen Querweg. Hier halten wir uns links, gehen um die scharfe Kurve und dann aufwärts zur Lunzeberghütte unterhalb des Lonzenbergs. Der Blick auf die Mosel lädt zur Rast ein.

Wir gehen zurück zum Abzweig und wandern rechts durch die Weinstöcke hinab. Am Wegedreieck halten wir uns rechts bis zum links abzweigenden Weg. Er bringt uns abwärts an eine Wegekreuzung, bei der wir rechts zur Straße abbiegen. Gegenüber geht die Wanderung weiter bis zu einer Wegkreuzung an der unser Weg nach links und sofort nach rechts ins Tal führt. Am Ende des Weges halten wir uns links und wandern auf Kröv zu.

Bald queren wir die L58 und kommen in der Plenterstraße am Weingut Detlef Müllers vorbei. Der Mensch „lebt" ja nicht nur vom Wein allein. Hier gibt's auch Spirituosen und Liköre aus eigener Brennerei. Lust auf eine Weinprobe? Dann kehren wir beim Weingut Knodt-Trossen ein. Es ist ja nicht mehr weit zum Ziel. In die Karolingerstraße rechts einbiegen und dann machen wir nochmal halt am Weingut Dreigiebelhaus, dem ehemaligen Rathaus. Hier lädt uns die Straußwirtschaft zum Verweilen ein. Kurz darauf sind wir zurück in der Moselweinstraße. Links geht's zur Touristinformation und rechts befindet sich der Parkplatz Weinbrunnenhalle am Ufer der Mosel.

Autoren Tipp

Auf einem Planwagen durch die Weinberge: Das Weinhaus Beth macht's möglich. Vom Restaurant Römerkeller in Kröv geht's mit echten Pferdestärken zum Weingut und der Brennerei auf den Kröver Berg. In den Weinbergen halten wir und genießen die Aussicht auf Kröv und die Mosel. Oben gibt's eine Führung durch den Weinkeller und die Brennerei. Dann geht's in die urige Probierstube zur Weinprobe. Nach zünftigem Beisammensein geht's zurück nach Kröv. Das Event dauert etwa 4 Stunden.

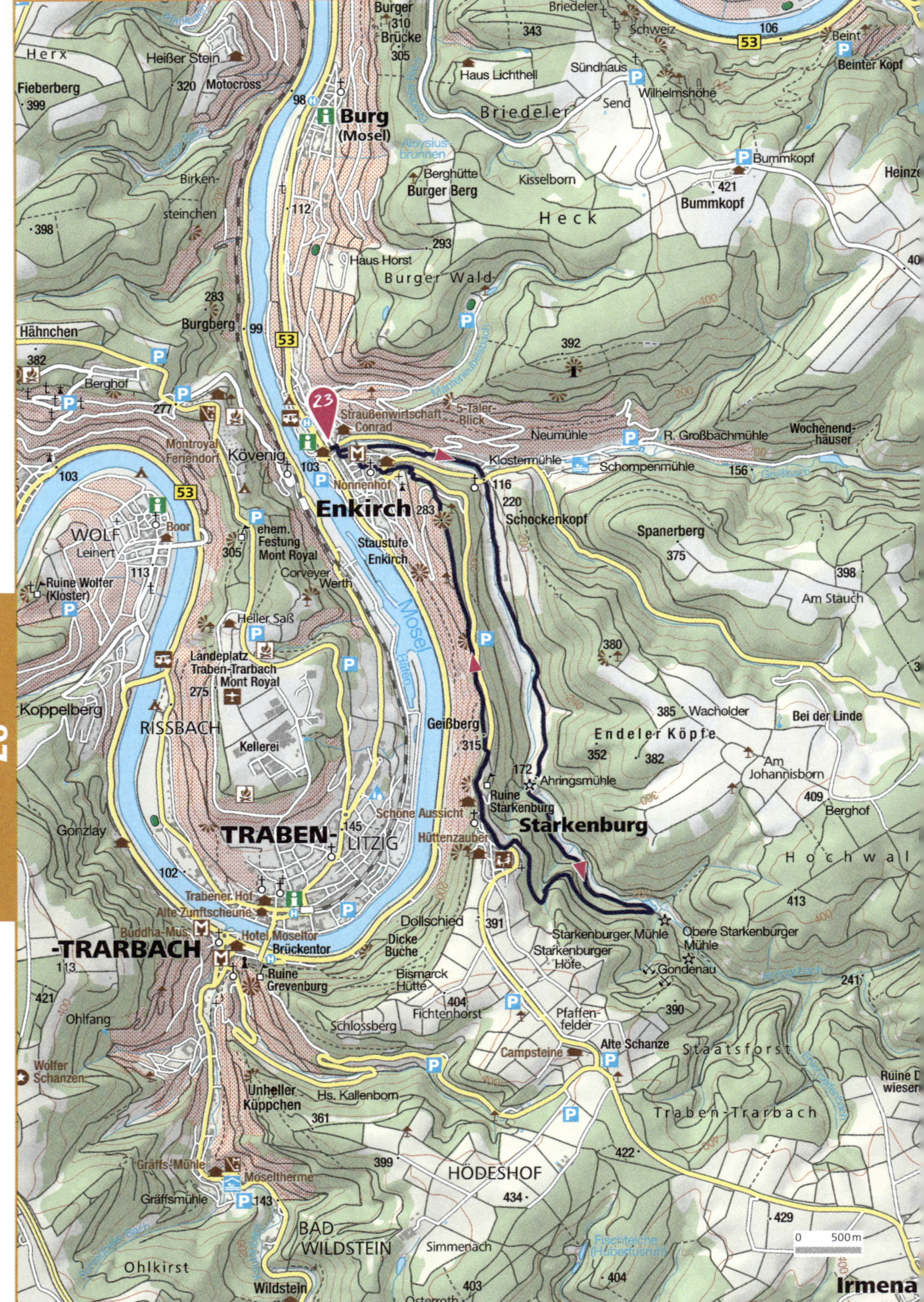
23
Burg
(Mosel)
Enkirch
Starkenburg
Ruine Starkenburg
Ahringsmühle
TRABEN-
LITZIG
-TRARBACH
WOLF
RISSBACH
Kövenig
Burger Brücke
Haus Lichthell
Briedeler
Heck
Burger Wald
Burger Berg
Berghütte
Haus Horst
Bummkopf
Sündhaus
Wilhelmshöhe
Beinter Kopf
Heißer Stein
Motocross
Herx
Fieberberg
Birken-
steinchen
Burgberg
Hähnchen
Berghof
Montroyal Feriendorf
Boor
Leinert
Ruine Wolfer (Kloster)
ehem. Festung Mont Royal
Corveyer Werth
Staustufe Enkirch
Mosel
Heller Saß
Landeplatz Traben-Trarbach Mont Royal
Kellerei
Koppelberg
Gonzlay
Geißberg
Schöne Aussicht
Hüttenzauber
Straußenwirtschaft Conrad
5-Taler-Blick
Nonnenhof
Neumühle
R. Großbachmühle
Wochenend-häuser
Klostermühle
Schompenmühle
Schockenkopf
Spanerberg
Am Stauch
Wacholder
Endeler Köpfe
Bei der Linde
Am Johannisborn
Berghof
Hochwal
Trabener Hof
Alte Zunftscheune
Buddha-Mus.
Hotel Moseltor
Brückentor
Ruine Grevenburg
Dollschied
Dicke Buche
Bismarck Hütte
Fichtenhorst
Schlossberg
Starkenburger Mühle
Obere Starkenburger Mühle
Starkenburger Höfe
Gondenau
Pfaffen-felder
Alte Schanze
Campsteine
Staatsforst
Traben-Trarbach
Ohlfang
Wolfer Schanzen
Unheller Küppchen
Hs. Kallenborn
Gräffs-Mühle
Gräffsmühle
Moseltherme
HÖDESHOF
BAD WILDSTEIN
Wildstein
Ohlkirst
Simmenach
Osterroth
Fischteiche (Hubertushof)
Irmena
0 500 m

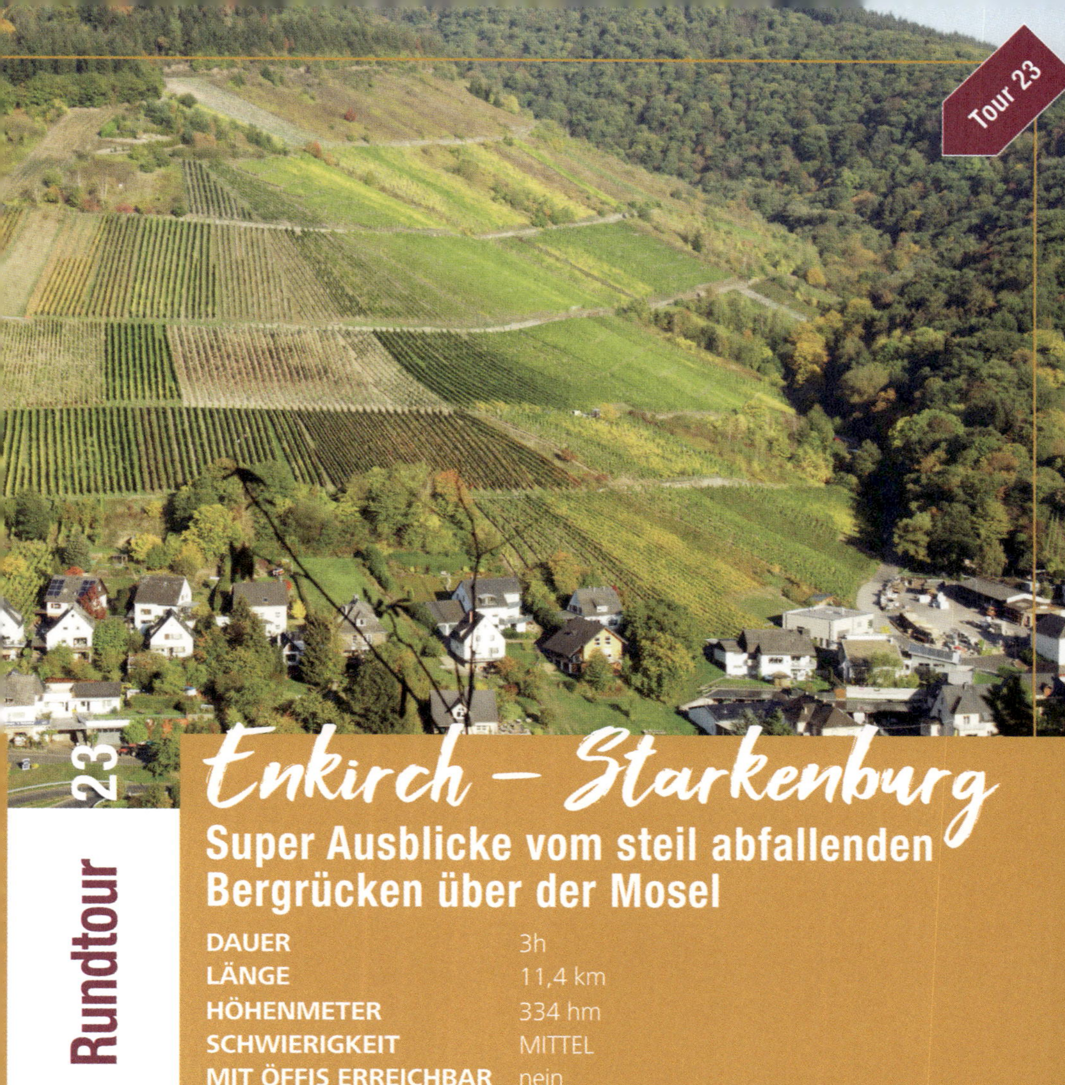

23 Rundtour

Enkirch – Starkenburg

Super Ausblicke vom steil abfallenden Bergrücken über der Mosel

DAUER	3h
LÄNGE	11,4 km
HÖHENMETER	334 hm
SCHWIERIGKEIT	MITTEL
MIT ÖFFIS ERREICHBAR	nein

Das erwartet dich ...

Ein malerisches Fachwerkdorf im idyllischen Moseltal, steil abfallende Moselhöhen und romantischen Seitentäler. Vom Alten Tal in Enkirch geht's ins Ahringsbachtal hinauf zur Burgruine Starkenburg zum Weinhaus Schöne Aussicht mit wahrscheinlich dem schönsten Blick über die Mosel. Einkehren in der Straußwirtschaft Conrad mit gemütlicher Weinprobe.

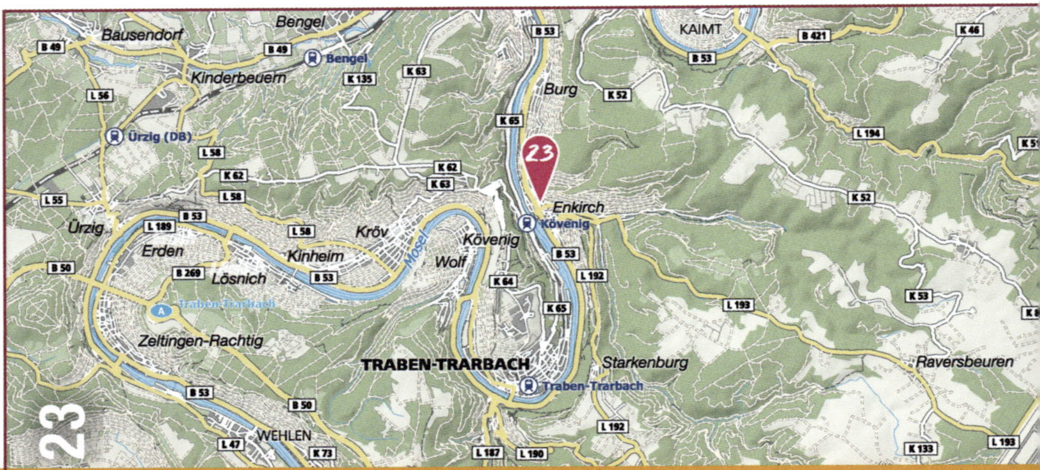

Rundtour 23

Start & Ziel & Anreise

Start In Enkirch am Brunnenplatz/Touristinformation an der Bundesstraßenbrücke. Mit dem Auto auf der BAB A 1 von Wittlich Richtung Schweich zum AB-Kreuz Wittlich. Dort auf die B 50 abbiegen bis zur Ausfahrt B 269 Traben-Trarbach. Auf der B 53 rechts über Traben-Trarbach bis nach Enkirch. An der L 192 links abbiegen zum Parkplatz.

Tourenbeschreibung

In Enkirch gibt es einige schöne Seitentäler der Mosel, die zum Wandern einladen. Wir nehmen den E6 und gehen vom Brunnenplatz über die L 192 zur Straße Im Alten Tal. Hier biegen wir ein und halten uns am Ende der Straße auf den schmalen Weg nach links. Dem Mühlweg folgen wir dann nach links zur Straße Am Steffensberg. Nach rechts wandern wir auf die Pfarrkirche St. Franz von Assisi zu und stehen am Eingang zum Ahringsbachtal.

Geradeaus führt uns das Sträßchen am Ahringsbach entlang in den Wald zur Ahringsmühle. An der Verzweigung noch vor der Mühle halten wir uns rechts zur Brücke über den Ahringsbach. Auf der anderen Uferseite wenden wir uns nach links, die Bachauen links im Blick, zur Unteren Starkenburger Mühle. Sie ist eine hübsche, historische 200 Jahre alte Wassermühle, die wir besichtigen können.

Nach Starkenburg geht's nun im spitzen Winkel rechts den Weg hinauf. An der Schloßstraße erreichen wir das Bergdorf und wandern rechts entlang der Straße zur Dorfkirche. Daneben kehren wir im Weinhaus Schöne Aussicht ein. Für uns Wanderer gibt es herzhafte Gerichte aber auch selbst gebackene Kuchen. Vom Parkplatz aus genießen wir den super Blick über die Mosel nach Traben-Trarbach. Von der Burgruine Starkenburg ist nicht viel zu sehen, aber der Ausblick ist beeindruckend.

Ein Stück lang gehen wir die Straße entlang und wenden uns dann nach links auf den Wanderweg Moselsteig zur Schutzhütte Rottenblick. Ab hier geht's die Bergflanke hinab und über Stufen an die Sponheimer Straße. Wir gehen kurz nach links und queren sie dann zur Thonesstraße. An der Gaststätte zum Weinkrug queren wir nochmal die Sponheimer Straße und gehen auf die Kirche zu. Rechts geht's um sie herum zur Weingasse. Geradeaus gehen wir über die Winkelstraße und wenden uns dann nach links, immer noch in der Weingasse, zur Straße Zum Herrenberg. Wir gehen ein paar Schritte nach rechts und stehen vor dem Brunnenplatz. Ziel erreicht.

Autoren Tipp

Erkunden wir Enkirch, die Schatzkammer rheinischen Fachwerkbaus, auf eigene Faust. Sehenswert ist die Escheburg, heute ein Weingut. Eine schöne Fachwerkfassade zeigt das Haus vom Weingut Rueff-Röchling in der Weingasse. Beeindruckend ist auch das Heimatstubenmuseum mit der Ratsweinschenke auch in der Weingasse gelegen. Richten wir unseren Blick nach oben zu den wunderschön geschnitzten Straßenschildern und auf die interessanten Haustüren aus verschiedenen Epochen.

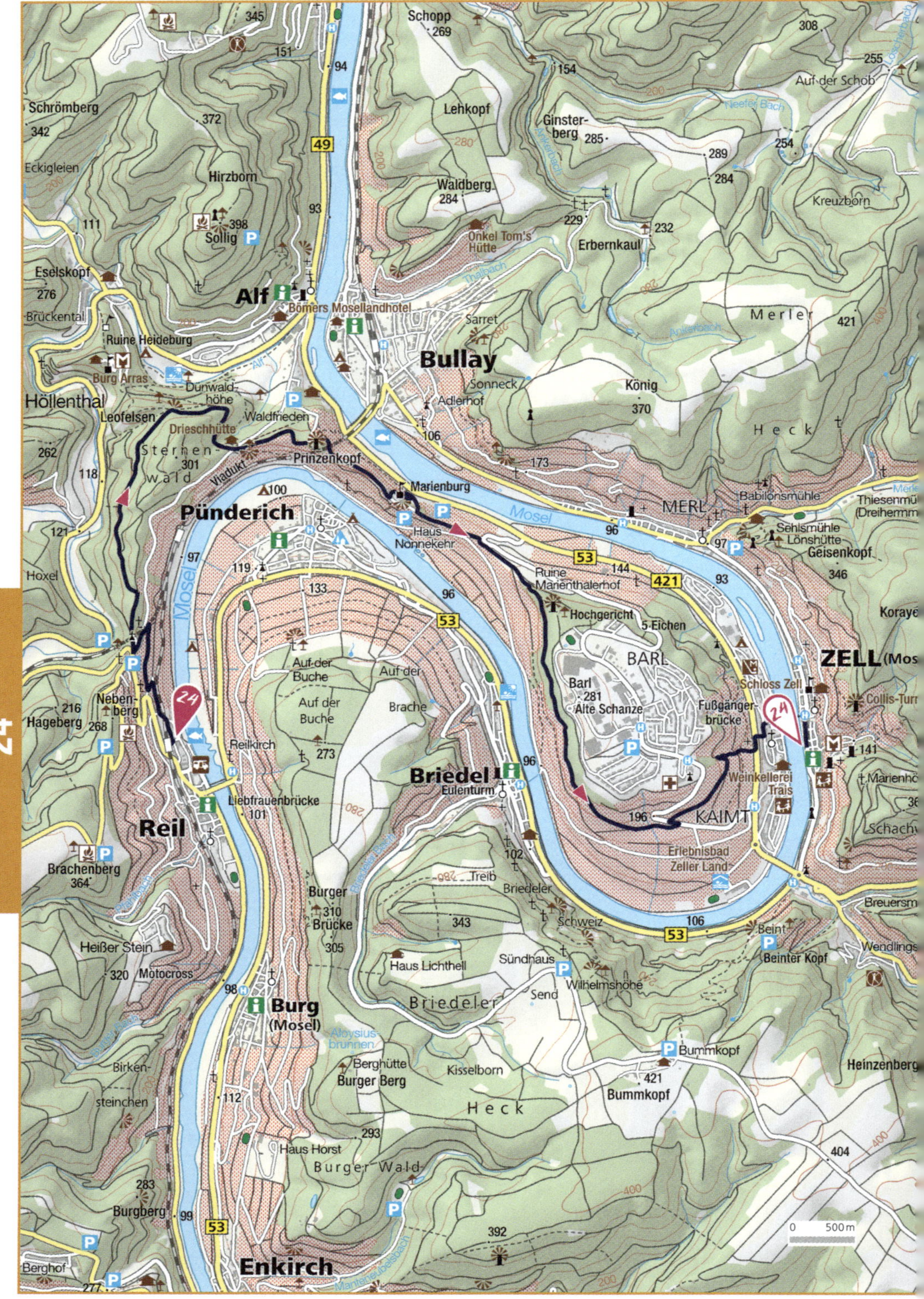

Schopp
269
345
151
94
308
255
Auf der Schob
Neefer Bach
Schrömberg
342
372
Lehkopf
Ginsterberg
285
289
284
254
Kreuzborn
Eckigleien
Hirzborn
49
Waldberg
284
Sollig
398
111
93
Onkel Tom's Hütte
229
232
Erbernkaul
Eselskopf
276
Brückental
Alf
Bömers Mosellandhotel
Thalbach
Sarret
Merler
421
Ruine Heideburg
Burg Arras
Bullay
Sonneck
Adlerhof
König
370
Höllenthal
Dünwaldhöhe
Leofelsen
Waldfrieden
Drieschhütte
Heck
262
Sternenwald
301
Prinzenkopf
106
173
118
Viadukt
100
Marienburg
Babilonsmühle
Thiesenmühle (Dreihermmühle)
Pünderich
Haus Nonnenkehr
Mosel
MERL
96
97
Sehlsmühle
Lönshütte
Geisenkopf
121
346
Hoxel
97
119
53
144
421
93
133
Ruine Marienthalerhof
96
Hochgericht
5 Eichen
53
BARL
Zell (Mosel)
Schloss Zell
Collis-Turm
Auf der Buche
Auf der
Brache
Barl
281
Alte Schanze
Fußgängerbrücke
216
Hageberg
268
Nebenberg
24
Auf der Buche
24
Reilkirch
141
Marienhöhe
273
Briedel
Eulenturm
96
Liebfrauenbrücke
101
Weinkellerei Trais
Reil
196
KAIMT
Schach
Brachenberg
364
102
Erlebnisbad Zeller Land
Treib
Briedeler
Burger
310
Brücke
343
Schweiz
106
53
Beint
Breuersmühle
Wendlings
Heißer Stein
305
Haus Lichtheil
Sündhaus
Beinter Kopf
320
Motocross
98
Wilhelmshöhe
Send
Burg (Mosel)
Briedeler
Aloysiusbrunnen
Bummkopf
Birkensteinchen
Berghütte
Burger Berg
Kisselborn
421
Bummkopf
Heinzenberg
Heck
112
293
Haus Horst
Burger Wald
404
283
Burgberg
99
53
392
0 500 m
Berghof
277
Enkirch

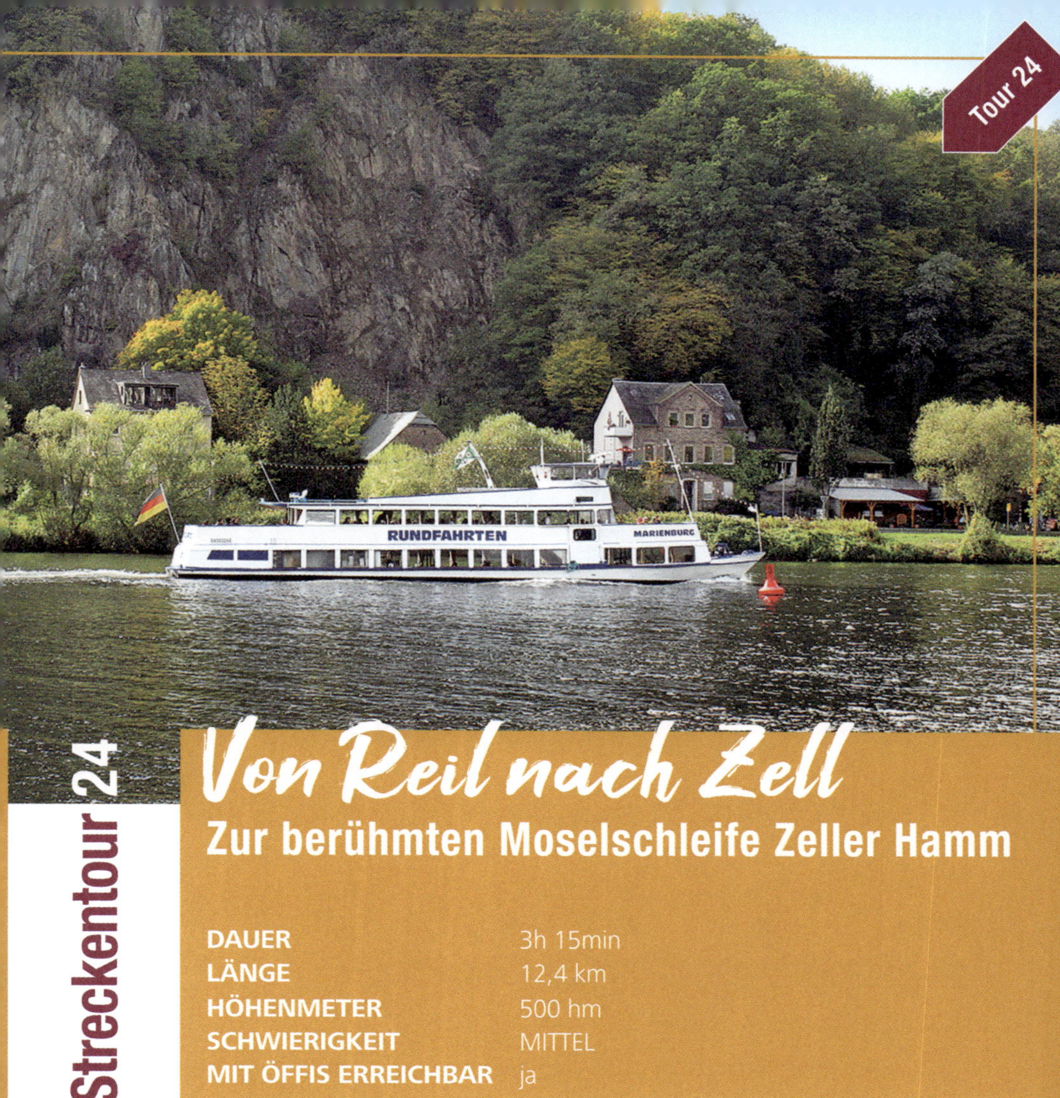

Von Reil nach Zell

Zur berühmten Moselschleife Zeller Hamm

DAUER	3h 15min
LÄNGE	12,4 km
HÖHENMETER	500 hm
SCHWIERIGKEIT	MITTEL
MIT ÖFFIS ERREICHBAR	ja

Das erwartet dich ...

Eine Wanderung auf dem Moselsteig zur berühmtesten Moselschleife, dem Zeller Hamm und zu der in aller Welt bekannten Weinlage der „Zeller Schwarzen Katz". Grandiose Aussichtspunkte begleiten uns nach Zell. Von der Drieschhütte blicken wir nach Pünderich und zum Hangviadukt hinab, am Prinzenkopfturm eröffnet sich ein Panorama von unserem Startpunkt Reil bis zum Bremmer Calmont und über die Moselschleife. Einzigartig liegt die Marienburg auf dem nur 300 Meter schmalen Grat des von der Mosel umflossenen Zeller Hamm.

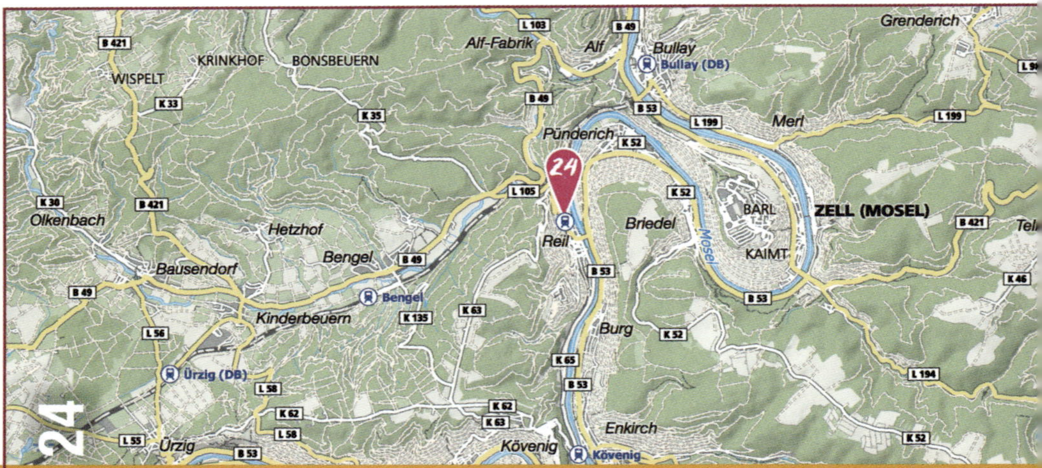

Streckentour 24

Start & Ziel & Anreise

Start am Bahnhof in Reil, Bergstraße. Mit dem Auto von Koblenz auf der B 49 über Cochem nach Alf. Dort auf der B 49 entlang des Alfbaches zum Abzweig mit der L 105. Links ins Moseltal zum Bahnhof Reil in der Bergstraße. Parken direkt beim Bahnhof. Mit der Bahn von Koblenz-Hauptbahnhof nach Bullay. Dort umsteigen in die Linie RB85 der Mosel-Weinbahn von Bullay Richtung Traben-Trarbach zum Bahnhof Reil.

Tourenbeschreibung

Vom Bahnhof Reil wandern wir auf dem Moselsteig in der Kringstraße talwärts parallel zur Bahn in Fahrtrichtung Bullay und gehen links über den Bahnübergang. Jetzt geht's entlang der Bahnlinie, an der Verzweigung links und dann rechts auf dem Schotterweg durch den Weinberg. Am Asphaltsträßchen geht's bergauf zum Reiler Hals, der engsten Stelle zwischen dem Alfbach und der Mosel. Der für mich schönste Ort an der Mosel mit einer atemberaubenden Aussicht.

Am Wanderparkplatz halten wir uns rechts und wandern am Waldrand entlang zu einer Wegeverzweigung. Dort geht's links auf den Weg zur Wegkreuzung am Leofelsen. Der Aussichtspunkt liegt etwas links vom Weg und ist über Stufen zu erreichen. Zurück an der Wegkreuzung biegen wir nun scharf rechts ab und wandern im Rechtsbogen zur Pündericher Aussicht bei der Drieschhütte auf der Moselseite. Hier machen wir „nen' päusken" und kehren ein. Es ist ein herrlicher Fleck mit schöner Aussicht und Imbiss, leckeren Kleinigkeiten und Wein der Region. Ob sie geöffnet hat, erkennen wir an der gehissten Fahne schon vom Reiler Hals aus. Unter uns ziehen die Züge durch das Pündericher Hangviadukt.

Oberhalb des Rebhanges geht's zum Prinzenkopf. Mit einem geradezu atemberaubenden Ausblick wird jeder belohnt, der die zahlreichen Stufen des Aussichtsturms erklimmt: Der Blick reicht über das Moseltal von Reil bis zum Bremmer Calmont und die imposante Moselschleife „Zeller Hamm". Vom Prinzenkopfturm geht's hinüber zur Marienburg. Sie liegt malerisch auf dem Bergrücken des Zeller Hamm, an dem sich die Moselschleife auf weniger als 300 Meter verengt. Das burgartige Gebäude eines 1515 aufgehobenen Augustinerinnenklosters beherbergt eine Jugendschulungsstätte des Bistums Trier.

Wir gehen den Kreuzweg Richtung Zell hinab und an der Wegeverzweigung rechts und auf dem oberen Weg am Waldrand entlang. Wir bleiben auf diesem Weg, der uns an die Kreisstraße führt. Schräg links gegenüber geht's weiter durch den Weinberg zu einem Waldstreifen. Hier bringt uns ein Pfad rechts abwärts an die Bundesstraße. Wir gehen hinüber und links am Friedhof entlang zur Treppe, die uns zur Marienburgstraße führt. Anschließend biegen wir links ein und gehen am rechts abzweigenden Weg zur Marientaler Au.

Links gegenüber gehen wir auf der Fußgängerbrücke über die Mosel. Sie führt uns auf die Moselpromenade und geradeaus zum Marktplatz. Das Denkmal der fauchenden schwarzen Katze ziert den Weinbrunnen auf dem Marktplatz im Herzen der Altstadt. Jetzt heißt es erst einmal Einkehren im historischen Ambiente der Altstadt auf Weingütern in traditionellen Straußwirtschaften oder in feinen Restaurants.

Autoren Tipp

Weine erleben und ins Gespräch kommen: Die reizvolle historische Altstadt lädt ein zum Bummeln und zur Einkehr in gepflegter Atmosphäre. Zum Beispiel im Ratskeller in der Balduinstraße, oder im Hotel Schloss Zell, wo 1521 Kaiser Maximilian und 1847 Preußenkönig Friedrich Wilhelm IV. Einkehr hielten. In der Weinlounge am Marktplatz machen wir es uns bei einem Glas Wein gemütlich und kommen dabei dem Geheimnis der „Zeller Schwarzen Katz" auf die Spur. Auf jeden Fall probieren wir einen Wein aus der berühmten Weinlage, ob Riesling oder Spätburgunder.

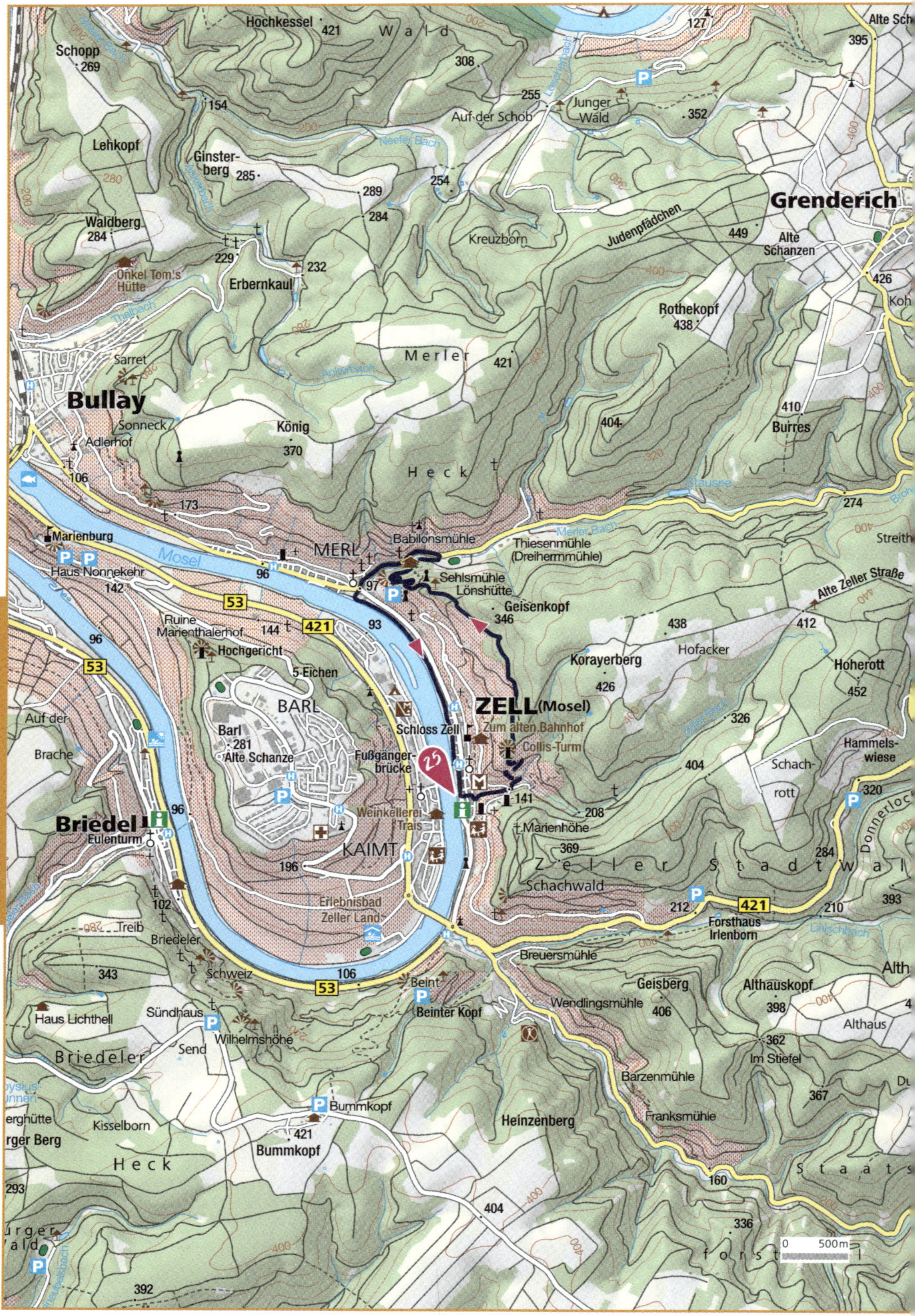

25

Hochkessel 421
Wald
Schopp 269
308
127
Alte Sch
395
154
255
Auf der Schob
Junger Wald
352
Lehkopf
Ginsterberg 285
Neefer Bach
289
254
Grenderich
Waldberg 284
284
Kreuzborn
Judenpfädchen
449
Alte Schanzen
229
232
Onkel Tom's Hütte
Erbernkaul
426
Koh
Thalbach
Rothekopf 438
Sarret
Merler
421
Bullay
Sonneck
König 370
404
410
Burres
Adlerhof
106
Heck
173
Stausee
274
Marienburg
Babilonsmühle
Thiesenmühle (Dreiherrnmühle)
Merler Bach
Streith
Mosel
Haus Nonnenkehr
MERL
96
97
Sehlsmühle
Lönshütte
Alte Zeller Straße
142
53
Geisenkopf 346
412
Ruine Marienthalerhof
144
421
93
438
Hofacker
96
Hochgericht
Korayerberg 426
Hoherott 452
53
5 Eichen
BARL
ZELL (Mosel)
Auf der Brache
Schloss Zell
Zum alten Bahnhof
326
Barl 281
Alte Schanze
Collis-Turm
Hammelswiese
Fußgängerbrücke
404
Schachrott
320
141
Briedel
96
Weinkellerei Trais
208
Eulenturm
Marienhöhe
369
284
KAIMT
196
Zeller Stadtwald
Schachwald
102
Erlebnisbad Zeller Land
212
421
210
393
Treib
Forsthaus Irlenborn
Lieschbach
Briedeler
Breuersmühle
343
Schweiz
106
53
Alth
Beint
Geisberg 406
Althauskopf 398
Beinter Kopf
Wendlingsmühle
Haus Lichthell
Sündhaus
Althaus
Send
Wilhelmshöhe
362
Briedeler
Im Stiefel
Barzenmühle
Dionysiusbrunnen
367
Bummkopf
erghütte
Frankesmühle
Kisselborn
421
rger Berg
Bummkopf
Heinzenberg
Heck
Staats
160
293
404
336
rger Wald
0 500m
forst
392

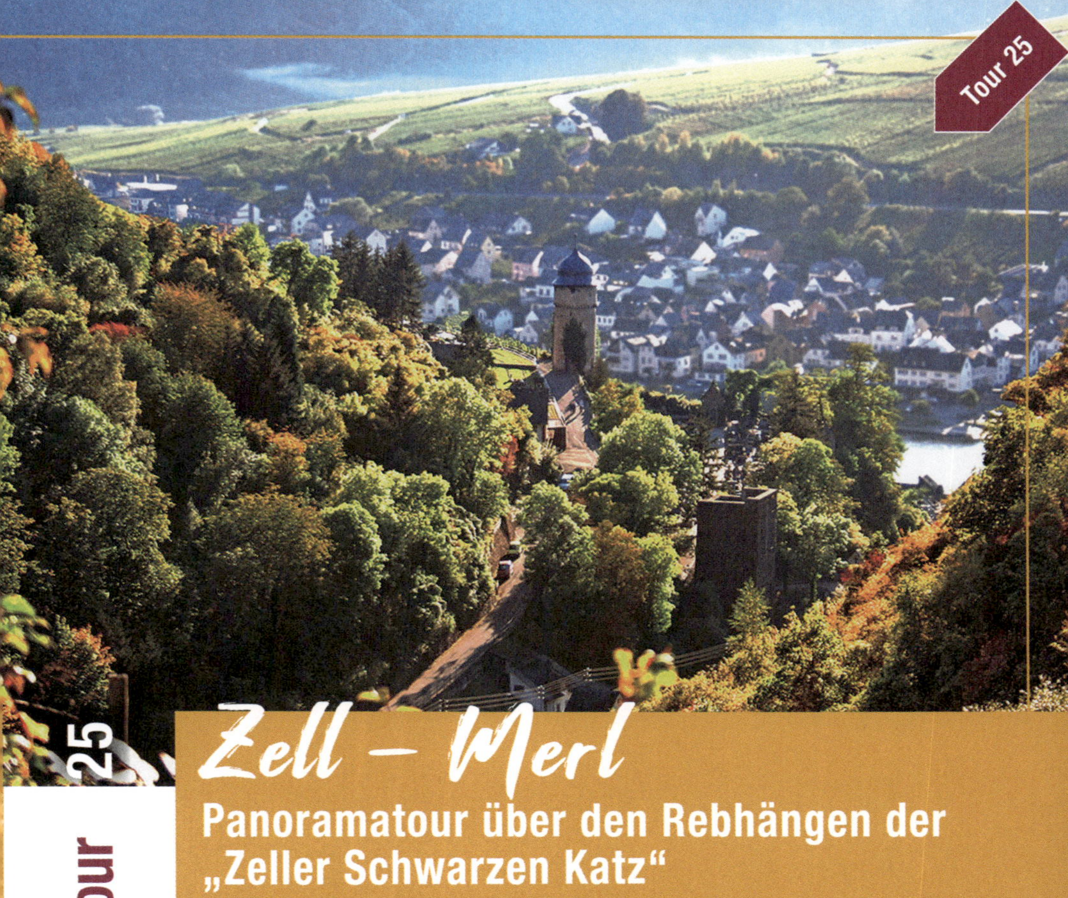

25 Rundtour

Zell – Merl

Panoramatour über den Rebhängen der „Zeller Schwarzen Katz"

DAUER	2h
LÄNGE	7,5 km
HÖHENMETER	200 hm
SCHWIERIGKEIT	MITTEL
MIT ÖFFIS ERREICHBAR	nein

Das erwartet dich ...

Eine Rundwanderung mit sportlichem Akzent, über den Collis-Steilpfad hinauf zum Collis-Turm. Ein unvergessliches Panorama der Zeller Moselschleife ist die Belohnung. Unter uns die Einzellagen des berühmten Weines „Zeller Schwarze Katz". Von der Lönshöhe über den steilen Weinbergen gelegen geht's ins Winzerdorf Merl. Hier fuhr einst das Saufbähnchen, wie die Moselbahn entlang der Moselschleifen nach Trier genannt wurde. Im schönsten Bahnhof an der ehemaligen Strecke, in der Winzerschänke Zum alten Bahnhof in Zell, kehren wir ein.

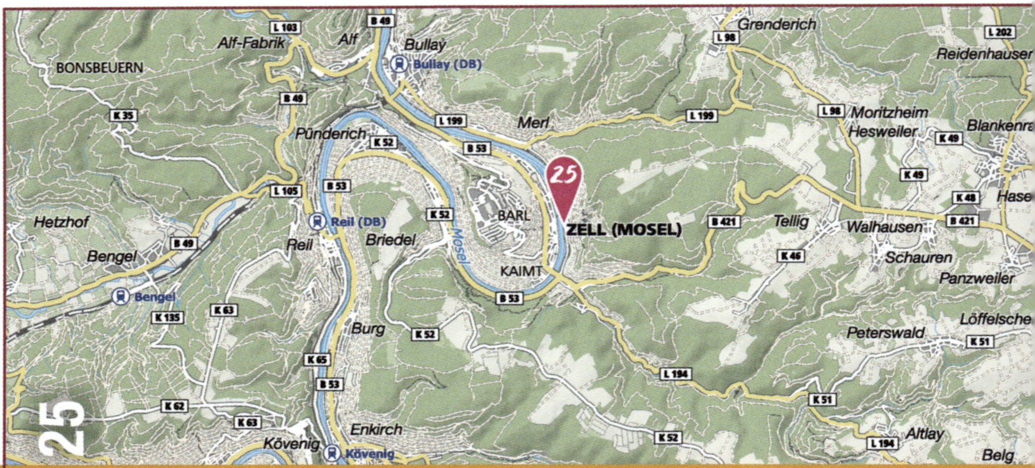

Rundtour 25

Start & Ziel & Anreise

Start am Marktplatz in Merl beim Weinbrunnen. Mit dem Auto von Koblenz auf der B 49 über Cochem nach Alf. Dort auf die B 53 wechseln und über die Doppelstockbrücke nach Bullay fahren. Der L 199 nach Merl folgen, dort nach Zell abbiegen und entlang der Moselpromenade möglichst nahe dem Marktplatz parken.

Tourenbeschreibung

Wir beginnen unsere Wanderung im Herzen der Altstadt auf dem Marktplatz beim Weinbrunnen, den die berühmte fauchende „Schwarze Katze" ziert. Der Mosel abgewandt gehen wir auf das Rathaus zu mit einem Wein- und Heimatmuseum sowie der Tourist-Information. Geradeaus geht's durch die Marktstraße zur Cuxborn und rechts an die Straße Zeller Kehr. Wir gehen bergwärts und sehen rechts am Friedhof den Runden-Turm und geradeaus den Viereck-Turm. Beide sind Überbleibsel der Stadtmauer, die der Zerstörung durch die Truppen des französischen „Sonnenkönigs" Ludwig XIV. zum Opfer fiel. Am Ende der Straße geht's links in den Weinberg und sofort rechts auf den Collis-Steilpfad zum Collis-Turm hinauf. Gutes Schuhwerk ist hier angebracht und Schwindelgefühle sicher nicht förderlich. Auf der Aussichtsplattform am 8 Meter hohen, roten Backsteinturm erwartet uns ein fantastischer Panoramablick über die Moselschleife, und wenn der kleine Imbiss geöffnet hat, auch einen Schluck guten Weines.

Vom Collis-Turm führt der bequeme Panoramaweg teils am Waldrand, teils durch Weinberge zur Lönshöhe mit Schutzhütte, wo sich erneut eine weite Aussicht bietet zurück auf Zell und zur Marienburg hinüber. Von hier geht's auf einem Pfad in Serpentinen hinab ins Weindorf Merl zur L 199. Hier gehen wir nun links entlang der Landesstraße zur Kirche St. Michael. Merl besticht durch eine malerische Fülle hervorragend erhaltener Fachwerkhäuser.

In der Kurve geht's geradeaus zum Uferweg an der Mosel. Auf ihm wandern wir nach Zell zurück. Linker Hand begleitet uns die Merler Straße. An ihr liegen zahlreiche Weinkellereien, die einen Besuch lohnen. Kurz vor der Fußgängerbrücke über die Mosel kommen wir an der Winzerschänke Zum alten Bahnhof vorbei, kehren ein und probieren den „Deppekuchen". Das ist ein Klassiker der moselanischen Küche, hauptsächlich bestehend aus geriebenen Kartoffeln, Eiern und Speck. Das Haus war einst der Zeller Bahnhof der Moselbahn, von Einheimischen liebevoll „Saufbähnchen" genannt. Er war einer der schönsten und größten Bahnhöfe an dieser Strecke. Zum Schluss schlendern wir noch die Moselpromenade hinauf zum Ausgangspunkt Marktplatz.

Blick auf Zell an der Mosel.

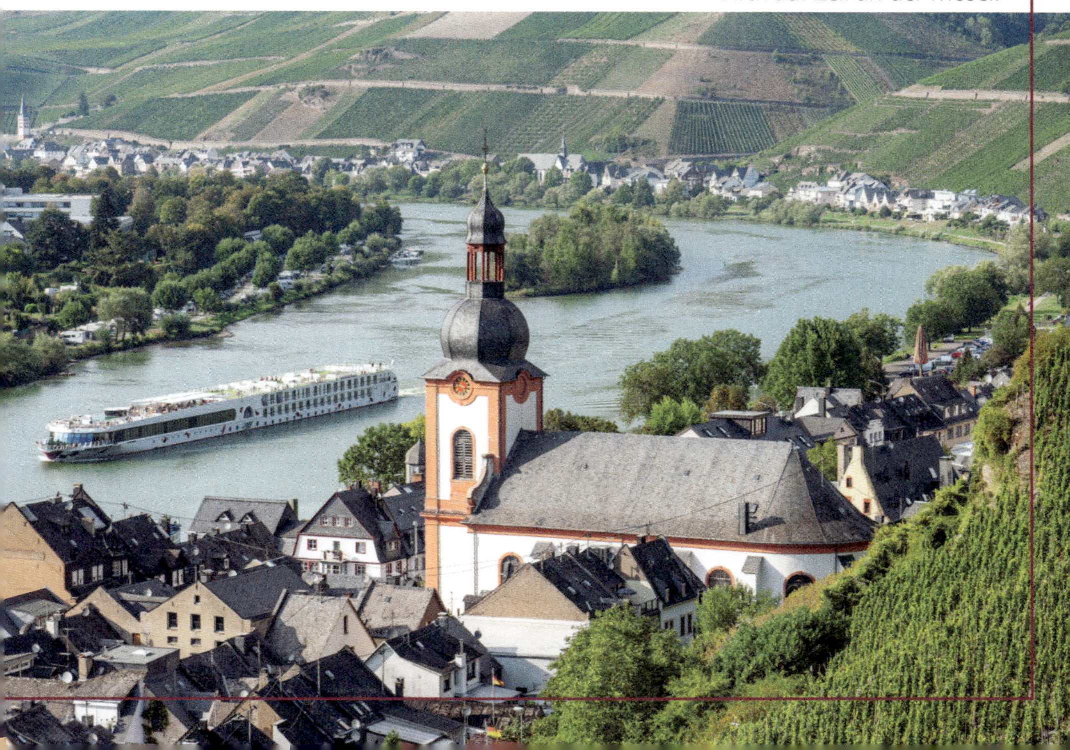

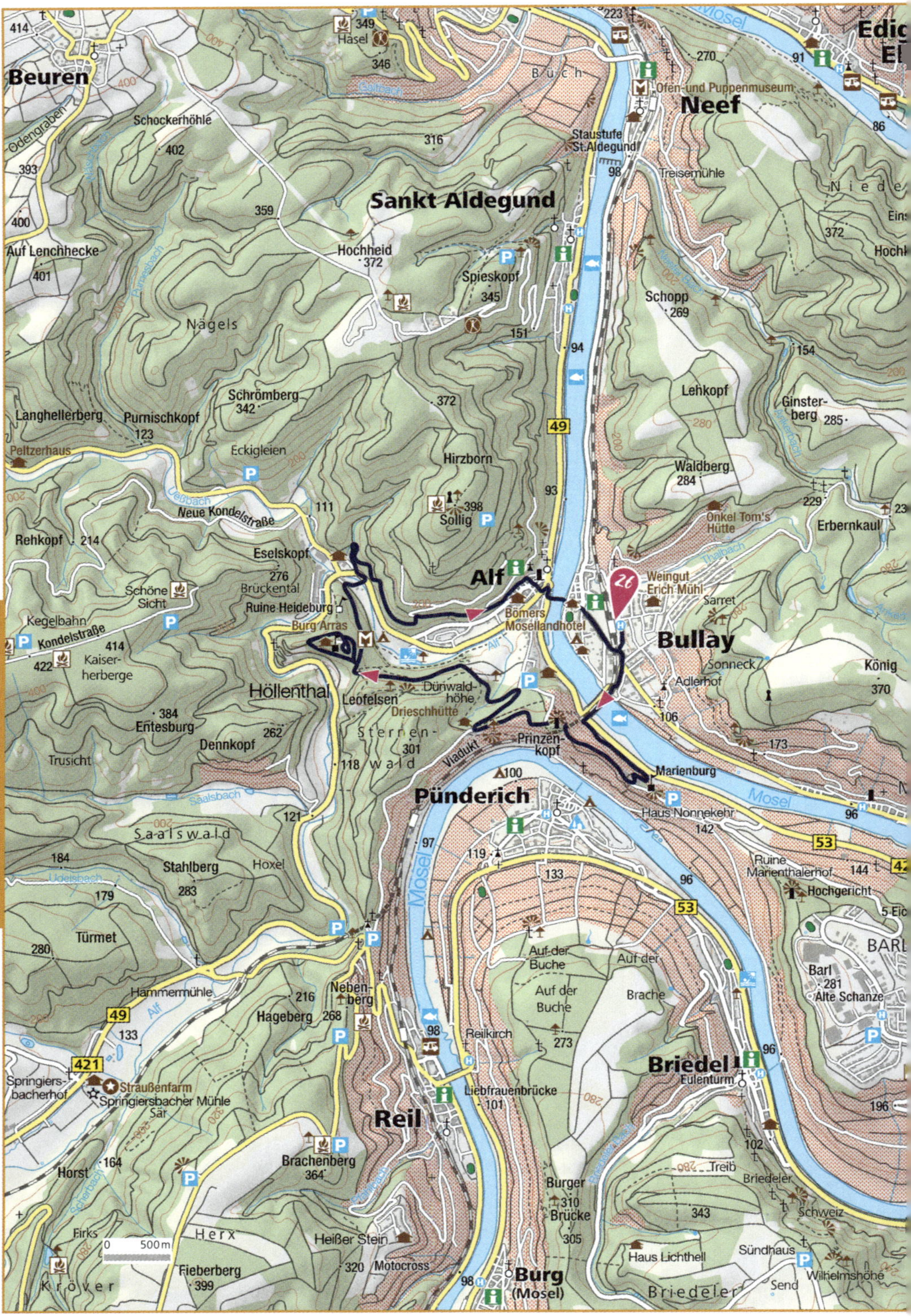

26

414
Beuren
Odengraben
Schockerhöhle
402
393
400
Auf Lenchhecke
401
349
Hasel
346
316
Buch
223
270
Mosel
Ofen- und Puppenmuseum
Neef
Edig
91
86
Staustufe St. Aldegund
98
Treisemühle
Sankt Aldegund
359
Hochheid
372
Spieskopf
345
Nägels
151
Schopp
269
372
94
154
Lehkopf
Ginsterberg
285
280
Schrömberg
342
372
Langhellerberg
Purnischkopf
123
Peltzerhaus
Eckigleien
49
Hirzborn
Waldberg
284
Deßbach
Neue Kondelstraße
111
398
Sollig
93
229
Onkel Tom's Hütte
Erbernkaul
Rehkopf
214
Eselskopf
276
Brückental
Alf
Weingut Erich Mühl
Thalbach
Schöne Sicht
Ruine Heideburg
Burg Arras
Bömers Mosellandhotel
Sarret
Kegelbahn
Kondelstraße
414
422
Kaiserherberge
Alf
Bullay
Sonneck
König
370
Adlerhof
Höllenthal
Leofelsen
Dünwaldhöhe
Drieschhütte
106
384
Entesburg
262
Dennkopf
Sternenwald
301
Prinzenkopf
173
Trusicht
118
Viadukt
100
Marienburg
Pünderich
Mosel
96
Haus Nonnenkehr
142
Saalsbach
121
Saalswald
97
53
Ruine Marienthalerhof
144
Hochgericht
184
Udelsbach
179
Stahlberg
283
Hoxel
119
133
96
53
Türmet
280
Auf der Buche
Auf der Brache
Barl
281
Alte Schanze
Hammermühle
216
Nebenberg
Hageberg
268
Auf der Buche
Brache
49
133
98
Reilkirch
273
96
421
Springiersbacherhof
Straußenfarm
Springiersbacher Mühle
Sär
Liebfrauenbrücke
101
Briedel
Eulenturm
196
Reil
102
Treib
Horst
164
Brachenberg
364
Burger Brücke
310
Briedeler Schweiz
343
305
Firks
Herx
0 500 m
Heißer Stein
Haus Lichthell
Sündhaus
Wilhelmshöhe
Kröver
Fieberberg
399
320
Motocross
98
Burg (Mosel)
Briedeler
Send

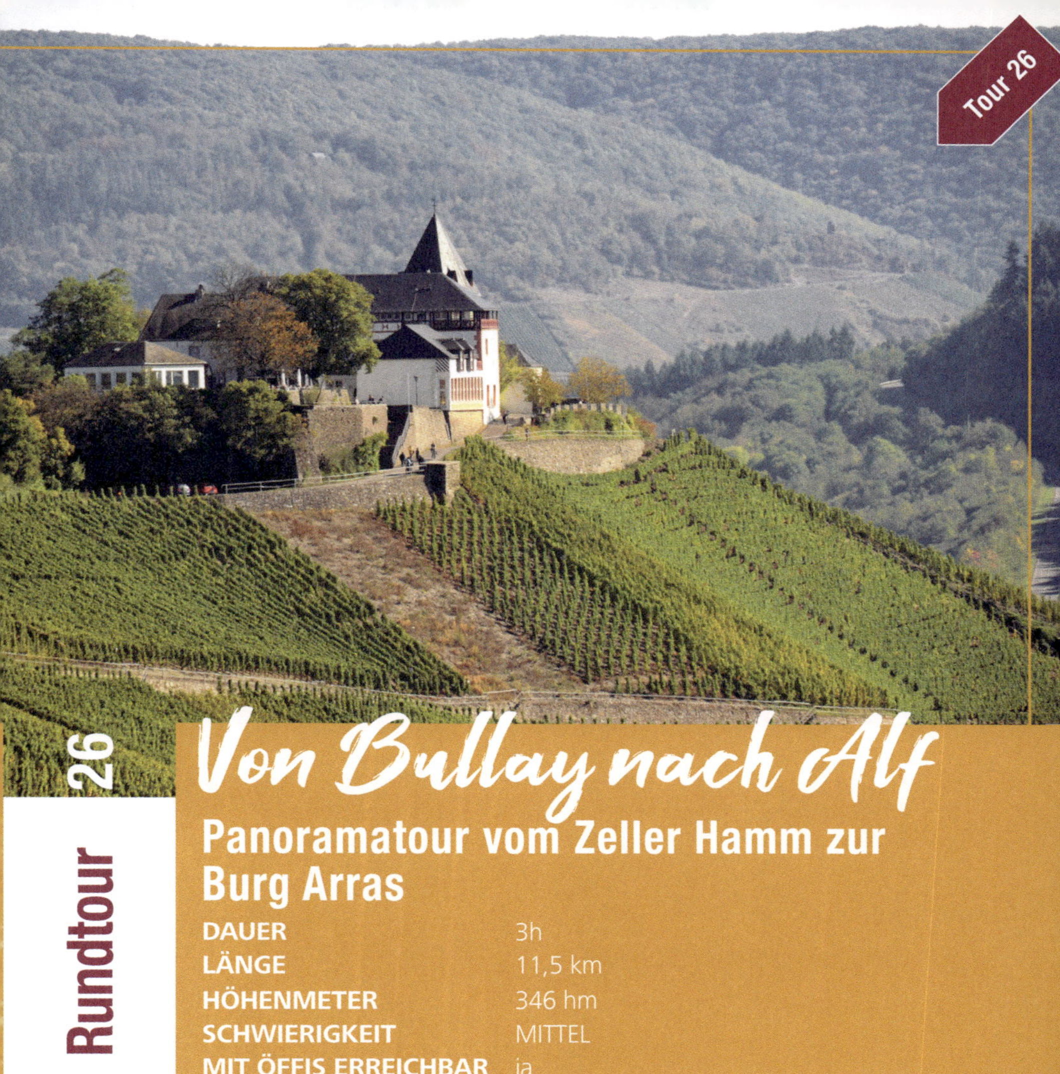

Rundtour 26

Von Bullay nach Alf

Panoramatour vom Zeller Hamm zur Burg Arras

DAUER	3h
LÄNGE	11,5 km
HÖHENMETER	346 hm
SCHWIERIGKEIT	MITTEL
MIT ÖFFIS ERREICHBAR	ja

Das erwartet dich ...

Beeindruckende Eisenbahnarchitektur am Zeller Hamm. Die Doppelstockbrücke Bullay, der Prinzenkopftunnel und das längste Hangviadukt Europas bei Pünderich zählen zu den technischen Highlights; einmalig sind die Panoramen an der Marienburg und auf dem Prinzenkopf. Auf einer Bergkuppe mitten im Wald thront die romantisch Burg Arras mit einem tollen Museum, Restaurant und super Aussicht von der Burgterrasse.

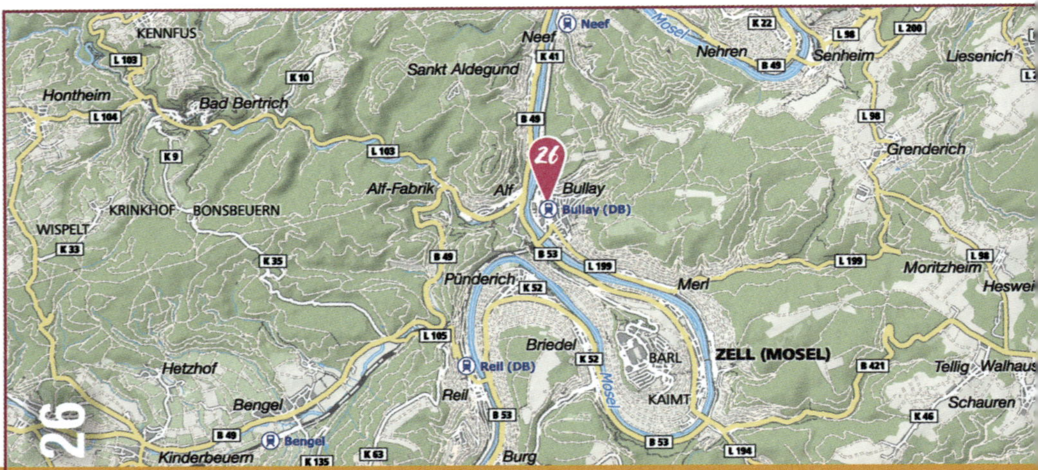

Rundtour 26

Start & Ziel & Anreise

Start am Bahnhof Bullay in der Straße Am Umweltbahnhof Mit dem Auto von Koblenz auf der B49 über Cochem nach Alf. Dort auf die B53 wechseln und über die Doppelstockbrücke nach Bullay fahren. Links zum Bahnhof Bullay abbiegen und in die Straße Am Umweltbahnhof einfahren. Dort befinden sich die Parkplätze. Mit der Bahn Linie RB81 von Koblenz Richtung Trier zum Bahnhof Bullay fahren.

Tourenbeschreibung

Auf der Straße Am Umweltbahnhof beim Bahnhof Bullay gehen wir Richtung Mosel zur Bullayer Doppelstockbrücke über die Mosel. Über uns verkehren die Züge Koblenz–Trier–Saarbrücken. Auf der Straßen-Etage überqueren wir die Mosel zur Bundesstraße und gehen auf dem Radweg ein paar Schritte nach links. Dann geht's rechts auf einem Pfad in den bewaldeten Hang des Zeller Hamm hinauf zur Marienburg. Einst stand hier eine Burg, dann ein Kloster und im Barock wurde die Marienburg mit Kirche und Landhaus neu erbaut. Sie ist ein Ort von fantastisch landschaftlicher Schönheit und wird als Jugendbildungsstätte genutzt.

Wir wandern zum Prinzenkopfturm und sehen schräg unter uns das Pündericher Hangviadukt. Ein „Muss" bei einem Mosel-Besuch. Eine tolle Aussicht auf eine der schönsten Moselschleifen. Weiter geht's zum Ehrenfriedhof und zur Pündericher Aussicht bei der Drieschhütte. Wir genehmigen uns einen guten Wein stilvoll im

Glas und eine Kleinigkeit zum Essen. Von hier geht's rechts durch den Wald hinab zum Wanderparkplatz an der Siedlung Am Tannerd. Hinter der Straße Am Sternwald biegen wir links ab und wandern oberhalb des Alfbaches Richtung Burg Arras.

Am Parkplatz der Burgauffahrt gibt es zwei Möglichkeiten zum Eingang der Burg zu gelangen. Wir können einmal links um die Burg herumgehen oder gleich dem Burgweg folgen. Fernab von Lärm und Hektik erhebt sich die Burg auf einer Bergkuppe mit Ausblick auf das Moseltal. Im angegliederten Museum sehen wir die einzige Sammlung sämtlicher vor etwa 200 Jahren erschienener Grafiken typischer Bauwerke entlang der Mosel. Es ist zudem Gedenkstätte für den ehemaligen Bundespräsidenten Dr. Heinrich Lübke. Mittelpunkt ist ein Wandbehang aus dem Besitz der Madame Pompadour, der Heinrich Lübke vom französischen Staatspräsidenten geschenkt wurde. Nach so viel Historie nehmen wir auf der Terrasse Platz, genießen die Aussicht und Kaffee und Kuchen.

Zum Abstieg wählen wir die Burgauffahrt hinunter an die Bundesstraße. Am Waldrand sehen wir rechts das Seniorenzentrum und gehen an ihm vorbei zur Bundesstraße. Hier wenden wir uns nach links und wandern in den Wald hinauf. An der Wegkreuzung im Wald biegen wir rechts ab. Die Schlepperspur führt uns am Hang entlang in den Weinberg. Nach einer Linkskurve geht's rechts auf einem Wirtschaftsweg hinunter nach Alf. Oberhalb der Häuser gehen wir in der Bergstraße bis zur Himmelsleiter. Die schmale, steile Treppe gehen wir hinab zur Brückenstraße und zur Fähre. Sie verkehrt täglich vom 1. Mai bis 31. Oktober. In Bullay führt die Fährstraße hinauf zum Lindenplatz am Brautrock-Brunnen. Der Brunnen mit der Kupfernen Braut erinnert an eine Sage um den Weinberg des Grafen Beissel. Die Bahnhofstraße bringt uns zum Ausgangspunkt zurück.

Autoren Tipp

Den Bürostuhl gegen die Arbeit des Winzers tauschen: Das Weingut von Erich Mühl in Bullay bietet ein Seminar im Weinberg an. An zwei oder drei zusammenhängenden Tagen arbeiten wir in den Steillagen der Weinberge und genießen dabei wunderbare Ausblicke ins schöne Moseltal. Hier reifen die Trauben für seine ausgezeichneten Weine heran. Dabei helfen wir bei den saisonbedingten Arbeiten zwischen den 20.000 Rebstöcken. Im Weinkeller gibt's das nötige Fachwissen vom Winzer. Weingut Erich Mühl, Römerstraße 6, Tel. +49 6542 2963.

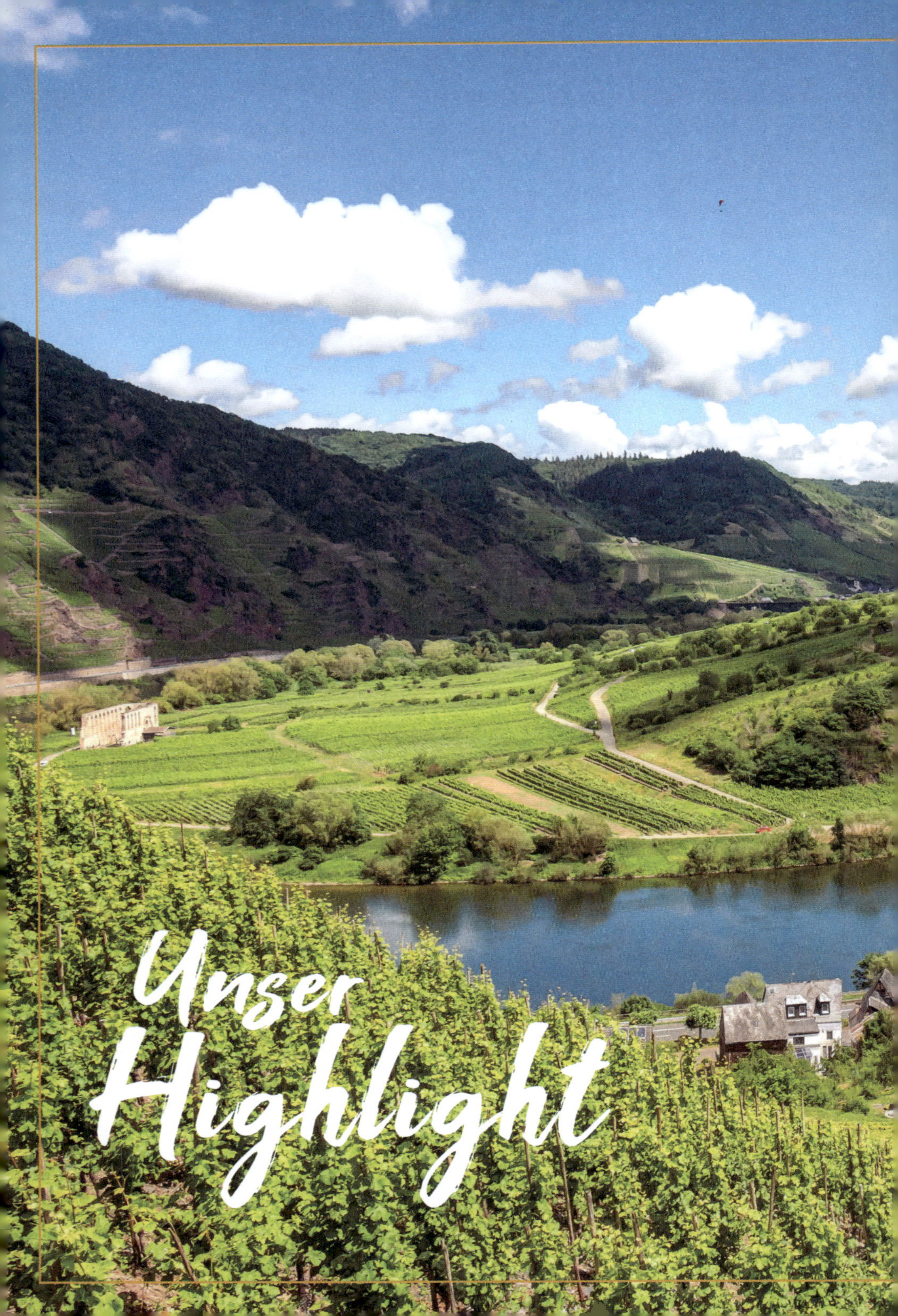

Unser Highlight

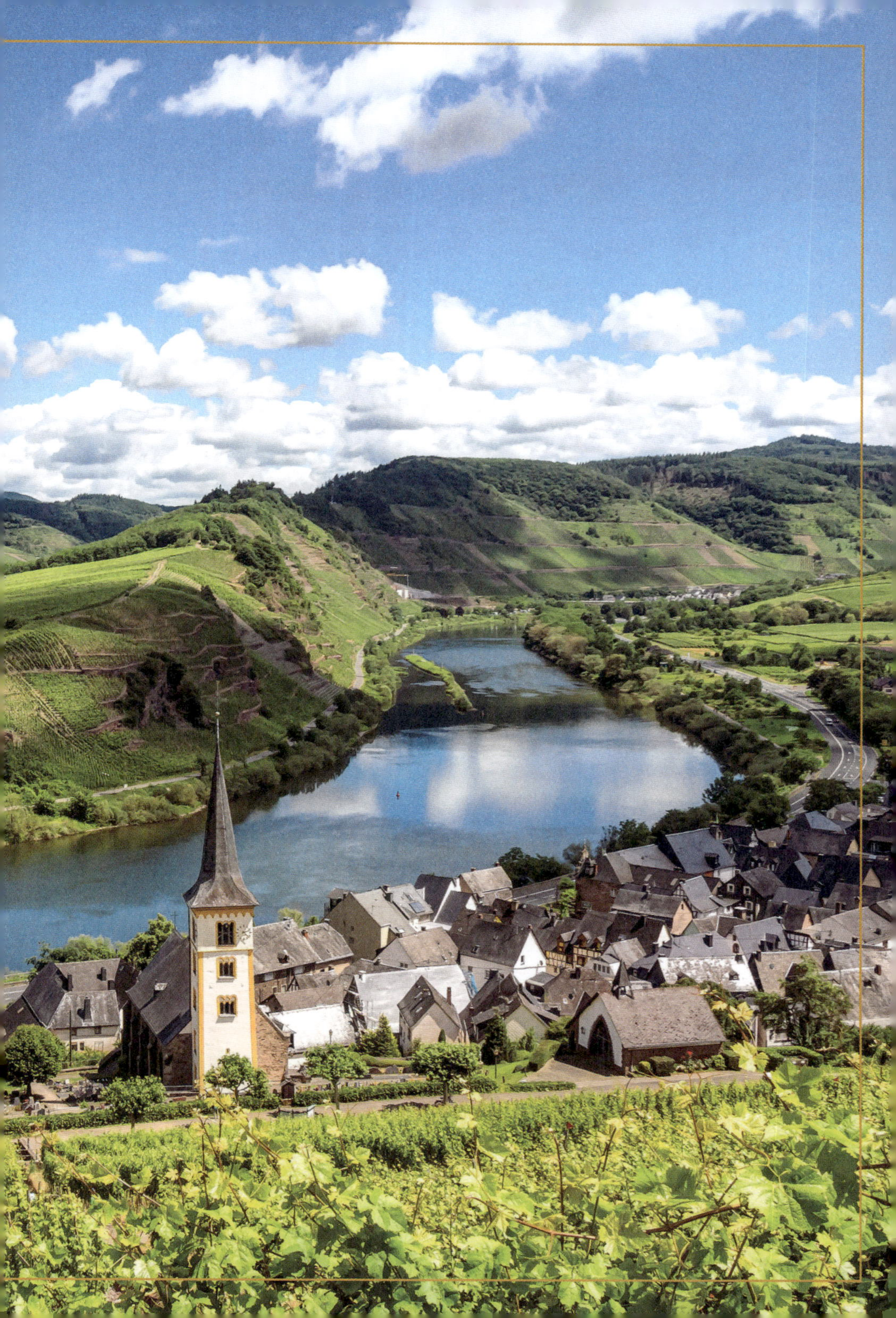

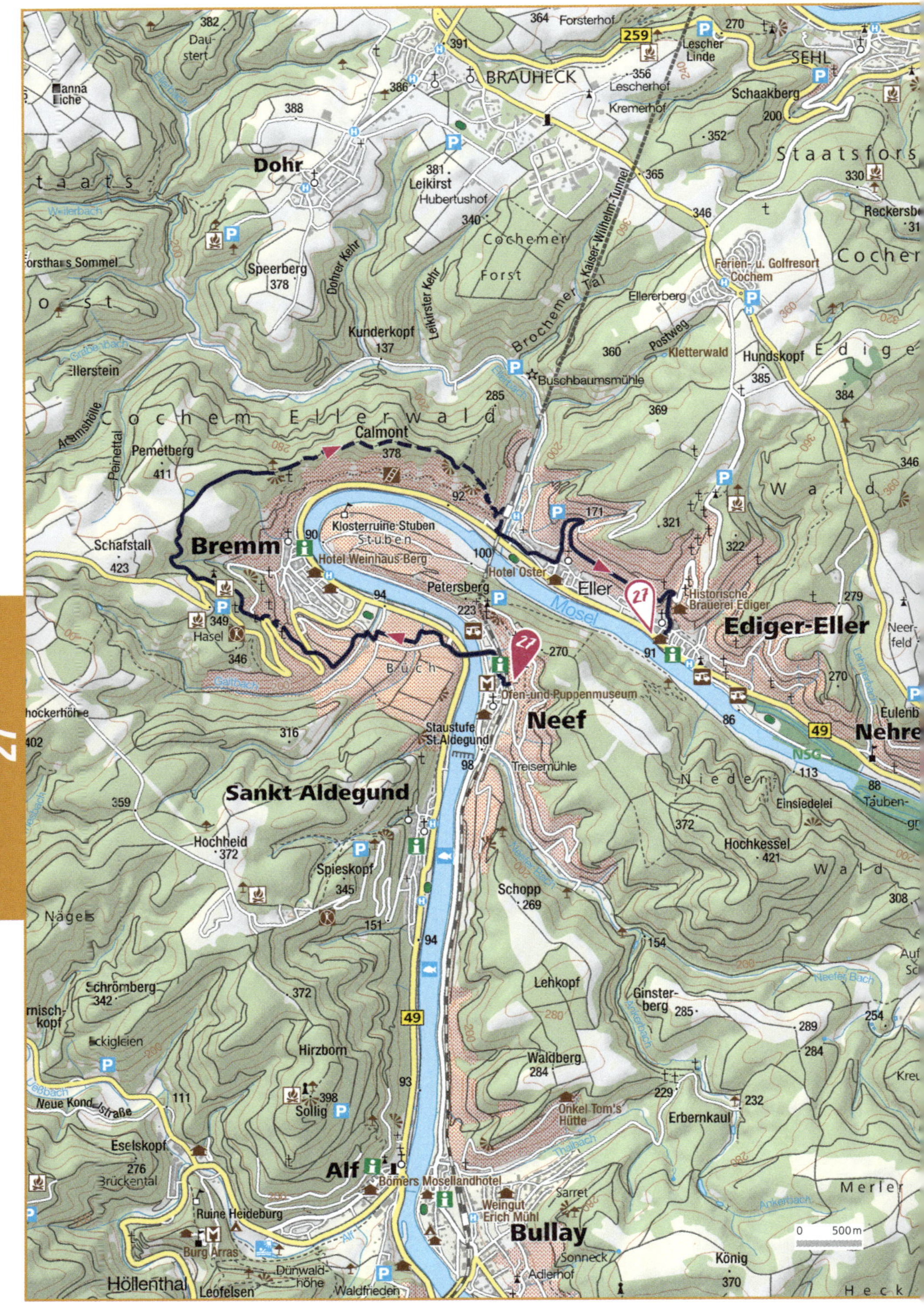
Bremm
Neef
Sankt Aldegund
Ediger-Eller
Eller
Calmont
Dohr
BRAUHECK
Alf
Bullay
Mosel
Klosterruine Stuben
Hotel Weinhaus Berg
Hotel Oster
Historische Brauerei Ediger
Ofen- und Puppenmuseum
Staustufe St. Aldegund
Bömers Mosellandhotel
Weingut Erich Mühl
Onkel Tom's Hütte
Ruine Heideburg
Burg Arras
Kaiser-Wilhelm-Tunnel
Buschbaumsmühle
Ferien- u. Golfresort Cochem
Cochemer Forst
Cochem Ellerwald
Petersberg
Schafstall
Hasel
Pemetberg
Kunderkopf
Speerberg
Hochheid
Spieskopf
Schopp
Lehkopf
Waldberg
Hochkessel
Einsiedelei
Treisemühle
Sollig
Hirzborn
Eselskopf
Höllenthal
Leofelsen
Waldfrieden
Sonneck
Adlerhof
König
Erbernkaul
Ginsterberg
Kletterwald
Hundskopf
Postweg
Brochemer Tal
Ellererberg
Leikirst
Hubertushof
Forsterhof
Lescher Linde
Lescherhof
Kremerhof
SEHL
Schaakberg
Staatsforst
Reckersb
Nehre
Eulenb
Täuben-
Sarret
Merler
Heck
Nieder
Wald
Edige
Brückental
Neue Kondstraße
Nägels
Schrömberg
Eckigleien
27
0 500 m

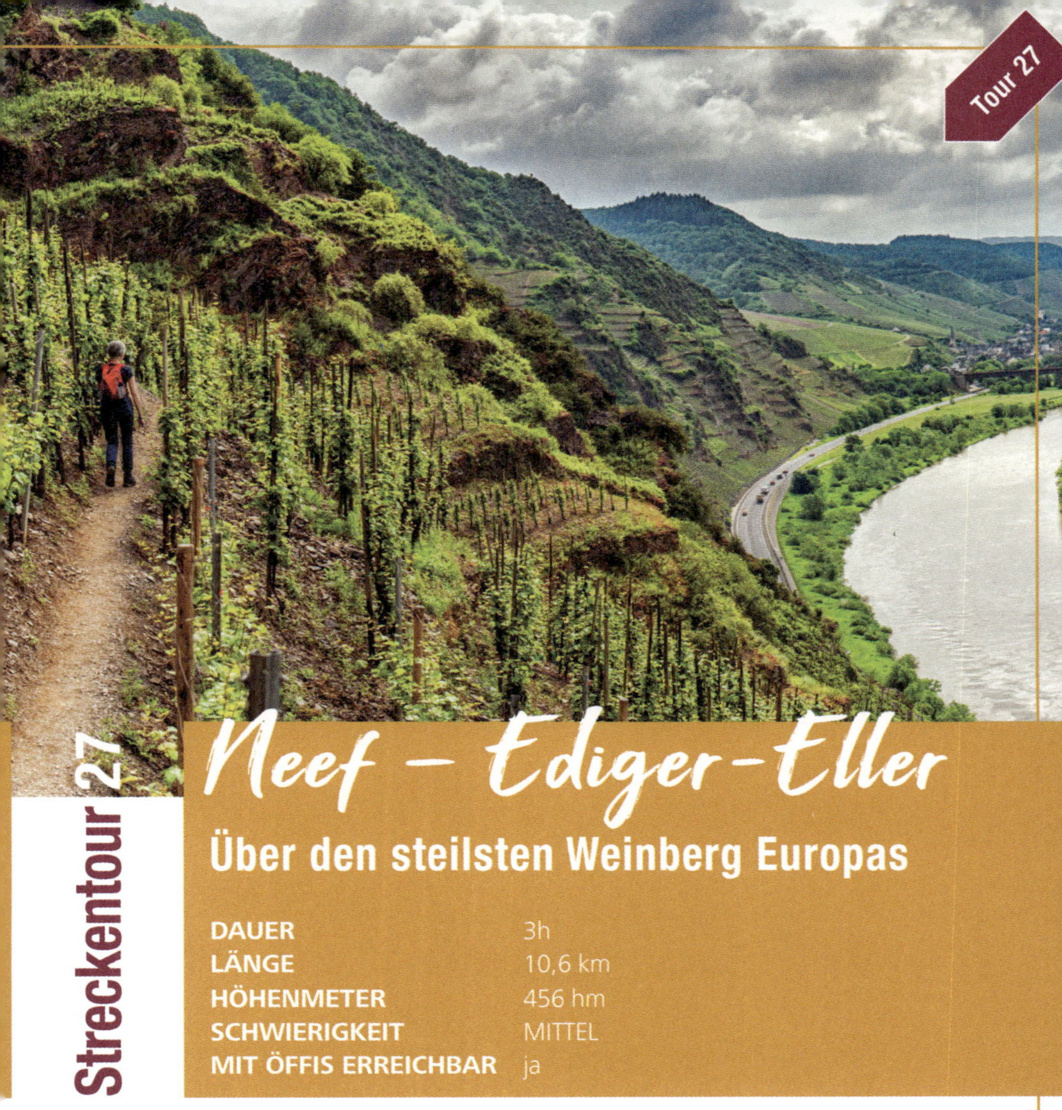

Streckentour 27

Neef – Ediger-Eller

Über den steilsten Weinberg Europas

DAUER	3h
LÄNGE	10,6 km
HÖHENMETER	456 hm
SCHWIERIGKEIT	MITTEL
MIT ÖFFIS ERREICHBAR	ja

Das erwartet dich ...

Wir wandern durch eine Naturkulisse der ganz besonderen Art. Der Bremmer Calmont mit 378 Metern Höhe und ca. 65 Grad Steigung ist die steilste Weinberglage Europas. Rund um die Moselschleife nach Ediger-Eller gruppieren sich viele Aussichtspunkte mit einzigartigen Panoramen der einmalig schönen Moselschleife. Ediger-Eller ist berühmt für seine außergewöhnlichen Weine, wie zum Beispiel der elegante Riesling. Mit verwinkelten Gassen und stattlichen Fachwerkbauten empfängt uns Ediger.

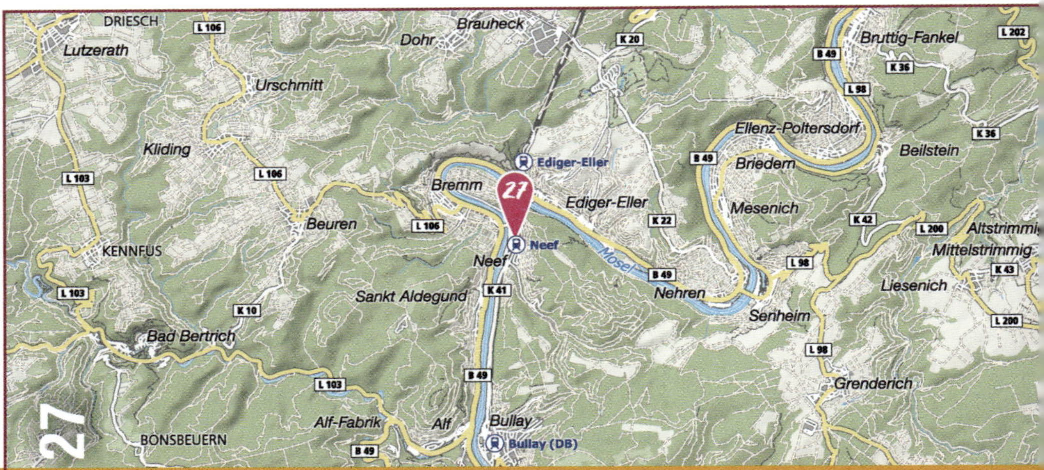

Streckentour 27

Start & Ziel & Anreise

Start am Bahnhof Neef in der Petersbergstraße. Mit dem Auto von Koblenz auf der B 49 über Cochem nach Bremm. Hinter dem Ort über die Moselbrücke nach Neef abbiegen und von der Moseluferstraße links durch die Fährstraße zum Bahnhof Neef. Möglichst nahe beim Bahnhof Neef in der Petersbergstraße oder entlang der Moselweinstraße am Moselufer parken. Mit der Bahn Linie RB81 von Koblenz Richtung Trier zum Bahnhof Neef fahren.

Tourenbeschreibung

Wir beginnen unsere Wanderung direkt am Bahnhof Neef und wenden uns links zur Kloster-Stuben-Straße. An der Straußwirtschaft „Zur Forelle" vorbei folgen wir der Straße in die Kreisstraße und gehen ihr entlang über die Moselbrücke. Von der Brückenabfahrt geht's links zur Kläranlage und rechts um sie herum. An der Bachfurt links und dann an den Ortsrand des Winzerortes Bremm. Am Weingut Oster-Franzen geht's links, dann um den Parkplatz herum und links hinauf in den Weinberg. Am Wegende gehen wir rechts und queren die Landesstraße.

An der Wegkreuzung wandern wir links den Hang hinauf zur Landesstraße und wenden uns sofort rechts und nach wenigen Schritten links auf den Pfad zur Bergkapelle. Vor der Landesstraße nehmen wir den Pfad rechts und gehen geradeaus über die Furt des Kandelbachs hinauf an die Straße neben dem Wanderparkplatz Calmont. Rechts geht's zum Gipfelkreuz Calmont. Hier oben gibt's neben der grandiosen Aussicht auf Ediger-Eller, die Moselschleife und zur Klosterruine Stuben auch eine Weinschänke mit einer stattlichen Auswahl an Weinen und kleinen Speisen. Wir wandern oberhalb des steil abfallenden Calmonts zum Römischen Bergheiligtum. Ein anschaulicher Tempel hoch über dem steilsten Weinberg Europas mit Aussicht auf eine der engsten Moselschleifen. Das müssen wir einfach gesehen haben. Nächster Aussichtspunkt ist der Vier-Seen-Blick, gefolgt von der Aussicht nach Ediger-Eller bei der Feuerwehrhütte.

Wir halten uns nun talwärts zur Eller Todesangst, auch ein Aussichtspunkt, und weiter hinab zur Schutzhütte Galgenlay. Unter uns sehen wir die Bahnlinie und gehen bergab zum Bahnhof Ediger-Eller und von dort zur Straße vor der Bundesstraße. Es ist die Moselweinstraße, die uns in Eller an die St. Jakobstraße führt. Hier gehen wir links zur Kirche und die Bachstraße bergauf. An der Serpentine verlassen wir die Straße talwärts auf einer Schlepperspur durch den Weinberg und erreichen die Bergstraße in Ediger. Rechts gehen wir zur Kirche mit einem schönen Turmdach. Wir wenden uns nach links in die Oberbachstraße und stehen vor der Historischen Brennerei Ediger des Weingutes Borchert im Springenbacher Hof. In den historischen Mauern des Weingutes strecken wir die Füße unter den gedeckten Esstisch des WeinCafè & Restaurant und lassen uns mit hauseigenen Weinen und feiner Moselaner Küche verwöhnen. Die Brennerei-Destille ist direkt an die Stadtmauer von Ediger gebaut. Wir können sie besichtigen und bei einem Gläschen Obstbrand der Familie Borchert zuhören, während sie über die Hintergründe der Obst- und Weinbrennerei erzählen. Ausklingen lassen wir die Wanderung an der schönen Uferpromenade. Spätmittelalterliche Gotik verbindet sich in den verwinkelten Gassen von Ediger mit stattlichen Fachwerkbauten.

Autoren Tipp

Am Mount Everest unter den Weinbergen: Wer am Calmont-Klettersteig klettern möchte parkt beim Bahnhof in Eller, um durch die Rebhänge nach Bremm zu gelangen. Der Einstieg in den Klettersteig beginnt gleich hinter der Eisenbahnbrücke. Über einen steilen Serpentinenpfad geht es hinauf zur Schutzhütte Galgenlay. Ein schmaler Pfad führt stetig auf und ab an Schutzhütten vorbei entlang einiger exponierter Abschnitte. Schwierige Passagen sind mit Handläufen, Trittbügeln und Metallleitern entschärft. Bergschuhe und Schwindelfreiheit sind angeraten.

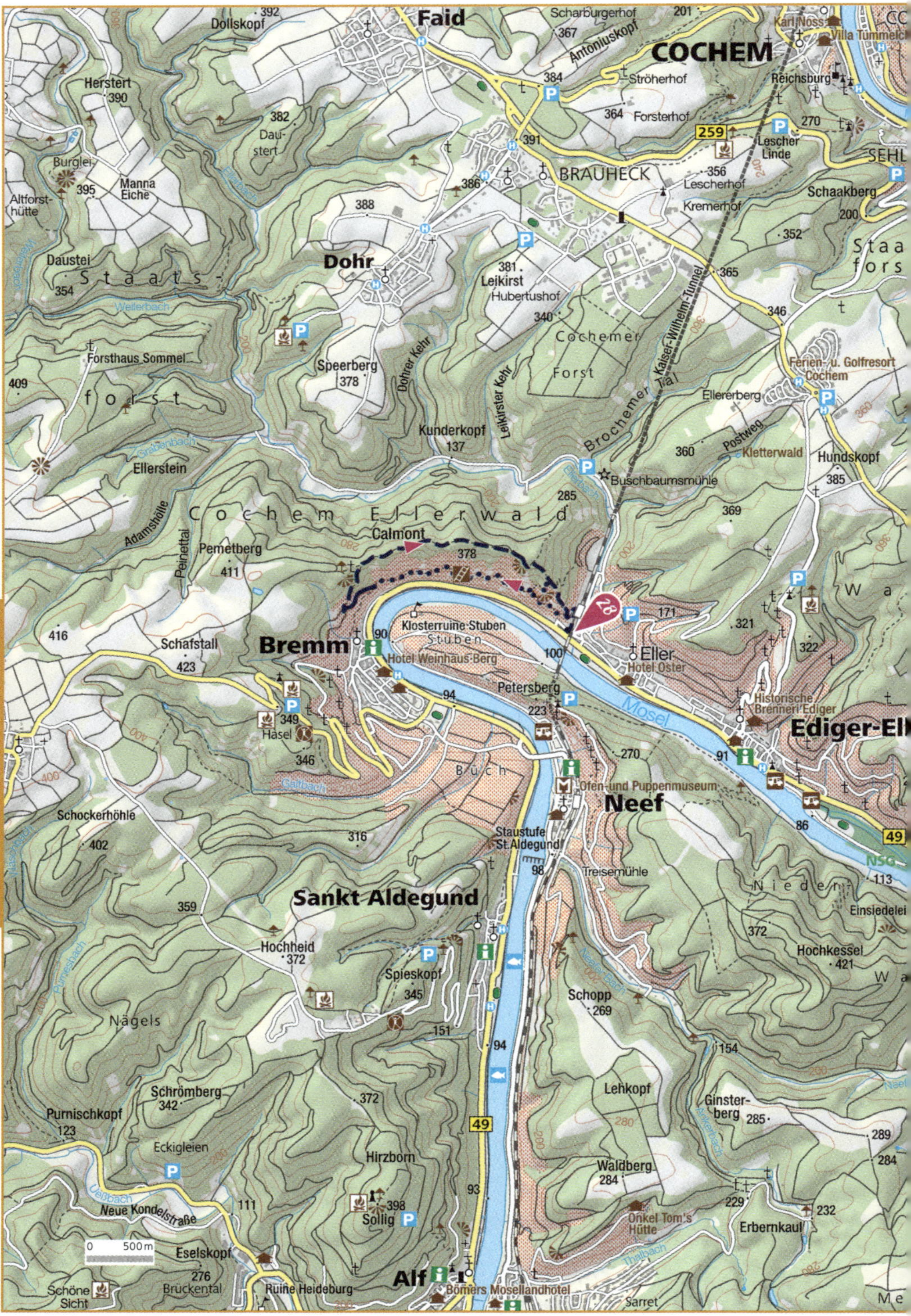

Dollskopf 392
Faid
Scharburgerhof 367
Antoniuskopf
201
Karl Noss
Villa Tummelchen
COCHEM
Reichsburg
Herstert 390
382
Daustert
384
Ströherhof
364 Forsterhof
270
259
Lescher Linde
SEHL
391
Burglei
395
Manna Eiche
Altforsthütte
386
BRAUHECK
356 Lescherhof
Kremerhof
Schaakberg 200
388
352
Dohr
381 Leikirst
Hubertushof
365
Staatsforst
Daustei 354
Staats
Wellerbach
340
346
Forsthaus Sommel
Speerberg 378
Dohrer Kehr
Leikirster Kehr
Cochemer Forst
Kaiser-Wilhelm-Tunnel
Brochemer Tal
Ferien- u. Golfresort Cochem
Ellererberg
409
forst
Grabenbach
Kunderkopf 137
Postweg
360
Kletterwald
Hundskopf 385
Ellerstein
Buschbaumsmühle
285
369
Cochem Ellerwald
Adamshöhle
Peinettal
Pemetberg 411
Calmont 378
280
200
28
171
321
322
Wa
416
Schafstall 423
Bremm
90
Klosterruine Stuben
Stuben
Hotel Weinhaus Berg
100
Eller
Hotel Oster
Historische Brennerei Ediger
Ediger-Eller
349
Häsel
94
Petersberg 223
270
Mosel
91
346
400
Buch
Ofen- und Puppenmuseum
Neef
Calbach
Schockerhöhle
402
316
Staustufe St. Aldegund
98
Treisemühle
86
49
NSG
113
Nieder
Einsiedelei
Sankt Aldegund
359
Hochheid 372
372
Hochkessel 421
Spieskopf 345
Schopp 269
Nägels
151
94
154
Schrömberg 342
372
Lehkopf
Ginsterberg 285
Purnischkopf 123
Eckigleien
49
Hirzborn
280
Waldberg 284
289
284
Üßbach
Neue Kondelstraße
111
398
Sollig
93
229
232
Onkel Tom's Hütte
Erbernkaul
Eselskopf 276
Brückental
0 500 m
Schöne Sicht
Ruine Heideburg
Alf
Bömers Mosellandhotel
Sarret
Thalbach

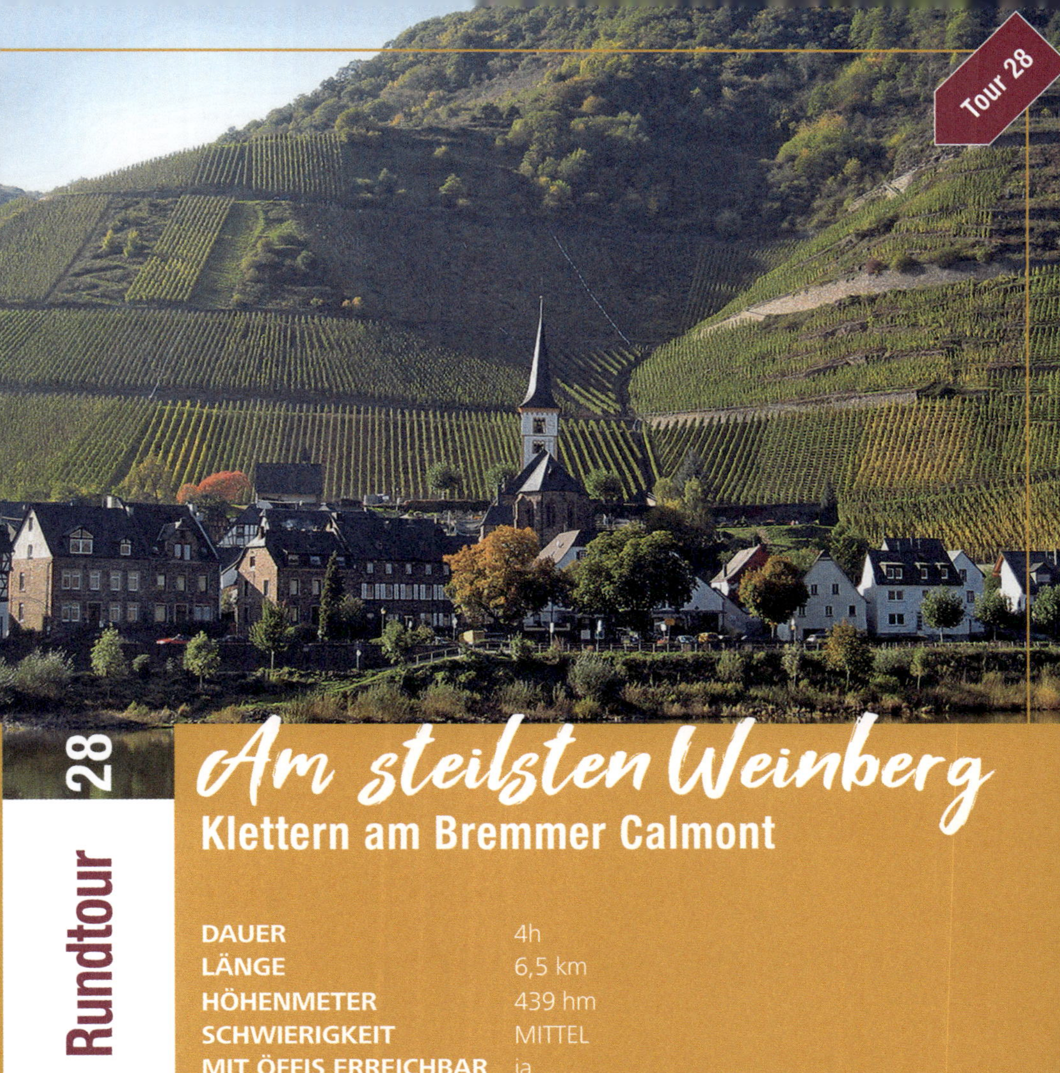

28 Rundtour

Am steilsten Weinberg

Klettern am Bremmer Calmont

DAUER	4h
LÄNGE	6,5 km
HÖHENMETER	439 hm
SCHWIERIGKEIT	MITTEL
MIT ÖFFIS ERREICHBAR	ja

Das erwartet dich ...

Der Bremmer Calmont ist mit durchschnittlich 65° Hangneigung die steilste Weinlage an der Mosel. Ein vom Deutschen Alpenverein angelegter und gesicherter Klettersteig erschließt auf halber Hanghöhe die aussichtsreichen rekultivierten Rebhänge auf den lockeren Schieferböden des „heißen Bergs" (lateinisch: calidus mons) zwischen dem Bahnhof Ediger-Eller und Bremm. Am Wendepunkt geht's hinauf zum Gipfelkreuz Calmont und an der Hangkante entlang zum Römischen Tempel, sowie hinab zur Eller Todesangst kurz vor dem Ausgangspunkt.

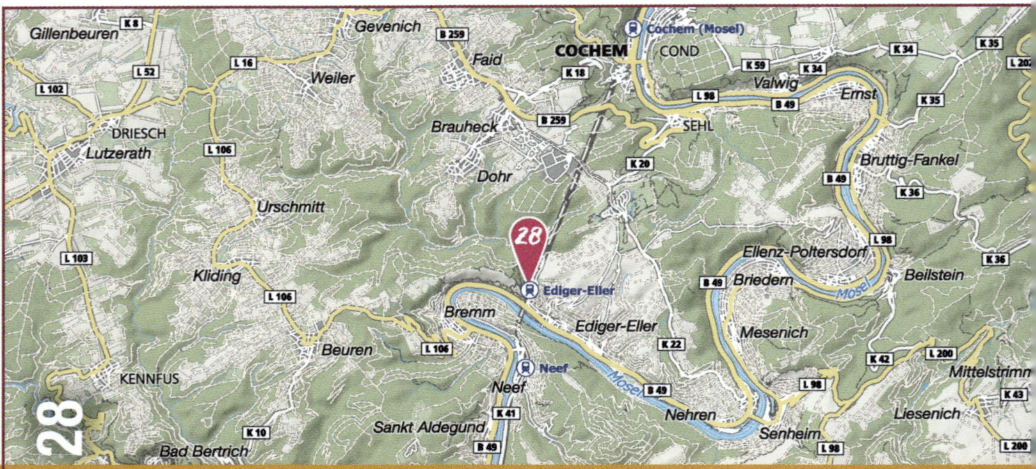

Rundtour 28

Start & Ziel & Anreise

Start neben der Eisenbahnbrücke beim Bahnhof Ediger-Eller. Mit dem Auto von Koblenz auf der B49 über Cochem nach Ediger-Eller fahren. Am Ortsausgang von Eller vor der Eisenbahnbrücke auf der Parallelstraße neben der B49 parken. Mit der Bahn Linie RB81 von Koblenz Richtung Trier zum Bahnhof Ediger-Eller fahren.

Tourenbeschreibung

Bei der Bahnbrücke vor dem Bahnhof Ediger-Eller an der B49 beginnt der Aufstieg zum Calmont-Klettersteig. Wohl einer der schönsten Wanderwege, den man an der Mosel beschreiten kann.

Mindestens zweieinhalb Stunden sollte man für die etwa drei Kilometer lange Strecke bis Bremm schon einkalkulieren. Bergschuhe sind angeraten, Schwindelfreiheit ebenfalls.

Auf Höhe des Bahnhofs geht's links hinauf über einen steilen Serpentinenpfad zur Schutzhütte Galgenlay. Tatsächlich soll früher an dieser Stelle ein Galgen gestanden haben. Heute gehen wir mit Hilfe eines Stahlseils und Trittbügel zunächst ein paar Meter abwärts in den Weinberg hinein. Etwas abseits liegt die Calmont-Schutzhütte, exponiert mit Panoramablick. Unterwegs weisen Schilder darauf hin, in welcher der „Kaulen" man sich gerade befindet. Kaulen sind Mulden zwischen den Felsen, in denen Wein angebaut wird. Wir werden mit Aussicht ohne Ende belohnt, alle paar Meter wechselt die Perspektive. Immer wieder treffen wir auf Schutzhütten, gerade bei Regen sind diese ein Segen. Was es bedeutet Rebstöcke in der Steillage zu pflegen wird mit dem Klettersteig auch für uns erlebbar gemacht. Technische Hilfe bietet den Calmont-Winzern nur die Monorack-Bahn, die sich auf Stelzen übers Schiefergeröll schlängelt und Gerätschaften, Trauben oder den Winzer befördert. Auf zum Wendepunkt der Wanderung.

Nach einer Schutzhütte kommt eine Pfadverzweigung, der wir rechts bergwärts folgen. Nun auf einem schmalen Weg erreichen wir einen Serpentinenpfad, der rechts den Hang hinaufführt. Am Ende gehen wir rechts bergauf und oberhalb der Schutzhütte links zum Gipfelkreuz des Calmont. Die Aussicht über die nahezu perfekteste Moselschleife ist einzigartig. Perfekt, dass es hier oben auch eine Weinschänke gibt. Wir probieren Weine, die hier auch gewachsen sind und den selbst gebackenen Kuchen. Auf dem Höhenweg wandern wir über das Römische Bergheiligtum, der Nachbau eines Tempels, zur Feuerwehrhütte mit Blick nach Eller. Hier senkt sich der Höhenweg zur Aussicht Eller Todesangst. Weiter talwärts erreichen wir wieder die Schutzhütte Galgenlay, sehen den Bahnhof und sind auch schon am Ausgangspunkt zurück.

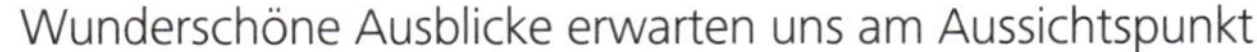

Wunderschöne Ausblicke erwarten uns am Aussichtspunkt.

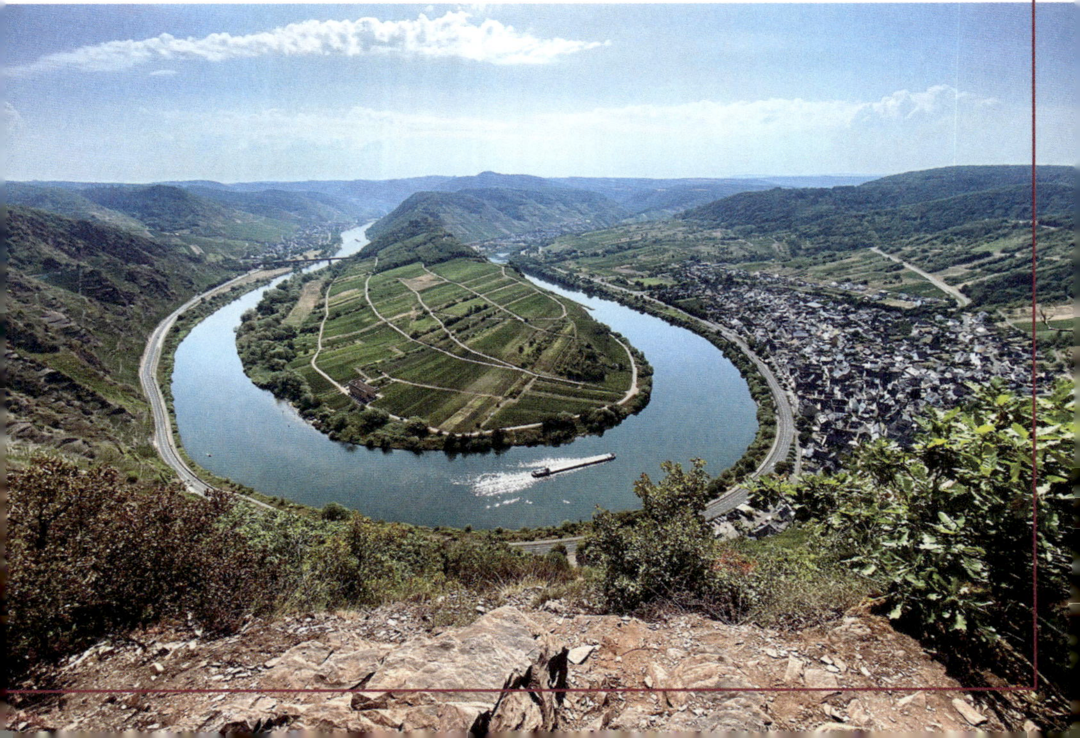

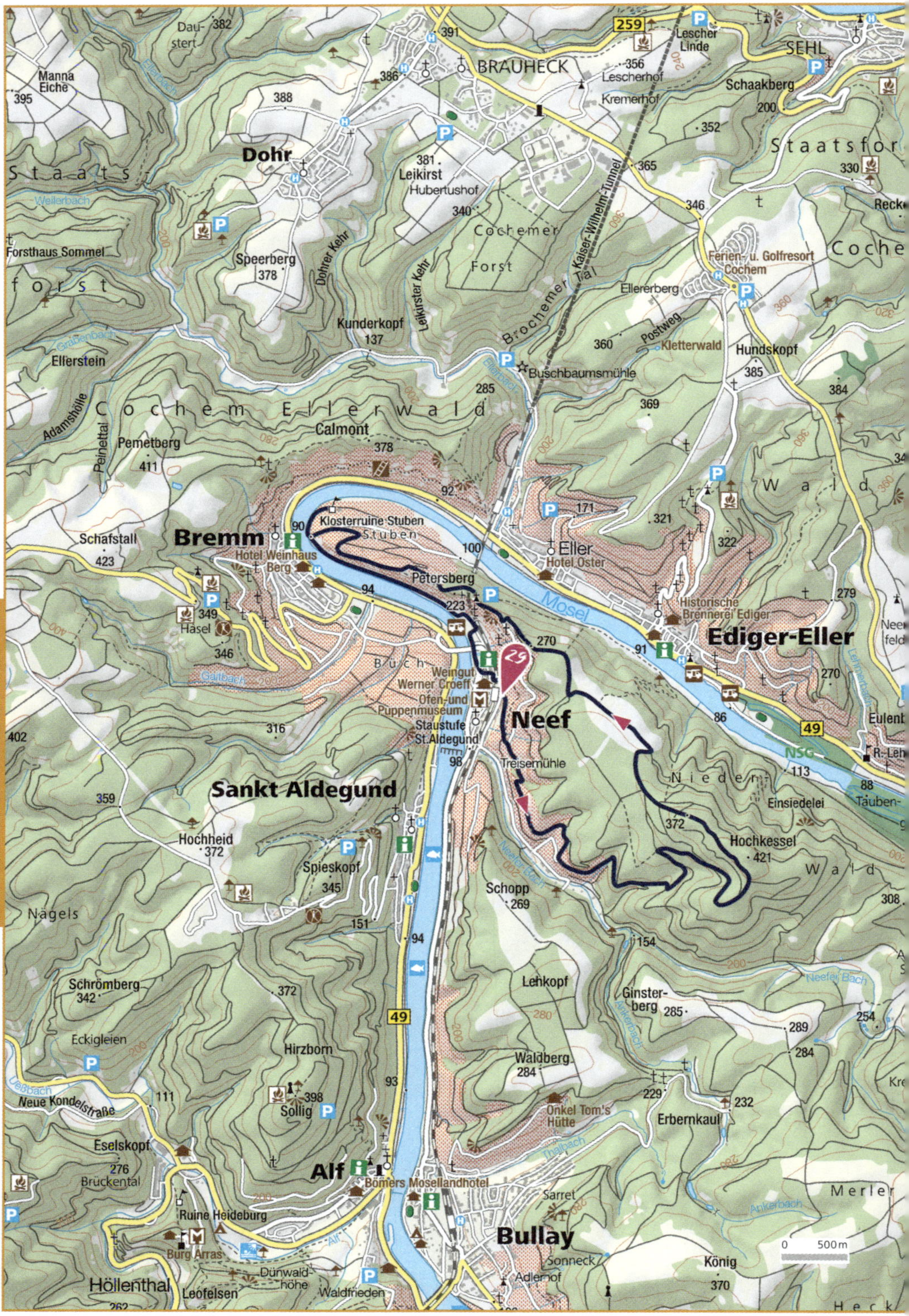

Bremm
Neef
Ediger-Eller
Sankt Aldegund
Alf
Bullay
Dohr
BRAUHECK
SEHL
Klosterruine Stuben
Petersberg
Calmont
Cochem Ellerwald
Staatsforst
Cochemer Forst
Brochemer Tal
Kaiser-Wilhelm-Tunnel
Mosel
Hochkessel 421
Nieder Wald
Einsiedelei
Treisemühle
Staustufe St. Aldegund
Weingut Werner Croeff
Ofen- und Puppenmuseum
Hotel Weinhaus Berg
Hotel Oster
Historische Brennerei Ediger
Ferien- u. Golfresort Cochem
Kletterwald
Buschbaumsmühle
Kunderkopf 137
Speerberg 378
Leikirst
Hubertushof
Lescher Linde
Lescherhof
Kremerhof
Schaakberg
Ellererberg
Hundskopf 385
Pemetberg 411
Schafstall 423
Häsel 349
Hochheid 372
Spieskopf 345
Schopp 269
Lehkopf
Ginsterberg 285
Waldberg 284
Onkel Tom's Hütte
Erbernkaul
Hirzborn
Sollig 398
Schrömberg 342
Eckigleien
Neue Kondelstraße
Eselskopf 276
Brückental
Ruine Heideburg
Burg Arras
Höllenthal
Leofelsen
Dünwaldhöhe
Waldfrieden
Bömers Mosellandhotel
Sarret
Sonneck
Adlerhof
König 370
Merler
Manna Eiche 395
Daustert 382
Forsthaus Sommel
Ellerstein
Adamshölle
Nägels
0 500 m

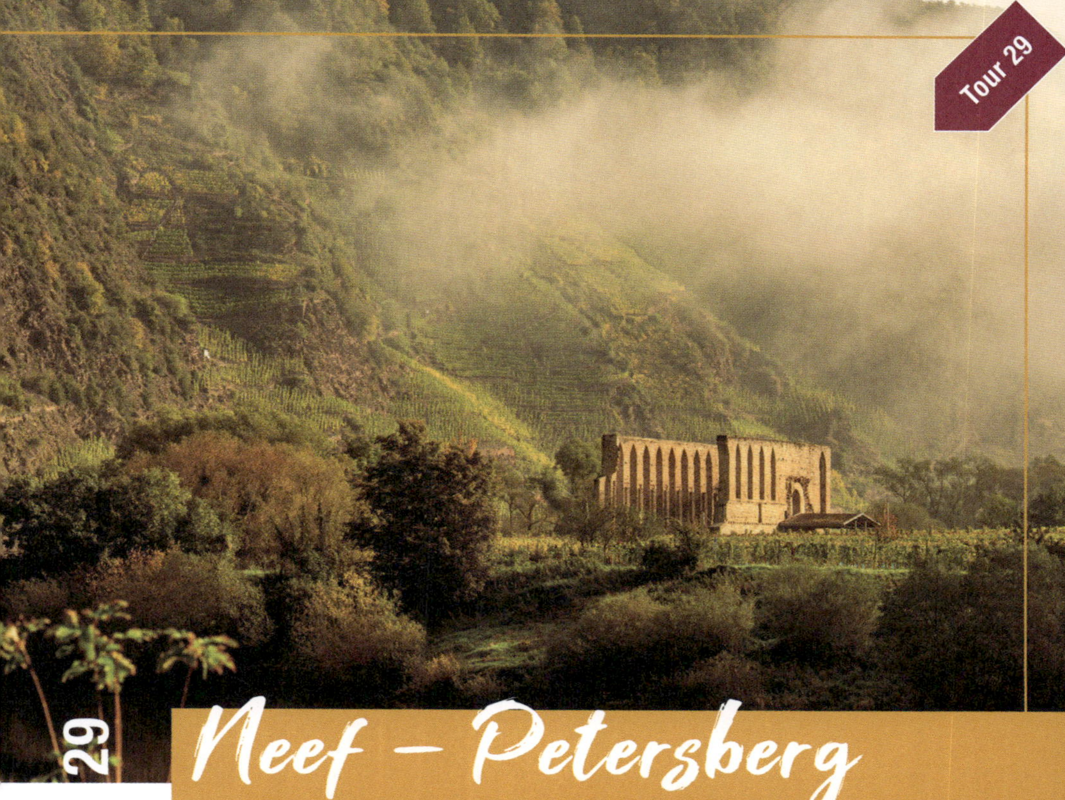

Neef – Petersberg

Weinberge soweit das Auge reicht

DAUER	3h 30min
LÄNGE	13 km
HÖHENMETER	350 hm
SCHWIERIGKEIT	LEICHT
MIT ÖFFIS ERREICHBAR	ja

Das erwartet dich …

Wir wandern auf den zweithöchsten bewaldeten Berg an der Mosel, dem Hochkessel. Von dort geht's auf den Petersberg zur schönen Petersbergkapelle und sanft hinab durch herrliche Weinhänge zur imposanten Klosterruine Stuben am Moselufer. In Neef, dem bezaubernden Winzerdorf umgeben von Weinreben, kehren wir dann in der Straußwirtschaft vom Weingut Werner Croeff ein. Sie ist im Mai und von August bis Oktober geöffnet.

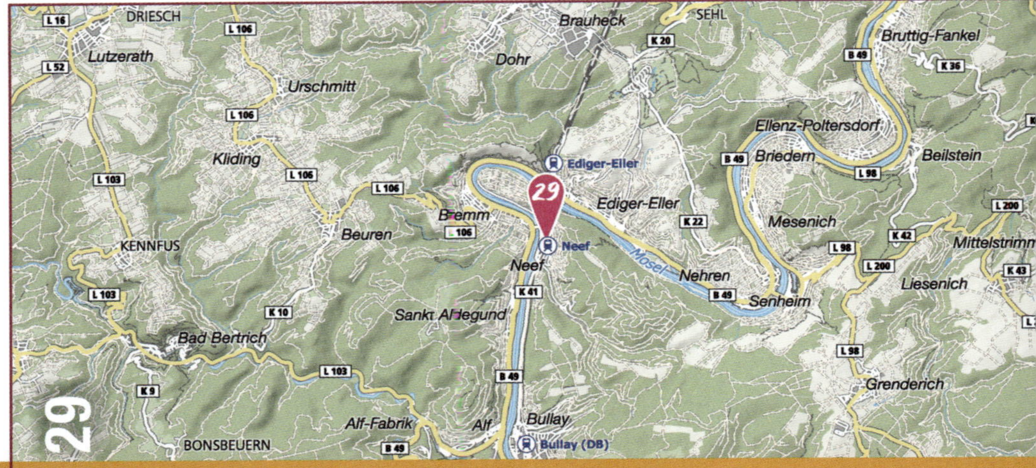

Rundtour 29

Start & Ziel & Anreise

Start am Bahnhof Neef in der Petersbergstraße. Mit dem Auto von Koblenz auf der B49 über Cochem nach Bremm. Hinter dem Ort über die Moselbrücke nach Neef abbiegen und von der Moseluferstraße links durch die Fährstraße zum Bahnhof Neef. Parken möglichst nahe beim Bahnhof Neef in der Petersbergstraße oder entlang der Moselweinstraße am Moselufer. Mit der Bahn Linie RB81 von Koblenz Richtung Trier zum Bahnhof Neef fahren.

Tourenbeschreibung

Vom Bahnhofsgebäude gehen wir auf der Petersbergstraße zur Bahnüberführung und rechts auf dem Sträßchen am Weingut Zecherhof vorbei hinauf in den Weinberg. Parallel zum Neefer Bach wandern wir am Hang entlang und nach einer scharfen Rechtskurve etwas talwärts. An der Serpentine geht's links in den Wald hinauf. In weit ausholenden Schleifen beginnt der Aufstieg zum Hochkessel. Sein Gipfel trägt die Reste einer keltischen Fliehburg, davon ist allerdings kaum mehr etwas zu erkennen. Vom Gipfel führt ein ausgeschilderter Weg durch den Wald und über eine Lichtung hinüber zum Petersberg. An der Aussichtsplattform Gipfelkreuz treffen wir auf die Straße zur Petersbergkapelle. Wir steigen auf die Plattform und der Blick schweift über die Moselschleife hinweg zu den Steilhängen des Bremmer Calmont sowie flussaufwärts zum Prinzenkopf im Zeller Hamm.

Die hübsche kleine Kapelle war einst Pfarrkirche der umliegenden Gemeinden und wurde 1140 dem Kloster Stuben zugeteilt, das einige Jahre zuvor am Fuß des Berges im Moseltal gegründet worden war.

Am Ende des Friedhofs gehen wir noch zur Aussichtskanzel Eulenköpfchen und genießen den Panoramablick entlang der Mosel. Wir kehren zurück zum Friedhof und biegen links ab. An der Verzweigung wandern wir auf dem linken Weg durch den Weinberg abwärts und folgen ihm durch die Rechtskurve auf einen Asphaltweg. An der spitzen Kurve des Asphaltweges geht's links abwärts und an der Mosel entlang zur mächtigen Klosterruine Stuben.

Das Kloster wurde 1137 gegründet „in Insula Sancti Nicolai ad Stupam" (Stuben). Fast 600 Jahre lang wurde im Kloster das Siegeskreuz der Kaiser von Byzanz (Konstantinopel), eines der kostbarsten Kunstwerke der Welt, aufbewahrt.

Von der Klosterruine geht es flussaufwärts der Mosel entlang mit Blick zum Calmont und nach Bremm, um den Campingplatz herum und unter der Straßenbrücke hindurch zurück zum Ausgangspunkt im Winzerdorf Neef. In der Straußwirtschaft des Weinguts Werner Croeff in der Kloster-Stuben-Straße 55 kehren wir ein. Im über 200 Jahre alten urigen Gewölbekeller genießen wir in geselliger Runde ein gutes Glas Moselwein.

Idyllische Aussicht über die Mosel-Weinberge bei Neef.

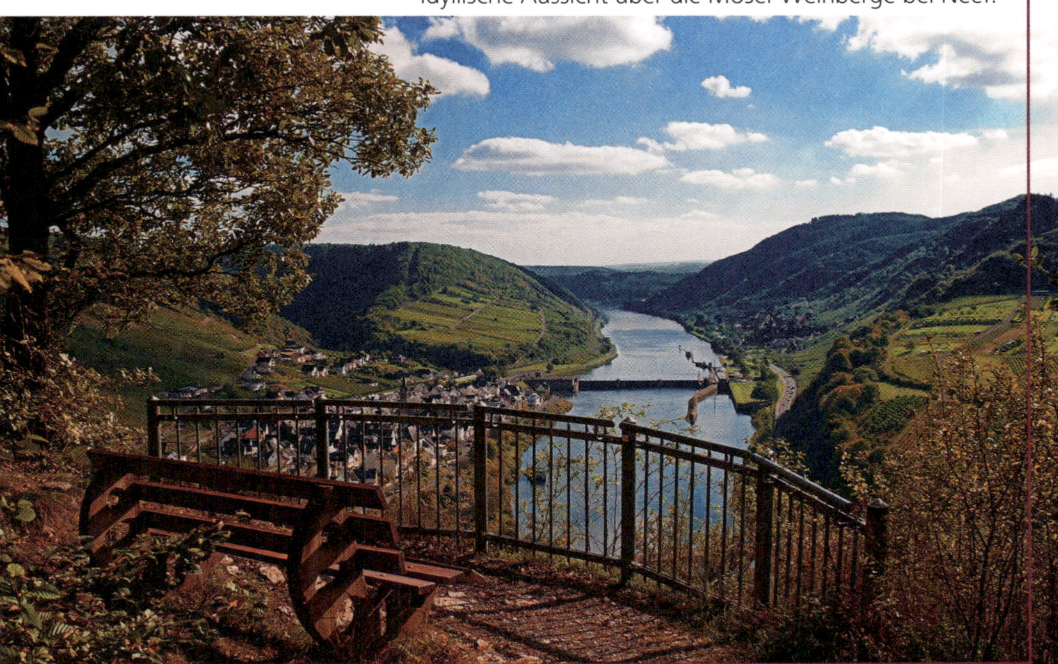

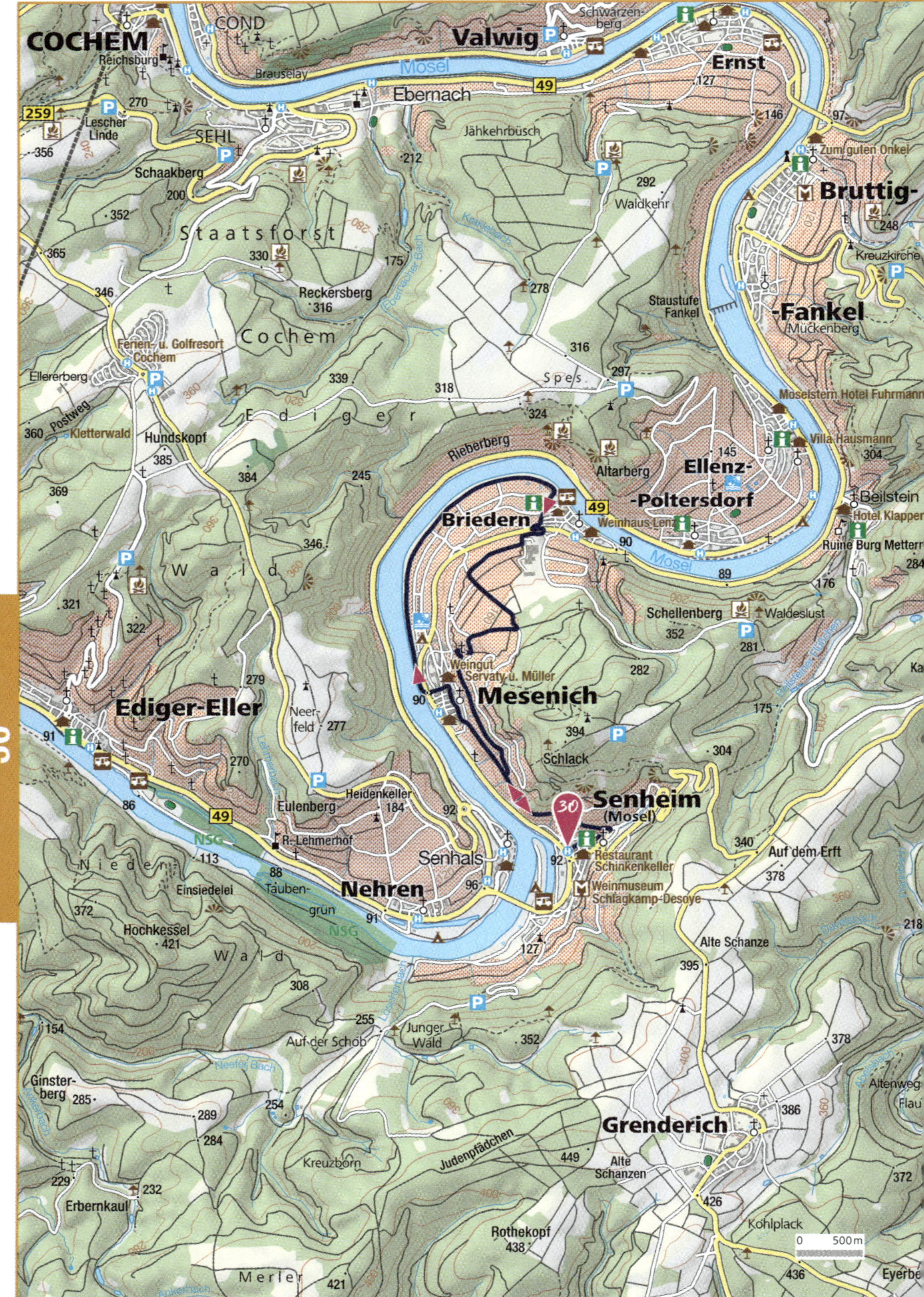
COCHEM
Reichsburg
COND
Brauselay
Mosel
Valwig
Schwarzenberg
Ernst
Ebernach
49
259
SEHL
Lescher Linde
Schaakberg
Jähkehrbüsch
Waldkehr
Zum guten Onkel
Bruttig-
Kreuzkirche
Staatsforst
Reckersberg
Cochem
Staustufe Fankel
-Fankel
Mückenberg
Ferien- u. Golfresort Cochem
Ellererberg
Postweg
Kletterwald
Hundskopf
Spes
Ediger
Moselstern Hotel Fuhrmann
Villa Hausmann
Rieberberg
Altarberg
Ellenz-
-Poltersdorf
Briedern
Weinhaus Lenz
Beilstein
Hotel Klapper
Ruine Burg Metternich
Wald
Schellenberg
Waldeslust
Weingut Servaty u. Müller
Mesenich
Ediger-Eller
Neerfeld
Schlack
Heidenkeller
Eulenberg
Senheim (Mosel)
30
R.-Lehmerhof
Senhals
Restaurant Schinkenkeller
Weinmuseum Schlagkamp-Desoye
Auf dem Erft
NSG
Niederwald
Einsiedelei
Taubengrün
Nehren
Hochkessel
Alte Schanze
Junger Wald
Auf der Schob
Neefer Bach
Ginsterberg
Grenderich
Judenpfädchen
Kreuzborn
Alte Schanzen
Erbernkaul
Rothekopf
Kohlplack
Merler
Altenweg
0 500 m

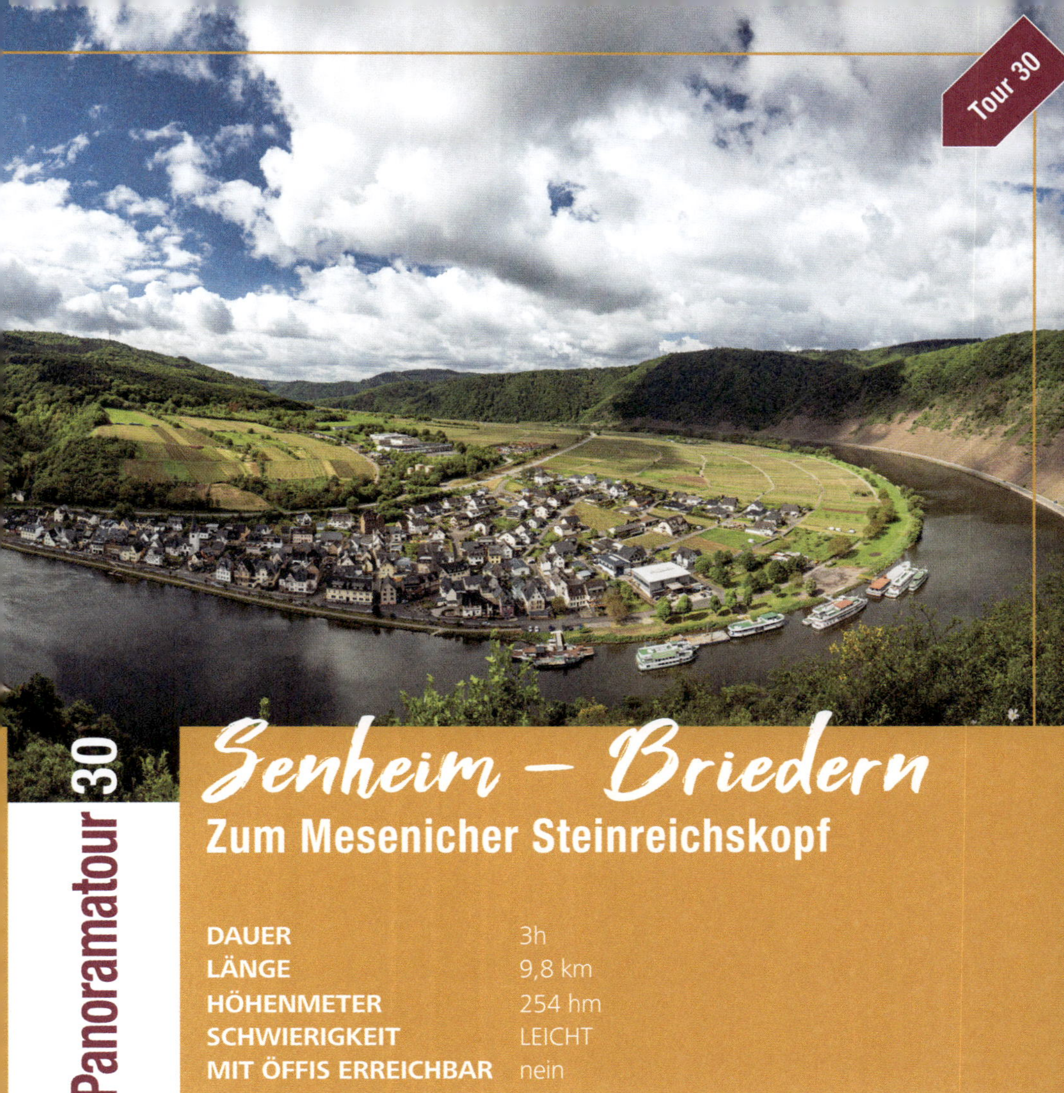

Panoramatour 30

Senheim – Briedern

Zum Mesenicher Steinreichskopf

DAUER	3h
LÄNGE	9,8 km
HÖHENMETER	254 hm
SCHWIERIGKEIT	LEICHT
MIT ÖFFIS ERREICHBAR	nein

Das erwartet dich ...

Moselspezialitäten von Senheim über Mesenich bis Briedern. Wir besuchen die ehemalige Moselweinkönigin im Weingut Servaty, staunen über den Mesenicher Steinreichskopf, kehren im urigen Schinkenkeller ein und besuchen das Weinmuseum am Weingut Schlagkamp-Desoye. Und wenn die Sonnen vom Himmel lacht, erscheinen die Reben in goldenem Licht.

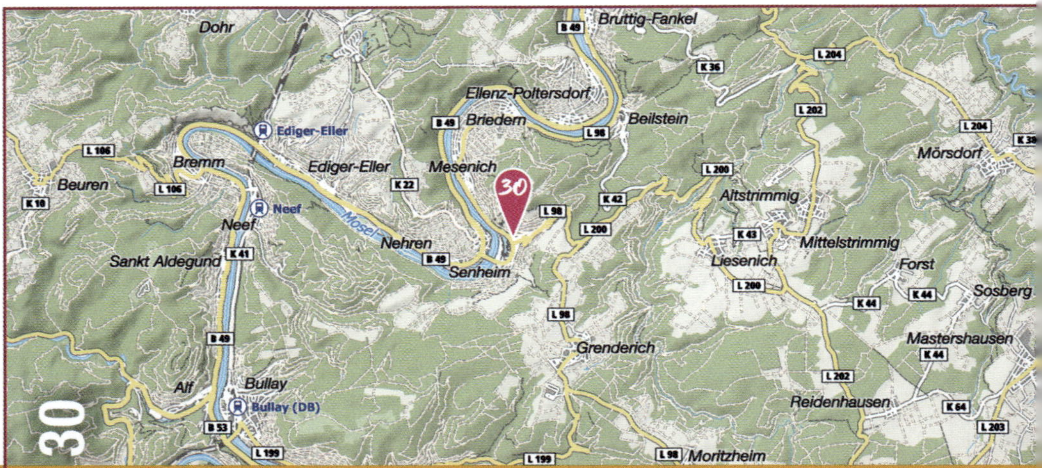

Panoramatour 30

Start & Ziel & Anreise

Start am Parkplatz an der Straße Am Gestade neben der L98. Mit dem Auto von Koblenz auf der B49 Richtung Wittlich bis Senheim-Senhals. Dort über die Moselbrücke nach Senheim. Parken auf den Parkplätzen rechts der L98 Am Gestade.

Tourenbeschreibung

Weingüter gibt's in Senheim zahlreiche. An den ersten kommen wir gleich zu Beginn vorbei. Dazu gehen wir vom Parkplatz Am Gestade die Straße Altmai hinauf und lassen die Kirche St. Katharina rechts liegen. Am zweiten Abzweig links geht's in den Weinberg zum Margaretenhäuschen. Dort geht's geradeaus und am Querweg links an den Urbanstieg. Hier geht es im Zickzack ziemlich steil bergauf. Wir wandern jedoch unterhalb vorbei durch die golden schimmernden Rebstöcke nach Mesenich. In der Weinbergstraße gehen wir durch das Dorf und kommen am Weingut Servaty und Müller vorbei. Martina Servaty war 2007 Moselweinkönigin. Im Hof und in der Trinkstube probieren wir schon mal den köstlichen Wein.

An der Kehrstraße geht's links zur Mosel und dort queren wir die L98. Nach rechts führt uns nun die Wanderung auf dem Uferweg am Campingplatz vorbei entlang des Moselbogens nach Briedern. Sanft zieht sich der Wein den Hang zum Waldrand hinauf. Jenseits der Mosel liegen die steilen Weinlagen. Von der Moselstraße in Briedern biegen wir in Höhe der Schiffswerft rechts ab in den Birkenweg und gelangen oben an die L98. Hier gehen wir kurz links an der Straße entlang, queren sie und wandern dann rechts die Straße hinauf. Hier haben die Perlwein-„Kellergeister" ihr Domizil. An der Zufahrt am Schrottplatz nehmen wir den Parallelweg zur Straße und biegen gleich rechts ab. Wir wandern durch den Weinberg bis zur Wegkreuzung. Hier geht's hinauf an den Waldrand zur Aussicht ins Moseltal. Im spitzen Winkel gehen wir den Weg hinab und in der Rechtskurve links zum Pesthäuschen und Spielplatz. Mesenich wurde einst von der Pest heimgesucht. 1315 zählte der Ort nur noch neun Einwohner.

Wir gehen rechts am Pesthäuschen vorbei und biegen sofort auf den unbefestigten Weg ein. Bald ragt ein riesiger Kopf aus der Weinlage Mesenicher Goldgrübchen heraus, der Mesenicher Steinreichskopf. Die Mesenicher werden seit jeher als Steinreichskäpp bezeichnet. Dort im Wingert gab es bemerkenswert viele Steine, die die Menschen zu beachtlich großen Haufen, sogenannten Steinreichen, zusammentrugen.

Weiter geht's den Wingert hinab auf den Weg, den wir zu Beginn der Wanderung gegangen sind. Die Wanderung führt also nach links, an der Aussicht mit Bank vorbei, rechts hinunter zum Margaretenhäuschen und zur Straße Altmai. Geradeaus geht's zum Parkplatz und Ziel.

In einem unvergesslichen Ambiente lassen wir uns mit herzhaften Köstlichkeiten verwöhnen. Wo? In den Gewölbekellern des Restaurants Schinkenkeller in der Brunnenstraße 9. Hier gibt es den echten moselländischen Schinken. Wenn wir noch Zeit übrig haben, besuchen wir das Weinmuseum Schlagkamp-Desoye in der Zellerstraße 11.

Autoren Tipp

Weinmuseum Schlagkamp-Desoye: Senior Dieter Schlagkamp hat mit großer Leidenschaft ein Weinmuseum erschaffen. Im historischem Weinkeller, im alten Kelterhaus und dem 1923 erbauten Festsaal, in dem die „Venus mosellana" sofort ins Auge fällt, hat er unzählige historische Winzer-, Fass- und Weinbehandlungsgeräte zusammengetragen. Das Ende des Rundgangs durch die Geschichte des Weinbaus genießen wir mit einem Glas Wein.

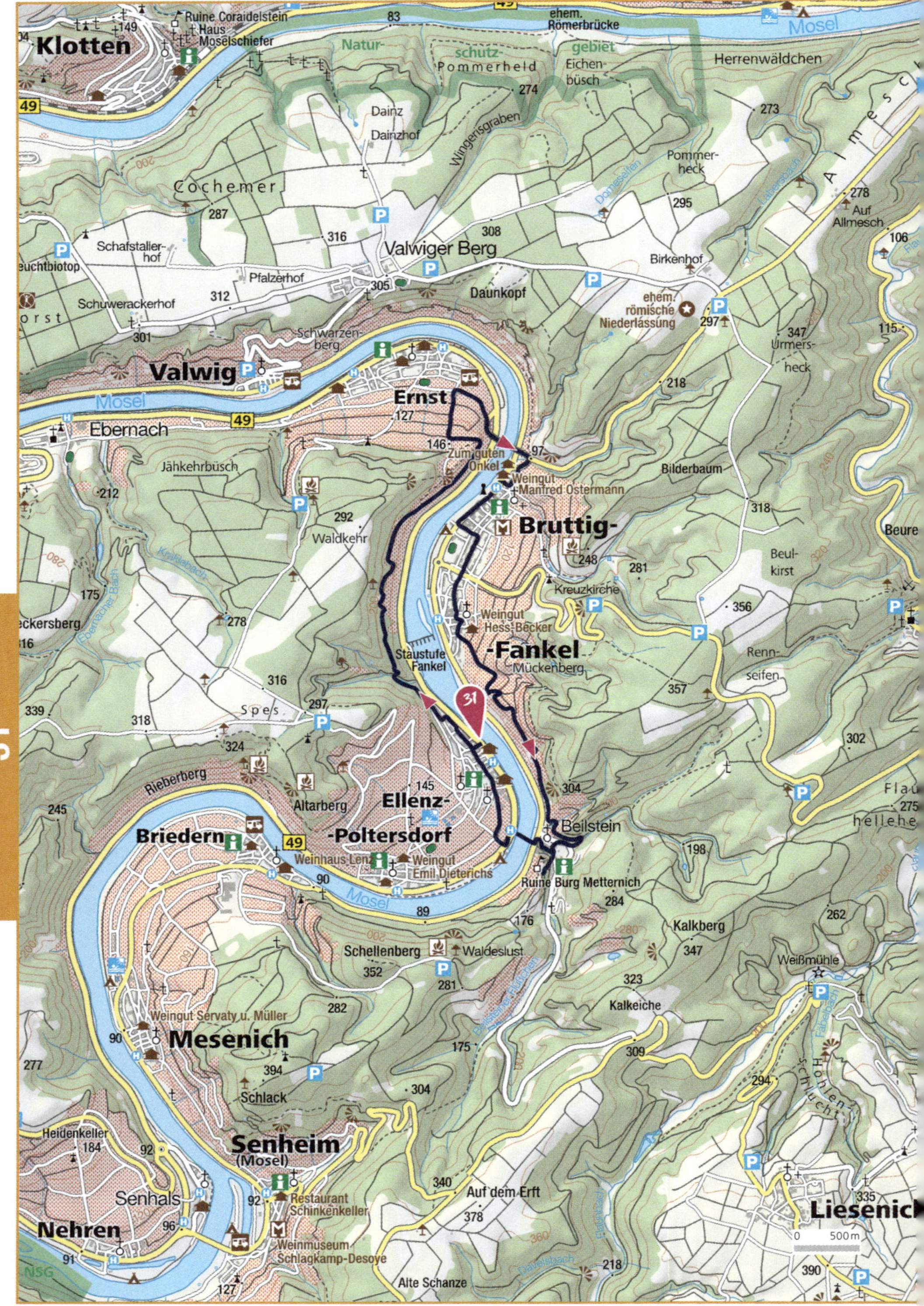
Klotten
Ruine Coraidelstein
Haus Moselschiefer
149
83
ehem. Römerbrücke
Mosel
Natur-
schutz-
gebiet
Pommerheld
Eichen-
busch
Herrenwäldchen
274
273
Dainz
Dainzhof
Wingertsgraben
Almesch
Cochemer
Pommer-
heck
278
Auf Allmesch
295
287
308
Valwiger Berg
316
Schafstaller-
hof
Pfalzerhof
305
Daunkopf
Birkenhof
106
312
Schuwerackerhof
ehem. römische Niederlassung
297
347
Urmers-
heck
115
301
Schwarzen-
berg
Valwig
Ernst
218
127
Ebernach
49
146
Zum guten Onkel
97
Jähkehrbüsch
Weingut Manfred Ostermann
Bilderbaum
212
Bruttig-
292
Waldkehr
318
Beure
248
281
Beul-
kirst
Kreuzkirche
175
278
Weingut Hess-Becker
356
Stäustufe Fankel
-Fankel
Mückenberg
Renn-
seifen
316
339
Spes
297
357
318
324
302
Rieberberg
145
304
245
Altarberg
Ellenz-
Flau
275
helleh
Briedern
-Poltersdorf
Beilstein
198
Weinhaus Lenz
Weingut Emil Dieterichs
90
Ruine Burg Metternich
284
89
262
176
Kalkberg
Schellenberg
Waldeslust
347
352
281
Weißmühle
323
Kalkeiche
282
Weingut Servaty u. Müller
90
Mesenich
175
309
277
394
Schlack
304
294
Heidenkeller
184
92
Senheim
(Mosel)
Senhals
92
Restaurant Schinkenkeller
340
Auf dem Erft
378
335
Liesenic
Nehren
96
Weinmuseum Schlagkamp-Desoye
91
NSG
127
Alte Schanze
218
390
0
500 m

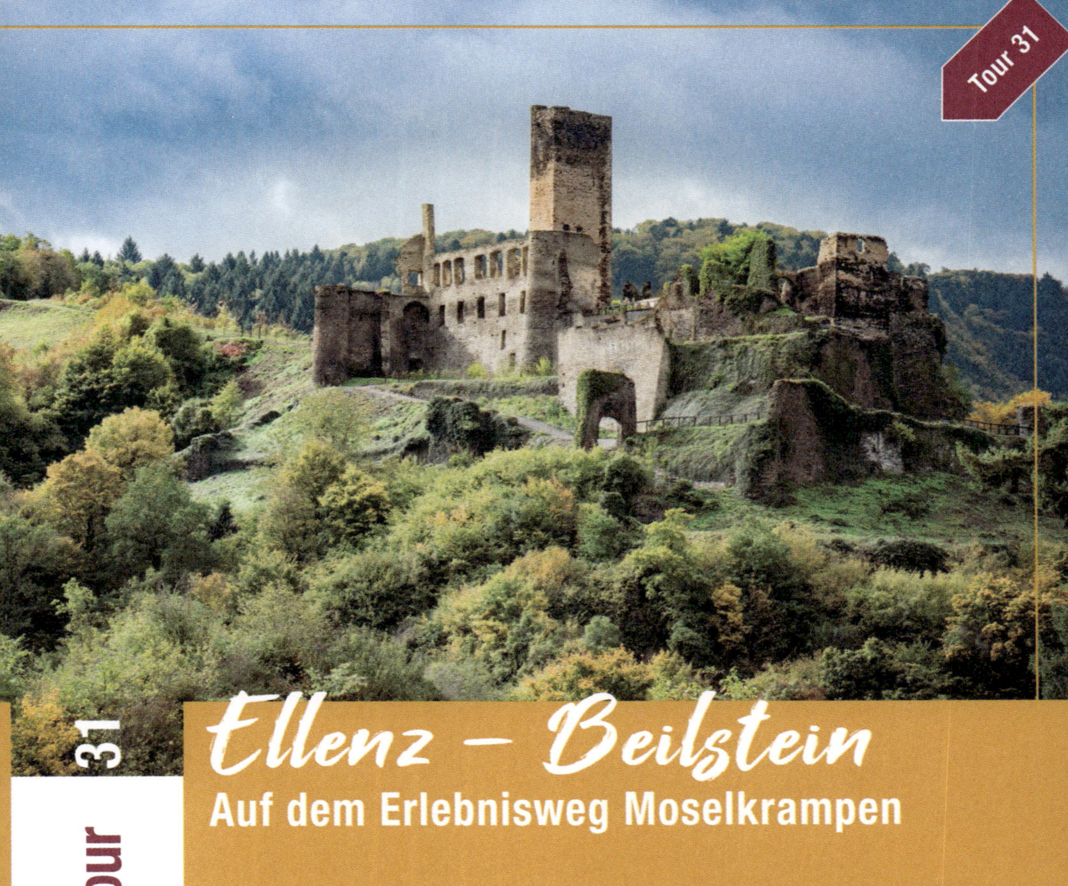

Rundtour 31

Ellenz – Beilstein

Auf dem Erlebnisweg Moselkrampen

DAUER	3h 30min
LÄNGE	11,3 km
HÖHENMETER	305 hm
SCHWIERIGKEIT	MITTEL
MIT ÖFFIS ERREICHBAR	nein

Das erwartet dich ...

Eine herrliche Wanderung beiderseits der Mosel durch bewaldete Hänge und Weinberge, gespickt mit fantastischen Aussichten hinunter zur Mosel. Den Logenplatz haben wir auf der Burg Metternich hoch über Beilstein gelegen. In den lieblichen Moseldörfern am Wegesrand laden die Weingüter zu Weinproben ein.

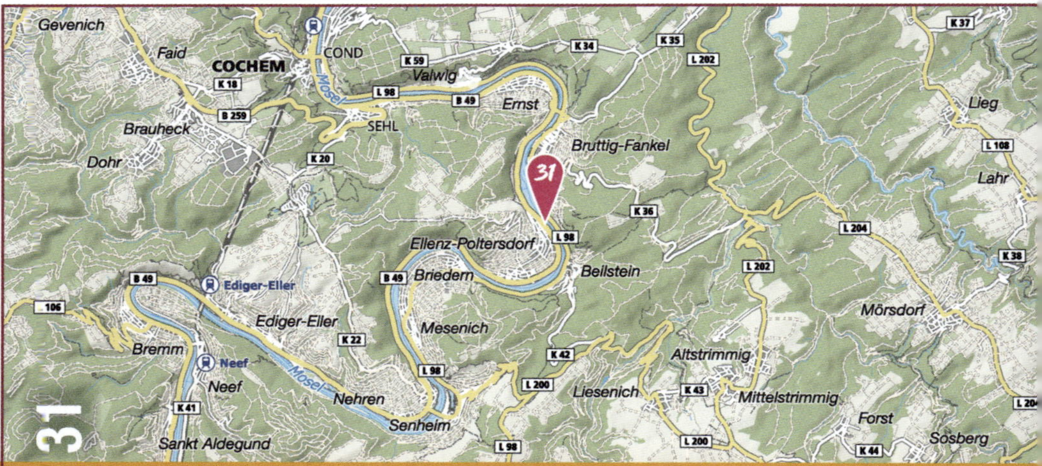

Start & Ziel & Anreise

Start in Ellenz, Gemeinde Ellenz-Poltersdorf, bei der Kapelle St. Sebastianus neben der B49. Mit dem Auto von Koblenz auf der B49 Richtung Wittlich bis in die Gemeinde Ellenz-Poltersdorf. Parken auf den Parkplätzen beiderseits der B49, der Moselweinstraße, am Moselufer.

Tourenbeschreibung

Wir beginnen unsere Wanderung bei der Kapelle St. Sebastianus in Ellenz. Die gleichnamige Straße führt uns hinauf zur Hauptstraße. Wir folgen ihr rechts zur Straße Am Stausee Richtung Wald. In der scharfen Kurve geht's auf einem Waldweg bergauf bis zum Sternbach. Wir queren ihn und im Zickzack geht's steil bergauf zur Schutzhütte. Unter uns liegt die Staustufe Fankel. Bald lichtet sich der Hang und gegenüber erblicken wir die Moseldörfer Bruttig und Fankel. Wir wandern durch die steilen Weinlagen Richtung Ernst und erreichen die Moselbrücke.

Davor macht unser Weg eine Linkskurve. Den dort abzweigenden Weg ignorieren wir und gelangen so an eine Wegkreuzung. Wir gehen nach rechts auf dem asphaltierten Weg hinunter Richtung Ernst. An der Wegkreuzung kurz vor den Häusern biegen wir rechts ab und gelangen an die Zufahrt zur Moselbrücke.

Am anderen Ufer geht's rechts hinab und gleich links in die Hauptstraße von Bruttig. Dort befindet sich das Weingut Manfred Ostermann. Nach Vereinbarung gibt es dort Kellerbesichtigungen und gesellige Weinproben. An der Mühlenbachstraße geht's rechts zur Straße Am Moselufer, der L98. Links gehen wir entlang und gelangen an das schmucke Alte Rathaus mit Türmchen. Dann hat uns die L98 wieder, der wir bis zur Fausenburg folgen. Hier biegen wir ein und gelangen durch die Unterführung zur Hauptstraße.

Rechts wandern wir über die Kreuzung mit der Kreisstraße nach Fankel. Jetzt heißt die Straße Schulstraße. An der Kirche Maria Himmelfahrt stoßen wir auf die Rathausstraße. Links gehen wir zur Brunnenstraße und dort rechts zum Christophorushaus vom Weingut Hess-Becker. Das Haus aus dem Jahre 1378 gehört zu den ältesten Bauten des Mosellandes. Auch hier gibt es Weinproben nach Vereinbarung mit Beerenauslese, Eiswein und Sekt. Dazu gibt's Bauernbrot und Spundekäse.

An der Straße Am alten Spritzenhaus gehen wir nach links den Weinberg Fankel hinauf. Nach der Rechtskurve und der Serpentine halten wir uns rechts. An der folgenden Einmündung gehen wir nach rechts auf die Schlepperspur. Im Wald kommen wir an eine Schutzhütte und stoßen an der Bergflanke auf einen Aussichtspunkt. Wir wandern im Bogen nach Beilstein hinunter an die Kreisstraße. Schräg rechts gegenüber gehen wir zur Klosterstraße und an St. Josef vorbei zur Straße Im Mühlental.

Vor uns erhebt sich die Burgruine Burg Metternich. Sie ist in der Regel von November bis März geschlossen. Den Abstecher hinauf gönnen wir uns noch. Allein die große Burgterrasse ist schon einen Besuch wert. Also nehmen wir den Aufstieg von der Straße Im Mühlental. Die weitläufige Panorama-Terrasse Fürst Metternich erlaubt grandiose Ausblicke ins Moseltal bei Kaffee, Kuchen und deftigen Gerichten. Abwärts geht's auf demselben Weg, aber dann durch die Bachstraße vor zur Fähre und übersetzen nach Ellenz.

Wir gehen zur Straße und gegenüber den Pfad hinauf zur Wegkreuzung. Rechts wandern wir nun nach Ellenz, kommen an der Kirche St. Martin und am Weingut Dieterichs vorbei. Wenn die Straußwirtschaft öffnet hat die Saison ihren Höhepunkt und das gemütliche Winzerstübchen lädt zur Weinprobe ein. Hier können wir verweilen, denn das Ziel, die Kapelle St. Sebastianus, liegt gleich ums Eck.

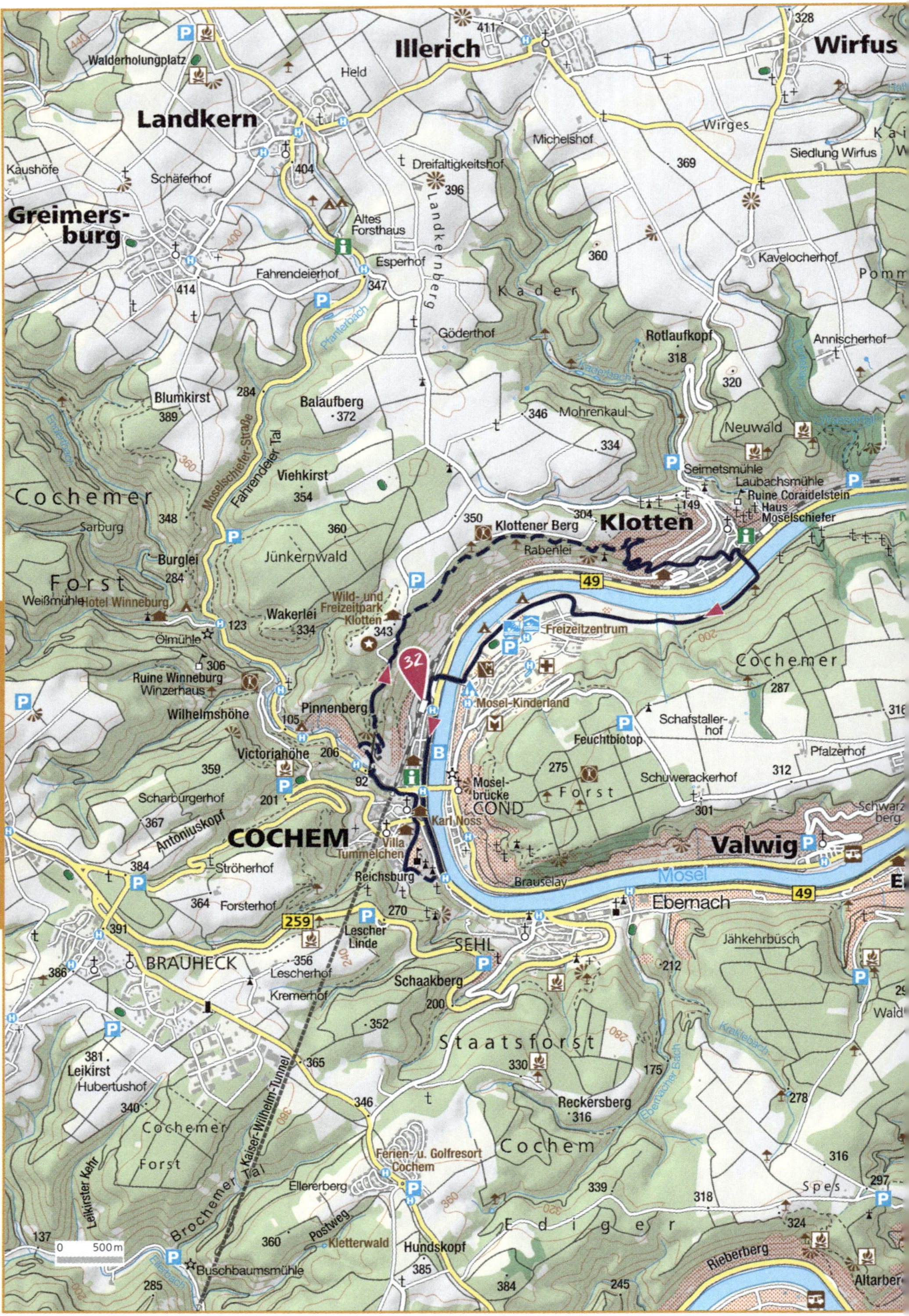

Illerich
Wirfus
Landkern
Greimers-
burg
Walderholungplatz
Held
Kaushöfe
Schäferhof
Dreifaltigkeitshof
Michelshof
Wirges
Siedlung Wirfus
Altes
Forsthaus
Landkernberg
Esperhof
Fahrendeierhof
Kader
Kavelocherhof
Göderthof
Rotlaufkopf
Annischerhof
Pflanterbach
Blumkirst
Balaufberg
Mohrenkaul
Neuwald
Seimetsmühle
Laubachsmühle
Ruine Coraidelstein
Haus
Moselschiefer
Cochemer
Forst
Sarburg
Moselschiefer-Straße
Fahrendeier Tal
Viehkirst
Jünkernwald
Klottener Berg
Rabenlei
Klotten
Burglei
Weißmühle
Hotel Winneburg
Wakerlei
Wild- und
Freizeitpark
Klotten
Freizeitzentrum
Ölmühle
Ruine Winneburg
Winzerhaus
Wilhelmshöhe
Pinnenberg
Mosel-Kinderland
Schafstaller-
hof
Feuchtbiotop
Pfalzerhof
Victoriahöhe
Scharburgerhof
Antoniuskopf
Mosel-
brücke
COND
Forst
Schuwerackerhof
Karl Noss
Valwig
Schwarz
berg
COCHEM
Villa
Tummelchen
Reichsburg
Ströherhof
Forsterhof
Brauselay
Mosel
Ebernach
Lescher
Linde
SEHL
Jähkehrbüsch
BRAUHECK
Lescherhof
Kremerhof
Schaakberg
Staatsforst
Leikirst
Hubertushof
Cochemer
Forst
Kaiser-Wilhelm-Tunnel
Reckersberg
Ebernacher Bach
Kraklebach
Cochem
Ferien- u. Golfresort
Cochem
Ellererberg
Leikirster Kehr
Brochemer Tal
Postweg
Klettelwald
Hundskopf
Ediger
Spes
Rieberberg
Altarber
Wald
Buschbaumsmühle
0 500 m

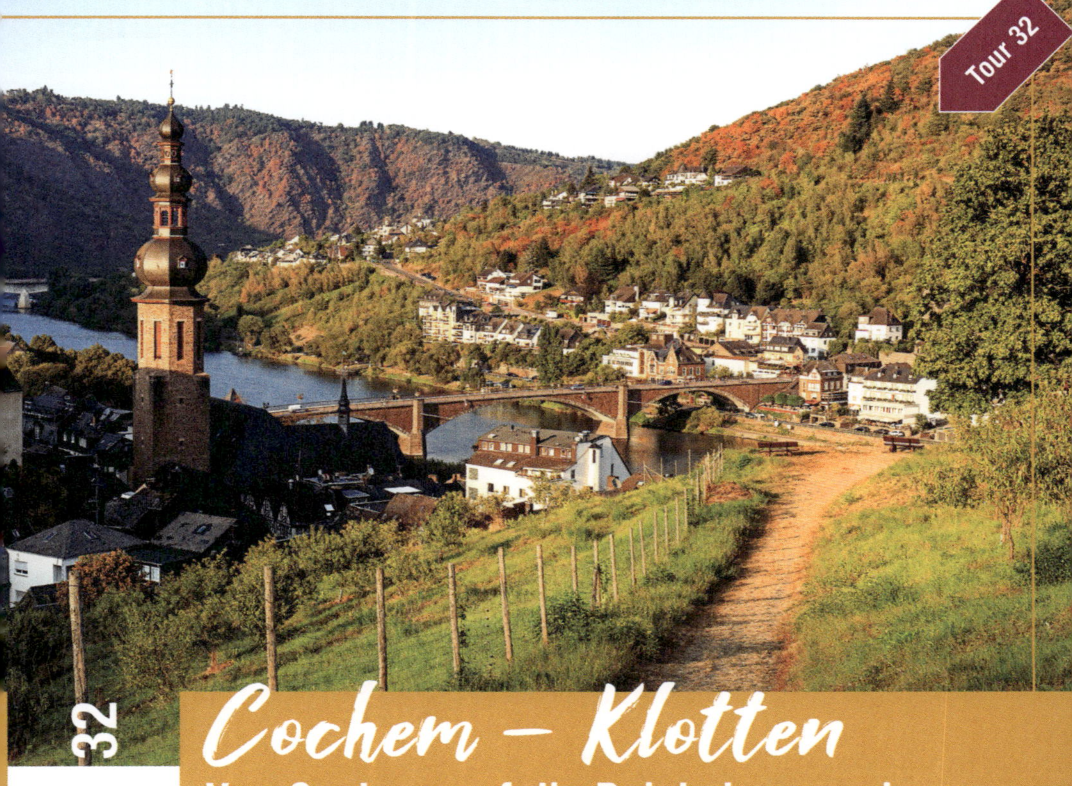

Rundtour 32

Cochem – Klotten

Von Cochem auf die Reichsburg und zum Wild- und Freizeitpark Klotten

DAUER	3h 30min
LÄNGE	12,5 km
HÖHENMETER	367 hm
SCHWIERIGKEIT	MITTEL
MIT ÖFFIS ERREICHBAR	ja

Das erwartet dich ...

Die Reichsburg, eine Burg wie aus einem Märchenbuch entsprungen, mit grandioser Aussicht, unten am Moselufer die historische Altstadt Cochem. Blickfang ist das barocke Rathaus am Marktplatz und enge Gassen, gespickt mit gemütlichen Restaurants. Mit der Sesselbahn zum Pinnerkreuz um die fantastische Aussicht übers Moseltal zu genießen und spektakuläre Abenteuer im Wild- und Freizeitpark Klotten/Cochem erleben. In Klotten mit der Moselfähre übersetzen, eine der wenigen verbliebenen an der Mosel.

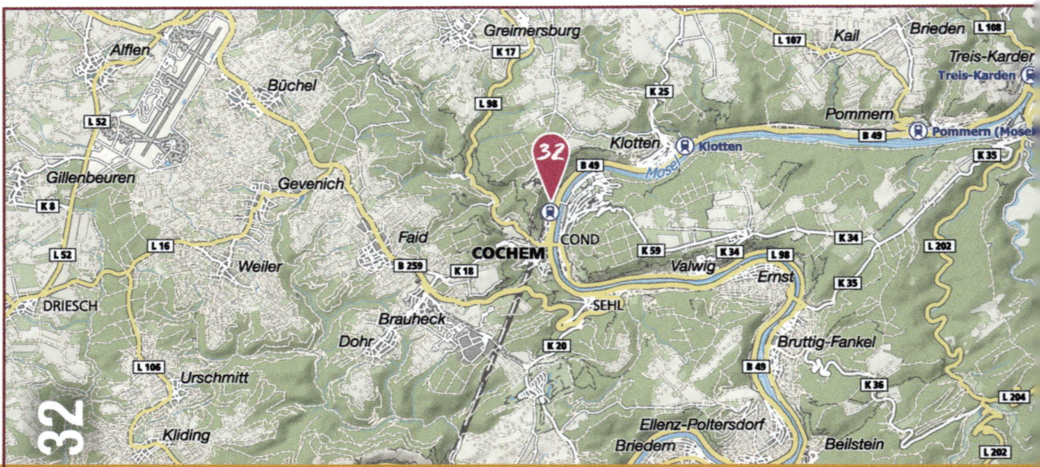

Rundtour 32

Start & Ziel & Anreise

Start am Bahnhof Cochem (Mosel) auf der Moselseite. Mit dem Auto von Koblenz auf der B49 über Treis-Karden nach Cochem zum Parkplatz Pinnerstraße beim Bahnhof Cochem (Mosel) bergseitig. Mit dem Zug RB81 oder RB82 Koblenz–Trier bis zum Bahnhof Cochem (Mosel).

Tourenbeschreibung

Vom Bahnhof Cochem gehen wir hinunter an die Moselpromenade und wandern nach rechts durch die Moselanlagen. Dort unterqueren wir die Skagerak-Brücke und stoßen auf die B49. Hier queren wir die B49 zur Straße Burgfrieden und wenden uns nach links zum Martinstor. Gleich dahinter führt unser Weg rechts hinauf zur Pestkapelle und weiter steil bergauf über Treppen zur Reichsburg. Reizvoll mit Erkern und Zinnen erhebt sich die Burg auf mächtigem Fels hoch über Cochem.

Die Schloßstraße bringt uns hinab in die Altstadt. An der Herrenstraße biegen wir links ein und gelangen in die „Gute Stube" Cochems, dem Markt mit Rathaus und dahinter die Pfarrkirche St. Martin. Mit Moselschiefer gedeckte Fachwerk-Giebelhäuser zieren die engen Gassen.

Wir gehen geradeaus und auf der Liniusstraße links zum Enderttor. Hinter der Eisenbahnbrücke stoßen wir auf die Endertstraße. Kurz ist der Weg zur Talstation der Sesselbahn hinauf zum Pinnerkreuz. Wir können auch zu Fuß hinauf. Oben erwartet uns das Terrassen-Café und eine atemberaubende Aussicht zur Reichsburg und übers Moseltal. Ein Fußweg führt weiter hinauf an den Fahrweg zum Wild- und Freizeitpark Klotten/Cochem mit Fahrgeschäften und Wildgehegen. Der Eingang ist am kleinen Parkplatz.

Hier biegen wir rechts von der Wildparkstraße ab und wandern auf einem Fußweg durch den Wald zur Schutzhütte Klotten. Dort geht's geradeaus zum Aussichtpunkt Rabenlai. Er liegt etwas abseits des Weges, der uns weiter zum Schwedenkreuz und zur Seits-Kapelle führt. Am Fahrweg geht's links zur liebevoll eingerichteten Klottener Wingertsbudche. Hier gehen wir die Serpentinen hinunter zur Straße, queren sie und gehen nach Klotten hinein. Die Brühlstraße bringt uns in die Obere Kirchstraße. Hier geht's rechts über die Hauptstraße hinunter zur Fähre Klotten an der B 49.

Wir lassen uns übersetzen und wandern dann nach rechts durch Wald nach Cond. Am Kreisverkehr vor dem Supermarkt wenden wir uns zur Mosel und folgen der Stadionstraße an die Nordbrücke. Wir wechseln die Uferseite und sehen bereits den Bahnhof Cochem. Jetzt nur noch rechts halten zum Bahnhofsvorplatz, Ziel erreicht.

Reichsburg Cochem.

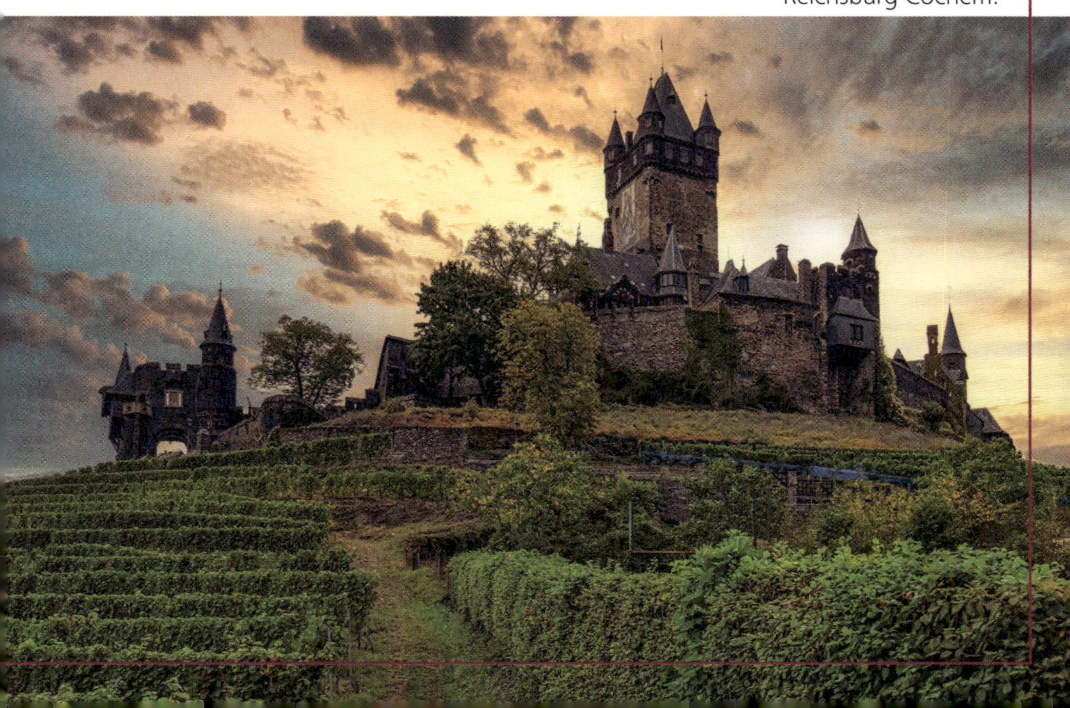

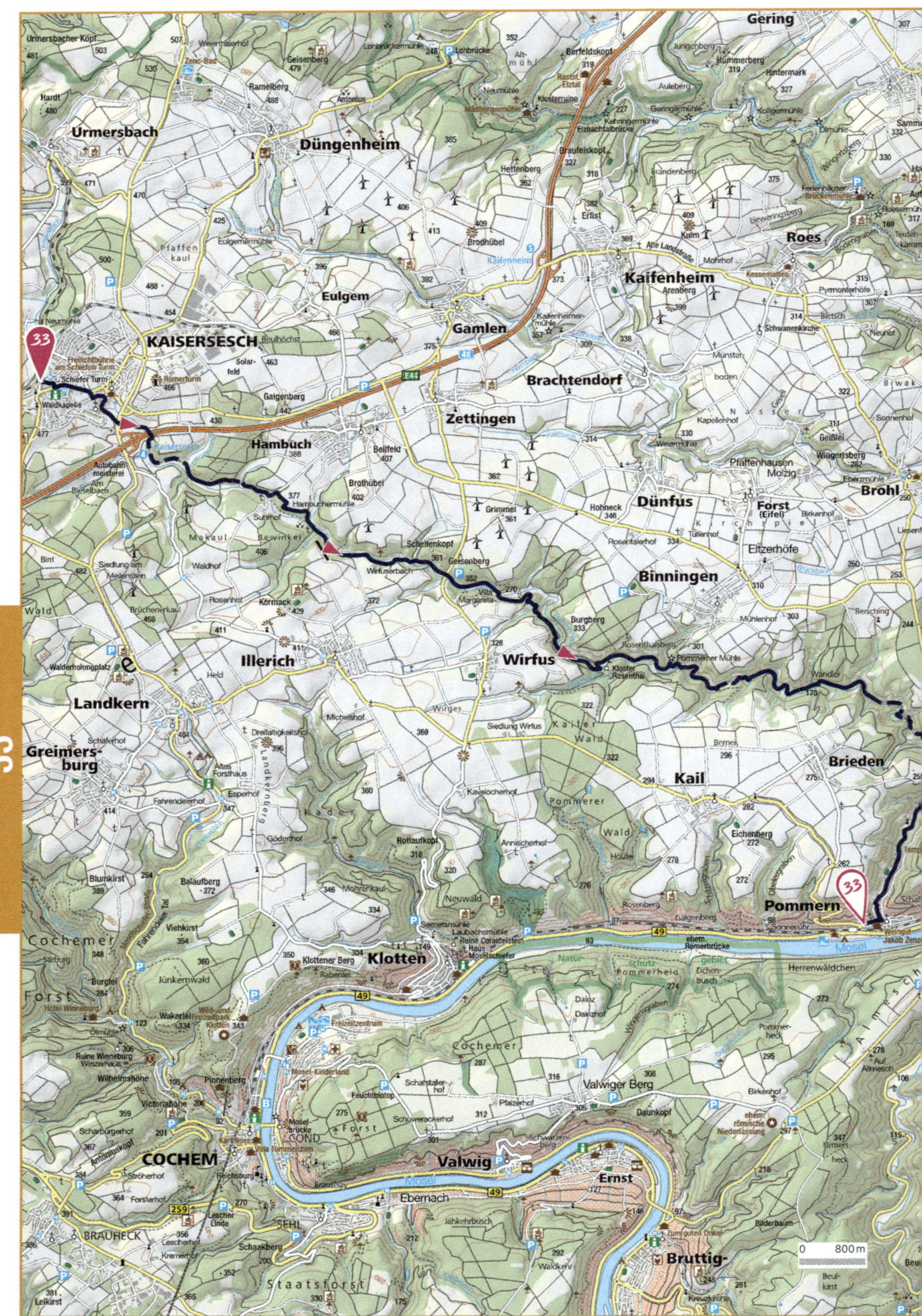

33
Gering
Urmersbach
Düngenheim
Eulgem
Gamlen
KAISERSESCH
Kaifenheim
Roes
Brachtendorf
Zettingen
Hambuch
Dünfus
Forst (Eifel)
Brohl
Binningen
Illerich
Wirfus
Landkern
Greimersburg
Kail
Brieden
Pommern
Klotten
COCHEM
Valwig
Ernst
Bruttig-
Mosel
E44
48
49
259
0
800 m

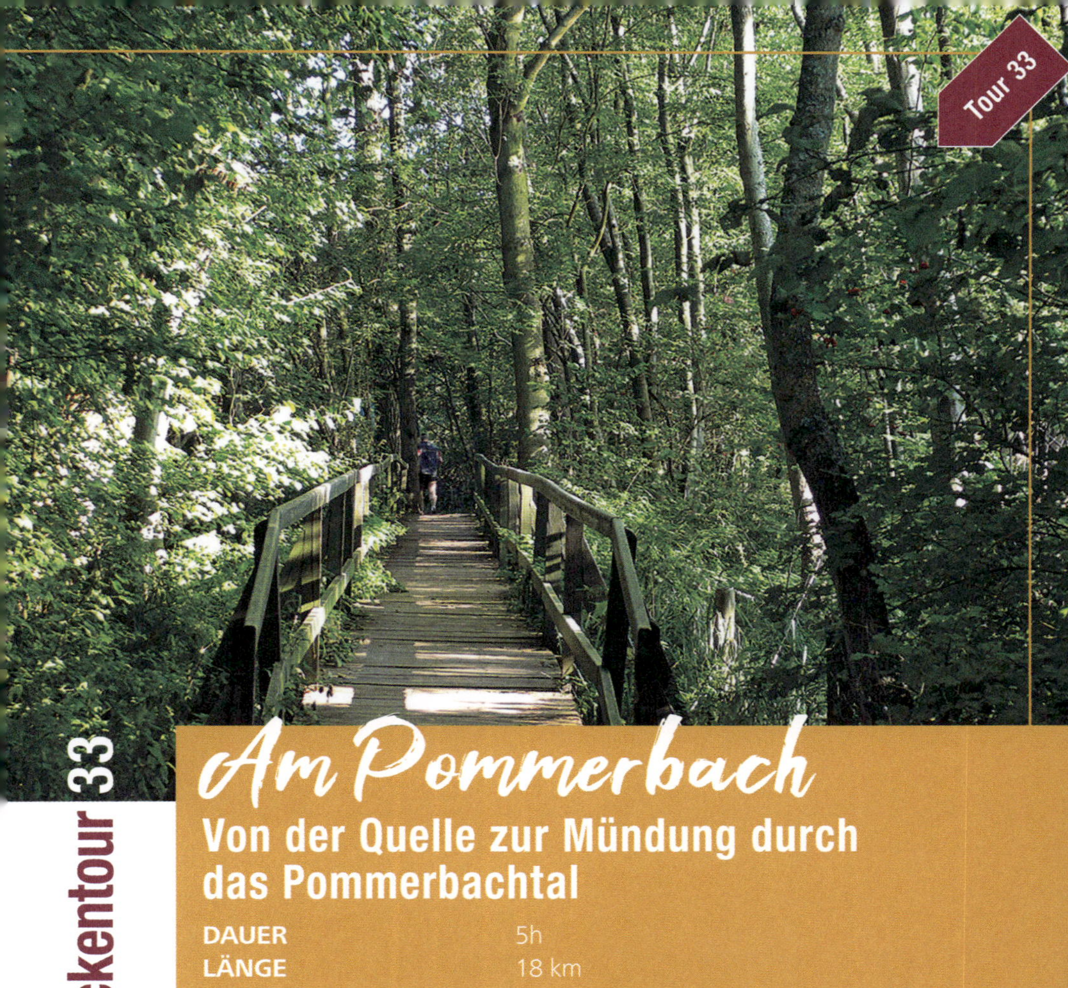

Streckentour 33

Am Pommerbach

Von der Quelle zur Mündung durch das Pommerbachtal

DAUER	5h
LÄNGE	18 km
HÖHENMETER	188 hm
SCHWIERIGKEIT	MITTEL
MIT ÖFFIS ERREICHBAR	ja

Das erwartet dich ...

Der Pommerbach-Wanderweg von Kaisersesch in den Winzerort Pommern an der Mosel zählt zu den schönsten Talwanderwegen der Moseleifel. 17 Stege wechseln über den naturnahen, durch Laubwälder mäandrierenden Bach. Ein absolutes Muss für Naturliebhaber. Nach etwa einem Drittel des Weges taucht die „Villa Margareta" auf, auf halbem Weg weitet sich das Tal und wild überwuchertes Mauerwerk wird sichtbar: das ehemalige Kloster Rosenthal. Im weinfrohen Pommern an der Mosel beim Weingut Jakob Zenzen Erben setzen wir uns und genießen ein Glas Riesling.

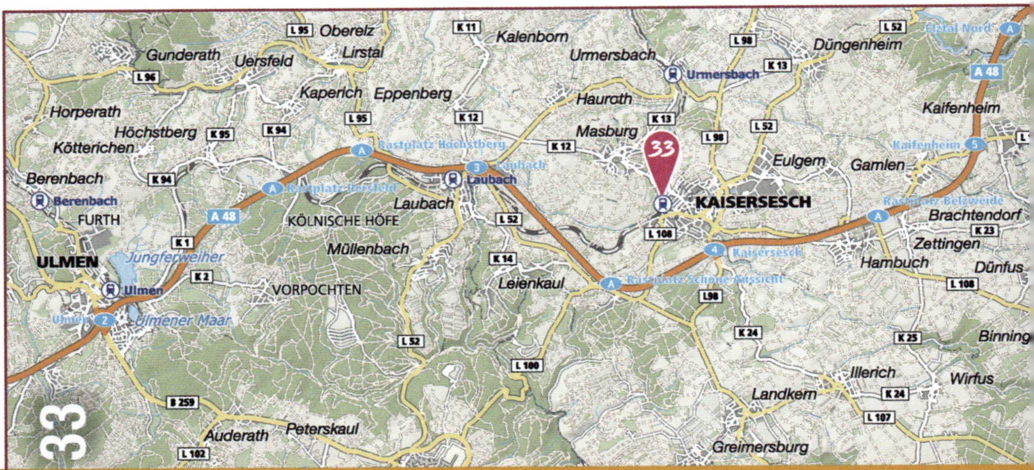

Streckentour 33

Start & Ziel & Anreise

Start am Bahnhof Kaisersesch oder am Balduinplatz, Bushaltestelle. Mit dem Auto von Koblenz auf der BAB A48 Richtung Ulmen zur Ausfahrt 4 Kaisersesch fahren. Nach Kaisersesch abbiegen und über die Bahnhofstraße gelangen wir zum Parkplatz beim Bahnhof. Mit der Pellenz-Eifel-Bahn von Andernach über Mayen nach Kaisersesch. Die Rückkehr nach Kaisersesch: Mit der Bahn von Pommern nach Cochem-Bahnhof und ab Cochem-Endertplatz mit dem Bus, Linie 713 nach Kaiseresch-Balduinplatz. Zum Bahnhof ca. 1,2 Kilometer oder 16 Minuten zu Fuß.

Tourenbeschreibung

Vom Bahnhof Kaisersesch gehen wir mit Blick zur Bahnhofstraße nach rechts zur Marienau, biegen ein und stoßen auf die Bahnhofstraße. Links geht's an ihr entlang zur Von-der-Leyen-Straße. Rechts stoßen wir auf die Straße Höfchen und folgen ihr links zur Cochemer Straße. Hier setzen wir die Wanderung fort und kommen zur schönen Ottilien-Kapelle. Hinter der Straßenbrücke erreichen wir den Pommerbach. Ab hier wandern wir auf dem mit einem „P" markierten Pommerbach-Wanderweg. Ein Pfad führt unter der Autobahn hindurch am Pommerbach entlang. Der Pommerbach bleibt in Sichtweite rechts von uns, während wir das Sträßchen vor der Hambacher Mühle erreichen. Sie erinnert daran, dass hier in den vergangenen Jahrhunderten viele Mühlen standen.

Am Sträßchen gehen wir wenige Schritte nach links und dann auf den Pfad zur Wanderhütte an der Pommerbach-Aussicht. In der Linkskurve des Weges führt rechts ein Pfad hinab an ein Sträßchen. Wir wenden uns nach rechts, queren den Pommerbach, wandern an ihm entlang und queren ihn erneut zur Beckersmühle. Auf Asphalt erreichen wir die Kreisstraße und wandern gegenüber weiter zur Villa Margarete. Sie war die Villa eines Großindustriellen und ist heute die einzige Einkehrmöglichkeit im Tal, mit leider unregelmäßigen Öffnungszeiten.

An der romantischen Villa geht's über den Bach, um den Nagelbergskopf herum und in traumhafter Landschaft über einen anderen Bach, und weiter entlang des Pommerbachs. Über einen Steg gelangen wir zur Klosterruine Rosenthal. Nur die Grundmauern sind zu sehen und eine Kapelle erinnert an das klösterliche Leben der Zisterzienserinnen. Im Tal wandern wir nun zu einer Kläranlage und wenden uns dort nach rechts zur Pommerner Mühle. Hier beginnt ein stegreicher Abschnitt des teils feuchten Wanderwegs in den Bachwiesen. Kurz vor Pommern steht eine schöne Kapelle rechts auf der Wiese, über einen Steg erreichbar. Die ersten Häuser von Pommern stehen an der Straße Im Bachtal. Links wenden wir uns in die Bachstraße und erreichen die Zehnthofstraße vor der Kirche St. Stephanus. Sie führt uns zum Bahnhof Pommern, unserem Ziel an der Mosel.

Bergkapelle in den Weinbergen Pommerns.

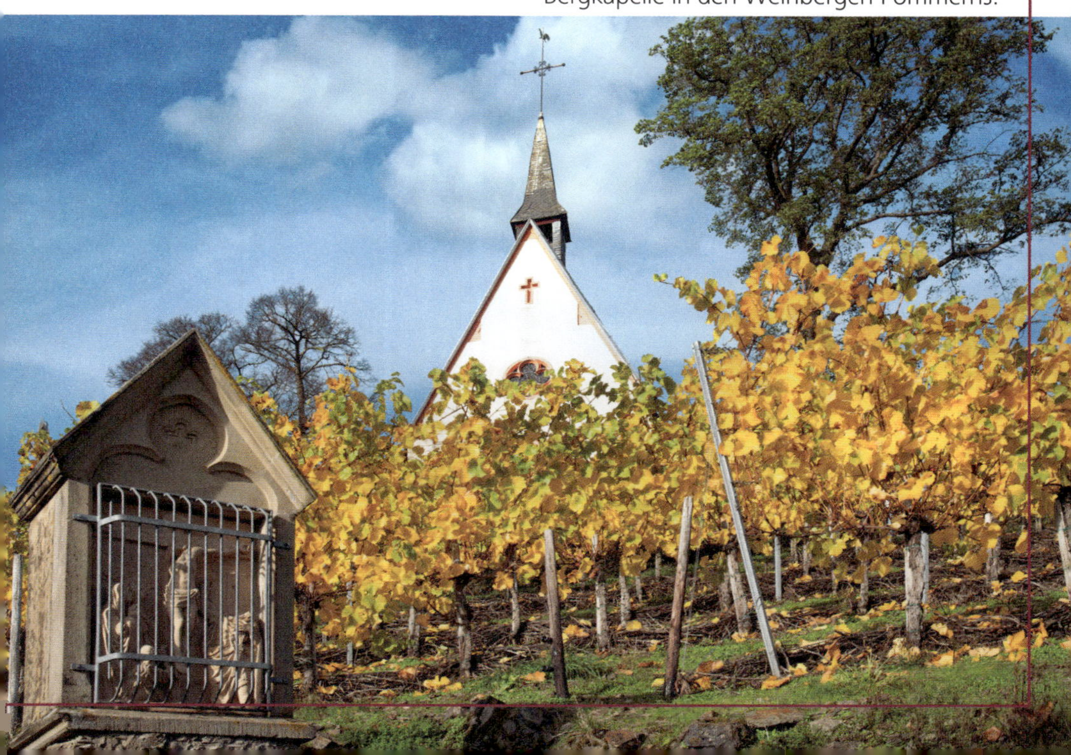

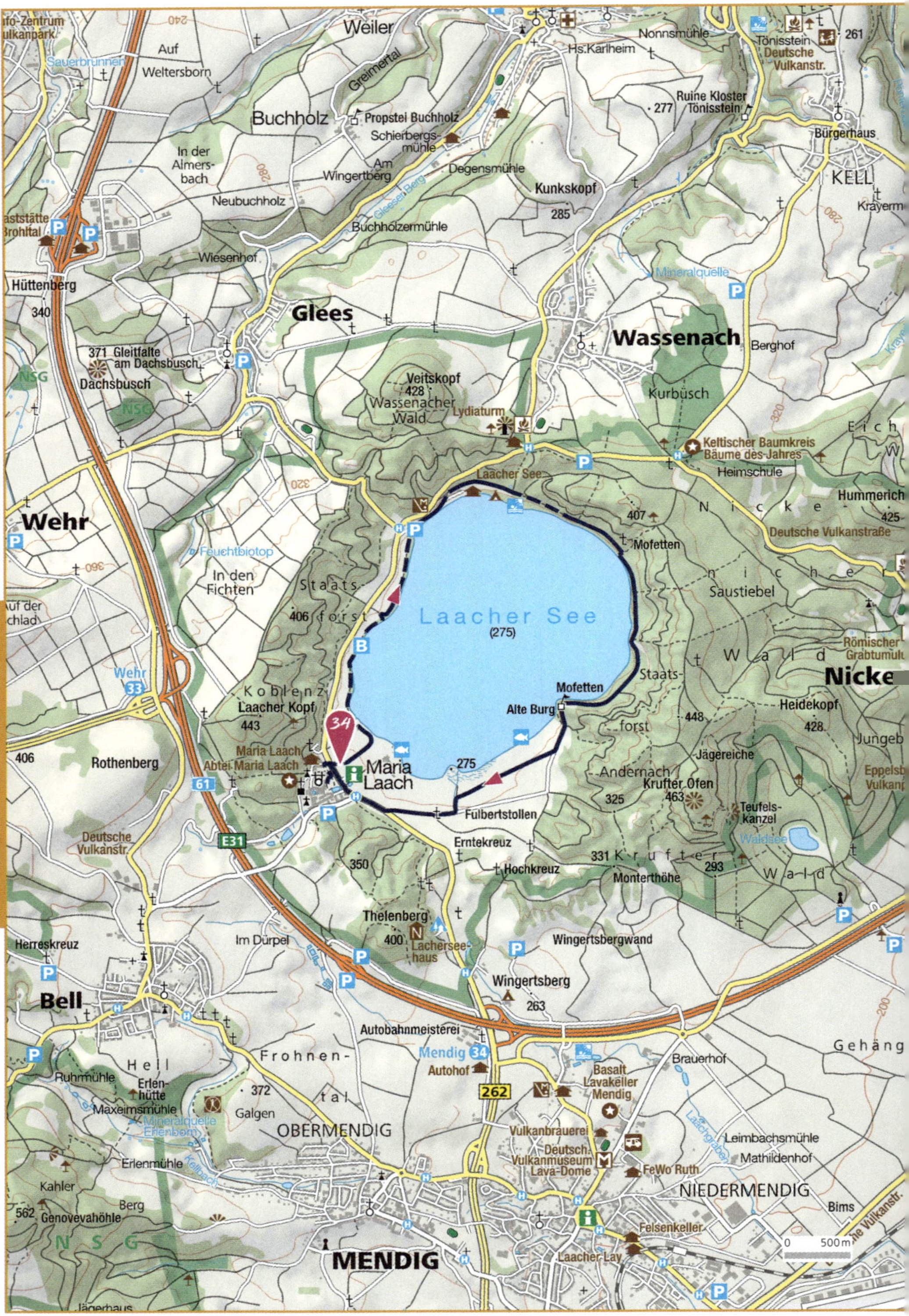

Laacher See
(275)
Maria Laach
Abtei Maria Laach
Glees
Wassenach
Wehr
Bell
Nickenich
Weiler
Buchholz
Kell
Mendig
Obermendig
Niedermendig
Alte Burg
Mofetten
Fulbertstollen
Laacher Kopf
443
Veitskopf
428
Wassenacher Wald
Lydiaturm
Krufter Ofen
463
Thelenberg
400
Lacherseehaus
Wingertsberg
263
Rothenberg
Hüttenberg
Gleitfalte am Dachsbusch
Dachsbusch
Kunkskopf
285
Ruine Kloster Tönisstein
Tönisstein
Deutsche Vulkanstr.
Keltischer Baumkreis Bäume des Jahres
Heimschule
Autobahnmeisterei
Mendig 34
Autohof
262
E31
61
Wehr 33
Basalt Lavakeller Mendig
Vulkanbrauerei
Deutsch. Vulkanmuseum Lava-Dome
FeWo Ruth
Felsenkeller
Laacher Lay
Genovevahöhle
Frohnental
Galgen
0 500 m

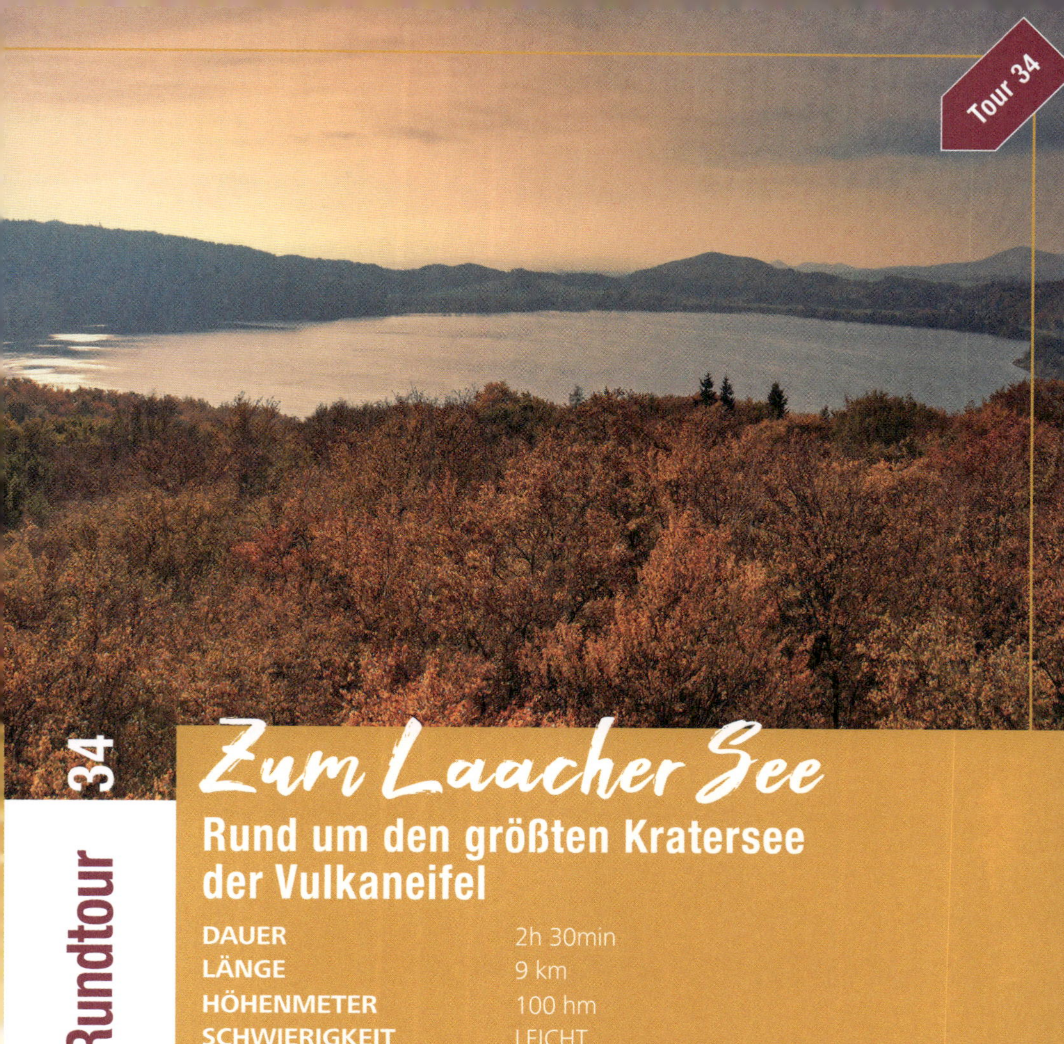

Rundtour 34

Zum Laacher See

Rund um den größten Kratersee der Vulkaneifel

DAUER	2h 30min
LÄNGE	9 km
HÖHENMETER	100 hm
SCHWIERIGKEIT	LEICHT
MIT ÖFFIS ERREICHBAR	nein

Das erwartet dich ...

Die Abtei Maria Laach und der Laacher See zählen zu den eindrucksvollsten Kultur-Natur-Ensembles im Bergland links der Mosel. Der Laacher See ist der größte wassergefüllte Kraterkessel der Vulkaneifel. Blickfang während der leichten Uferwanderung ist die sechstürmige Silhouette der romanischen Klosterkirche der Benediktinerabtei Maria Laach am Südufer. Wir betreten die Basilika durch das „Paradies", der Vorhalle, und unser Blick wird im Chorraum der Kirche vom herrlichen Christus-Mosaikbild angezogen.

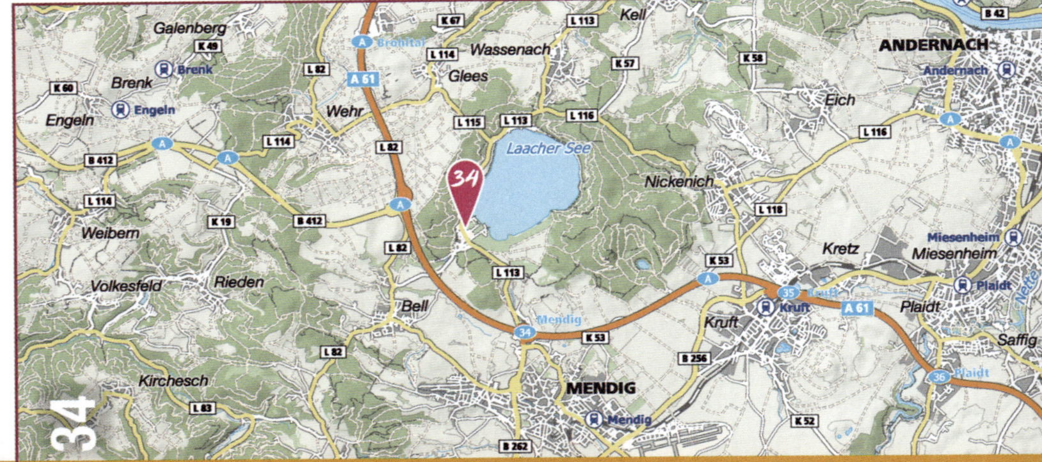

Rundtour 34

Start & Ziel & Anreise

Start in Maria Laach am Parkplatz zwischen Kloster und Laacher See. Mit dem Auto auf der BAB A61 Koblenz Richtung Köln und an der Ausfahrt 34 Mendig Richtung Maria Laach abbiegen. Der Parkplatz ist ausgeschildert und liegt an der L113 (Deutsche Vulkanstraße) seeseitig.

Tourenbeschreibung

Vom Parkplatz Maria Laach zwischen der Landstraße und dem Laacher See lohnt zu Beginn der Wanderung ein Besuch der Abteikirche. Die Basilika ist das Herzstück der Klosteranlage. Über das Atrium, dem „Paradies", gelangen wir in die Kirche und unser Blick wird vom großen Mosaikbild im Chorraum angezogen, es zeigt Christus. Die Gebäude des Klosters sind von der Klausurmauer umschlossen und gruppieren sich um den Kreuzgang.

Vom ökologischen Hofladen am Parkplatz führt der Weg aufwärts, unterquert die Landstraße und erreicht den sehenswerten Klosterkomplex Maria Laach. Von den Klosteranlagen geht es auf demselben Weg zurück zum Parkplatz Maria Laach und am unteren Ende geradeaus durch aussichtsreiche Wiesen zu den Baumstreifen am Ufer, in denen der Seerundweg verläuft. Der Uferrundweg ist mit ML2 markiert und führt links um den See. Wir wandern also nach links um den Vulkansee herum.

Ein schöner Blick auf den See bietet sich gleich beim Bootsverleih. Von April bis September können wir Ruder- und Tretboote leihen. Vom Bootsverleih führt der Wanderweg zwischen dem bewaldeten Uferstreifen und Wiesen an einem Sauerbrunnen vorbei, und unser Blick fällt zwischen den Zweigen hinaus auf den See. Segelboote und Paddling-Boarder nutzen den leichten Wind auf dem See.

An der Marina des Segelclubs Laacher See könnten wir eine Runde Minigolfen. Hier wechselt der Wanderweg auf die Zufahrt des RCN Camping mit eigenem Strand zum See. Ein Blickfang ist das Blockhaus Laacher See, aus Holzstämmen gebaut mit Terrasse und schöner Aussicht. Wir kehren schon mal ein auf ein Tässchen Kaffee ein.

Der Uferweg umgeht den Campingplatz und führt nun durch den Wald zu den Mofetten am See. Blubb, Blubb,… hingehen und schauen, wie das CO_2 aus dem See steigt. Interessant sind die Erklärtafeln bezüglich Geologie rund um den See. Im weiteren Verlauf finden sich längs des Uferwegs zahlreiche Plätze für eine Rast mit Blick über den Kratersee hinweg zur Abteikirche. Aus dem Steilhang blicken hin und wieder Felsen herab, am Lorenzfelsen zieht sich Basaltlava durch den Hang.

Oberhalb der Landspitze stand die Alte Burg, eine Burg Pfalzgraf Heinrichs II., der die Abtei 1093 stiftete. Hier verlässt der Uferwanderweg den Wald, wendet sich wenig später an einer Bimsstein-Informationstafel rechts und führt durch die Niederung zurück Richtung Abtei. Wir kommen am Fulbert-Stollen vorbei, der in der Amtszeit des Abtes Fulbert angelegt wurde, um die Abtei vor Hochwasser zu schützen. Einen natürlichen Abfluss hat der See ja keinen. Wir gehen vor zur Straße und zurück zum Parkplatz bei der Abtei.

Autoren Tipp

Laacher See: Die größte Caldera der Vulkaneifel. Vor rund 11.000 Jahren, im Juli 9080 v. Chr., explodierte an der Stelle des Laacher Sees eine gigantische Magmakammer, die sich unter der Erdoberfläche gebildet hatte. Das Wasser des bis zu 53 Meter tiefen Laacher Sees bedeckt völlig den Kraterkessel. Seit 11.000 Jahren ruht zwar der Vulkanismus im Gebiet des Laacher Sees, doch die als „Mofetten" bezeichneten Austrittsstellen von Gasen am Ostufer deuten auf andauernde unterirdische Aktivitäten hin.

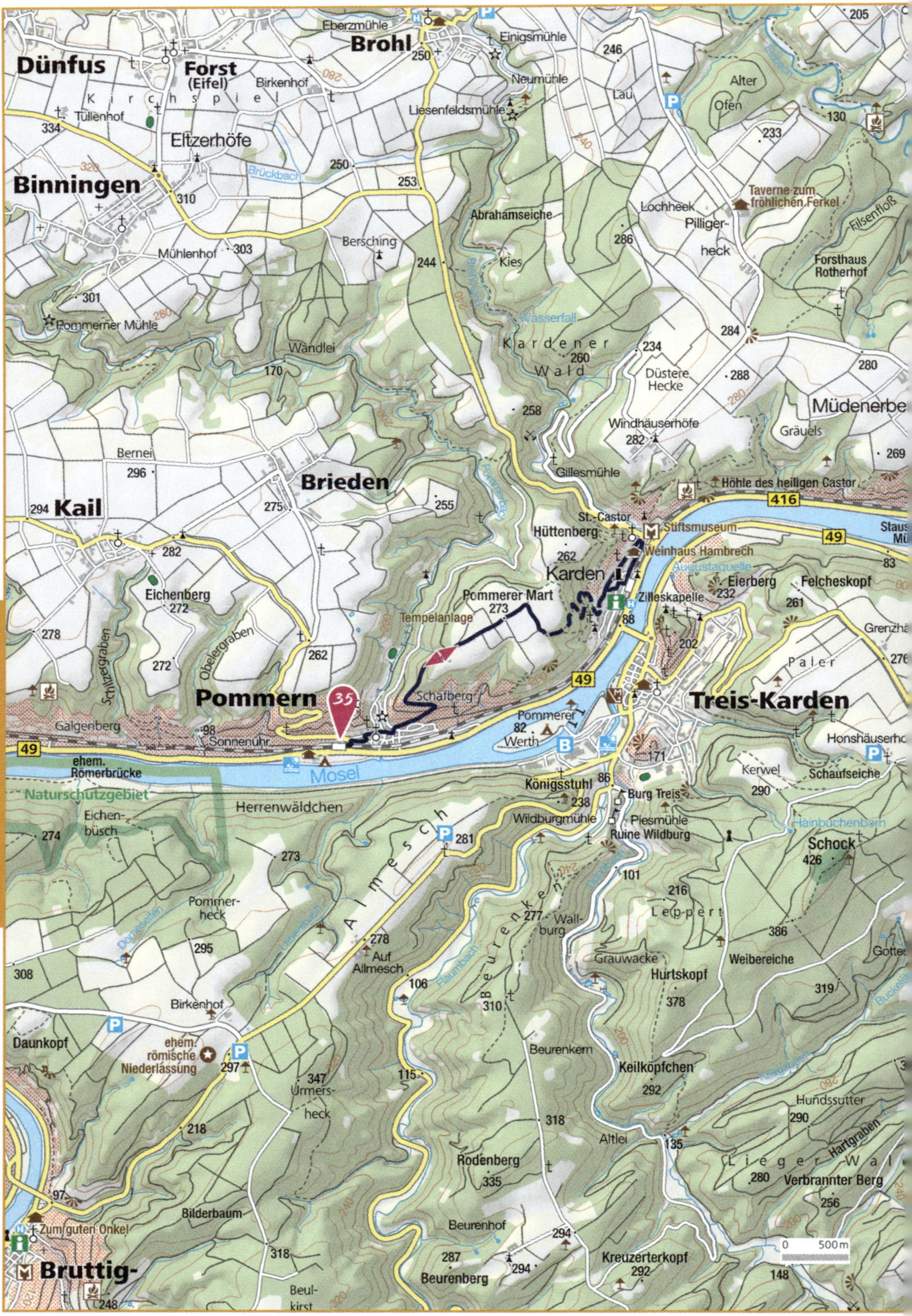

35

Dünfus
Forst (Eifel)
Eberzmühle
Brohl
Einigsmühle
Neumühle
Liesenfeldsmühle
Birkenhof
Kirchspiel
Tüllenhof
Eltzerhöfe
Brückbach
Binningen
Alter Ofen
Lau
Lochheck
Pilliger-heck
Taverne zum fröhlichen Ferkel
Filsenfloß
Forsthaus Rotherhof
Abrahamseiche
Bersching
Kies
Mühlenhof
Pommerner Mühle
Wasserfall
Wandlei
Kardener Wald
Düstere Hecke
Windhäuserhöfe
Müdenerberg
Gräuels
Bernei
Brieden
Kail
Gillesmühle
Höhle des heiligen Castor
St.-Castor
Hüttenberg
Stiftsmuseum
Weinhaus Hambrech
Augustaquelle
Karden
Eierberg
Felcheskopf
Zilleskapelle
Pommerer Mart
Tempelanlage
Eichenberg
Obelergraben
Schlitzergraben
Paler
Pommern
Schafberg
Treis-Karden
Galgenberg
Sonnenuhr
Pommerer Werth
Honshäuserhof
Mosel
ehem. Römerbrücke
Naturschutzgebiet
Kerwel
Schaufseiche
Königsstuhl
Burg Treis
Piesmühle
Ruine Wildburg
Wildburgmühle
Herrenwäldchen
Eichenbüsch
Hainbuchenborn
Schock
Almesch
Pommerheck
Leppert
Beurenken
Wallburg
Auf Allmesch
Grauwacke
Hurtskopf
Weibereiche
Birkenhof
Daunkopf
ehem. römische Niederlassung
Urmersheck
Beurenkern
Keilköpfchen
Hundssutter
Altlei
Rodenberg
Hartgraben
Lieger Wald
Verbrannter Berg
Bilderbaum
Zum guten Onkel
Beurenhof
Kreuzerterkopf
Bruttig-
Beurenberg
Beulkirst
0 500 m

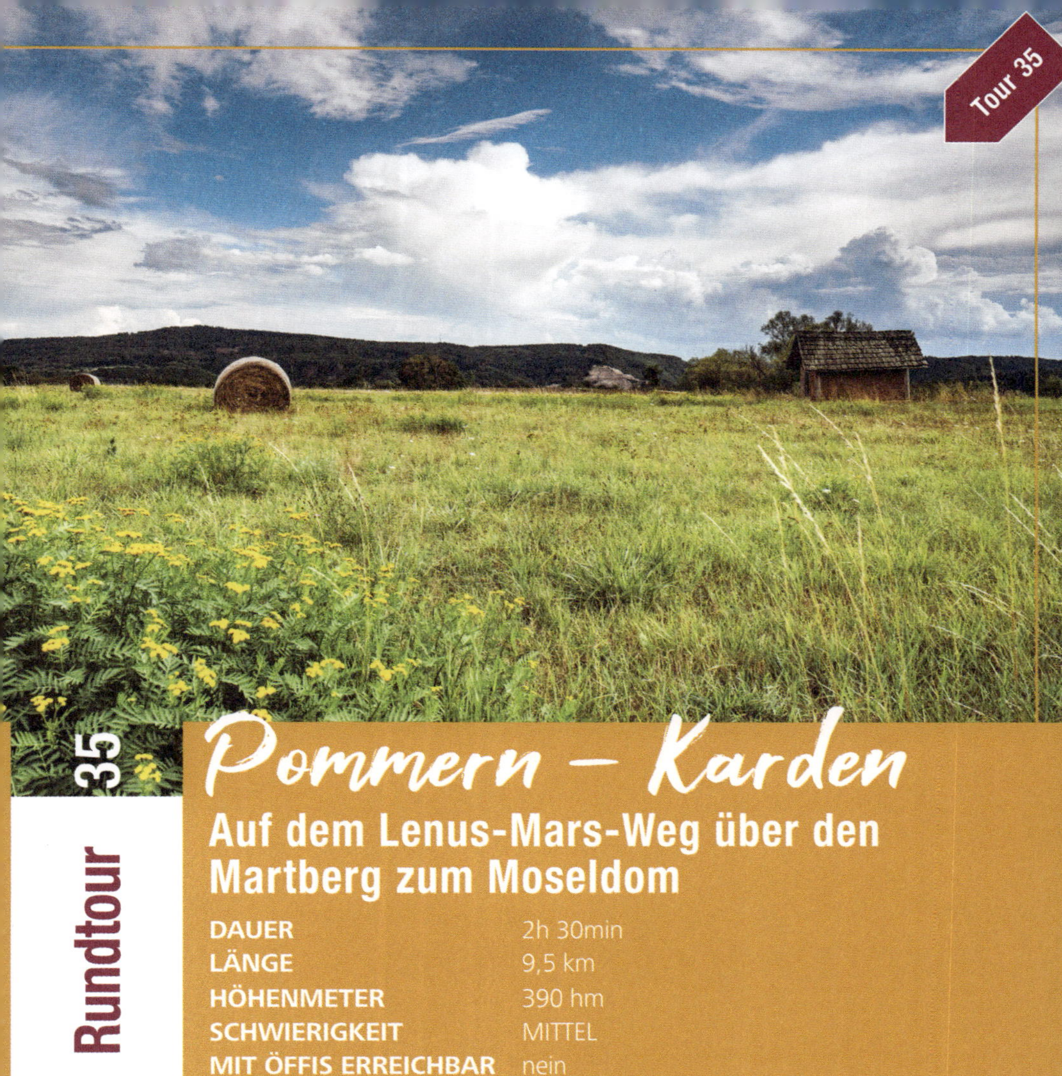

Rundtour 35

Pommern – Karden

Auf dem Lenus-Mars-Weg über den Martberg zum Moseldom

DAUER	2h 30min
LÄNGE	9,5 km
HÖHENMETER	390 hm
SCHWIERIGKEIT	MITTEL
MIT ÖFFIS ERREICHBAR	nein

Das erwartet dich ...

Ein historischer Wanderweg, der Lenus-Mars-Weg, vom Winzerdorf Pommern hinauf auf den 290 Meter hohen Martberg zum imposanten römischen Tempel im Archäologiepark Martberg. Das kleine Martberg-Café neben dem Tempel hat am Wochenende geöffnet. Unten in Karden an der Mosel fällt uns schon der weithin sichtbar weiße Moseldom ins Auge, die Stiftskirche St. Castor. Das Weinhaus Hambrech in Karden bietet eine Stiftsherrenführung an. Danach probieren wir den hauseigenen Wein, klare Schnäpse und fruchtige Liköre aus der Brandweinbrennerei.

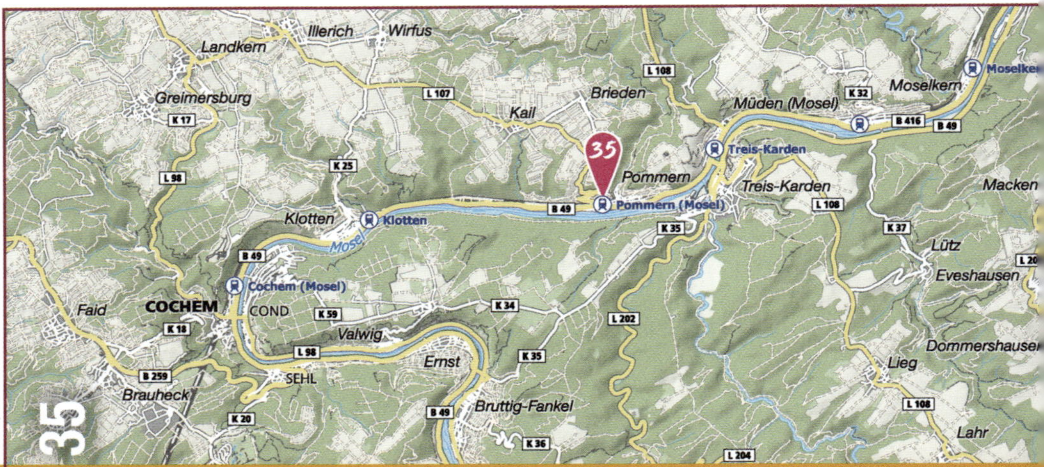

Rundtour 35

Start & Ziel & Anreise

Start am Bahnhof Pommern in der Bahnhofstraße. Mit dem Auto von Koblenz auf der B49 Richtung Wittlich bis Pommern. An der L107 rechts zum Bahnhof und links in der Bahnhofstraße parken. Mit der Bahn Linie RB81 von Koblenz-Hauptbahnhof Richtung Trier bis zum Bahnhof Pommern.

Tourenbeschreibung

Vom Bahnhof Pommern gehen wir zum Bahnübergang, dort links zur Burgstraße und auf ihr am Friedhof entlang zur Lindenstraße. Am Straßenende geht's kurz links, dann rechts. Eine Informationstafel am Weg Am Goldberg zeigt den Verlauf des Lenus-Mars-Wegs, dem auch der Eifel-Moselhöhenweg folgt. Hier geht's nun den Weinberg hinauf. Die Weinlagen oberhalb der schönen Fachwerkhäuser in Pommern sind Pommerner Rosenberg, Pommerner Sonnenuhr, Pommerner Goldberg und Pommerner Zeisel. An der Wegeverzweigung wandern wir nun auf dem obersten Weg links zur Holzfigur Frau im Weinberg und im Rechtsbogen weiter durch den Wald zum Archäologiepark Martberg, einer Keltischen Höhensiedlung mit römischem Heiligtum. Das weithin berühmte Heiligtum auf dem Martberg hatte in römischer Zeit fünf Tempel. Davon wurde ein Tempel rekonstruiert und erhebt sich in beeindruckender Weise inmitten des heiligen Bezirkes, ein wahrer Blickfang. Am umlaufenden Fries erkennen wir allerlei Motive aus der antiken Mythologie: Mänaden, die „Partygirls", bei den ausschweifenden Festen des Weingottes Bacchus, die Göttin Ponoma, die römische Göttin der Früchte, das Wunderpferd Pegasus und die Medusa mit ihrem „bösen Blick".

Längs des Lenus-Mars-Wegs von Pommern nach Karden informieren Lehrtafeln über die antike Geschichte, über archäologische Forschungsergebnisse und das Leben im keltischen Oppidum. Vom Archäologie-Park führen der Lenus-Mars-Weg und der Moselhöhenweg nach rechts zum Wald und in Serpentinen durch die steile Bergflanke hinab in den Weinort Karden. In der Straße Unter den Weinbergen gehen wir durch Karden. An der Bogenstraße geht's rechts und sofort links. Wir stehen vor der mächtigen ehemaligen Stiftskirche St. Castor. Karden wurde in römischer Zeit christianisiert, der Legende zufolge im 4. Jh. vom Priester Sanct Kastor, der hier die erste christliche Kirche an der Untermosel errichtete. Ihr mächtiger Nachfolgebau ist der weiße „Moseldom" Sankt Kastor, der auch dank seiner Ausstattung und Malereien zu den bedeutendsten Sakralbauten an der Mosel zählt. Das Stiftsmuseum im renovierten Zehnthaus neben dem Dom dokumentiert die Geschichte des Orts von keltischer Zeit bis zur Aufhebung des Stifts während der napoleonischen Kriege. Die Ausstellungsstücke dokumentieren 2.000 Jahre Ortsgeschichte mit Funden aus keltischer, römischer und fränkischer Zeit.

Nach so viel Historie genehmigen wir uns einen Schluck guten Weines und kehren im Weinhaus Hambrech ein. Das Weinhaus befindet sich im alten Kanonikerhaus, in der St.-Castor-Straße. Hier gibt's auch eine Brennereiführung und eine Besichtigung des historischen Stiftsherren-Weinkeller. Von Karden geht es auf demselben Weg über den Martberg zurück ins Winzerdorf Pommern. Oder wir fahren die eine Station mit der Bahn vom Bahnhof Treis-Karden nach Pommern zurück.

Autoren Tipp

Stiftsherrenführung im historischen Karden: Das Weinhaus Hambrech befindet sich im alten Kanonikerhaus, das im ehemaligen Stiftsbezirk von Karden liegt. Der „Stiftsherr" aus der Familie Hambrech führt uns in einem original historischem Gewand durch das Siftsmuseum, den Stiftsherren-Weinkeller und erzählt Geschichten und Anekdoten aus dem früheren Karden. So weiß er auch die Verbindung zwischen dem ersten Bundeskanzler der Bundesrepublik Deutschland, Dr. Konrad Adenauer, und einem seiner Lieblingsorte, Karden.

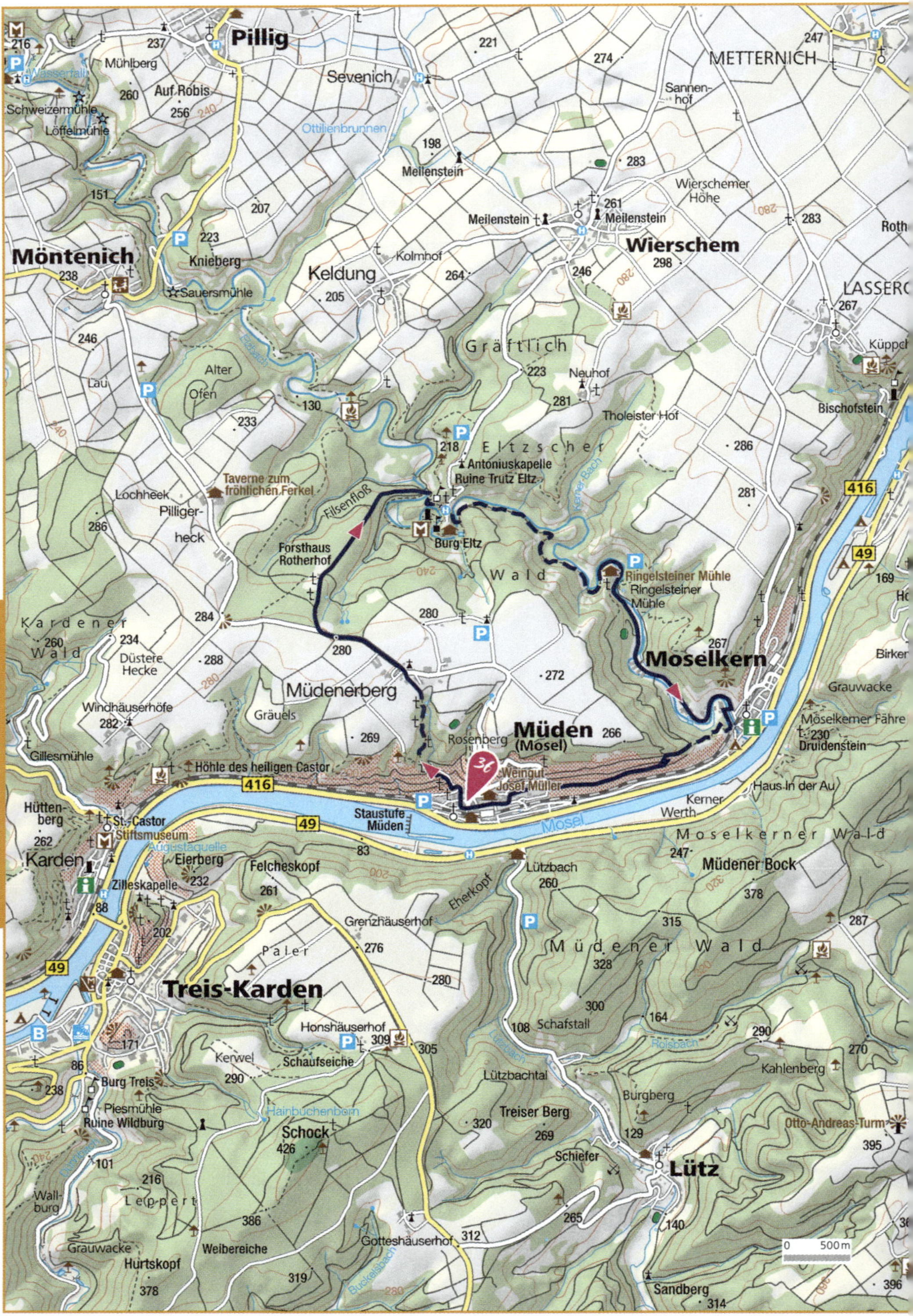

Pillig
Mühlberg
Sevenich
METTERNICH
Sannenhof
Wasserfall
Schweizermühle
Löffelmühle
Auf Robis
Ottilienbrunnen
Meilenstein
Wierschemer Höhe
Wierschem
Roth
Möntenich
Knieberg
Kolmhof
Keldung
Sauersmühle
LASSERG
Küppch
Gräftlich
Neuhof
Alter Ofen
Lau
Tholeister Hof
Bischofstein
Eltzscher Wald
Antoniuskapelle
Ruine Trutz Eltz
Taverne zum fröhlichen Ferkel
Lochheck
Pilliger-heck
Elzbach
Eltzbach
Filsenfloß
Burg Eltz
Forsthaus Rotherhof
Ringelsteiner Mühle
Kardener Wald
Düstere Hecke
Moselkern
Birken
Grauwacke
Müdenerberg
Windhäuserhöfe
Gräuels
Rosenberg
Müden (Mosel)
Moselkerner Fähre
Druidenstein
Gillesmühle
Höhle des heiligen Castor
Weingut Josef Müller
Haus in der Au
Hüttenberg
St. Castor
Stiftsmuseum
Staustufe Müden
Kerner Werth
Mosel
Moselkerner Wald
Karden
Augustaquelle
Eierberg
Zilleskapelle
Felcheskopf
Lützbach
Müdener Bock
Eherkopf
Grenzhäuserhof
Paler
Müdener Wald
Treis-Karden
Honshäuserhof
Schafstall
Kerwel
Schaufseiche
Lützbachtal
Roisbach
Kahlenberg
Burg Treis
Piesmühle
Ruine Wildburg
Hainbuchenborn
Burgberg
Treiser Berg
Otto-Andreas-Turm
Schock
Schiefer
Lütz
Wallburg
Leppert
Weibereiche
Gotteshäuserhof
Grauwacke
Hurtskopf
Buckelsbach
Sandberg
0 500 m

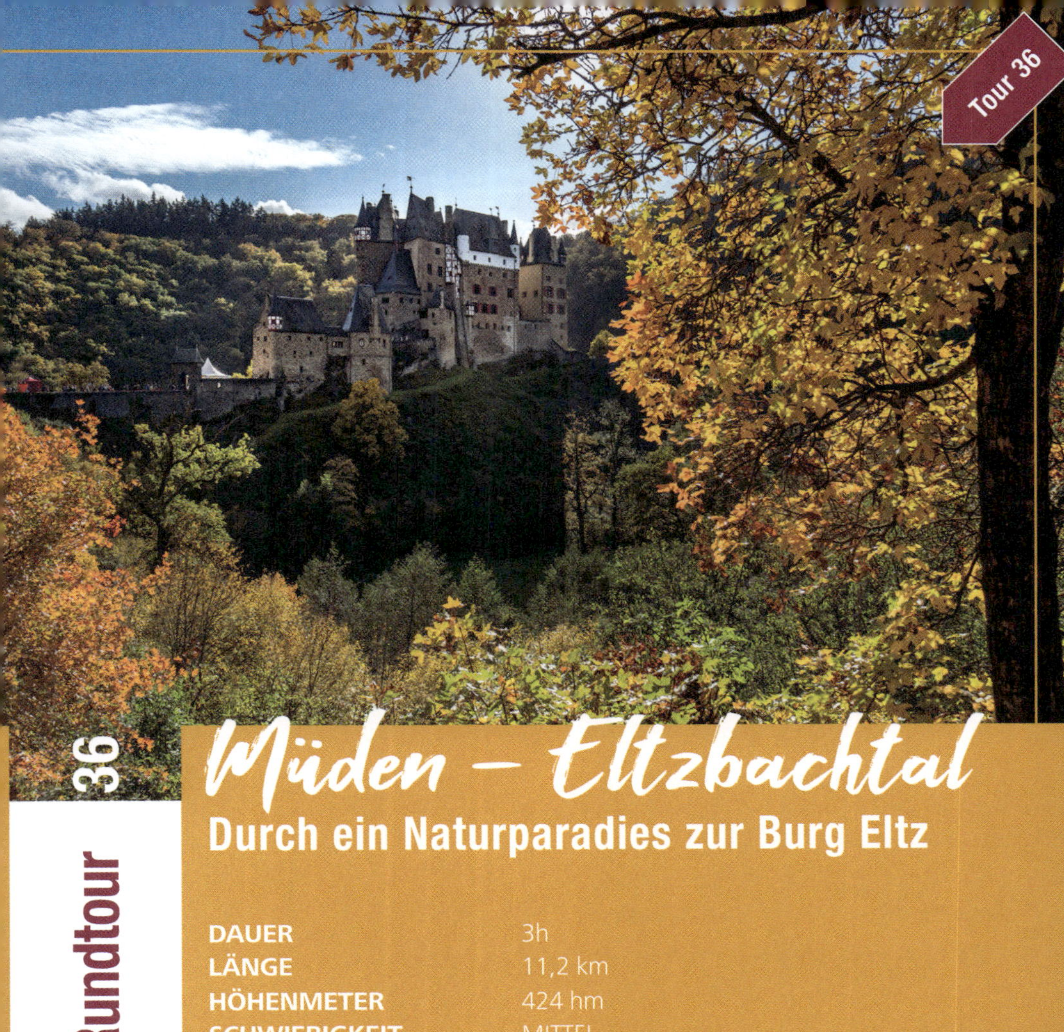

Rundtour 36

Müden – Eltzbachtal

Durch ein Naturparadies zur Burg Eltz

DAUER	3h
LÄNGE	11,2 km
HÖHENMETER	424 hm
SCHWIERIGKEIT	MITTEL
MIT ÖFFIS ERREICHBAR	ja

Das erwartet dich ...

Weinberge mit herrlichen Blicken ins Moseltal, ein toller Kreuzweg zwischen zwei schönen Kapellen, dichter, romantischer Wald im Elzbachtal, die Burg Eltz, eine Ritterburg wie gemalt mit Zinnen, Türmchen und einmaligen Aussichten, gemütliches Einkehren und natürlich Weinproben in den Weingütern in Müden und Moselkern.

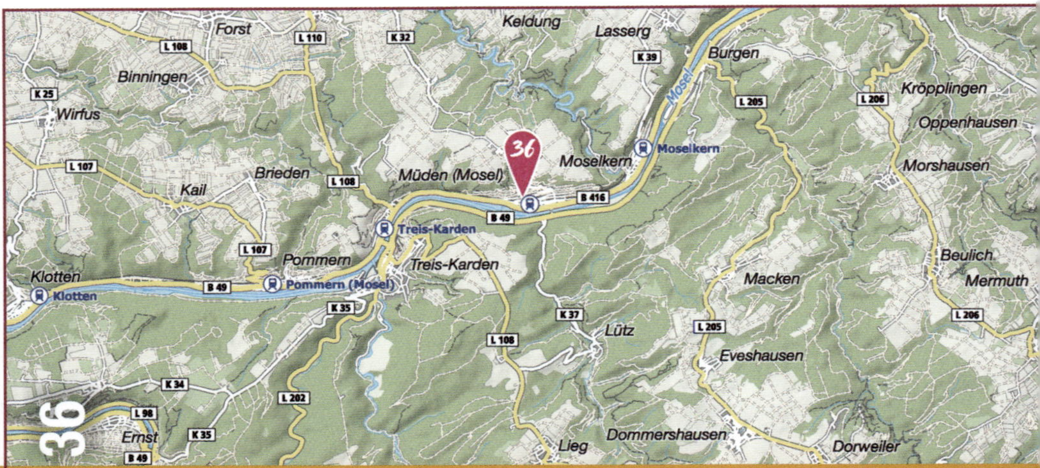

Rundtour 36

Start & Ziel & Anreise

Start am Bahnhof Müden (Mosel), an der Moselseite des Bahnhofs. Mit dem Auto von Koblenz auf der B 416 Richtung Treis-Karden bis Müden (Mosel), an der Speichstraße zum Bahnhof abbiegen, parken in der Speichstraße Mit dem Zug RB81 oder RB82 Koblenz–Trier bis Bahnhof Müden (Mosel).

Tourenbeschreibung

Wir gehen zur Moselseite des Bahnhofs und über den Bahnübergang zur Prof.-Friedrich-Erxleben-Straße. Nach rechts erreichen wir die Speichstraße, unterqueren die Gleise und kommen an die Hauptstraße. Links gehen wir am Gasthaus Balthasar vorbei und die Bachstraße hinauf zur Kreuzwegkapelle. Hier beginnt der Kreuzweg entlang des Weinbergs. Kreuzwegstationen weisen den Weg durch den Wald nach Müdenerberg. Er endet an der Dreifaltigkeitskapelle, wunderschön aus Bruchsteinen erbaut. Wir halten uns links und wandern auf der schmalen Straße zum Waldrand. Noch ein Stück geradeaus, dann biegen wir rechts ab zum Forsthaus Rotherhof. Am Weg dorthin stehen weitere Kreuzwegstationen.

Wir gehen beim Forsthaus geradewegs vorbei Richtung Burg Eltz. Unterwegs spitzelt schon die romantische Burg durch die Bäume. Der Weg wird zum Pfad und führt hinab an den Elzbach. Wir gehen über die Brücke und wenden uns gleich nach rechts zur Aussicht auf die Türmchen und Zinnen der Burg. Oberhalb des Weges liegt die Ruine Burg Trutzeltz. Wir erreichen die Straße und die Haltestelle des Shuttlebusses. Vor uns erhebt sich Burg Eltz. Unbedingt an einer Burgführung durch die 850-jährige Burg mitmachen, der Inbegriff einer Ritterburg. In der Unterschänke kehren wir ein, wenn es voll ist, sitzt es sich in der Oberschänke auch gut mit schöner Aussicht.

Wir verlassen die Burg und gehen dann rechts die Treppen hinauf zur Fußgängerbrücke über den Elzbach. Am anderen Ufer halten wir uns links in den Wald und dann geradeaus zum Elzbach. Wir folgen dem schmalen Weg und wandern an der Bachschleife entlang zur Ringelsteiner Mühle. Im dortigen Landhotel lassen wir es uns gut gehen, die Kuchenauswahl ist legendär. Nächstes Ziel ist Moselkern. Wir gehen wenige Schritte die Straße hinunter und biegen dann links ab über die Brücke und folgen nach rechts dem Elzbach zur Siedlung Im Elztal. Ab hier wandern wir auf der Straße nach Moselkern. An der Eventlocation Alte Wollfabrik geht's über den Elzbach und dann links zur Bahnunterführung. Hier zweigt rechts ein schmaler Weg ab, der uns über Stufen in den bewaldeten Hang hinaufführt. Wir kommen an einer Schutzhütte vorbei und steigen weiter auf. Am Abzweig biegen wir links ein und erreichen eine Wegeverzweigung. Dort wählen wir den Weg der im Zickzack nach unten führt und folgen ihm ganz hinunter an den Weinberg. Parallel zum Hang geht's nun durch Weinreben nach Müden. In der Flesch heißt die Wohnstraße, die uns zur Straße Hochkreuz führt. Links gelangen wir zur Hauptstraße und gehen nach rechts zum Bahnhof zurück. Das Weingut Josef Müller in der Hauptstraße bietet Weinproben an. Um an einer teilnehmen zu können, muss man sich vorher anmelden. Macht richtig Spaß!

Autoren Tipp

Die „500-DM-Burg": Zwischen 1961 und 1995 zierte Burg Eltz den 500-DM-Schein. Burg Eltz ist anders. Sie überstand alle Kriege unbeschadet. Hinter einer unvergleichlichen Architektur und einer originalen Einrichtung aus acht Jahrhunderten verbergen sich eine Rüst- und Schatzkammer mit Gold- und Silberarbeiten von Weltrang. Die Burgführungen beginnen im oberen Burghof und führen u. a. durch die Waffenkammer in den Rübenacher Untersaal mit dem Meisterwerk von Lucas Cranach d. Ä., „Madonna mit dem Kind und Weintraube".

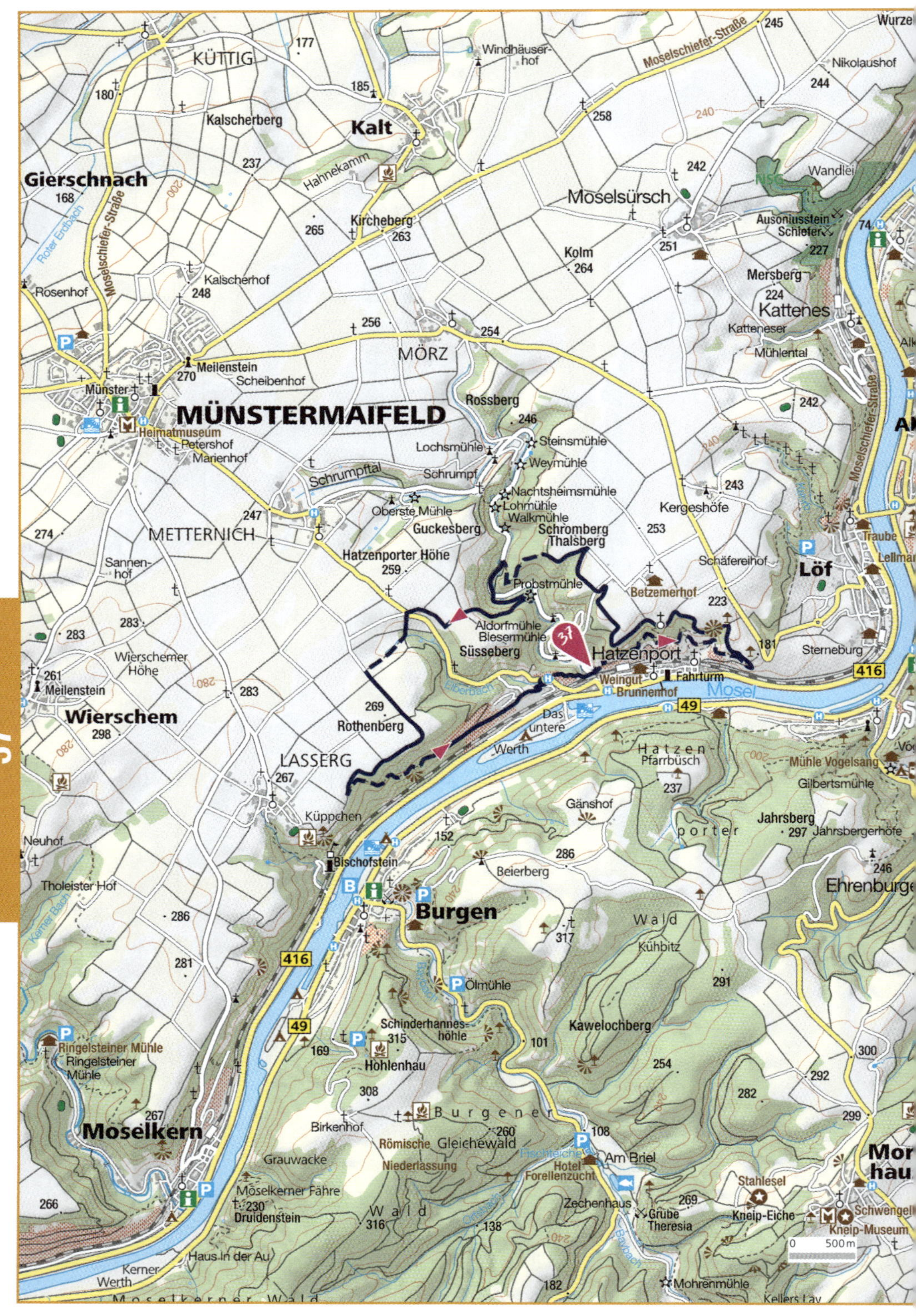

KÜTTIG
177
Windhäuserhof
245
Wurze
Moselschiefer-Straße
Nikolaushof
244
180
185
Kalscherberg
Kalt
258
240
Gierschnach
168
237
Hahnekamm
242
Wandlei
Moselsürsch
NSG
Roter Erdbach
Moselschiefer-Straße
265
Kircheberg
263
Ausoniusstein
Schiefer
74
251
227
Kolm
264
Rosenhof
Kalscherhof
248
Mersberg
224
Kattenes
256
254
Katteneser
Mühlental
MÖRZ
Meilenstein
270
Scheibenhof
Münster
Rossberg
242
MÜNSTERMAIFELD
246
Heimatmuseum
Petershof
Marienhof
Lochsmühle
Steinsmühle
Weymühle
Schrumpftal
Schrumpf
Nachtsheimsmühle
243
Oberste Mühle
Lohmühle
Walkmühle
Kergeshöfe
247
274
METTERNICH
Guckesberg
Schromberg
Thalsberg
253
Traube
Hatzenporter Höhe
259
Sannenhof
Schäfereihof
Löf
Lellmar
Probstmühle
Betzemerhof
223
283
283
Aldorfmühle
Biesermühle
Süsseberg
Hatzenport
181
Sterneburg
416
Wierschemer Höhe
261
Meilenstein
280
283
Weingut
Fahrturm
Brunnenhof
Mosel
Elzerbach
49
Wierschem
298
269
Rothenberg
Das untere
Werth
Hatzen-
Pfarrbüsch
Mühle Vogelsang
LASSERG
267
237
Gilbertsmühle
Gänshof
Jahrsberg
297
Jahrsbergerhöfe
Küppchen
porter
Neuhof
152
Bischofstein
286
246
Beierberg
Ehrenburg
Tholeister Hof
Burgen
Wald
286
317
Kühbitz
416
281
Baybach
Ölmühle
291
Ringelsteiner Mühle
49
Schinderhannes-
315
höhle
Kawelochberg
Ringelsteiner
Mühle
169
101
Hohlenhau
254
300
308
282
292
267
Birkenhof
Burgener
299
Moselkern
260
Römische
Niederlassung
Gleichewald
108
Am Briel
Grauwacke
Fischteiche
Hotel
Forellenzucht
Stahlesel
Moselkerner Fähre
Zechenhaus
269
266
230
Druidenstein
Wald
316
138
Grube
Theresia
Kneip-Eiche
Schwengel
Kneip-Museum
0
500 m
Haus In der Au
Kerner
Werth
Moselkerner Wald
182
Mohrenmühle
Kellers Lay

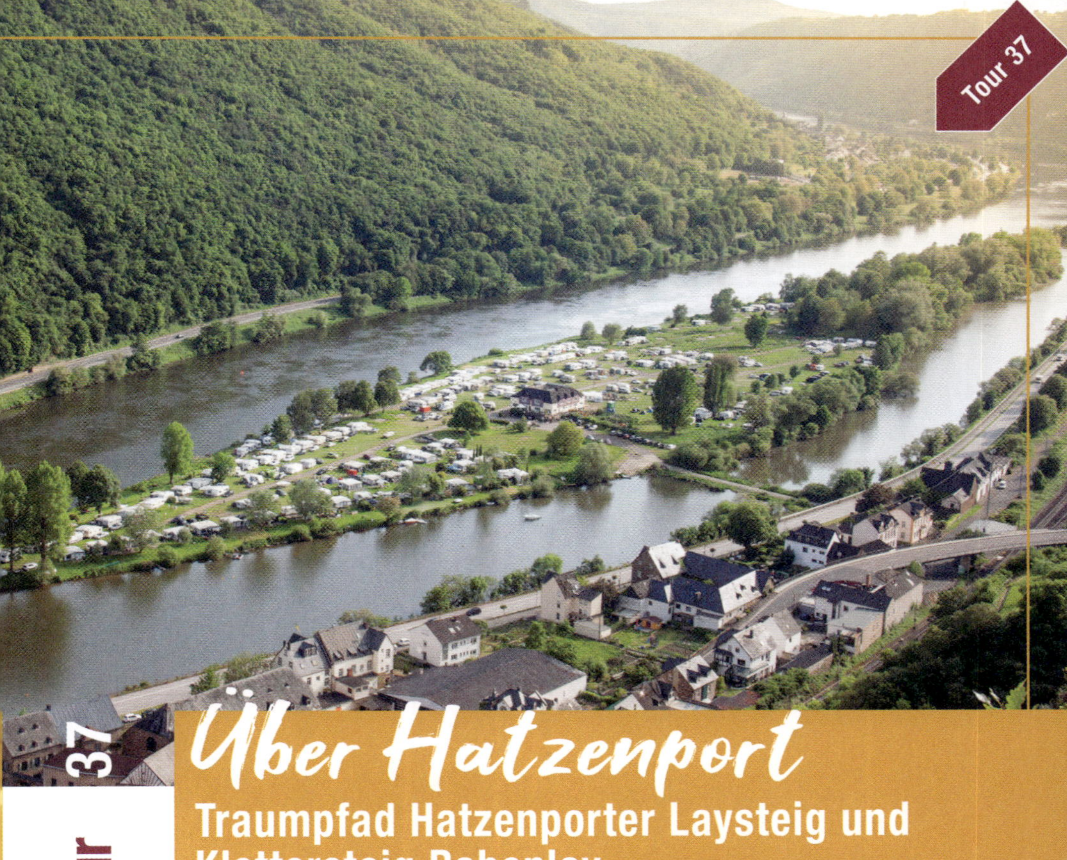

Rundtour 37

Über Hatzenport

Traumpfad Hatzenporter Laysteig und Klettersteig Rabenlay

DAUER	4h
LÄNGE	12,2 km
HÖHENMETER	447 hm
SCHWIERIGKEIT	MITTEL
MIT ÖFFIS ERREICHBAR	ja

Das erwartet dich ...

12 Kilometer Wanderfeeling mit traumhaften Aussichten an der Rabenlay und Kreuzlay. Auf Tuchfühlung mit den Weinreben geht's zur Rabenlay. Steil kommt von unten der Klettersteig hinauf. Dann geht es an den steilen Waldhängen des romantischen Schrumpfbachtales entlang, hinunter zur Probstmühle und über buckelige Wald- und Wiesenwege zum Moselpanoramaweg vor Hatzenport. Dort besuchen wir die Straußwirtschaft im Weingut Brunnenhof.

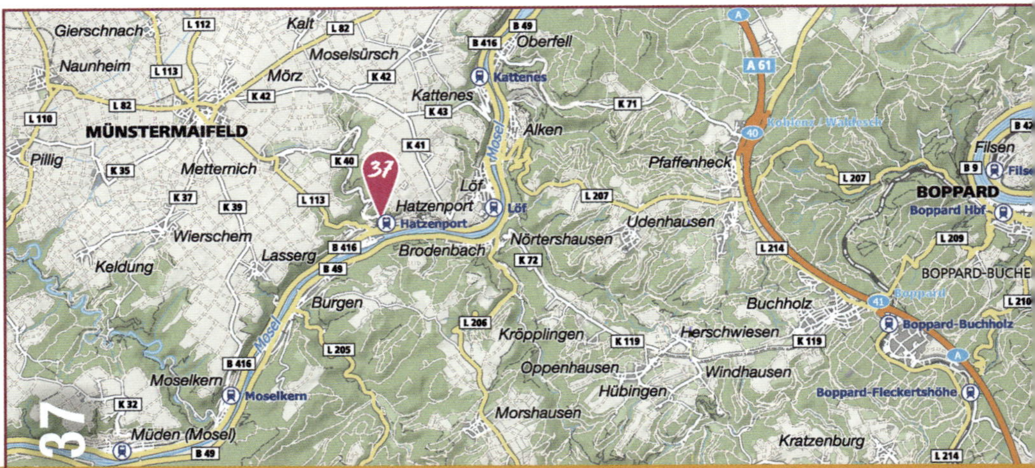

Rundtour 37

Start & Ziel & Anreise

Start am Bahnhof Hatzenport auf der Bergseite am Unteren Bannweg. Mit dem Auto von Koblenz auf der B416 Richtung Treis-Karden nach Hatzenport, an der Schillingstraße zum Bahnhof abbiegen, parken in der Oberstraße beim Bahnhof. Mit dem Zug RB81 oder RB82 Koblenz–Trier bis zum Bahnhof Hatzenport.

Tourenbeschreibung

Wenige Schritte vom Bahnhof beginnt rechts vom Unteren Bannweg der steile Aufstieg des Hatzenporter Laysteigs. In Serpentinen geht's hinauf zum Oberen Bannweg. Wir gehen kurz nach rechts und dann über eine Treppe zwischen den Weinstöcken zu einem Fußweg. Rechts wandern wir nun oberhalb des Weinberges zur Winzerhütte Hatzenport. Traumhaft schön. Mit dem Blick über die Mosel lässt sich hier gut eine Brotzeit machen. Hier endet ein asphaltierter Wirtschaftsweg. Hangwärts verzweigt sich der Wanderweg. Wir halten uns rechts und gelangen zum Aussichtspunkt Traumpfädchen mit Blick nach Hatzenport ins Moseltal. Der Weg führt uns nun am Hang entlang zur Rabenlay. Spektakuläre Aussicht mit Schutzhütte am Ende des Klettersteiges Rabenlay.

Hier wendet sich unser Wanderweg vom Moseltal ab und führt am Waldrand entlang weiter bergauf. An der Spitze des Waldes treffen wir auf einen Querweg, dem wir links wieder am Waldrand entlang folgen. Und erneut treffen wir auf einen Querweg, dem wir auch wieder nach links folgen zur Kreuzlay. Ein wundervoller Ort mit Tisch, Bänken und toller Aussicht. Weiter geht's auf einer Schlepperspur am Waldrand entlang zu einem Asphaltweg. Im spitzen Winkel geht's nach links und am Waldrand rechts zum gegenüberliegenden Waldrand. Dort halten wir uns wieder rechts und am Fahrweg um die Waldspitze herum. In der Kurve führt uns ein Pfad hinab zur Straße Im Schrumpftal. Parallel zur Straße gelangen wir zur Probstmühle. Die lassen wir aber links liegen und steigen nach wenigen Metern rechts steil den Waldhang hinauf.

Oben geht's übers Feld zum Waldrand gegenüber, dann rechts zur Landesstraße L 113. Die queren wir und gehen nach links zum Wald. Dort halten wir uns rechts und stoßen bald auf einen Fahrweg, der nach links zum Rothenberg an den Waldrand führt. Der Waldrand wird unser Begleiter sein, bis links ein Pfad im spitzen Winkel talwärts durch den Wald führt. Hier gehen wir gemeinsam auf dem Wanderweg Moselsteig, immer talwärts haltend, nach Hatzenport zurück. Am Dattelsweg treffen wir auf die ersten Häuser. Am Ende der Wohnstraße geht's links hinab zur Landesstraße. Auf ihr gehen wir kurz bergauf und biegen dann rechts auf den Wanderweg Moselsteig ein. Wir halten uns talwärts und wandern unterhalb des Weinberges zurück zum Bahnhof Hatzenport. Wir haben ja noch Zeit und gehen zum Weingut Brunnenhof am Moselufer, Moselstraße 58. Dort ist von Mai bis September die Straußwirtschaft geöffnet. Wir genießen Wein und Flammkuchen. Ein perfekter Ausklang.

Autoren Tipp

Klettersteig Rabenlay: Neben dem Hatzenporter Laysteig gibt es hier noch den Klettersteig Rabenlay. Der 300 Meter kurze Klettersteig ist nur für geübte Wanderer geeignet und hat alpinen Charakter. An Handseilen und Leitern steigen wir, Schwindelfreiheit vorausgesetzt, rund 40 Meter durch den Hang hinauf zur Aussicht Rabenlay. Der Zuweg führt von der wunderschönen Kirche St. Johannes oberhalb von Hatzenport durch den Rebhang zum Einstieg. Das Auto können wir an der B416 parken, zwischen dem markanten Fährturm und dem Hotel Traube.

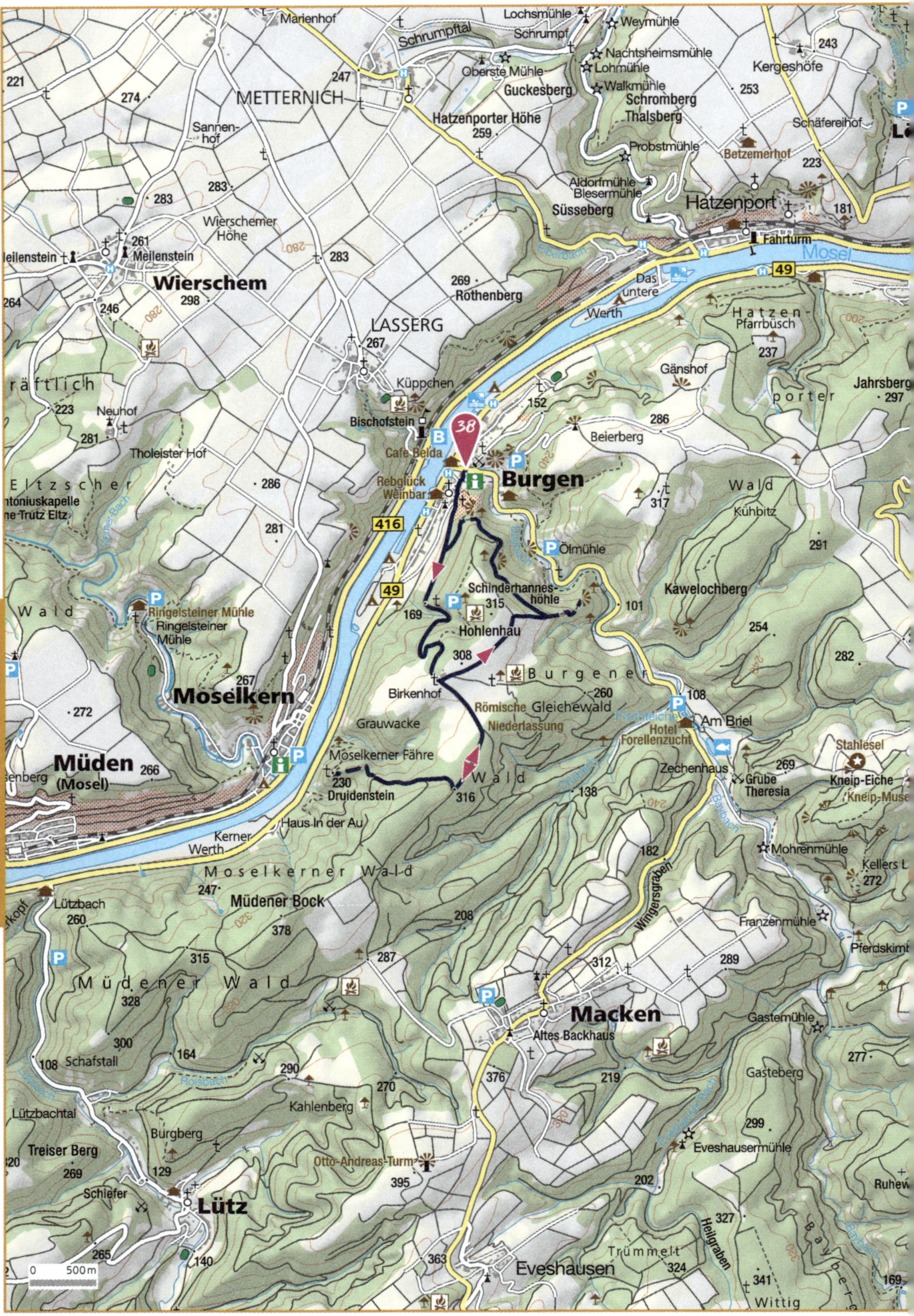

Marienhof
Lochsmühle
Weymühle
Schrumpftal
Schrumpf
Nachtsheimsmühle
Lohmühle
Oberste Mühle
Walkmühle
Guckesberg
Schromberg
Thalsberg
Kergeshöfe
243
253
247
221
274
METTERNICH
Hatzenporter Höhe
259
Schäfereihof
Sannenhof
Probstmühle
Betzemerhof
223
Aldorfmühle
Blesermühle
Süsseberg
Hatzenport
181
Fahrturm
Mosel
283
283
Wierschemer Höhe
261
Meilenstein
Meilenstein
283
Wierschem
298
269
Rothenberg
Das untere Werth
Elzbach
49
264
246
Hatzen-
Pfarrbüsch
237
LASSERG
267
Küppchen
Gänshof
Jahrsberg
297
räftlich
223
Neuhof
281
Bischofstein
152
porter
286
Tholeister Hof
Café Belda
Beierberg
Rebglück Weinbar
Burgen
Eltzscher
Antoniuskapelle
Trutz Eltz
286
Wald
317
Kühbitz
416
281
Ölmühle
291
Schinderhannes-höhle
315
Kawelochberg
49
169
Hohlenhau
101
Wald
Ringelsteiner Mühle
Ringelsteiner Mühle
254
308
282
Burgener
267
Moselkern
Birkenhof
260
108
Römische Niederlassung
Gleichewald
Am Briel
272
Grauwacke
Hotel Forellenzucht
Stahlesel
Müden (Mosel)
266
Moselkerner Fähre
269
Kneip-Eiche
230
Wald
Zechenhaus
Grube Theresia
Kneip-Muse
Druidenstein
316
138
Haus In der Au
Kerner Werth
Mohrenmühle
Moselkerner Wald
182
Kellers
247
Lützbach
Müdener Bock
272
260
378
208
Wingertsgraben
Franzenmühle
Pferdskimb
315
287
312
289
Müdener Wald
328
Macken
Gastemühle
Altes Backhaus
300
108
Schafstall
164
277
290
376
219
Gasteberg
270
Kahlenberg
Lützbachtal
299
Burgberg
Eveshausermühle
Treiser Berg
269
Otto-Andreas-Turm
129
395
202
Ruhew
Schiefer
Lütz
327
265
Heilgraben
140
363
Trümmelt
324
Eveshausen
341
169
Wittig
0 500 m

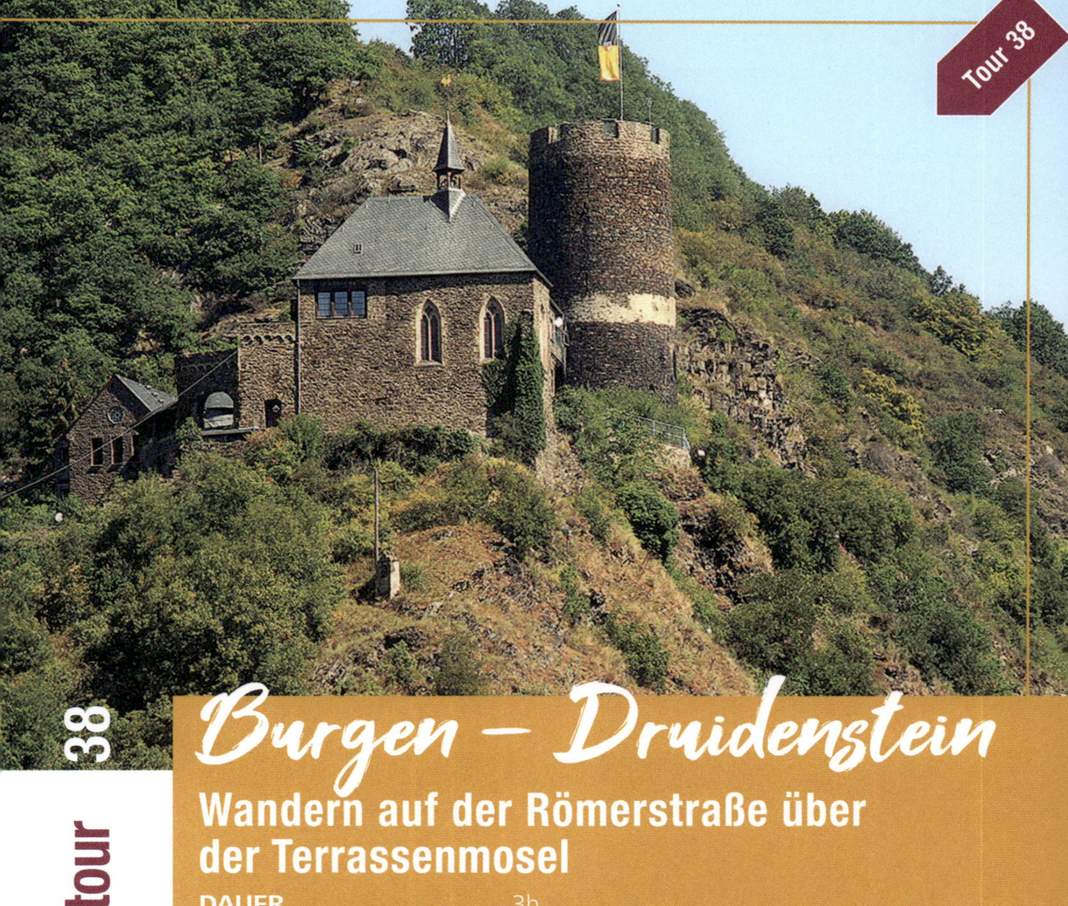

Burgen – Druidenstein

Wandern auf der Römerstraße über der Terrassenmosel

DAUER	3h
LÄNGE	12 km
HÖHENMETER	350 hm
SCHWIERIGKEIT	LEICHT
MIT ÖFFIS ERREICHBAR	nein

Das erwartet dich ...

Eine leichte Rundwanderung auf der Römerstraße, die einst von Lingerhahn im Hunsrück nach Burgen führte. Der Druidenstein gegenüber der Elzmündung zählt zu den aussichtsreichen Erhebungen an der Untermosel. Von der Aussichtsplattform der steil aus dem Tal aufragenden Schieferformation blicken wir ins Moseltal hinüber nach Moselkern. Zum Schluss kehren wir in die Weinbar auf ein Glas Riesling ein.

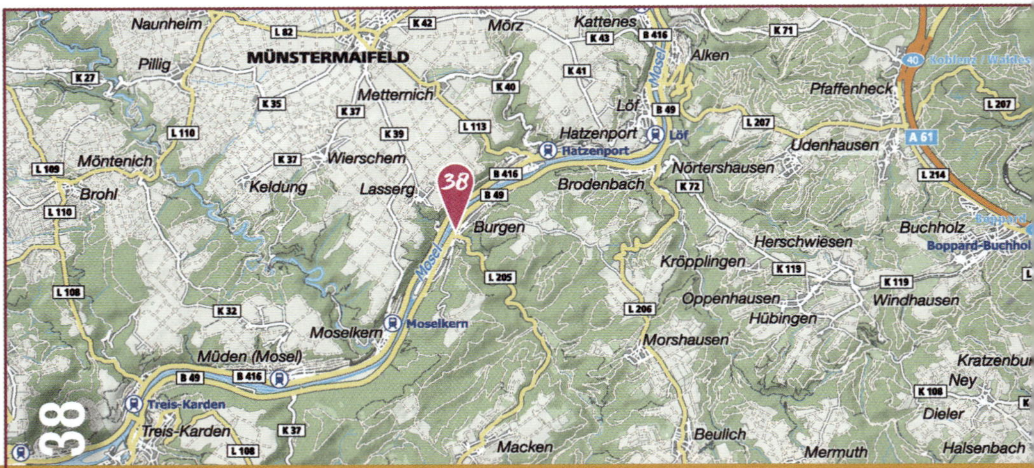

Rundtour 38

Start & Ziel & Anreise

Start vom Marktplatz an der Baybachstraße in Burgen an der Mosel neben der Tourist-Information. Mit dem Auto von Koblenz auf der B 49 über Dieblich nach Burgen an der Mosel. Parken beiderseits der B 49 auf Höhe der Baybachstraße und Moselstraße.

Tourenbeschreibung

Der Winzerort Burgen liegt an der Mündung des Baybachs mit herrlichem Blick auf Burg Bischofstein, die im gegenüberliegenden Moselhang über der Pauluskapelle thront. Die mittelalterliche Burg dient heute als Gästehaus bzw. Jugendherberge.

Wir beginnen unsere Wanderung im Fachwerkdorf Burgen, das von der Pfarrkirche und zahlreichen barocken Fachwerkhäusern geprägt wird, am Marktplatz an der Baybachstraße. Von der Baybachstraße an der Tourist-Information gehen wir auf der Römerstraße zur Pfarrkirche. Wir wenden uns nach rechts und folgen der Römerstraße in den Wald. Das Asphaltsträßchen führt uns bergwärts an den Birkenhof. Wir bleiben auf der Römerstraße und wandern geradeaus an den Waldrand, wo unser Wanderweg zum Waldweg wird. An der Verzweigung neben der Schutzhütte wenden wir uns nach rechts und folgen dem Weg, der bald zum

Pfad wird, zur Aussichtsplattform Druidenstein auf einem Felsen am Steilhang der Mosel. Wild und abgelegen, so wie es sich für einen keltischen Druidenort gehört. Rund 150 Meter über dem Tal schweift der Blick auf den Winzerort Moselkern, während sich weiter oben die Türme von Burg Eltz erheben.

Vom Druidenstein geht es auf derselben Route zurück zur Schutzhütte und zum Birkenhof. Am Abzweig vor dem Hof wandern wir nach rechts und halten uns dann geradeaus, längs über die Felder, zur Wegeverzweigung vor dem Wald. Dort geht's nun rechts ab zur Schinderhanneshöhle über dem Baybachtal. Hier soll sich um 1800 der Räuberhauptmann Schinderhannes versteckt haben.

Von der Höhle geht es auf dem Pfad zurück zum Wanderweg am Waldrand. Wir biegen gleich rechts ab durch den Wald und erreichen einen Fahrweg an einer Kurve. Wir nehmen den rechten Weg und folgen ihm in einem Linksbogen zu einer Schutzhütte und hinab an die asphaltierte Römerstraße.

Rechts biegen wir ein und gehen zurück nach Burgen. Von der Römerstraße zweigt links die Pützstraße ab. Wir biegen ein, machen an der Weinbar halt und kehren ein. Es ist ja nicht mehr weit ans Ziel. Wir gehen dann später vor zur Moselstraße und dort rechts zur Baybachstraße zum Café Belda. Wir setzen uns nochmal und lassen uns den Blick von der Terrasse über die Mosel zur Burg Bischofstein und die vorbeiziehenden Schiffe schweifen.

Autoren Tipp

Wein entdecken macht Spaß: Ob im alten Bruchsteinhaus, mit einer Decke aus Eichenfassbrettern oder unter dem Rebdach auf dem Hof, es lässt sich die Zeit vergessen bei einem herrlich trockenen Glas Riesling. Ich spreche von der Weinbar in der Pützstraße. Die Familie Günther hat hier eine echte Perle geschaffen, ein einzigartiges Restaurant. Von Juni bis September hat sie geöffnet. Zu Spitzenweinen gibt es eine kleine Speisekarte.

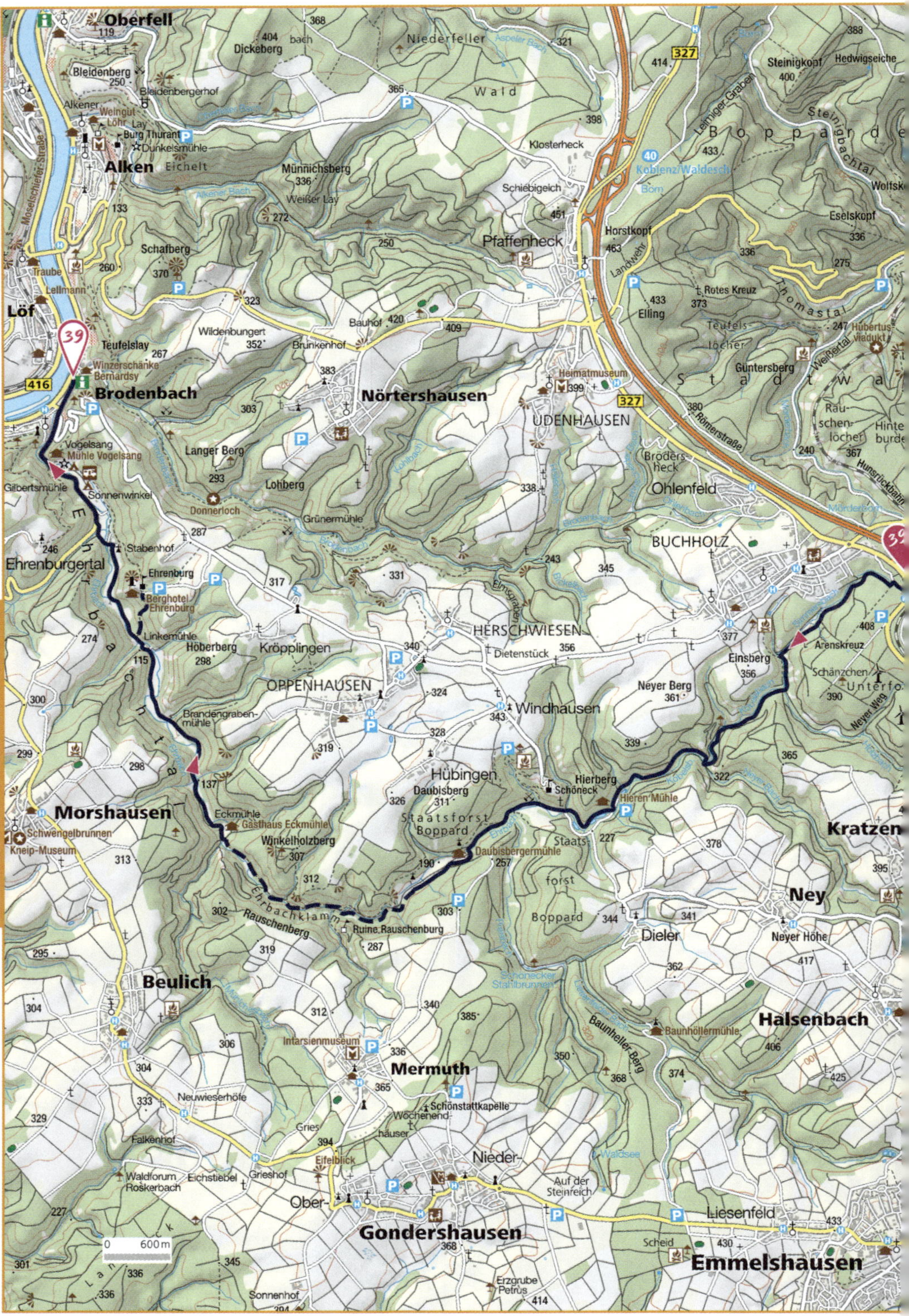

39

Oberfell
Dickeberg
Niederfeller
Wald
Bleidenberg
Bleidenbergerhof
Alkener Weingut Löhr
Burg Thurant
Dunkelsmühle
Alken
Eichelt
Münnichsberg
Weißer Lay
Klosterheck
Schiebigeich
Pfaffenheck
Horstkopf
Landwehr
Koblenz/Waldesch
Steinigkopf
Hedwigseiche
Boppard
Steinigbachtal
Eselskopf
Wolfsk
Schafberg
Traube
Lellmann
Löf
Wildenbungert
Bauhof
Brunkenhof
Rotes Kreuz
Elling
Thomastal
Teufelslöcher
Hubertus-viadukt
Guntersberg
Stadtwald
Teufelslay
Winzerschänke Bernardsy
Brodenbach
Nörtershausen
Heimatmuseum
UDENHAUSEN
Römerstraße
Rauschenlöcher
Hunsrückbahn
Vogelsang
Mühle Vogelsang
Langer Berg
Lohberg
Brodersheck
Ohlenfeld
Gilbertsmühle
Sonnenwinkel
Donnerloch
Grünermühle
Ehrenburgertal
Stabenhof
Ehrenburg
Berghotel Ehrenburg
Ehrbachtal
BUCHHOLZ
Linkemühle
Höberberg
Kröpplingen
HERSCHWIESEN
Dietenstück
Einsberg
Arenskreuz
Schänzchen
Unterfo
Neyer Berg
Neyer Weg
OPPENHAUSEN
Windhausen
Brandengrabenmühle
Hübingen
Daubisberg
Hierberg
Schöneck
Hieren Mühle
Staatsforst Boppard
Morshausen
Schwengelbrunnen
Kneip-Museum
Eckmühle
Gasthaus Eckmühle
Winkelholzberg
Daubisbergermühle
Staatsforst Boppard
Kratzen
Ney
Ehrbachklamm
Rauschenberg
Ruine Rauschenburg
Dieler
Neyer Höhe
Beulich
Schönecker Stahlbrunnen
Baunheller Berg
Baunhöllermühle
Halsenbach
Intarsienmuseum
Mermuth
Schönstattkapelle
Wochenendhäuser
Neuwieserhöfe
Falkenhof
Gries
Eifelblick
Nieder-
Ober-
Gondershausen
Auf der Steinreich
Liesenfeld
Waldforum Roskerbach
Eichstiebel
Grieshof
Scheid
Emmelshausen
Sonnenhof
Erzgrube Petrus
0 600 m

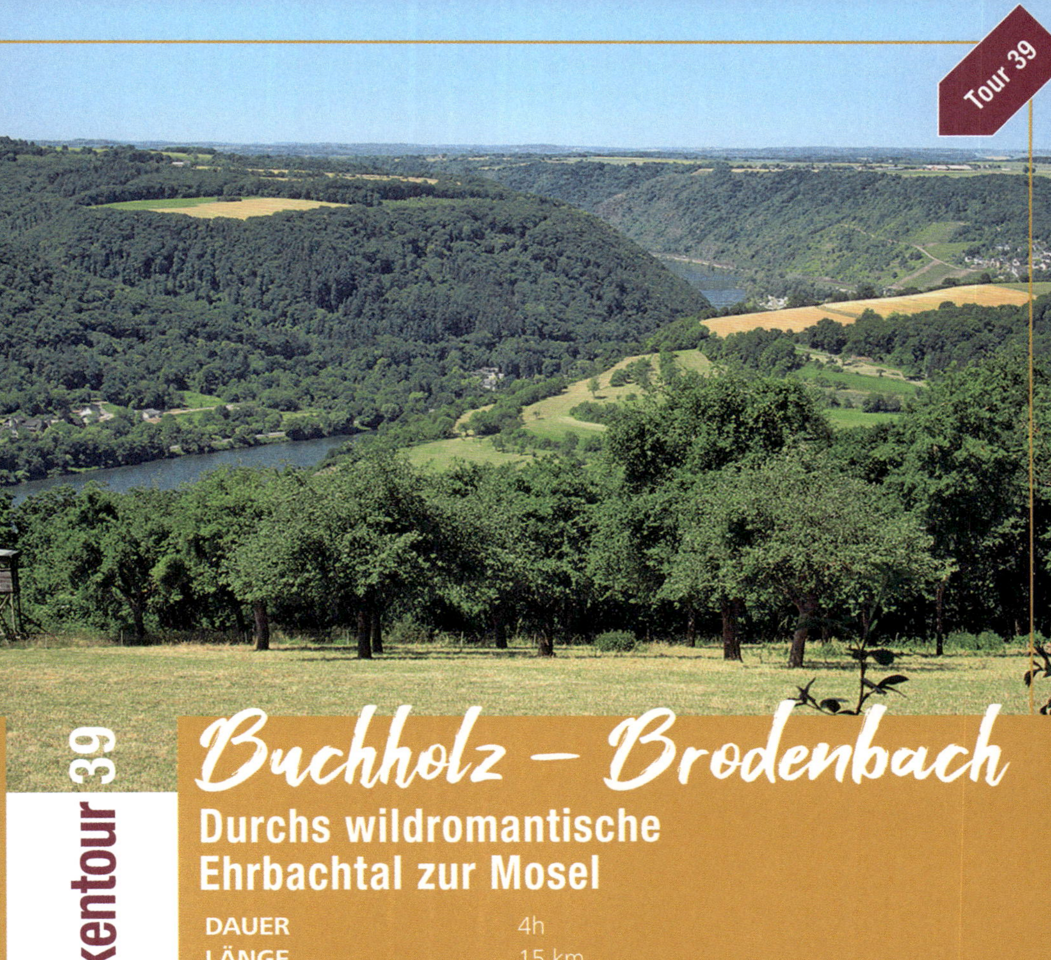

Streckentour 39

Buchholz – Brodenbach

Durchs wildromantische Ehrbachtal zur Mosel

DAUER	4h
LÄNGE	15 km
HÖHENMETER	100 hm
SCHWIERIGKEIT	LEICHT
MIT ÖFFIS ERREICHBAR	ja

Das erwartet dich ...

Das Ehrbachtal ist ein Seitental der Mosel zwischen Boppard-Buchholz und dem Moselweinort Brodenbach. Höhepunkt des Wanderwegs durch das Tal ist die schluchtartig eingeschnittene Ehrbachklamm zwischen Rauschenmühle und Eckmühle. Längs des Wanderwegs laden Gaststätten in historischen Mühlen zur Einkehr ein. Über dem Tal erhebt sich die Ehrenburg und punktet mit abenteuerlichen Burgerkundungen und Köstlichkeiten aus der Burgküche.

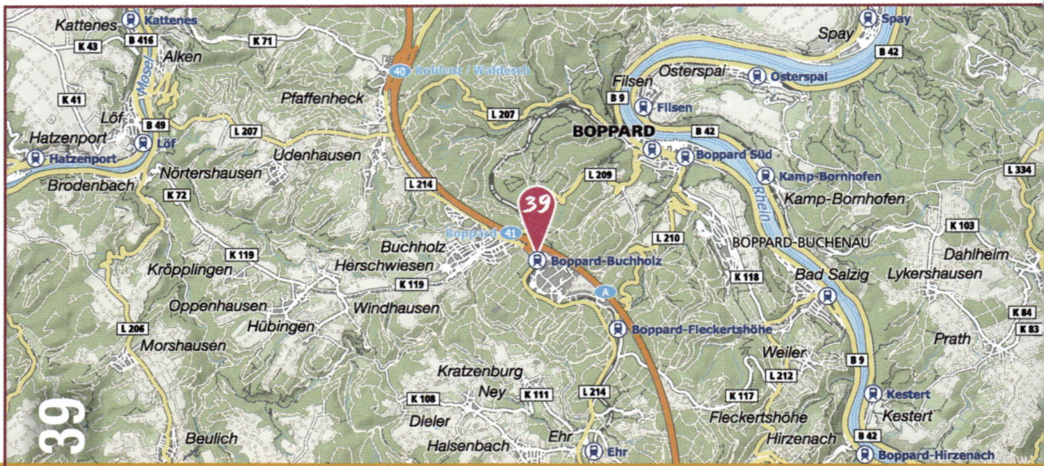

Streckentour 39

Start & Ziel & Anreise

Start am Bahnhof Boppard-Buchholz an der Hunsrückbahn Boppard–Emmelshausen. Mit dem Auto von Koblenz auf der B327 zur BAB A61. Auffahren in Richtung Bingen und an der Ausfahrt 41 Boppard ausfahren. An der L214 links zum Bahnhof Boppard-Buchholz. Parken längs der Hunsrückhöhenbahn. Mit der Bahn, Linie RB26 aus Koblenz nach Boppard-Hauptbahnhof. Anschluss mit der Hunsrückhöhenbahn RB37 von Boppard-Hauptbahnhof nach Boppard-Buchholz.

Tourenbeschreibung

Vom Bahnhof Boppard-Buchholz an der Hunsrückbahn führen die Zubringer-Markierungen zum Hunsrückhöhenweg (Markierung H) auf der Alten Römerstraße zur Hunsrückhöhenstraße. Wir queren sie und wandern dann nach links, nach der Brücke rechts entlang des Simmersbach. Im bewaldeten Simmersbachtal führt der Wanderweg moselwärts. Am Steg wechseln wir die Bachseite, halten uns links und erreichen bald darauf die Hieren Mühle an einer Lichtung, das oberste Gasthaus im Ehrbachtal. Es ist ein beliebtes Ausflugsziel mit Gartenterrasse beim Restaurant. Wir wandern weiter auf dem Wanderweg, rechts des Baches und erreichen bald die Schönecker Mühle.

Oberhalb der Schönecker Mühle thront das mittelalterliche Schloss Schöneck auf einem Felsen über dem Tal. Dort züchtet die Familie Wehr schottische Highland Cattle Hochlandrinder, eine der ältesten europäischen Rinderrassen.

Wir bleiben aber im Ehrbachtal und wandern an der Kapelle geradeaus zur Daubisberger Mühle, ein willkommener Ort für eine Getränkepause am Bach und Mühlrad.

Der Wanderweg führt über den Bach Richtung Ehrbachklamm. Vorher passieren wir den Zuweg zur Rauschenmühle und wechseln bald am Steg die Uferseite am Einstieg zur Klamm. Wir sind auf Tuchfühlung mit Fels und Wasser in der Stille der Buchenwälder. Der Wanderweg führt vorbei an Wasserfällen und Schieferklippen, der Pfad ist teilweise ins Gestein gehauen, führt über Holzbrücken, vorbei an Felsbrocken und durch Steilhänge. Hoch über der Schlucht erkennen wir die Ruine Rauschenburg. Allzu viel ist allerdings nicht zu sehen. Der Klammabschnitt endet kurz oberhalb des Gasthofs Eckmühle. Die Terrasse lädt uns zum Verweilen ein. Drinnen ist es gemütlich und das Essen lecker.

Der Wanderweg folgt dem Ehrbach zur Brandengrabenmühle. Auf einem Asphaltsträßchen erreichen wir die Linke Mühle. Wir folgen dem Sträßchen über den Ehrbach. Kurz danach zweigt ein Pfad zur Ehrenburg ab, in der sich ein Hotel und ein Restaurant befindet. Ein steiler Fels trägt seit Jahrhunderten die Türme, Höfe und Bastionen der Ehrenburg. Der Abstecher von etwa 600 Meter hinauf lohnt sich. Wieder im Tal wandern wir Richtung Brodenbach und gelangen zur Siedlung Ehrenburgertal. Von der Ortsstraße gehen wir zur Landesstraße und auf ihr nach Brodenbach hinein. In der Kurve geht's geradeaus und an der Winzerschänke Bernarby kehren wir ein. Sie hat von Ostern bis Oktober geöffnet. Zum Wein aus dem eigenen Weingut gibt es deftige Speisen. Für die Rückreise nach Koblenz können wir den Bus 301 nehmen. Der hält am Yachthafen in Brodenbach und fährt über Dieblich zum Hauptbahnhof Koblenz.

Autoren Tipp

Fantastisches Erlebnis Ehrenburg: Die auf steilem Felssporn thronende, 850 Jahre alte Ehrenburg bietet für Familien von Ostersonntag bis zum 1. November eine „Lebendige Burg". Bei mittelalterlicher Musik und historischem Handwerk, bei einer abenteuerlichen Burgerkundung und Köstlichkeiten aus der Burgküche können wir an jedem Sonn- und Feiertag auf Entdeckung gehen. So richtig urig übernachtet es sich im hölzernen Reisewagen am Platz. Auf Fell und Bett schlummern wir beim Ruf von Fuchs und Uhu.

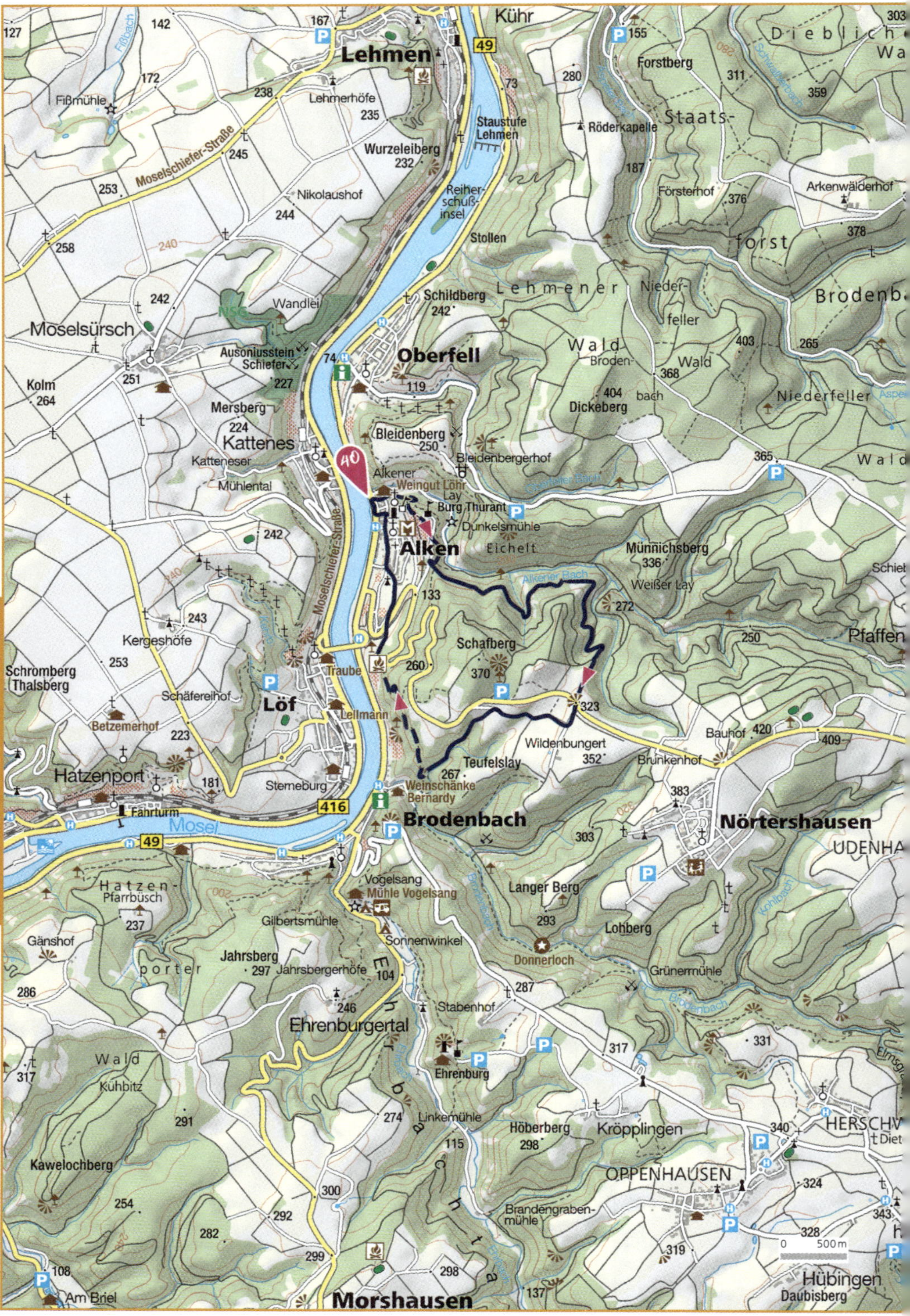

40

Lehmen
Kühr
Forstberg
Dieblich
Staatsforst
Röderkapelle
Fißmühle
Lehmerhöfe
Staustufe Lehmen
Wurzeleiberg
Moselschiefer-Straße
Nikolaushof
Reiherschußinsel
Stollen
Försterhof
Arkenwälderhof
Wandlei
Schildberg
Lehmener Wald
Niederfeller Wald
Brodenbach
Moselsürsch
Ausoniusstein Schiefer
Oberfell
Dickeberg
Kolm
Mersberg
Kattenes
Katteneser Mühlental
Bleidenberg
Bleidenbergerhof
Oberfeller Bach
Alkener Lay
Weingut Löhr
Burg Thurant
Dunkelsmühle
Alken
Eichelt
Münnichsberg
Weißer Lay
Alkener Bach
Kergeshöfe
Schafberg
Schromberg (Thalsberg)
Traube
Löf
Schäfereihof
Lellmann
Betzemerhof
Wildenbungert
Bauhof
Teufelslay
Brunkenhof
Hatzenport
Sterneburg
Weinschänke Bernardy
Fährturm
Mosel
Brodenbach
Nörtershausen
Udenhausen
Hatzenporter Wald
Pfarrbüsch
Vogelsang
Mühle Vogelsang
Gilbertsmühle
Langer Berg
Sonnenwinkel
Donnerloch
Lohberg
Gänshof
Jahrsberg
Jahrsbergerhöfe
Ehrbachtal
Grünermühle
Stabenhof
Ehrenburgertal
Ehrenburg
Kühbitz
Kröpplingen
Linkemühle
Höberberg
Herschwiesen
Kawelochberg
Oppenhausen
Brandengrabenmühle
Am Briel
Hübingen
Daubisberg
Morshausen
0 500 m

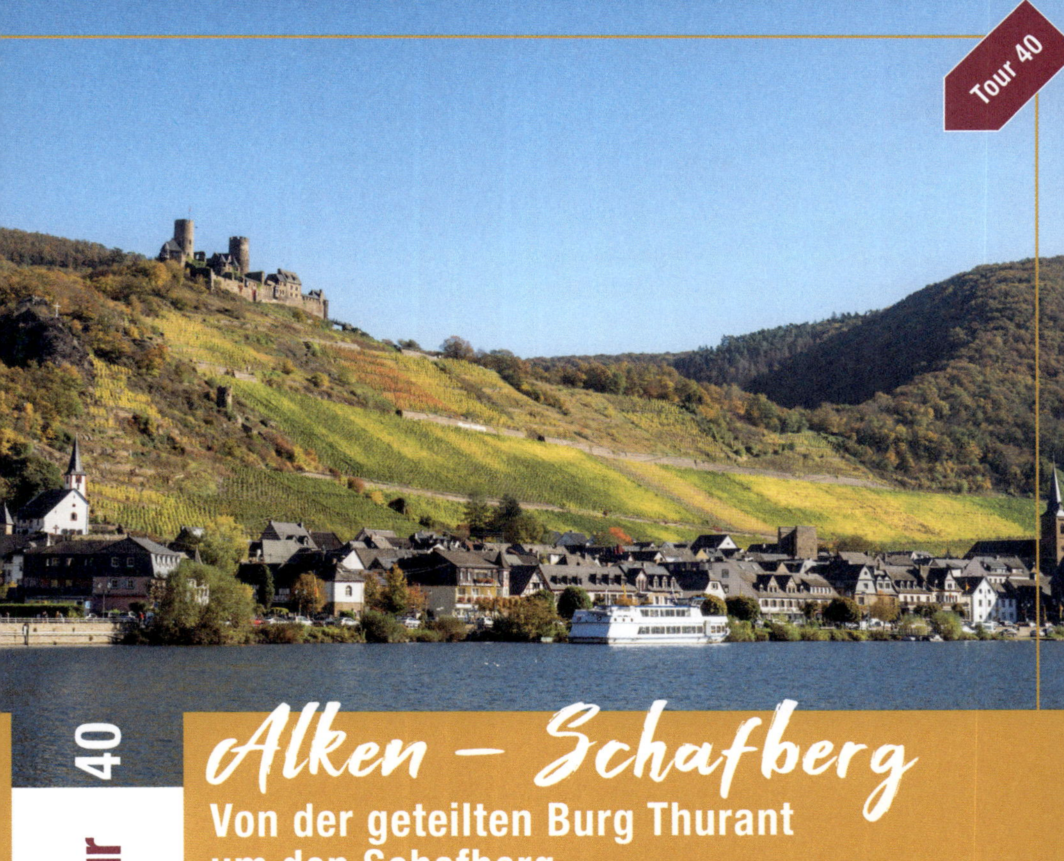

Rundtour 40

Alken – Schafberg

Von der geteilten Burg Thurant um den Schafberg

DAUER	2h 30min
LÄNGE	8,5 km
HÖHENMETER	458 hm
SCHWIERIGKEIT	MITTEL
MIT ÖFFIS ERREICHBAR	nein

Das erwartet dich ...

Alken ist einer der ältesten Moselorte. Er begeistert mit seinem historisch alten Ortskern und seiner eindrucksvollen Weinlandschaft. Lassen wir uns in einer der Winzerwirtschaften von diesen Weinen verzaubern: vom Alkener Bleidenberg, Alkener Burgberg oder vom Alkener Hunnenstein. Und etwas ganz Besonderes ist die Doppelburg Thurant mit einem einzigartigen Blick auf Mosel und Eifel, die wir auf der ca. 8,5 Kilometer langen Rundwanderung um den Schafberg erstürmen.

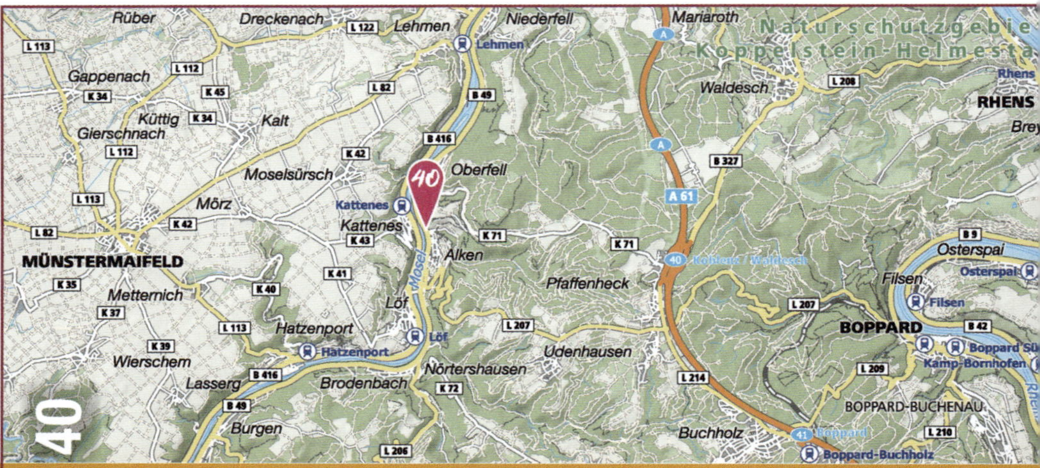

Rundtour 40

Start & Ziel & Anreise

Start an den Landungsbrücken der Moselschifffahrt neben der B49 in Alken. Mit dem Auto von Koblenz auf der B49 Richtung Wittlich bis Alken. Parken neben der B49, Moselstraße, an der Landungsbrücke der Moselschifffahrt.

Tourenbeschreibung

An der Landungsbrücke der Personenschifffahrt beginnt unsere Wanderung in der Von-Wiltberg-Straße zur Kapelle St. Michael. Eine Kreuzwegtreppe führt uns hinauf. Am Beinhaus wenden wir uns nach rechts um die Kapelle herum und gehen die Stufen in den Wald hinauf. An der Wegeverzweigung wandern wir links weiter den Hang empor zum Aussichtspunkt mit tollem Blick über Alken und das Moseltal. Wir gehen geradeaus zu den Rebhängen unterhalb der Burg Thurant. Hier wächst der Alkener Burgberg. Wir halten uns links den Pfad zur Burg hinauf und erreichen den Parkplatz am Zugang zum Burgtor. In der Burg gibt es einen Kiosk und vom Kölner Turm der Doppelburg eine einzigartige Aussicht.

Vom Parkplatz gehen wir kurz abwärts und dann links auf dem Waldweg den Hang hinauf. An der Wegeverzweigung nehmen wir den mittleren Weg, den Allmerspfad, und wandern oberhalb des Alkener Bachs um den 368 Meter hohen

Schafberg herum. Am Waldrand treffen wir auf ein Damwildgehege und gelangen an die L207.

Schräg nach links gehen wir zur Straße nach Wildenbungert. Nach wenigen Schritten geht's aber nach rechts auf den Feldweg bis kurz vor die L207. Hier beginnt der Weg durch den Wald entlang des Nickelsbachs. Wir erreichen die Wegeverzweigung zur Teufelslay und gehen nach rechts jetzt auf einem Pfad hinunter zur scharfen Kurve, dem Einstieg zur Teufelslay.

Steil bergwärts erreichen wir eine Schutzhütte, dann geht's abwärts an die Kehre der L207. Der Weg führt links den Hang hinab, erst steil, dann mäßig nach rechts und stößt auf einen Weg parallel zur L207. Wir gehen ein Stück bergauf, queren die Straße und gelangen auf der Auenstraße nach Alken hinein. An der Oberstraße geht's rechts quer durch Alken. Kurz vor dem Ziel an der Von-Wiltberg-Straße liegt das Weingut Löhr mit super Vinothek. Vielleicht finden wir ja einen Lieblingswein. Alternativ lässt es sich vortrefflich im Turmgasthaus Burg Thurant speisen bei Kaminfeuer in historischen Gemäuern, mit Blick über die Mosel.

Autoren Tipp

Burg Thurant: Trutzig liegt die Burg Thurant weithin sichtbar auf einem Bergsporn über Alken an der Mosel. Teils auf römischen Grundmauern errichtet ist sie eine der ältesten Burgen des Mosellandes. Während des 13. Jahrhunderts wurde hier die Deutsche Kaiserkrone aufbewahrt. Seit 1248 war die Burg geteilt in den „Kölner" und den „Trierer" Teil, eine Folge von Streitigkeiten der beiden Erzbischöfe. Heute wagen wir den Aufstieg auf den Kölner Turm und genießen den einmalig schönen Blick über die Mosel. Unten einfach einen Kaffee oder einen Kuchen genießen und sich zurücklehnen... Entspannung pur!

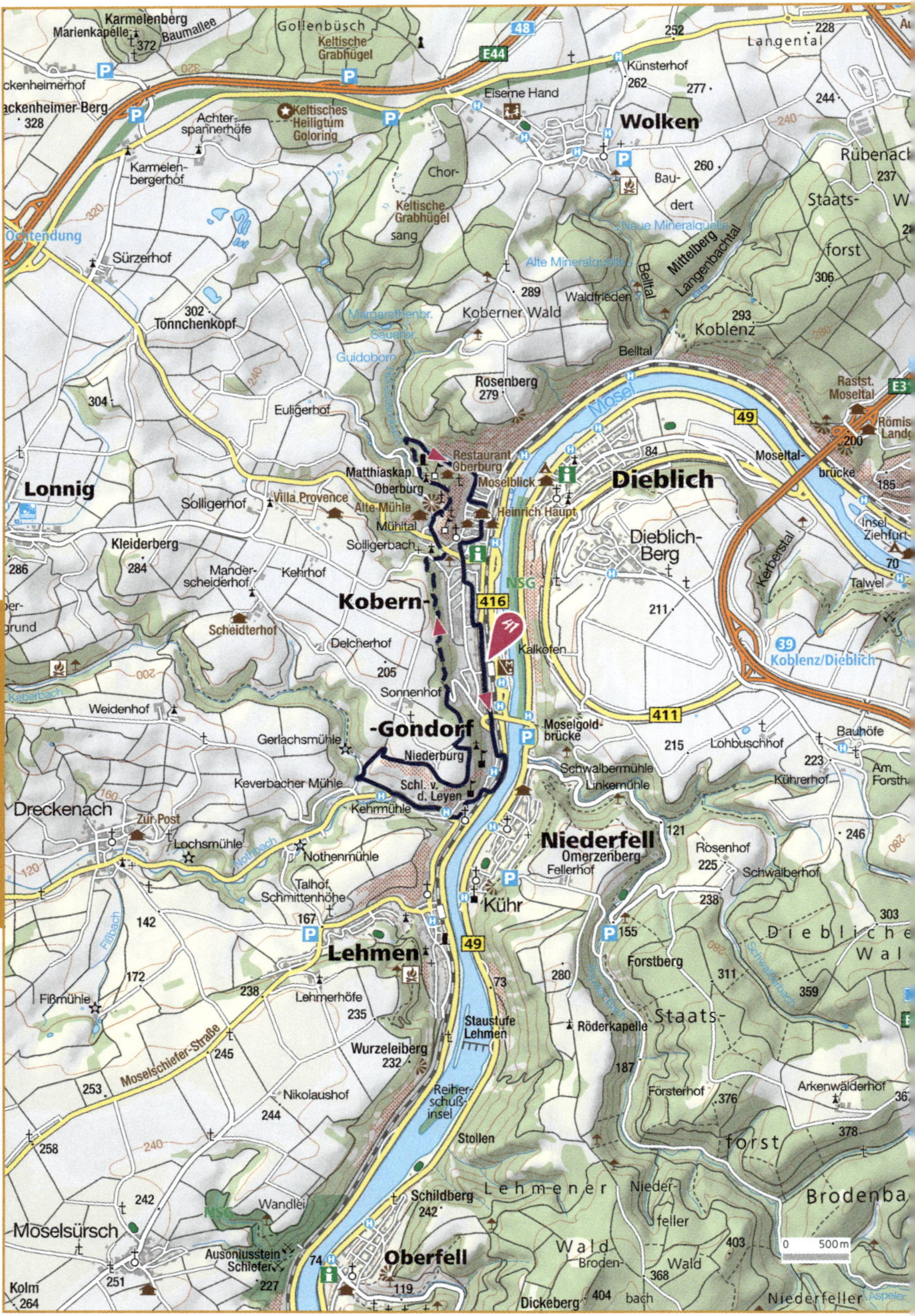

Karmelenberg
Marienkapelle
372
Baumallee
Gollenbüsch
Keltische Grabhügel
48
E44
252
Langental
228
Künsterhof
262
277
ckenheimerhof
ackenheimer Berg
328
Achter-
spannerhöfe
Keltisches Heiligtum Goloring
Eiserne Hand
Wolken
244
Rübenach
237
Karmelen-
bergerhof
Chor-
Bau-
260
dert
Staats-
Ochtendung
Keltische Grabhügel
sang
Neue Mineralquelle
Mittelberg
Langenbachtal
forst
306
Sürzerhof
Alte Mineralquelle
Belltal
289
Waldfrieden
302
Tönnchenkopf
Margarethenbr.
Sauerbr.
Guidoborn
Koberner Wald
293
Koblenz
Belltal
Rosenberg
279
Mosel
Rastst.
Moseltal
E3
304
Euligerhof
49
Römis
Land
200
Restaurant Oberburg
84
Moseltal-
brücke
Matthiaskap.
Oberburg
Moselblick
Dieblich
185
Lonnig
Solligerhof
Villa Provence
Alte Mühle
Heinrich Haupt
Mühltal
Dieblich-
Berg
Insel
Ziehfurt
Kleiderberg
284
Solligerbach
Kerberstal
286
Mander-
scheiderhof
Kehrhof
NSG
70
Talwel
Kobern-
416
211
grund
Scheidterhof
Delcherhof
Kalkofen
39
Koblenz/Dieblich
205
Sonnenhof
Weidenhof
Keberbach
411
Moselgold-
brücke
Gondorf
Bauhöfe
Gerlachsmühle
215
Lohbuschhof
Niederburg
223
Am
Forsth
Schwalbermühle
Keverbacher Mühle
Linkemühle
Kührerhof
Schl. v.
d. Leyen
Dreckenach
Kehrmühle
Zur Post
121
246
Niederfell
Lochsmühle
Nothenmühle
Omerzenberg
Rosenhof
Fellerhof
225
Schwalberhof
Nothbach
Talhof
Schmittenhöhe
Kühr
238
142
167
155
303
Fißbach
Lehmen
49
Forstberg
Dieblicher
Wald
Schwalberbach
172
73
280
311
359
Fißmühle
238
Lehmerhöfe
235
Staustufe
Lehmen
Röderkapelle
Staats-
Moselschiefer-Straße
245
Wurzeleiberg
232
187
253
Försterhof
376
Arkenwälderhof
Nikolaushof
244
Reiher-
schuß-
insel
258
Stollen
forst
378
Schildberg
242
Lehmener
Nieder-
Brodenba
242
NSG
Wandlei
feller
Moselsürsch
Wald
403
0 500m
Ausoniusstein
Schiefer
74
Oberfell
Broden-
368
Wald
Kolm
264
251
227
119
Dickeberg
404
bach
Niederfeller
Aspeler

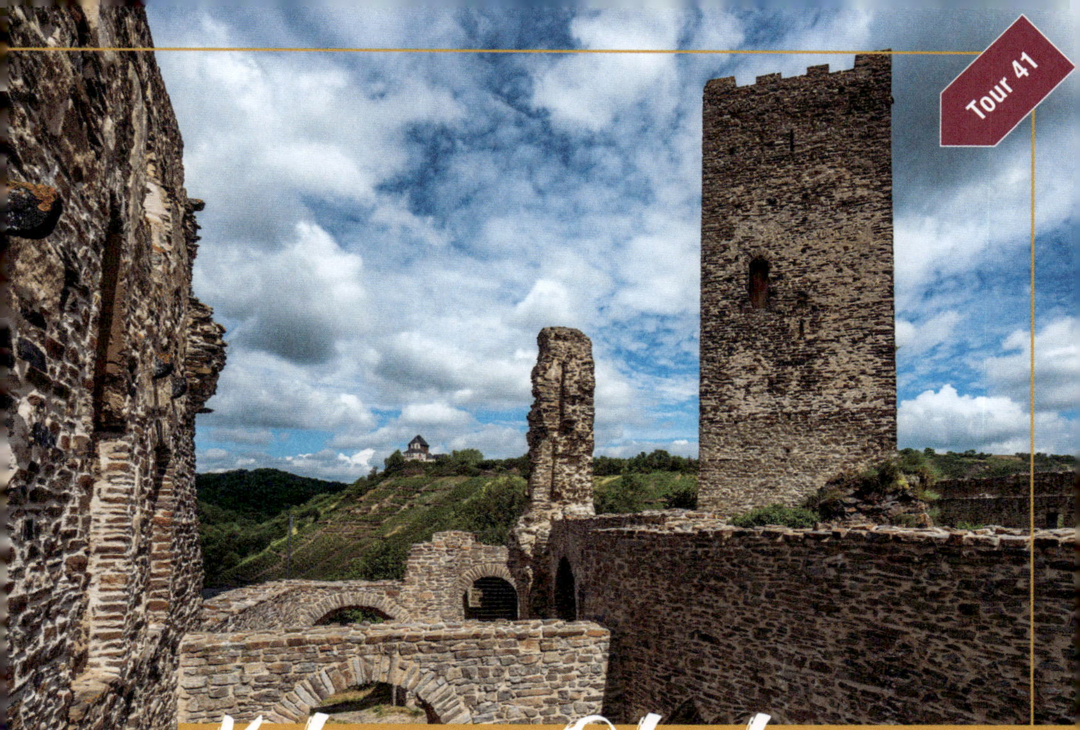

Tour 41

41

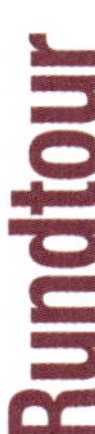

Kobern – Oberburg

Schlösser, Burgen und romantische Restaurants

DAUER	2h 30min
LÄNGE	9,9 km
HÖHENMETER	352 hm
SCHWIERIGKEIT	MITTEL
MIT ÖFFIS ERREICHBAR	ja

Das erwartet dich ...

Eine aussichtsreiche Wanderung zum Schloss von der Leyen, zur Oberburg und romantischen Restaurants. Faszinierend steil streben die Schieferhänge der Terrassenmosel empor. Unten in Gondorf erwarten uns Fachwerkromantik, enge, geheimnisvolle Gassen und ein Marktplatz, der sich mit dem schönen Tatzelwurmbrunnen schmückt. Weingüter, in denen wir die Weine der Terrassenlagen probieren und Restaurants, die uns Gerichte der Moselküche servieren.

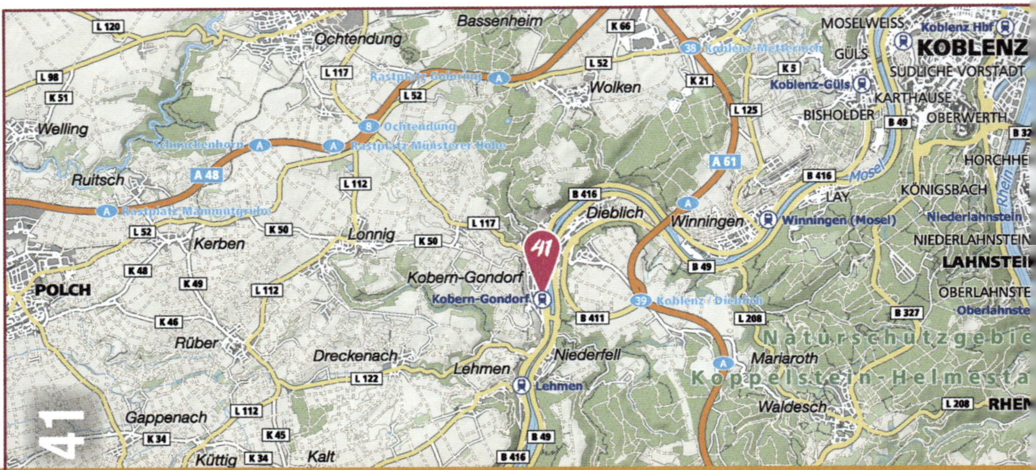

Rundtour 41

Start & Ziel & Anreise

Start am Bahnhof Kobern-Gondorf in der Bahnhofstraße. Mit dem Auto von Koblenz auf der B416 nach Kobern-Gondorf zum Bahnhof Kobern-Gondorf, parken in der Bahnhofstraße beim Bahnhof. Mit dem Zug RB81 oder RB82 Koblenz–Trier bis zum Bahnhof Kobern-Gondorf.

Tourenbeschreibung

Auf geht's zur Burgen- und Schlössertour vom Bahnhof Kobern-Gondorf auf der Römerstraße unter der Straßenbrücke hindurch zum Friedhof. Wir gehen links durch die Unterführung zum Moselufer. Nach rechts folgen wir der Mosel bis zur Straßenunterführung, die rechts zum Schloss von der Leyen führt. Im Schloss hat der Kultur- und Heimatverein Gondorf ein Historisches Weinmuseum eingerichtet. Das Besondere: Mitten durch die Schlossanlage führen die B416 und die Moselbahn. Wir gehen am Schloss vorbei zur Maifeldstraße, der L122, wandern ins Tal hinein und biegen in der Straße Im Winkel rechts ein. Sie führt uns nun hinauf zur Alten Mühle Kobern-Gondorf, bei der wir auf einen Kaffee einkehren.

An der Straße zweigt ein Fußweg ab, der uns durch den Wald führt und oben dann rechts an die Fotovoltaikanlage der Gemeinde. Talseitig wandern wir um die eindrucksvolle Anlage herum und stoßen am Parkplatz auf die Zufahrtsstraße, der wir rechts talwärts folgen. An der Serpentine zweigt links der Wanderweg Koberner Burgpfad ab. Wir folgen ihm durch den Wald am Hang über Gondorf entlang zur Straße Am Kehr. Hier gehen wir wenige Meter abwärts und biegen dann am Denkmal links auf den Fußweg ein zur Burgstraße hinunter. Links geht's an der schönen Dreikönigskapelle vorbei und dann rechts die Straße Mühlental aufwärts zur Alten Mühle Thomas Höreth, ein Ort der Romantik und Idylle. Gemütliche Stuben laden uns zum Schmausen und Genießen ein – unbedingt einkehren.

Dann geht's hinauf zur Burgruine Niederburg. Von hier sehen wir bereits die Oberburg mit der Matthiaskapelle, der geheimnisvollen Schönheit über der Mosel. Also wandern wir hinüber und genießen im Restaurant auf der Oberburg die herrliche Aussicht bei Erbseneintopf oder selbst gebackenem Kuchen. Hinter der Kapelle führt uns ein Weg in den Wald, der oberhalb einer Straße verläuft. Wir wandern auf dem Weg bis rechts ein Weg abzweigt, der uns über einen Bach zur Lennigstraße führt. Dort gehen wir talwärts nach Kobern hinein, bis die Unterstraße links abgeht. Nun einbiegen und an der Marktstraße rechts. Wir erreichen den Marktplatz, an dem zahlreiche Restaurants liegen. Hier wird's geheimnisvoll, wenn man gemütlich beim Winzer sitzt und der Geschichte des Tatzelwurms lauscht. Vom Ende des Marktplatzes führt die Kirchstraße zum Weingut Freiherr von Schleinitz.

Vor uns erhebt sich St. Lubentius erbaut aus Mayener Basalt. Wir biegen in die Von-Isenburg-Straße ein und gehen auf die Straße Mühlengraben zu. Links geht's zur Kreuzung mit der Obermarkstraße. Der folgen wir nun bis links die Untermarkstraße abzweigt. Nun in diese einbiegen und am Ochsenrutsch links zur Bahnhofstraße. Das Ziel ist zum Greifen nahe. Nochmal rechts einbiegen und wir kommen zum Bahnhof Kobern-Gondorf.

Autoren Tipp

Alte Mühle Thomas Höreth: Steile Weinberge reichen bis an die Mühle heran, unterhalb von Ober- und Niederburg. Das Restaurant ist das pulsierende Herzstück der historischen Alten Mühle aus dem 11. Jahrhundert. Serviert werden uns Weine aus dem eigenen Weingut und Köstlichkeiten aus der Region in einem einzigartigen Ambiente gemütlicher Gaststuben. Wir können Platz nehmen im Weinkeller, Winzerhäuschen, im Presshaus mit alter Weinpresse oder im Museum. In der warmen Jahreszeit stehen Tische und Stühle im uralten Innenhof und im Mühlengarten unter dem blühenden Oleander.

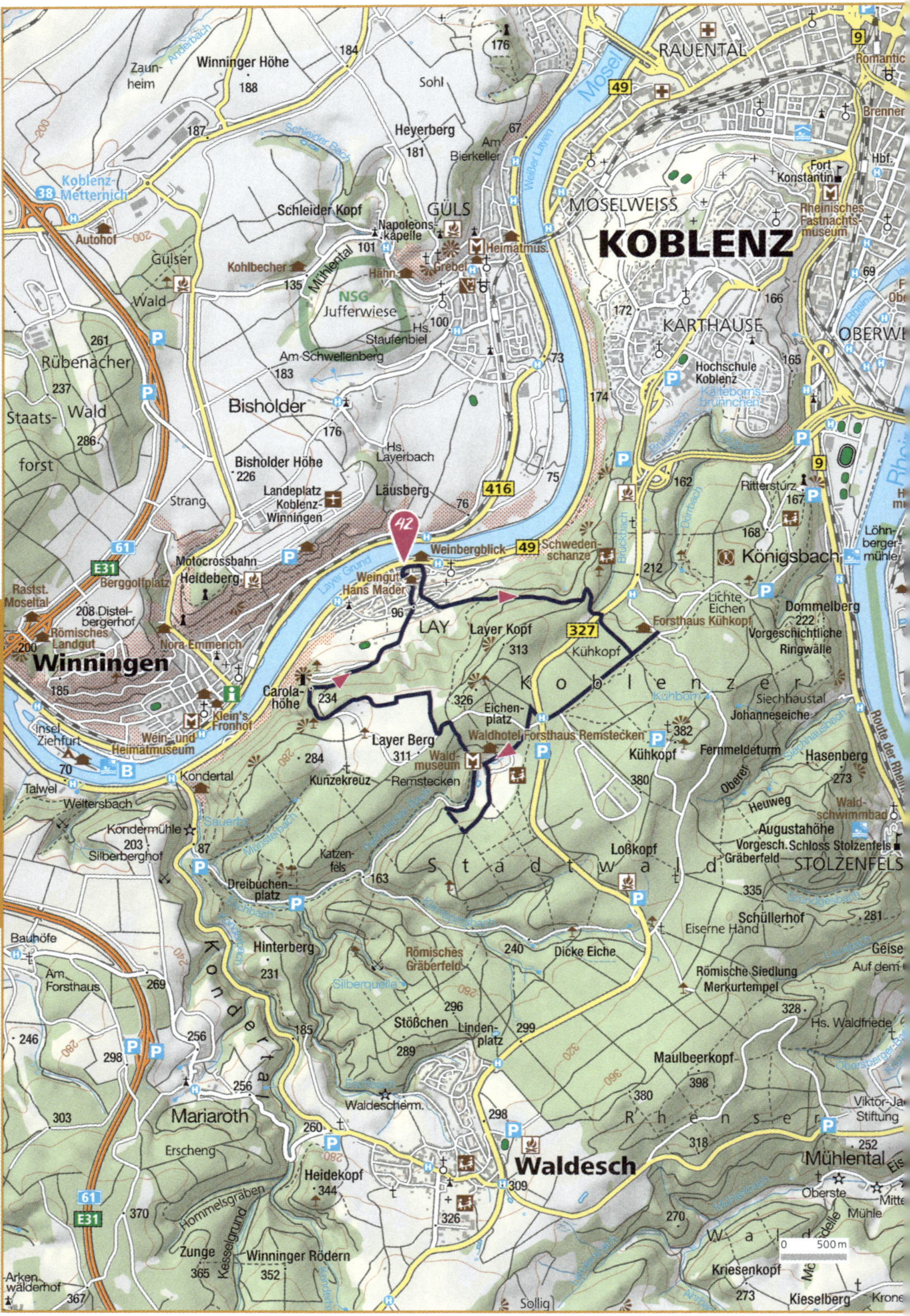

42

Zaunheim
Winninger Höhe
188
184
176
Sohl
Heyerberg
181
Am Bierkeller
67
Mosel
Weißer Laven
RAUENTAL
49
9
Romantic
Brenner
Hbf.
Fort Konstantin
Rheinisches Fastnachtsmuseum
MOSELWEISS
KOBLENZ
69
166
KARTHAUSE
OBERWE
165
172
Hochschule Koblenz
Kalteborns-brünnchen
174
187
Schleider Bach
Koblenz-Metternich
38
Autohof
200
Gülser Wald
Schleider Kopf
GÜLS
Napoleons-kapelle
101
Heimatmus.
Kohlbecher
Mühlental
Hähn
Grebel
135
NSG
Jufferwiese
100
Hs. Staufenbiel
Am Schwellenberg
183
73
261
Rübenacher
237
Wald
Staats-forst
286
Bisholder
176
Hs. Layerbach
Bisholder Höhe
226
Landeplatz Koblenz-Winningen
Läusberg
416
75
76
Strang
162
Rittersturz
167
168
Königsbach
Löhnberger Mühle
Motocrossbahn
Heideberg
Berggolfplatz
61
E31
Rastst. Moseltal
208 Distelbergerhof
Römisches Landgut
200
Nora-Emmerich
Winningen
185
Weinbergblick
49
Schwedenschanze
Brückbach
Dambach
212
Weingut Hans Mader
96
LAY
Layer Kopf
313
327
Kühkopf
Forsthaus Kühkopf
Lichte Eichen
Dommelberg
222
Vorgeschichtliche Ringwälle
Koblenzer
Kühborn
Siechhaustal
Johanneseiche
Carolahöhe
234
326
Eichenplatz
382
Klein's Fronhof
Wein- und Heimatmuseum
Insel Ziehfurt
70
Talwei
Layer Berg
311
Waldhotel Forsthaus Remstecken
Waldmuseum
Kühkopf
Fernmeldeturm
Hasenberg
273
Route der Rheinromantik
284
Kunzekreuz
Remstecken
380
Kondertal
Weitersbach
Kondermühle
203
Silberberghof
87
Sauerbach
Münsterbach
Heuweg
Wald-schwimmbad
Augustahöhe
Vorgesch. Gräberfeld
Schloss Stolzenfels
STOLZENFELS
Katzenfels
163
Stadtwald
Loßkopf
335
Dreibuchenplatz
Schüllerhof
281
Eiserne Hand
Bauhöfe
Am Forsthaus
Hinterberg
231
Römisches Gräberfeld
240
Dicke Eiche
Geisen
Auf dem
Kondertal
269
Silberquelle
Römische Siedlung Merkurtempel
328
296
Stößchen
Lindenplatz
299
Hs. Waldfriede
185
246
298
256
289
Maulbeerkopf
398
380
256
Mariaroth
Waldescherm.
298
Rhenser
Viktor-Jakob-Stiftung
303
318
252
Erscheng
260
Waldesch
Mühlental
Heidekopf
344
309
Oberste Mühle
Mitte
61
E31
370
326
270
Hommelsgraben
Kesselgrund
Wald
Zunge
365
Winninger Rödern
352
Kriesenkopf
273
Kieselberg
Arkenwälderhof
367
Sollig
0 500 m

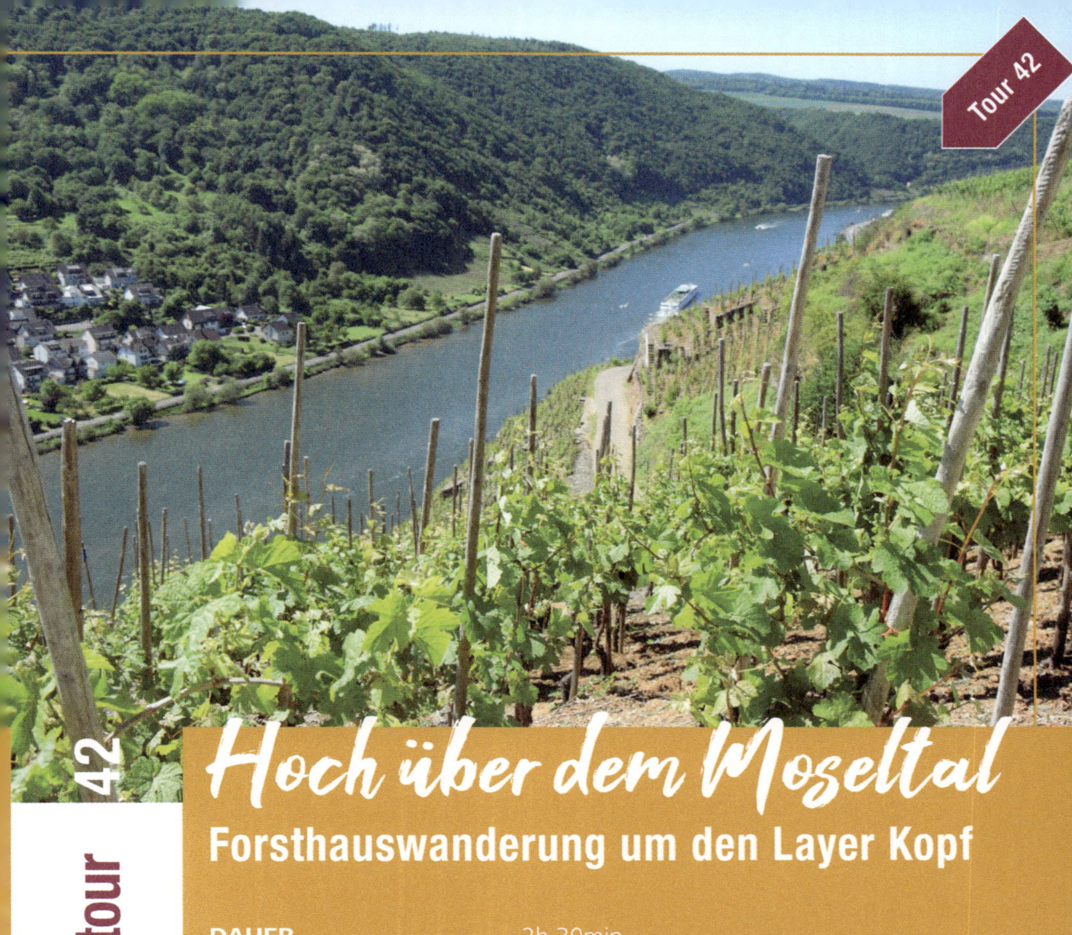

Tour 42

42 Rundtour

Hoch über dem Moseltal

Forsthauswanderung um den Layer Kopf

DAUER	2h 30min
LÄNGE	9,7 km
HÖHENMETER	428 hm
SCHWIERIGKEIT	MITTEL
MIT ÖFFIS ERREICHBAR	ja

Das erwartet dich ...

Wo die Mosel vor Koblenz ihre letzten Schleifen zieht wandern wir von Lay durch den Koblenzer Stadtwald zum Forsthaus Kühkopf hinauf, mit Sommerterrasse und gemütlichem Ambiente. Für viele Wanderer liegt wohl Koblenz' schönster Restaurantgarten am Forsthaus Remstecken neben dem mehrere Hektar großen Wildpark. Vom Carolaturm blicken wir ins Moseltal und erreichen nach 9,7 Kilometer wieder Lay, ein typisches Weindorf mit einigen historischen Winzerhäusern im Ortskern.

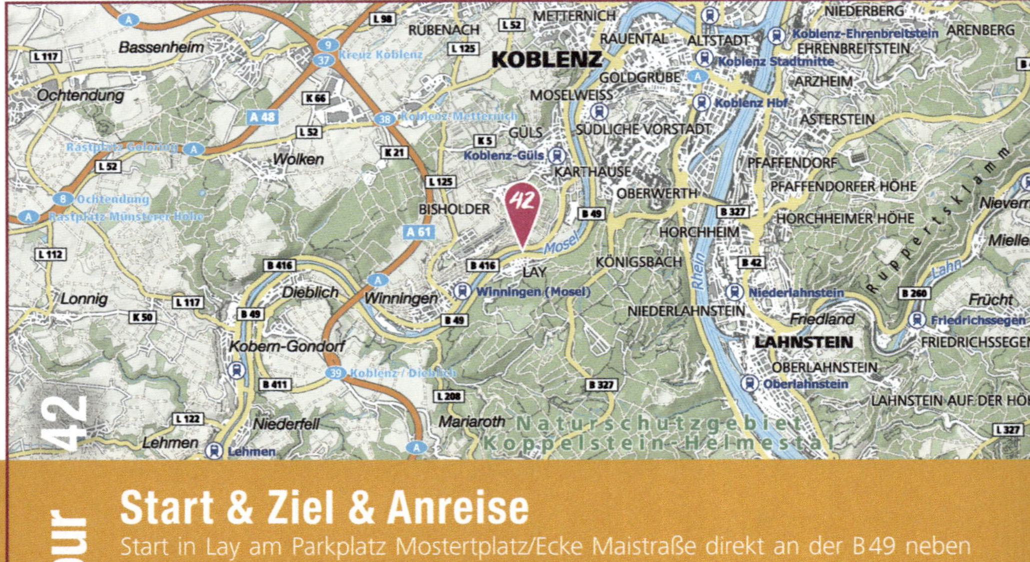

Rundtour 42

Start & Ziel & Anreise

Start in Lay am Parkplatz Mostertplatz/Ecke Maistraße direkt an der B49 neben der ehemaligen Fähre Lay. Mit dem Auto auf der B49 von Koblenz Richtung Wittlich bis Lay zum Parkplatz neben der alten Moselfähre Lay, direkt an der B49 am Restaurant Weinbergblick. Mit dem Bus Linie 301 von Koblenz-Hauptbahnhof bis zur Haltestelle Lay/Moselfähre.

Tourenbeschreibung

Den bewaldeten Layer Kopf im Blick wandern wir aus Lay hinaus. Zunächst aber geht's vom Parkplatz am Mostertplatz, am Ufer der Mosel gelegen, durch die Maistraße zur Kaufunger Straße. Wir wenden uns bergauf und gelangen an die Straße Zum Dohm. Links geht's hinein und über eine Treppe zur Legiastraße. Gegenüber die Straße bringt uns an den Waldrand zu einem Weg, der links in den Wald hinaufführt. An der Verzweigung wandern wir geradeaus und gelangen an eine Wegkreuzung. Wir queren den Weg bergwärts. Am Querweg gehen wir ein paar Schritte nach links und dann im spitzen Winkel den Pfad hinauf zum Wanderparkplatz an der Hunsrückhöhenstraße, der B327. An der Bundesstraße gehen wir einige Schritte nach rechts, queren sie und wandern schnurgerade durch den Wald auf dem Querweg zum Forsthaus Kühkopf zu. Dort biegen wir links ab und machen einen Abstecher zum Forsthaus. Mit seinem rustikalen Flair dient es seit über 170 Jahren vielen Besuchern als Ausflugsziel im Koblenzer Stadtwald. Hier kehren wir schon mal ein und genießen die Natur bei Kaffee und Kuchen.

Wir wandern auf dem Weg zurück und dann geradeaus durch den Wald zum Forsthaus Remstecken. Auf dem Weg dorthin queren wir noch einmal die B327. Wir kehren ein im idyllischen Waldhotel und wählen zwischen Wild- und Fischspezialitäten. Der weitläufige Restaurantgarten ist wohl Koblenz' schönster. Im angrenzenden riesigen Wildpark kommen wir auf einem Rundweg an Wildschweinen, Hirschen, Damwild und Fasanen vorbei.

Nach dem Ententeich erreichen wir wieder das Forsthaus, wenden uns nach links zur Hauszufahrt und gehen auf einem Pfad in den Wald. An der Verzweigung wandern wir geradeaus, queren den Margarethenweg abwärts zum Asphaltsträßchen, dem Layer Bergweg. Links erreichen wir den Waldrand am 318 Meter hohen Layer Berg und gehen rechts auf einer Schlepperspur übers Layer Feld. Die Spur wird zu einem Feldweg und führt uns erneut zum Layer Bergweg, nur weiter unten am Bergsporn, dessen Hang hier steil zur Mosel abfällt. Talwärts kommen wir zum Carolaturm. Der sieben Meter hohe Aussichtsturm aus Schieferbruchstein gewährt uns eine Top-Aussicht auf das Moseltal. Wir wandern das Sträßchen hinunter nach Lay. Linker Hand sehen wir das Sportzentrum. In der Kaufunger Straße erreichen wir Lay und wenden uns an der Legiastraße halb links in die Karolastraße. An der Marienstätter Straße geht's wieder halb links nun in der Unteren Karolastraße zur Hirtenstraße. Links gehen wir zur Maistraße und dort rechts zum Parkplatz am Mostertplatz zurück. Und jetzt nehmen wir uns die Zeit im Restaurant Weinbergblick bei leckerem Zwiebelkuchen den Wein vom Weingut Hans Mader zu kosten.

Autoren Tipp

Waldtierpark Remstecken: Das ca. 20 ha große Wildfreigehege Remstecken ist Teil des Koblenzer Stadtwaldes. Im Park leben Rothirsche, Damhirsche, Rehe, Wildschweine und ostasiatische Sikahirsche. Von gut befestigten Wegen aus können wir die Tiere beobachten und füttern. Im Minizoo leben Ziegen und Hasen, die gestreichelt werden möchten. Der Restaurantgarten des Forsthauses liegt idyllisch neben dem Wildpark. Köstlich speisen mitten in der Natur und die Rehe sind unsere Nachbarn.

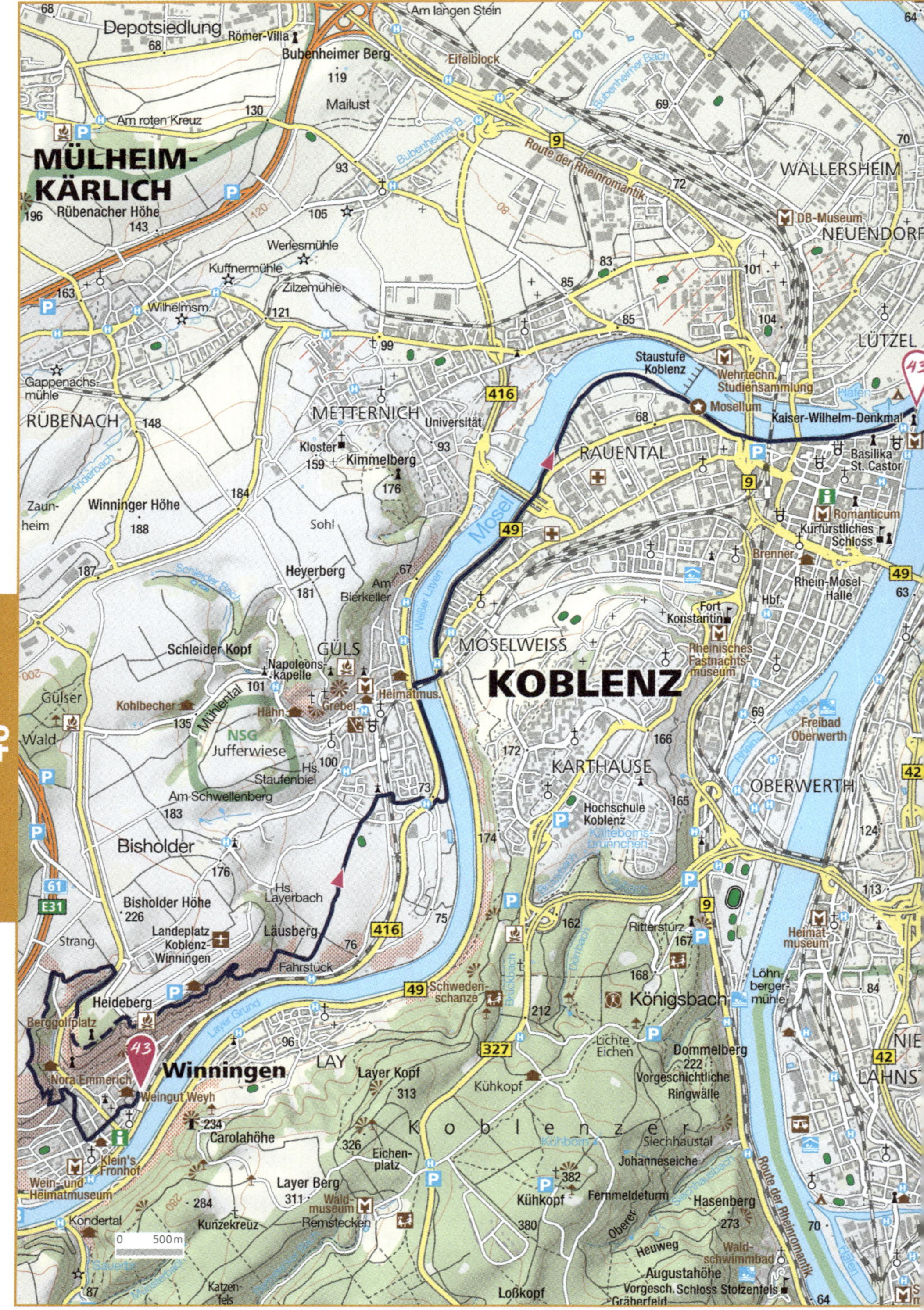

MÜLHEIM-KÄRLICH
KOBLENZ
Winningen
Depotsiedlung
Römer-Villa
Bubenheimer Berg
Am langen Stein
Eifelblock
Mailust
Am roten Kreuz
Route der Rheinromantik
WALLERSHEIM
NEUENDORF
DB-Museum
Rübenacher Höhe
Werlesmühle
Kuffnermühle
Zilzemühle
Wilhelmsm.
Gappenachs-mühle
RÜBENACH
LÜTZEL
Staustufe Koblenz
Wehrtechn. Studiensammlung
Mosellum
Kaiser-Wilhelm-Denkmal
Hafen
METTERNICH
Universität
Kloster
Kimmelberg
RAUENTAL
Basilika St. Castor
Romanticum
Kurfürstliches Schloss
Brenner
Mosel
Zaunheim
Winninger Höhe
Sohl
Heyerberg
Am Bierkeller
Weißer Layen
MOSELWEISS
Rhein-Mosel Halle
Hbf.
Fort Konstantin
Rheinisches Fastnachts-museum
Schleider Kopf
Schleider Bach
Napoleons-kapelle
GÜLS
Heimatmus.
Gülser Wald
Kohlbecher
Mühlental
Hähn
Grebel
NSG Jufferwiese
Hs. Staufenbiel
Am Schwellenberg
KARTHAUSE
Freibad Oberwerth
OBERWERTH
Hochschule Koblenz
Kaltebornsbrünnchen
Bisholder
Bisholder Höhe
Hs. Layerbach
Landeplatz Koblenz-Winningen
Läusberg
Strang
Fahrstück
Heideberg
Berggolfplatz
Nora Emmerich
Weingut Weyh
Schweden-schanze
Rittersturz
Königsbach
Heimat-museum
Löhnberger-mühle
Lichte Eichen
Dommelberg
Vorgeschichtliche Ringwälle
LAHNSTEIN
LAY
Layer Grund
Layer Kopf
Kühkopf
Carolahöhe
Klein's Fronhof
Wein- und Heimatmuseum
Koblenzer
Siechhaustal
Johanneseiche
Eichen-platz
Kühborn
Fernmeldeturm
Hasenberg
Layer Berg
Wald-museum
Remstecken
Kondertal
Kunzekreuz
Oberer Heuweg
Wald-schwimmbad
Augustahöhe
Vorgesch. Gräberfeld
Schloss Stolzenfels
Katzenfels
Loßkopf
0 500 m

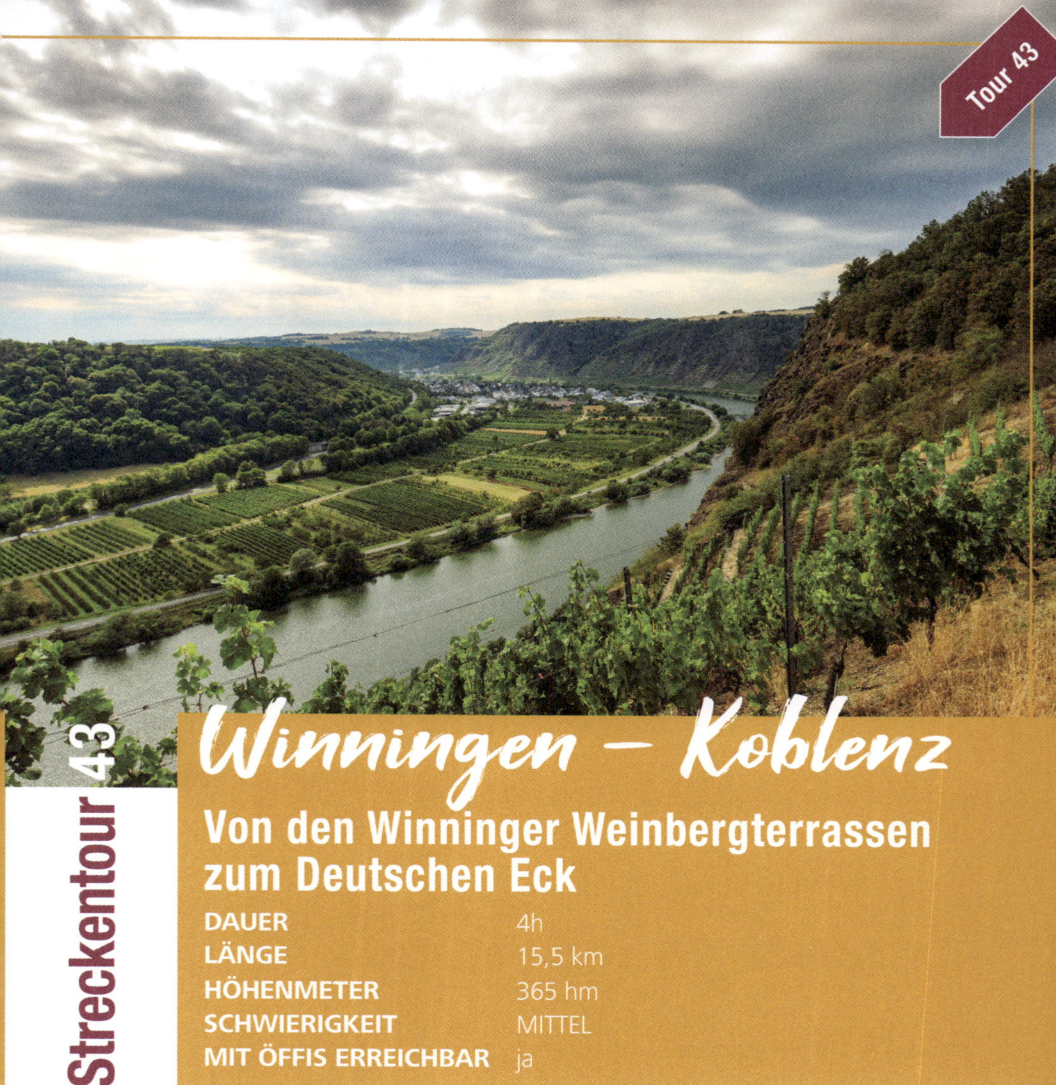

Streckentour 43

Winningen – Koblenz

Von den Winninger Weinbergterrassen zum Deutschen Eck

DAUER	4h
LÄNGE	15,5 km
HÖHENMETER	365 hm
SCHWIERIGKEIT	MITTEL
MIT ÖFFIS ERREICHBAR	ja

Das erwartet dich ...

Rund um den Weinort Winningen erstreckt sich eine einmalige Weinlandschaft mit imposanten Steillagen, die Winninger Weinbergterrassen. Durch die engen Gassen des Weinortes schlängelt sich der Moselsteig in die Weinlagen zum Winninger Hexenhügel. Kilometerlange Trockenmauern durchziehen die Weinlagen. Bis Güls begeistern die schönen Aussichten und Streuobstwiesen. An der Gülser Eisenbahnbrücke wechseln wir die Moselseite und wandern am Ufer der Mosel zum Deutschen Eck. Dabei streifen wir die Koblenzer Altstadt.

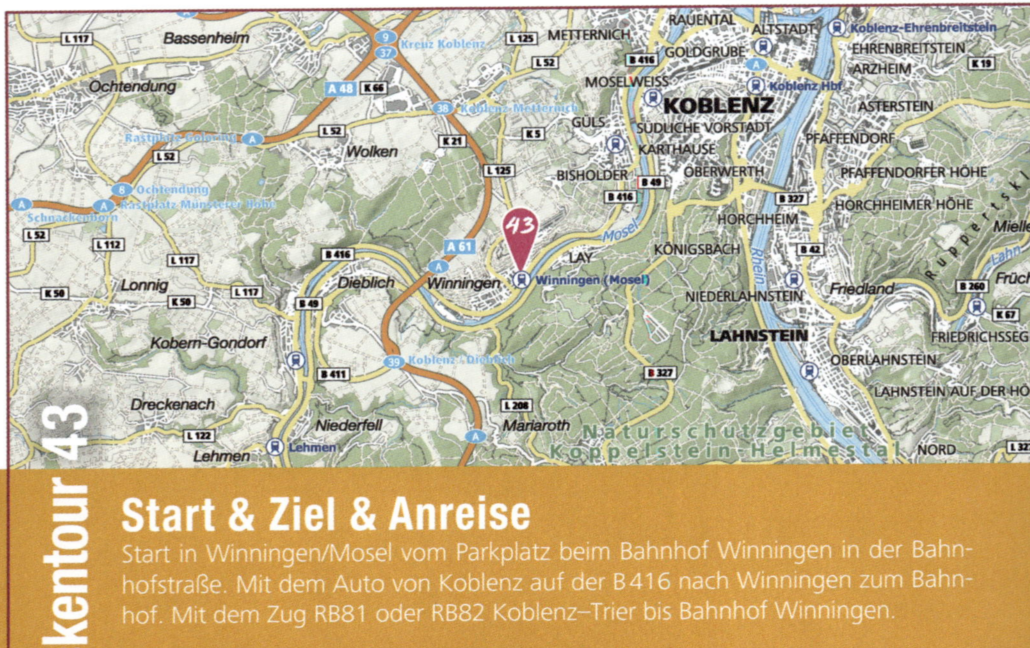

Streckentour 43

Start & Ziel & Anreise

Start in Winningen/Mosel vom Parkplatz beim Bahnhof Winningen in der Bahnhofstraße. Mit dem Auto von Koblenz auf der B416 nach Winningen zum Bahnhof. Mit dem Zug RB81 oder RB82 Koblenz–Trier bis Bahnhof Winningen.

Tourenbeschreibung

Nach der kurzen Bahnfahrt von Koblenz geht's nun auf Schusters Rappen in die Weinberge oberhalb von Winningen. Gleich gegenüber dem Bahnhof lädt aber bereits das Weingut Weyh zur Weinprobe ein, kurzweilig und absolut gemütlich. Von der Bahnhofstraße zweigt unser Weg rechts ab hinauf zur Straße In der Aach. Dort halten wir uns links und gelangen zum Parkplatz vom Friedhof. Die Graf-Sponheim-Straße führt uns links über die August-Horch-Straße zum Marktplatz. Bis zur Fährstraße geht's geradeaus, dann rechts bis unterhalb des Weinberges.

Über eine Treppe steigen wir am Weinberg entlang hinauf zur Aussicht an der Domgarten Hütte. Wir folgen rechts dem Weg am Wald entlang. Am Querweg wandern wir erneut rechts am Wald entlang bis zum asphaltierten Hasbornweg. Kurz rechts gehen und sofort auf den schmalen Weg durch den Waldzipfel zum Parkplatz Weilsbornquelle an der August-Horch-Straße. An der L125 geht's talwärts, bis links der

Flugplatzweg abzweigt. Wir biegen ein, halten uns rechts auf den unbefestigten Weg und wandern zur Straße am Flugplatz. An der Straße gehen wir rechts zum Parkplatz und hinunter zur Schutzhütte und Aussichtspunkt am Weinhexweg mit herrlichem Blick über die Mosel. Nach links wandern wir auf dem Weinhexweg unterhalb des Flugplatzes und gehen um die scharfe Rechtskurve herum.

Der asphaltierte Winninger Weg führt uns durch Weinhänge und Streuobstwiesen nach Güls. Nach dem Sportgelände queren wir die Karl-Mannhein-Straße weiter auf dem Winninger Weg zur Gulisastraße. Rechts gehen wir über die Bahnbrücke und stoßen auf die Straße Am Turnerheim. Wir queren die Straße nach rechts und biegen dann links auf den Fußweg zum Spielplatz ein. Dort queren wir die Moselweinstraße, die B416 und gehen ein Stück nach links, bis der Weg Am Gülser Bootshafen abzweigt. Wir biegen ein und gleich links an das Moselufer. Der Uferweg führt uns links zur Gülser Bahnbrücke.

Hier wechseln wir die Uferseite. Gegenüber gehen wir die Rampe hinunter und rechts an die B49. Wir queren die B49 und wandern unter der Brücke hindurch entlang der Mosel zur Kurt-Schumacher-Brücke. Unterhalb der Straßenbrücke wandern wir um den Moselbogen zum Wasserkraftwerk Koblenz. Dort erwartet uns das Mosellum, Erlebniswelt-Fischpass Koblenz. Vor uns die Europabrücke, unter der wir das Peter-Altmeier-Ufer erreichen. Hinter der Balduinbrücke erheben sich rechts die Kirchtürme der Koblenzer Altstadt. Geradeaus, wo die Mosel in den Rhein mündet, liegt unser Wanderziel, das Deutsche Eck am Kaiser-Wilhelm-Denkmal. Ein aussichtsreicher, historischer Platz mit Blick zur Festung Ehrenbreitstein, die wir von hier aus mit der Seilbahn erreichen können. Am Moselufer unter großen Bäumen erwartet uns aber der Königsbacher Biergarten. Wir schauen, dass wir einen schattigen Platz ergattern und den Tag ausklingen lassen.

Autoren Tipp

Festung Ehrenbreitstein: Hoch oben auf dem Felssporn, wo die Mosel in den Rhein mündet, liegt die Festung und das heutige Kulturzentrum Ehrenbreitstein. Mit einer der modernsten Seilbahnanlagen geht es schwebend 112 Höhenmeter vom Deutschen Eck/Konrad-Adenauer-Ufer hoch hinauf zum Festungsplateau zum Festungspark. Von dort erreichen wir vier Ausstellungshäuser des Landesmuseums Koblenz mit interessanten Ausstellungen und dem Restaurant und Biergarten im Oberen Schlosshof.

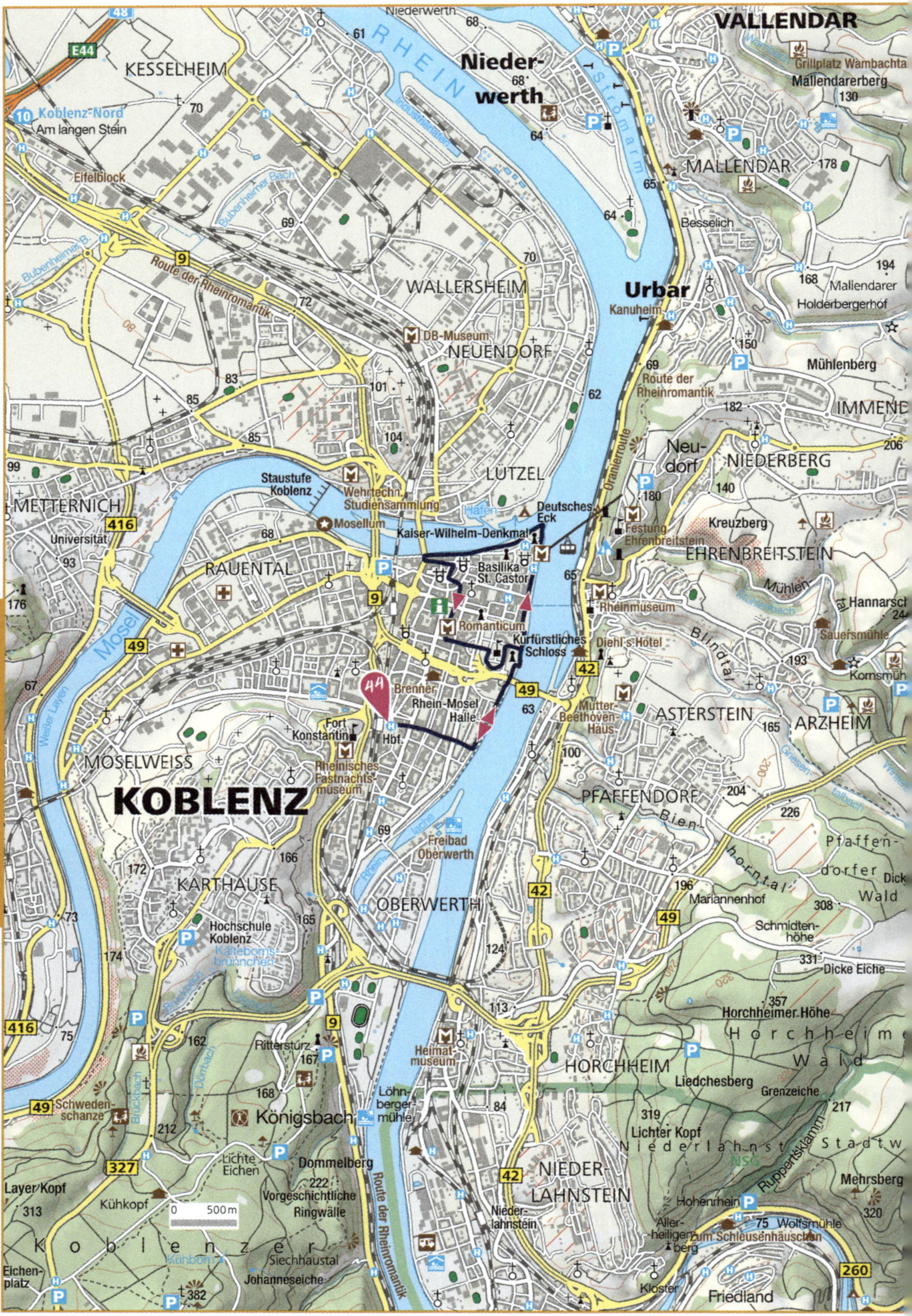

VALLENDAR
Niederwerth
KESSELHEIM
Koblenz-Nord
Am langen Stein
Eifelblock
Rhein
Industriehafen
Stromarm
Grillplatz Wambachta
Mallendarerberg
MALLENDAR
Besselich
Route der Rheinromantik
WALLERSHEIM
Urbar
Kanuheim
Mallendarer
Holderbergerhof
DB-Museum
NEUENDORF
Mühlenberg
IMMENDORF
Neudorf
NIEDERBERG
LÜTZEL
Oranienroute
Staustufe Koblenz
Wehrtechn. Studiensammlung
Hafen
Deutsches Eck
Festung Ehrenbreitstein
Kreuzberg
METTERNICH
Universität
Mosellum
Kaiser-Wilhelm-Denkmal
EHRENBREITSTEIN
RAUENTAL
Basilika St. Castor
Mühlental
Rheinmuseum
Hannarsch
Romanticum
Sauersmühle
Mosel
Kurfürstliches Schloss
Diehl's Hotel
Blindtal
Kornsmühle
Brenner
Rhein-Mosel Halle
Mutter-Beethoven-Haus
ASTERSTEIN
ARZHEIM
Weißer Leyen
Fort Konstantin
Hbf.
MOSELWEISS
Rheinisches Fastnachtsmuseum
KOBLENZ
PFAFFENDORF
Bienhorntal
Pfaffendorfer Wald
Freibad Oberwerth
KARTHAUSE
Mariannenhof
OBERWERTH
Schmidtenhöhe
Hochschule Koblenz
Kaltebornsbrünnchen
Dicke Eiche
Horchheimer Höhe
Horchheimer Wald
Ritterstürz
Heimatmuseum
HORCHHEIM
Liedchesberg
Grenzeiche
Schwedenschanze
Königsbach
Löhnbergermühle
Lichter Kopf
Niederlahnstein Stadtwald
Ruppertsklamm
NSG
Lichte Eichen
Dommelberg
NIEDERLAHNSTEIN
Mehrsberg
Layer Kopf
Kühkopf
Vorgeschichtliche Ringwälle
Route der Rheinromantik
Hohenrhein
Wolfsmühle
Allerheiligenberg
Zum Schleusenhäuschen
Koblenzer Wald
Kühborn
Siechhaustal
Johanneseiche
Eichenplatz
Niederlahnstein
Kloster
Friedland
0 500 m

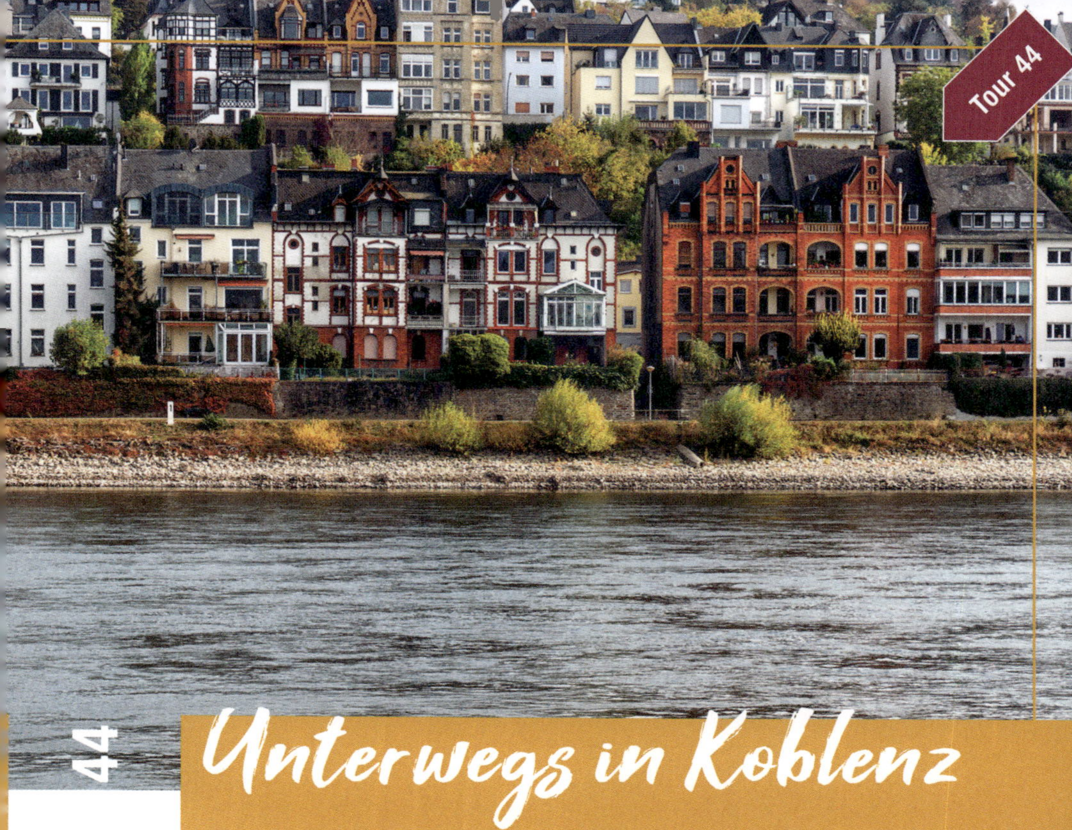

44 Rundtour

Unterwegs in Koblenz

Weltkulturerbe an der Mündung der Mosel

DAUER	2h
LÄNGE	7 km
HÖHENMETER	50 hm
SCHWIERIGKEIT	LEICHT
MIT ÖFFIS ERREICHBAR	ja

Das erwartet dich ...

„Confluentes" nannten die Römer vor 2.000 Jahren Koblenz: „Zusammenfluss" an Mosel und Rhein. Von der Mündung der Mosel bis zum Rheingau steht das Obere Mittelrheintal heute als Weltkulturerbe unter dem Schutz der UNESCO. Entdecken wir die Koblenzer Altstadt mit ihren romantisch verwinkelten Gassen und kleinen gemütlichen Plätzen, auf denen zahlreiche Cafés zum Verweilen einladen. Wir genießen die Aussicht am Deutschen Eck und gönnen uns das Skyglide Event zur Festung Ehrenbreitstein.

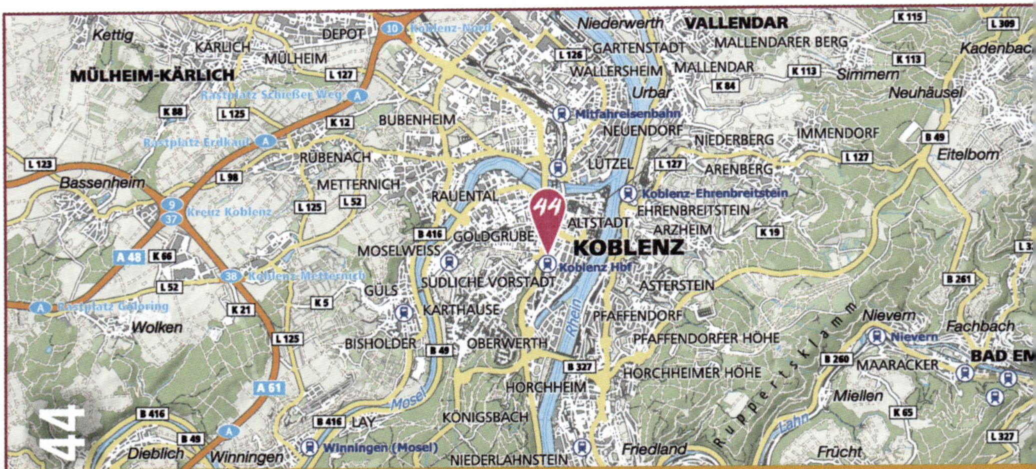

Rundtour 44

Start & Ziel & Anreise

Start am Hauptbahnhof Koblenz, Bahnhofplatz. Mit dem Auto nach Koblenz von Köln auf der BAB A3/A48, von Frankfurt auf der BAB A3/A48, von Saarbrücken auf der BAB A1/A48. In Köln auf der B9/B49 zum Hauptbahnhof, Bahnhofplatz. Mit der Bahn IC/ICE Linien 32 Köln–Koblenz-Stuttgart, 31 Frankfurt–Koblenz–Köln.

Tourenbeschreibung

Vom Busbahnhof am Bahnhofplatz vor dem Hauptbahnhof Koblenz führen uns der Markenbildchenweg und die Januarius-Zick-Straße zu den Kaiserin- Augusta-Anlagen am nahen Rheinufer. In den Grünanlagen des Konrad-Adenauer-Ufers wenden wir uns nach links und schlendern am Weindorf Koblenz vorbei. Das 1925 liebevoll aufgebaute Winzerdorf steht ganz im Zeichen der Gastronomie. Hier können wir in mehreren Weinhäusern stilvoll speisen oder auch ganz rustikal das Koblenzer Brauchtum kennenlernen.

Hinter der Stranbrücke erhebt sich das Kurfürstliche Schloss im ehemaligen Bundesgartenschaugelände am Rhein. Der herrliche Terrassengarten führt zum Schloss hinauf und zum Grand Café im Schloss.

Bald darauf erreichen wir die Talstation der Seilbahn zur Festung Ehrenbreitstein. Geradezu magische Anziehungskraft strahlt sie aus, die Festung auf dem Felssporn hoch oben über dem Zusammenfluss von Rhein und Mosel. Schon die Auffahrt über den Rhein ist ein „Skyglide Event" – beeindruckend.

Daneben erhebt sich die Basilika St. Kastor, die älteste erhaltene Kirche in Koblenz. In der 836 geweihten Stiftskirche haben sich Kaiser und Könige getroffen. Dahinter erkennen wir das Deutschherrenhaus, die erste Niederlassung des Deutschen Ordens im Rheinland. Seit 1992 befindet sich hier das Ludwig Museum mit vorwiegend französischer Kunst.

Wenige Schritte weiter endet das Konrad-Adenauer-Ufer an der Mündung der Mosel in den Rhein am Deutschen Eck. Hier steht das imposante Kaiser-Wilhelm-Denkmal. Zu Ehren von Kaiser Wilhelm I., der nach drei Kriegen die vollendete Einigung Deutschlands herbeigeführt hatte, ließ sein Enkel Kaiser Wilhelm II. das Denkmal errichten.

Nun geht's am Moselufer zum Eiscafé und am Königsbacher Biergarten entlang zur Balduinbrücke, der ältesten Koblenzer Moselbrücke an der Alten Burg. Die weiß verputzte Alte Burg mit ihren Rundtürmen ist der malerischste Bau am Koblenzer Moselufer und heute Sitz des Koblenzer Stadtarchivs. Sie war konzipiert als „Trutzburg" gegen die nach mehr Unabhängigkeit strebenden Kaufleute und Patrizier von Koblenz

An der Alten Burg gehen wir in der Burgstraße zur Florinskirche. Das Alte Kaufhaus neben der Kirche wurde als städtisches Kauf- und Tanzhaus errichtet und fungierte ab 1674 als Rathaus.

Vor der Kirche wenden wir uns nach rechts und folgen der Mehlgasse zur Liebfrauenkirche. Auf dem höchsten Punkt der Stadt erbaut prägen ihre Zwiebeltürme das Koblenzer Stadtbild. Links in der Braugasse liegt das urige Alte Brauhaus, das Stammhaus der Königsbacher Brauerei. Vor allem von Bierliebhabern eine der angesagtesten Treffpunkte in der Stadt.

Durch die Rathauspassage gelangen wir zum Kulturzentrum Forum Confluentes am Zentralplatz. Im architektonischen Highlight bieten sechs Ebenen Platz für die Kunstsammlung des Mittelrhein-Museums, die Stadtbibliothek und das interaktive Romanticum. Dort begeben wir uns an Bord eines virtuellen Schiffes auf eine tolle multimediale Rheinreise durch das UNESCO-Welterbe „Oberes Mittelrheintal". Durch die Casinostraße gehen wir zur Schloßstraße, links zum Schlosspark und schlendern rechts am Park vorbei zum Rheinufer. Unter der Straßenbrücke hindurch geht's nun wie beim Hinweg zum Ausgangspunkt beim Hauptbahnhof Koblenz.

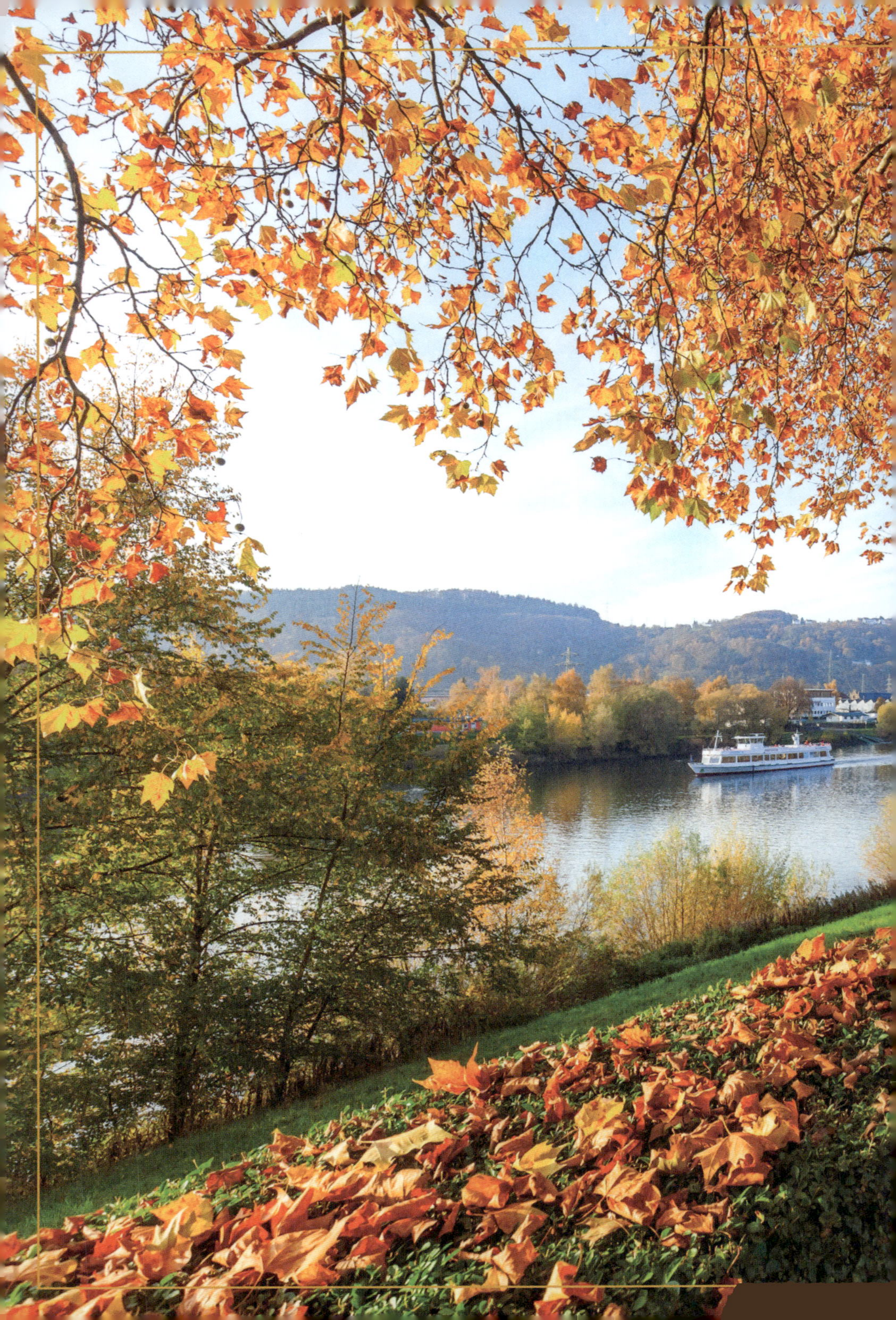

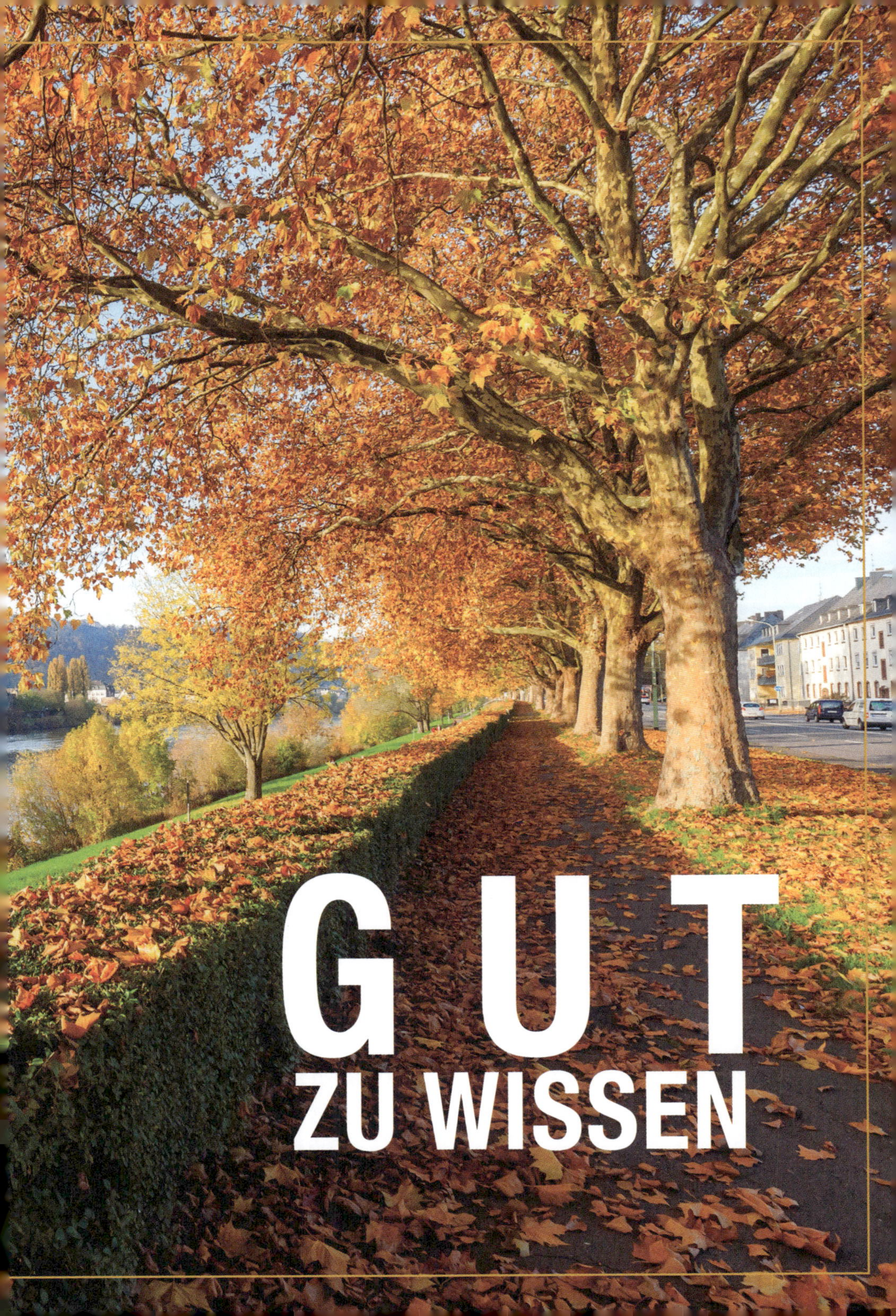
GUT
ZU WISSEN

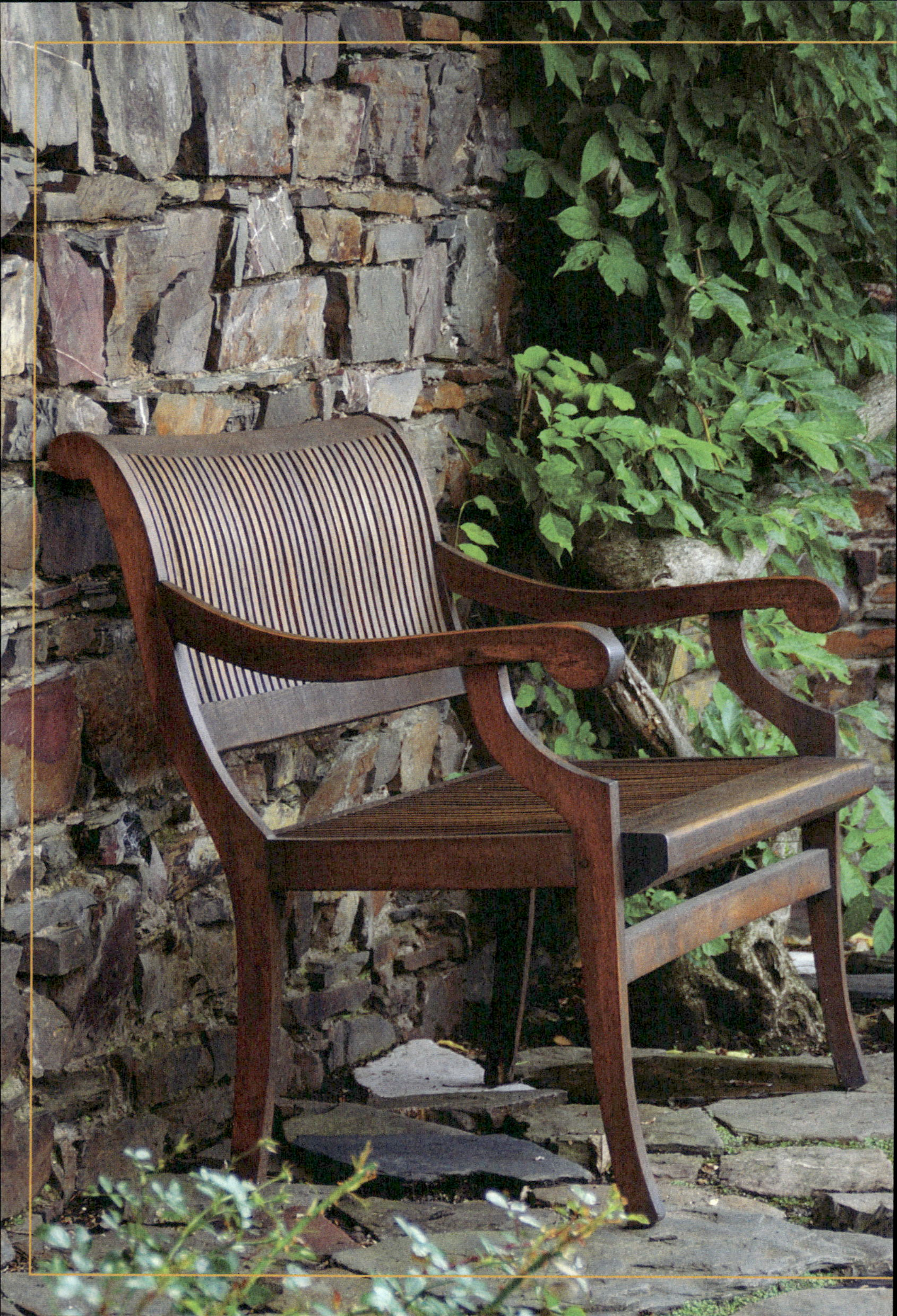

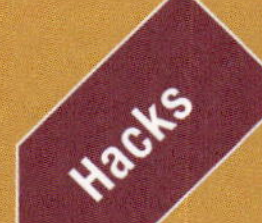

Unsere Genuss-Hacks

Es geht auch genussvoller

HACKS

WEIN-EISWÜRFEL

Wer kennt es nicht – warmer Weißwein. Eiswürfel lassen ihn zwar abkühlen, machen den Wein aber gleichzeitig wässrig. Also warum nicht einfach Eiswürfel aus Wein? Am besten hast du immer ein paar Wein-Eiswürfel deines Lieblingsweins daheim, dann steht dem Aperitif zum Sonnenuntergang nichts mehr im Wege.

KEINE EILE

Damit du genug Zeit hast um all die Eindrücke und Erlebnisse sacken zu lassen, brich in der Früh zeitig auf. Lieber stehst du etwas früher auf und kannst die Tour ohne Stress gehen, anstatt in Eile auszubrechen, weil der letzte Bus gleich losfährt.

HÖR AUF DEINE SINNE

Genießen macht am meisten Spaß mit allen Sinnen: schmecken, riechen, fühlen, sehen und hören. Essen ist ein wunderbares Beispiel dafür, wie sinnliche Gesamteindrücke in unserem Gehirn entstehen und es dir ermöglicht, komplexe Aromen zu genießen. Also nimm deine Umwelt bei der nächsten Wandertour mit anschließenden Restaurantbesuch mit allen Sinnen wahr.

Endlich was Neues ausprobieren

Lust was Neues auszuprobieren?

WENN JA HABEN WIR EIN PAAR VORSCHLÄGE FÜR DICH.

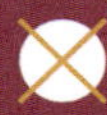

- **LIFTFAHREN IN COCHEM:** Ein Sessellift an der Mosel? Ja, den gibt es! Schwebe über das Moseltal zum Pinner Kreuz auf 255 Meter Höhe.

- **WEINFASSÜBERNACHTUNG IN TRABEN-TRARBACH:** Auf dem Mosel Camping kannst du in deinem eigenen Weinfass übernachten und das auch noch äußerst luxuriös!

- **ZU BESUCH BEI DORNRÖSCHEN:** Das beschauliche Beilstein wird auch „Dornröschen an der Mosel" genannt und das nicht zu unrecht; mit seinen verwinkelten Gassen, Fachwerkhäusern und Torbögen versprüht es einen mittelalterlichen Charme.

- **DIE ÄLTESTE STADT DEUTSCHLANDS:** Trier, oder wie die Römer es nannten „Augusta Treverorum", ist die älteste Stadt Deutschlands und hat einiges zu bieten. Vom Amphitheater bis hin zu Thermen, die Spuren der Römer sind allgegenwärtig.

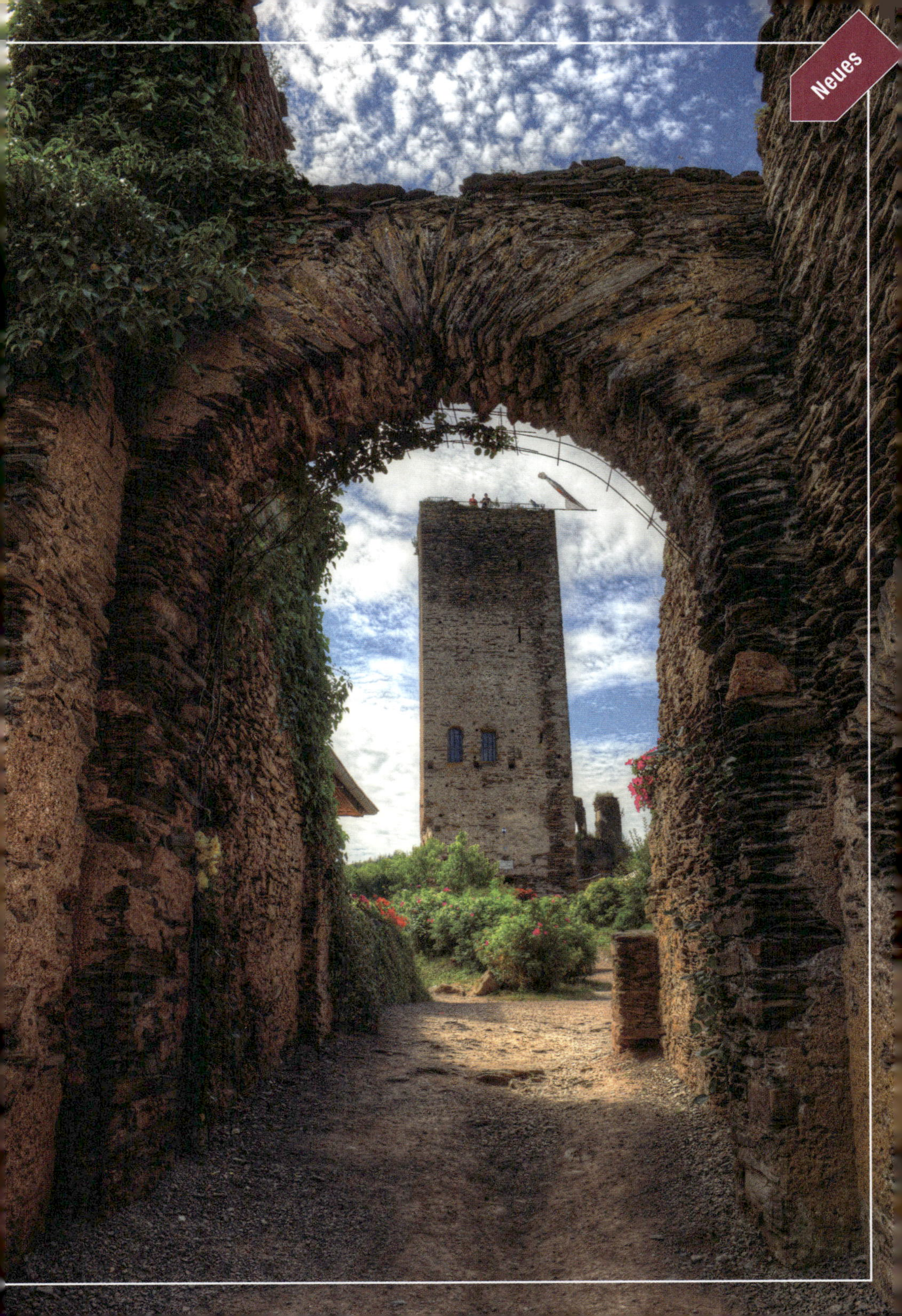
Neues

Von Vorteil
FÜR MENSCH & NATUR

Nachhaltigkeit

BEIM WANDERN

Wandern ist eine recht schonende Sportart für die Natur und unsere Umwelt, wenn wir einige wenige Dinge beachten. Denn das Gleichgewicht ist hier extrem sensibel: Jedes zurückgelassene Papierchen in schönster Umgebung, jede Plastikwasserflasche oder auch noch so tolle Outdoorjacke, dafür voll von chemischen Inhaltsstoffen, fallen ins Gewicht. Folgende fünf Punkte geben euch einen kurzen Überblick, was ihr für euch und die Natur tun könnt. Denn Umweltschutz betrifft uns alle, schließlich haben wir nur eine Erde und mit dieser sollten wir behutsam und respektvoll umgehen.

Und das kannst du machen …

Green-Guide

01 Nachhaltigkeit beginnt schon bei der Anreise: Je mehr Menschen mit dem Auto fahren, desto mehr CO_2-Ausstoß und desto mehr umweltschädlichen Gummiabrieb der Reifen gibt es. Doch viele Ausgangspunkte sind auch gut mit den öffentlichen Verkehrsmitteln zu erreichen. Also einfach mal das Auto stehen lassen. Oder Fahrgemeinschaften bilden.

02 Keine Einwegflaschen: Gerade das Trinken ist auf Wanderungen wichtig. Doch sollte man aus Rücksicht zur Natur und sich selbst zuliebe auf Einwegflaschen aus Plastik verzichten und lieber seine eigene Trinkflasche mitnehmen.

03 Kein Verpackungsmüll: Die Verpflegung für den Hunger zwischendurch ist mindestens genauso wichtig wie das Trinken. Brotdosen bieten sich zum Transport von Proviant an oder einfach alles in ein Bienenwachstuch einwickeln.

04 Wanderausrüstung leihen: Gerade beim Ausprobieren einer Sportart muss nicht gleich alles neu gekauft werden, was dann vielleicht im Keller landet. Manche Ausrüstungsgegenstände können auch erst einmal ausgeliehen werden. Auch ist es nicht notwendig, jedes Jahr ein neues Outfit zu kaufen. Achtet ihr schon beim ersten Kauf auf Qualität, macht sich das bemerkbar, denn qualitativ hochwertigere Produkte begleiten uns oft jahrelang.

05 Weniger ist mehr: Oft findet sich die schönste Natur in unmittelbarer Nähe. So muss es nicht immer die weit entfernte Gebirgskette sein. Auch Ziele, die aufgrund ihrer Bekanntheit an Wochenenden und in den Ferien total überlaufen sind, freuen sich über ein paar Besucher weniger. Weniger bekannte Ziele haben auch ihren Reiz und warten nur darauf, entdeckt zu werden.

© KOMPASS-Karten GmbH

Karl-Kapferer-Straße 5, A-6020 Innsbruck

1. Auflage 2023 (23.01)
Verlagsnummer 3519
ISBN 978-3-99121-357-4

Konzept und Bildnachweis

Konzept & Gestaltung: © KOMPASS-Karten GmbH

Text: KOMPASS-Karten AutorInnen (s. Klappe)

Grafische & Kartografische Herstellung:
© KOMPASS-Karten GmbH

Kartengrundlage: © KOMPASS-Karten GmbH unter Verwendung von OpenStreetMap Contributers (www.openstreetmap.org)

Titelbild: Die Mosel bei Trittenheim;
© Hristo G. Siderov - stock.adobe.com

Cover Rückseite: Die Moselschleife bei Bremm;
© Jan - stock-adobe.com

Weiterer Bildnachweis:
S.2/3; S.214/215: © Jan - stock-adobe.com
S.4/5: © Karsten Würth - stock-adobe.com
S.8/9; S.10/11: © Alice_D - stock-adobe.com
S.15: © peacock-pictures - stock-adobe.com
S.16: © Halfpoint - stock.adobe.com
S.18: © Barmalini 2019 - stock-adobe.com
S.21: © Reemt Peters-Hein - stock-adobe.com
S.22: © Markus Volk - stock-adobe.com
S.24/25: © Uwe Mueller - stock-adobe.com
S.27; S.35; S.43; S.51; S.55; S.59; S.69; S.73; S.77; S.89; S.96; S.101; S.109; S:111; S.121; S.125; S.139; S.159; S.179; S.183: © Bernhard Pollmann
S.31: Reinhild Geuder
S.33: © Noir013 - stock.adobe.com
S.39: © laurence marx/EyeEm - stock.adobe.com
S.41; S.129: © nmann77 - stock.adobe.com
S.47: © wsf-f - stock.adobe.com
S.63: © haidamac - stock.adobe.com
S.65: © janmalburg - stock.adobe.com
S.75; S.83: © SiRo - stock.adobe.com
S.81: © janvier - stock.adobe.com
S.85: © Birgit Reitz-Hofmann - stock.adobe.com
S.93; S.141: © Marc - stock.adobe.com
S.105: © LianeM - stock.adobe.com
S.113: © Ruckszio - stock.adobe.com
S.117: © beatuerk - stock.adobe.com
S.127: © Ralf Gosch - stock.adobe.com
S.132/133: © mije shots - stock.adobe.com
S.135: © HeinzWaldukat - stock.adobe.com
S.143; S.212/213: © JEFs-FotoGalerie - stock.adobe.com
S.145: © mojolo - stock.adobe.com
S.147: © Stephan - stock.adobe.com
S.151: © Countrypixel - stock.adobe.com
S.155: © rphfoto - stock.adobe.com

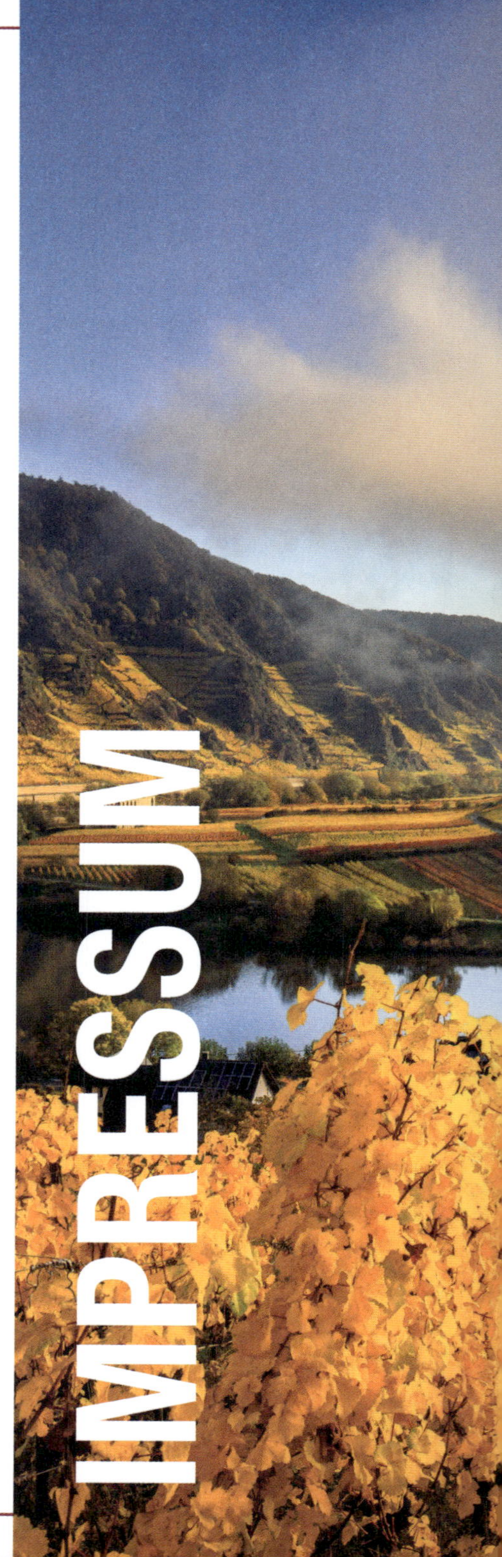

Deine Orientierung

Hallo!
Ich bin deine Anleitung wie du zu den GPX-Tracks aus deinem neuen Buch kommst. Damit kannst du dir die Route in Wander-Apps und Navigationsgeräte laden. Scann den QR-Code oder gehe auf folgende Webseite:

www.kompass.de/gpx

Für Navigationsgeräte und Apps haben wir auf unserer Webseite alle Touren im GPX-Format zum Download bereitgestellt:
Hier findet man alle weiteren Informationen. Einfach das richtige Produkt auf der Seite auswählen, die Daten herunterladen und auf das Zielgerät oder in die gewünschte App importieren.

Was ist ein GPX-Track? GPX ist ein Datenformat für Geodaten. Das Wort GPS steht für Global Positioning System (Globales Positionsbestimmungssystem). Mit einem GPX-Track bekommt man die rote Linie, also den Wanderpfad, als geografische Koordinaten.

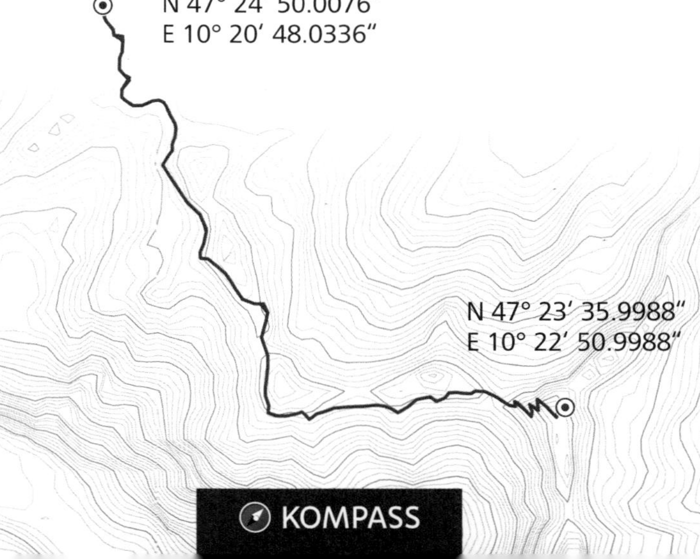

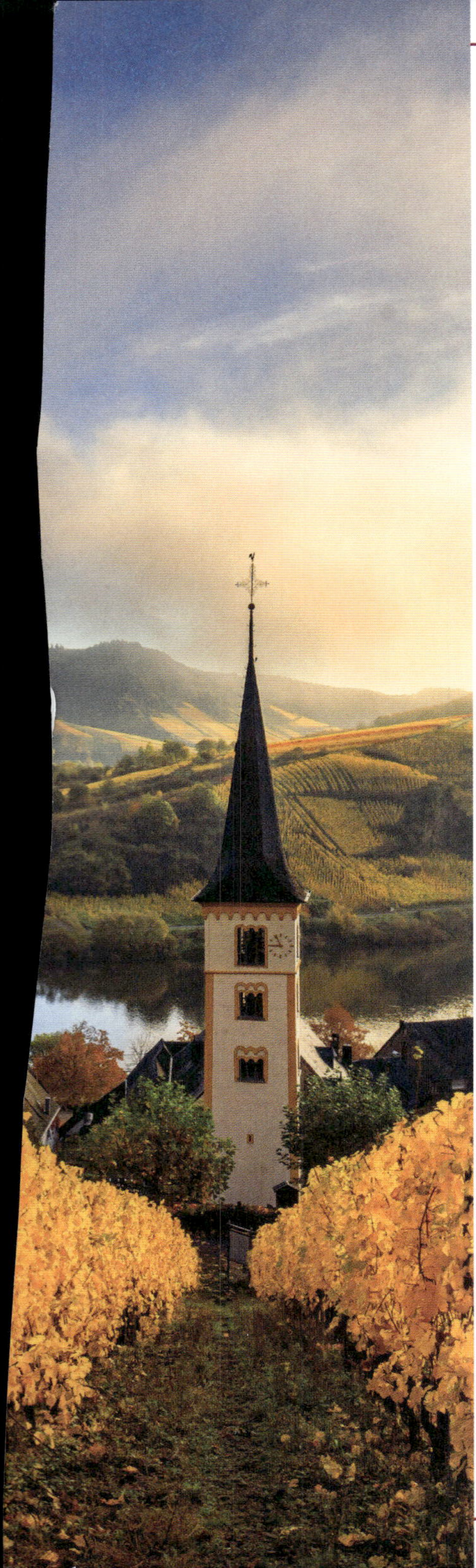

Weiterer Bildnachweis:
S.157: © umsturz43 - stock.adobe.com
S.161: © Comofoto - stock.adobe.com
S.163: © Adrian72 - stock.adobe.com
S.167: © Stephan Dinges - stock.adobe.com
S.171: © Henry Czauderna - stock.adobe.com
S.175: © tobiashild.com - stock.adobe.com
S.187: © majonit - stock.adobe.com
S.191: © Bernhard - stock.adobe.com
S.195: © Fotolyse - stock.adobe.com
S.199: © Sander Meertins - stock.adobe.com
S.203: © ines39 - stock.adobe.com
S.205/206: © Christian Müller - stock-adobe.com
S.208: © Julia - stock-adobe.com
S.211: © Grischa Georgiew - stock-adobe.com
S.212: © mimadeo - stock-adobe.com

Alle Angaben und Routenbeschreibungen wurden nach bestem Wissen gemäß unserer derzeitigen Informationslage gemacht. Die Wanderungen wurden sehr sorgfältig ausgewählt und beschrieben, Schwierigkeiten werden im Text kurz angegeben. Es können jedoch Änderungen an Wegen und im aktuellen Naturzustand eintreten. Wanderer und alle Kartenbenützer müssen darauf achten, dass aufgrund ständiger Veränderungen die Wegzustände bezüglich Begehbarkeit sich nicht mit den Angaben in der Karte decken müssen. Bei der großen Fülle des bearbeiteten Materials sind daher vereinzelte Fehler und Unstimmigkeiten nicht vermeidbar. Die Verwendung dieses Führers erfolgt ausschließlich auf eigenes Risiko und auf eigene Gefahr, somit eigenverantwortlich. Eine Haftung für etwaige Unfälle oder Schäden jeder Art wird daher nicht übernommen. Für Berichtigungen und Verbesserungsvorschläge ist die Redaktion stets dankbar. Korrekturhinweise bitte an folgende Anschrift:

KOMPASS KARTEN GMBH
Karl-Kapferer-Straße 5, A-6020 Innsbruck
www.kompass.de/service/kontakt

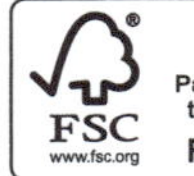

MIX
Papier aus verantwortungsvollen Quellen
FSC® C018236